다양한 실습이 가능한

ATmega128 기초와 응용 II

7-세그먼트, 도트매트릭스 활용

신동욱 저

Ohm사
http://www.ohm.co.kr

머리말

현재 시중에는 AVR 마이크로프로세서에 관련된 교육용 키트와 모듈들이 다양하게 개발되어 시판되고 있지만, 대부분 모듈단위로 개발되어 있어 다양한 실습을 위해서는 복잡하고 번거로운 배선을 하여야 실습을 수행할 수 있다. 그래서 저자와 Ohm사에서는 하나의 보드에서 ATmega128의 기본적인 실습뿐 아니라 간단한 배선으로 다양한 응용실습과 작품 제작이 가능하도록 교육실습용 보드 KUT-128_COM 보드를 개발하였다. 이 보드에는 ATmega128의 기본적인 기능 실습을 위해 LED와 7-세그먼트를 갖추고 있으며, 또한 응용실습을 위해 텍스트 LCD, 초음파 센서, 3축 가속도 센서, 자이로 센서 그리고 블루투스와 WiFi 통신 모듈을 기본 장착하고 있다. 이러한 ATmega128에 대한 기본적인 기능 실습과 보드에 장착된 센서와 통신 모듈에 대해서는 〈ATmega128 기초와 응용 I〉에서 다루었다.

이 책은 〈ATmega128 기초와 응용 I〉에서 설명된 KUT-128_COM 보드 위에 도트매트릭스, 조이스틱, 스피커를 탑재하여 구현한 응용작품들을 소개하고 있으며, 특히 각 작품들에 대한 알고리즘과 처리 흐름도 그리고 프로그램을 자세히 설명하고 있다. 따라서 이 책을 통해 습득하게 되는 응용능력은 학생들의 창의적인 실기작품 및 졸업작품을 제작하는데 있어 좋은 지침서가 될 수 있으리라 생각한다.

이 책은 전체 9장으로 구성되어 있으며, 내용을 간단히 서술하면 다음과 같다.

1장에서는 KUT-128_COM 보드의 하드웨어 구성에 대해 다루었으며, 회로도를 부분별로 어디에 사용되는지 설명하고 있다.

2장에서는 KUT-128_COM 보드에 장착된 7-세그먼트를 이용하여 스톱워치를 여러 가지 방식으로 구현하였으며, ATmega128의 I/O포트, 외부인터럽트, 타이머/카운터의 기능을 정리하면서 복습하는 부분이라 할 수 있다.

3장에서는 16×16 도트매트릭스의 기본적인 구동법과 스위치, 조이스틱, 가속도 센서를 이용한 도트매트릭스의 구동법을 설명한다.

4장에서는 [지렁이 게임]이 소개되며, 랜덤하게 위치하는 먹이를 먹을 때마다 지렁이의 마디를 하나씩 증가시켜 가는 게임으로 스위치와 조이스틱을 이용한 방법을 각각 설명한다.

5장에서는 [테트리스]가 소개되며, 랜덤하게 떨어지는 블록을 움직이고 90도씩 회전시켜 수평선을 빈틈없이 채워 제거하는 게임으로 스위치와 조이스틱을 이용한 방법을 각각 설명한다.

6장에서는 [반응감지 블록 피하기]가 소개되며, 가속도 센서를 이용하여 보드를 기울이는 방향으로 공을 이동시켜 랜덤하게 떨어지는 장애물 블록을 피하면서 점수 상자를 닿게 하여 점수를 획득하는 게임을 설명한다.

7장에서는 [Dot Watch]가 소개되며, 3×9 크기의 숫자 패턴을 만들어 시간과 분을 표시하고, 초는 도트매트릭스 가장자리의 60개 LED를 이용하여 표시하는 방법을 설명한다.

8장에서는 [한글 시계]가 소개되며, 도트매트릭스 위에 한글 시계 패턴을 붙인 후 표시하고 싶은 부분의 LED만을 ON 시켜 시간을 표시한다. 또한 알람 기능 있어 알람시간이 되면 스피커를 통해 [학교종]이 연주된다.

9장에서는 AVR Studio를 이용하는 독자들을 위해 CodeVisionAVR 용으로 개발된 프로그램을 AVR Studio로 변환하기 위한 간단한 변환표와 함께 2장부터 8장까지의 프로그램을 AVR Studio 4.18용으로 변환하여 수록하고 있다.

앞으로 기회가 되면 〈ATmega128 기초와 응용〉 시리즈로 모터(RC 서보 모터, DC 모터, 스텝 모터)와 최근 아두이노용으로 많이 시판되는 모듈들을 이용하여 KUT-128_COM 보드 위에서 동작시킬 수 있는 응용 작품을 집필하고자 한다. 앞으로도 독자들의 많은 관심 부탁드리며, 마지막으로 출판계의 어려운 여건 속에서도 이 책이 만들어질 수 있도록 물심양면으로 도와주신 Ohm사의 곽종학 사장님과 직원 여러분들께 감사의 말씀을 드립니다.

2017년 2월 저자 신 동욱 씀

목차

1 Chapter KUT-128_COM 보드

[사진 1-1]은 이 책에서 실습에 사용할 KUT-128_COM 보드이며, LED, 텍스트 LCD, 7-세그먼트, 가속도 센서, 초음파 센서, 자이로 센서, 블루투스 모듈들이 기본 장착되어 있다.

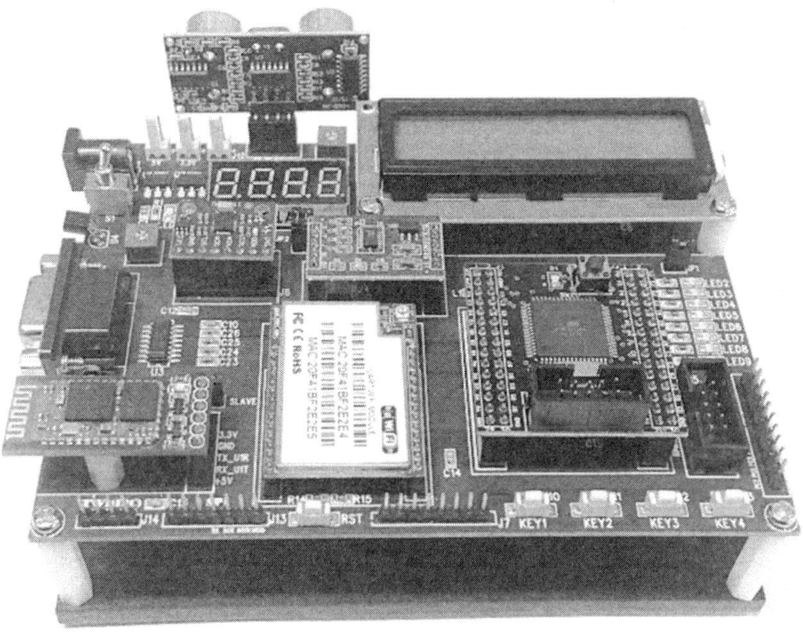

[사진 1-1] KUT-128_COM 보드(부품 모두 장착)

■ 스위치 입력회로

4개의 스위치가 포트 E의 상위 4비트에 연결되어 있으며, 기본적인 I/O 포트의 입력실험을 할 수 있다. 그리고, 포트 E의 상위 4비트는 외부인터럽트 INT4-INT7의 기능도 가지고 있어 외부인터럽트 실험에도 이용할 수 있으며, PE6핀은 타이머/카운터3이 카운터로 동작할 때 카운터 클럭 입력단자 기능도 가지고 있어 카운터 실험에 이용할 수도 있다.

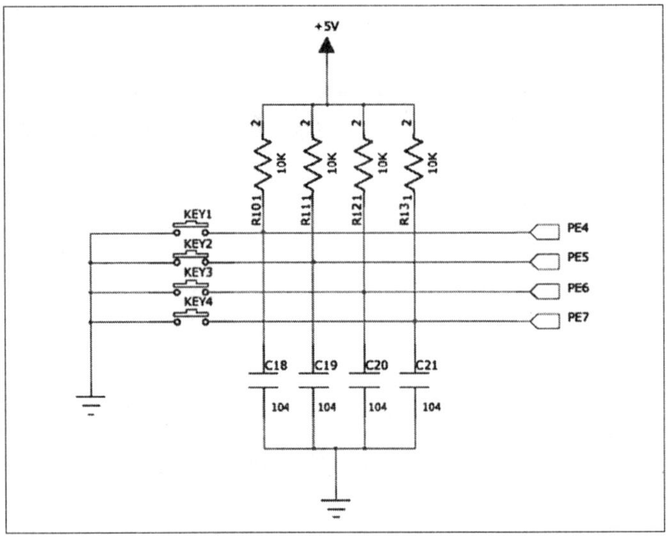

[그림 1-1] 스위치 입력회로

■ LED 출력 회로

8개의 LED가 포트 C에 연결되어 있어 기본적인 I/O 포트의 출력실험을 할 수 있다. 포트 C에는 커넥터를 통해 도트매트릭스를 제어하는데도 사용할 수 있도록 설계되어 있으며, 도트매트릭스를 사용하는 경우에는 [그림 1-2]에서 점퍼 JP1을 제거하여 풀업저항에 연결된 전원을 차단할 수 있다.

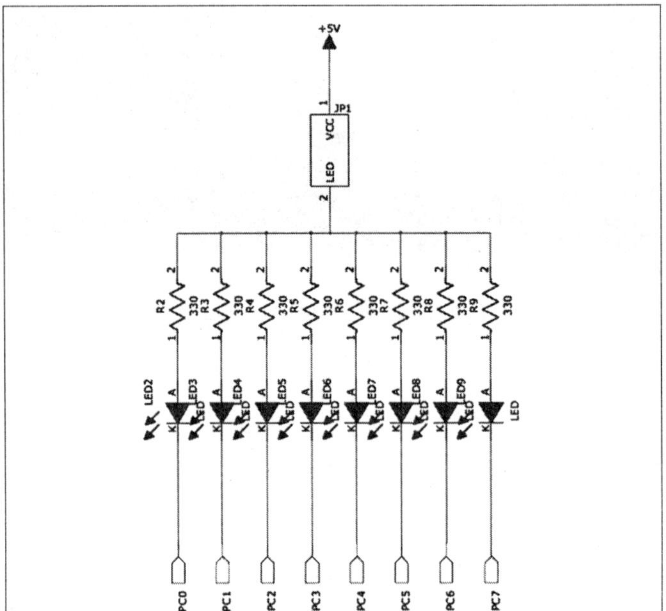

[그림 1-2] LED 출력 회로

■ 7-Segment 구동 회로

디지털 시계 또는 A/D 변환기의 변환 값 등을 표시할 수 있도록 Common Cathode 형의 7-Segment가 4개 장착되어 있다. 7-세그먼트의 A, B, C, D, E, F, G, DP단자는 UDN2981을 거쳐 PB4-PB7과 PD4-PD7에 연결되어 있으며, 각 세그먼트의 COM 단자는 ULN2803을 거쳐 PG0-PG3포트에 연결되어 있다.

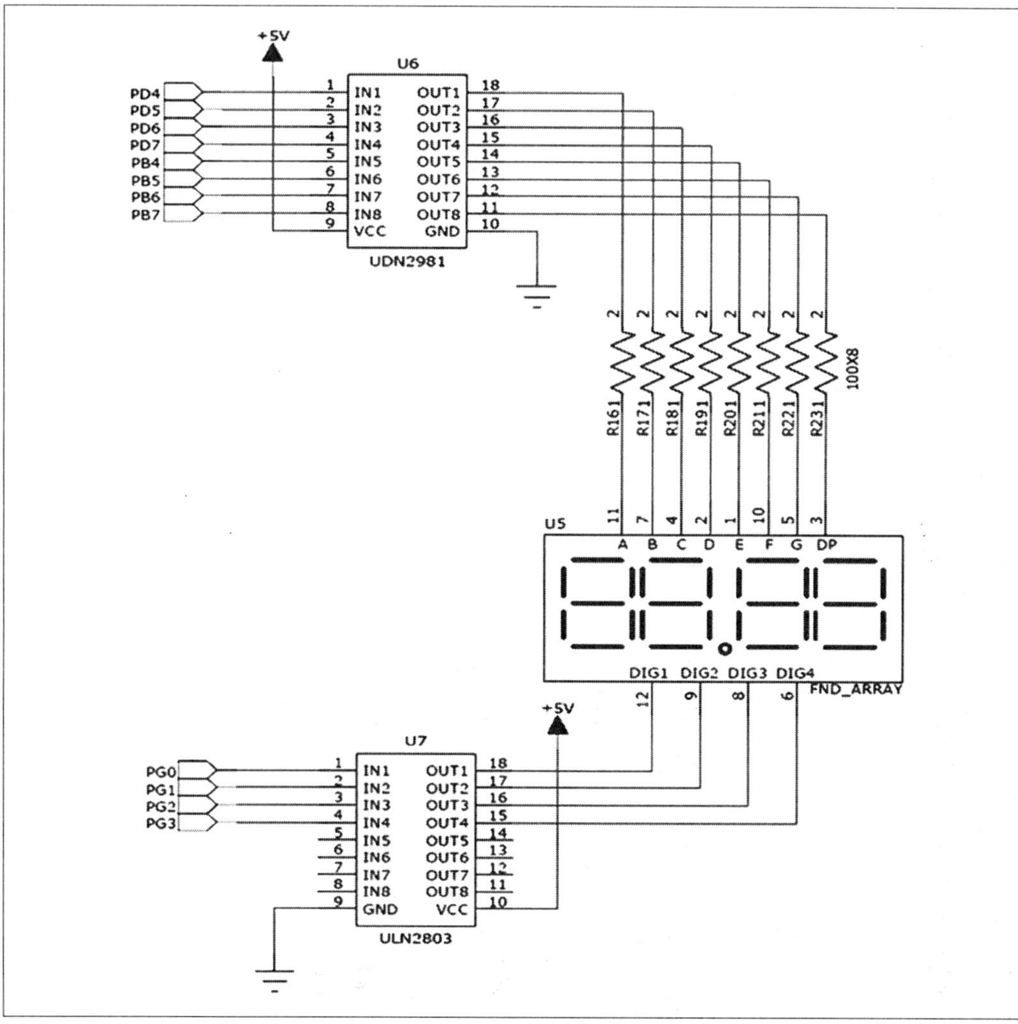

[그림 1-3] 7-Segment 구동회로

■ LCD 커넥터

텍스트 LCD 연결을 위해 [그림 1-4]와 같이 포트 A를 이용하여 구성하였으며, 16문자×2라인을 가지고 있는 LCD를 사용할 수 있다. LCD는 4비트 데이터 버스 방식으로 제어하며, VR1 가변저항은 LCD의 밝기 조정용으로 사용한다.

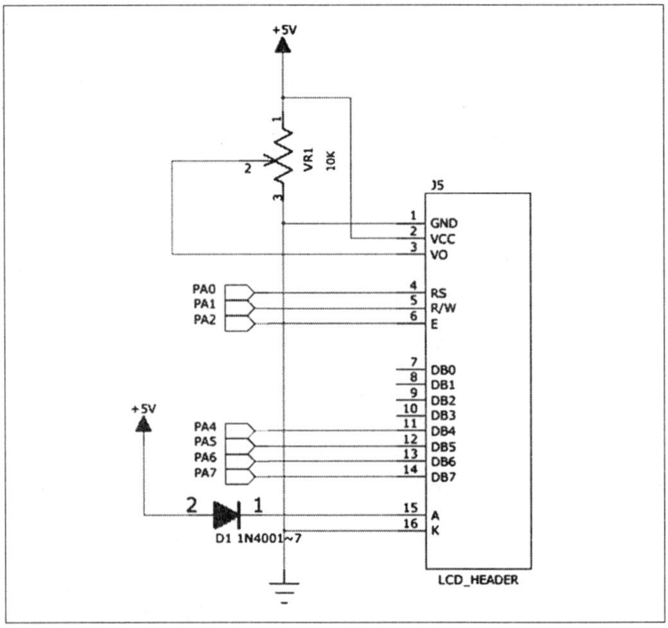

[그림 1-4] LCD 커넥터

■ 자이로 센서 MPU-6050

MPU-6050은 가속도와 각속도 그리고 온도를 측정할 수 있는 센서이며, TWI 단자에 연결되어 있다.

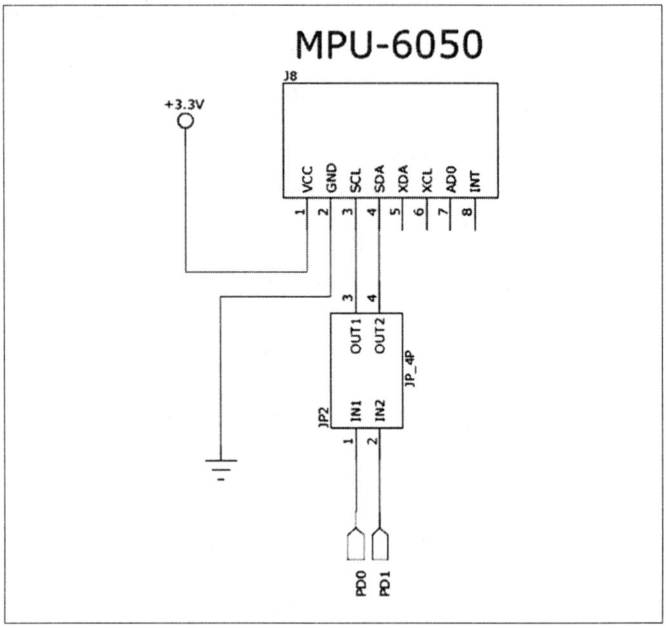

[그림 1-5] 자이로 센서 모듈 연결 회로

■ 3축 가속도 센서

MMA-7361을 사용한 가속도 센서로 X,Y,Z 3축에 대한 가속도를 측정할 수 있으며, 아날로그 값을 출력하므로 ATmega128의 ADC(AD 변환기)를 통해 디지털 값으로 변환하여야 한다.

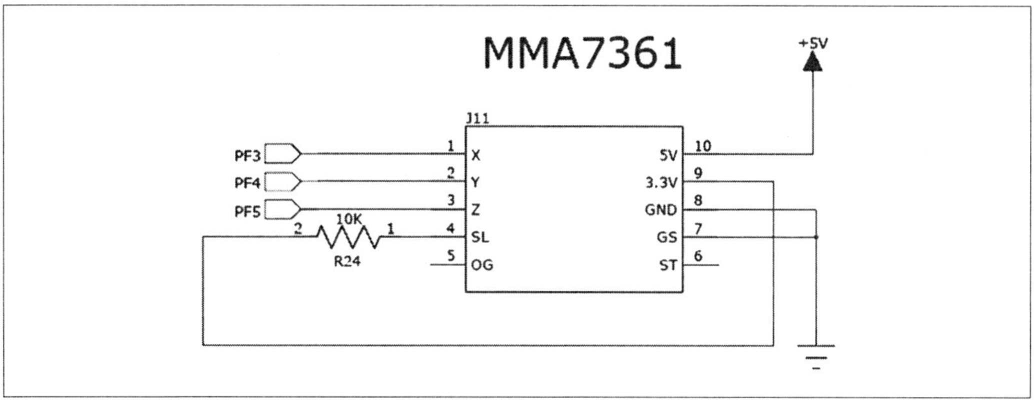

[그림 1-6] 가속도 센서 모듈 연결 회로

■ 온도 센서

LM-35는 온도의 변화에 선형 10mV/℃ Scale factor를 가지며, PF7(ADC7) 핀에 연결되어 있어 디지털 값으로 변환한 후 온도 값을 LCD 또는 7-세그먼트에 표시할 수 있다.

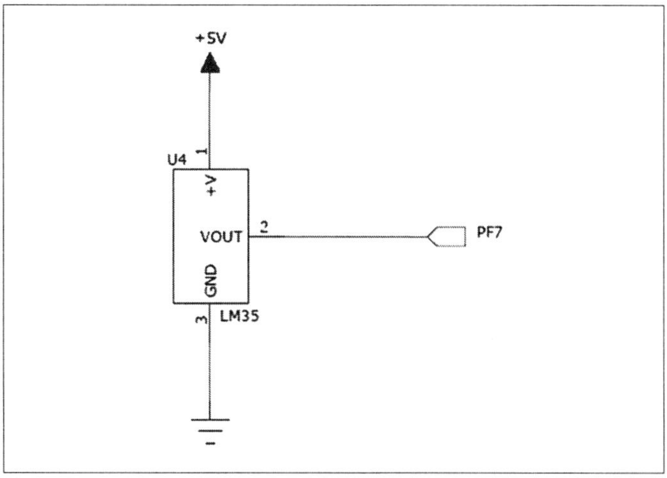

[그림 1-7] 온도 센서 회로

■ 초음파 센서

HC-SR04는 초음파를 이용하여 장애물을 감지하거나 거리(2cm~4m)를 측정할 수 있으며, 전기적인 특성은 [표 1-1]과 같다.

[표 1-1] 초음파 센서 주요 특성

동작 전압	DC 5V
동작 전류	15mA
동작 주파수	40Hz
최대 거리	4m
최소 거리	2cm
측정 각도	15도
트리거 입력 신호	10us TTL Pulse
에코 출력 신호	입력 TTL 레벨 신호와 범위의 비율

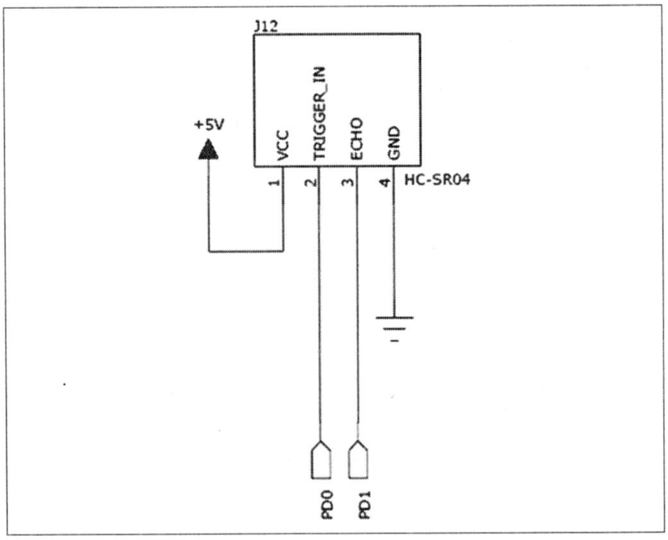

[그림 1-8] 초음파 센서 모듈 연결 회로

■ 전압 센서

A/D 변환기의 실험을 위해 가변저항(10kΩ)을 이용하여 0~5V의 전압을 공급하며, 포트 PF6(ADC6)에 연결되어 있다.

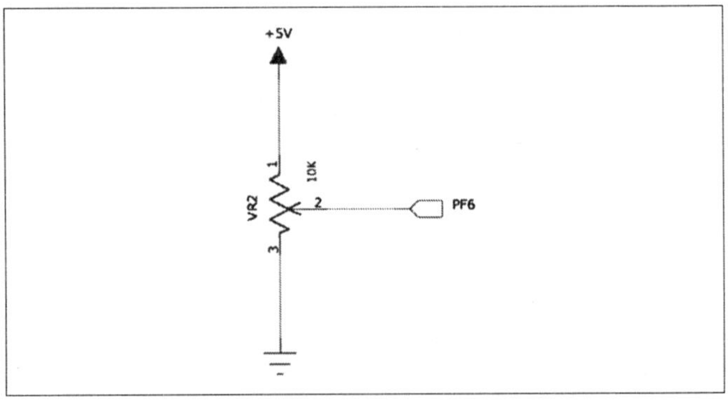

[그림 1-9] 아날로그 입력회로

■ RS-232부

ATmega128에 내장되어 있는 USART0 시리얼 통신 포트를 이용할 수 있도록 MAX232 드라이버 IC를 사용하여 [그림 1-10]과 같이 회로를 구성하였다. MAX232 드라이버 IC는 RS232C 통신에 적합하도록 전압 레벨을 ±12V로 변환하는 역할을 하며, ATmega128에서 제공되는 2개의 USART 채널 중 0번(1번은 블루투스와 WiFi에서 사용)을 사용한다.

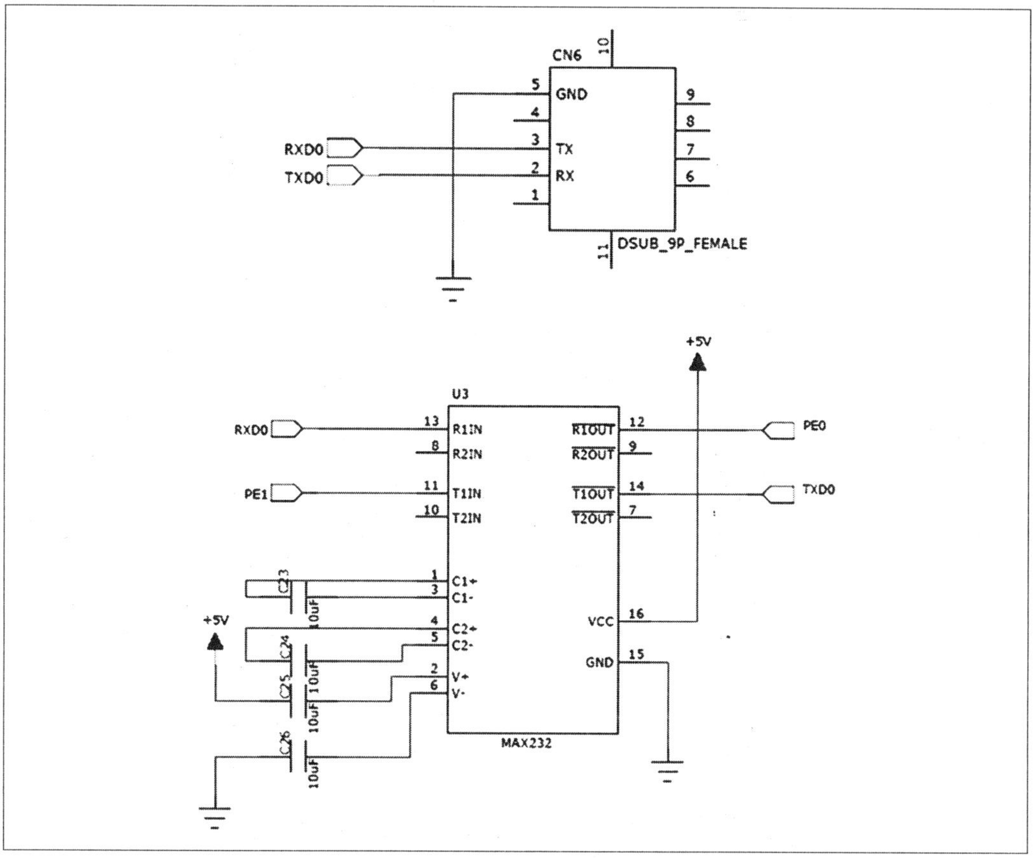

[그림 1-10] USART 회로

■ 블루투스부

USART1을 이용하여 무선 블루투스 통신 모듈을 연결할 수 있으며, 블루투스가 가능한 모듈 또는 장치(컴퓨터, 스마트폰, 테블릿 PC 등)와 데이터 통신이 가능하다. 블루투스는 단거리 무선통신 중 가장 많이 사용되는 통신방식으로 연결이 간편하고 1:1 방식으로 통신이 이루어지므로 신뢰도가 높다. 기본 통신거리는 10m 이내이며, USART1을 이용하여 컴퓨터, 스마트폰과 테블릿 PC와 통신이 가능하다. 또한 2개의 모듈을 이용하여 마스터와 슬레이브로 각각 지정하여 통신할 수도 있다. 주의할 점은 USART1을 사용하기 때문에 WiFi모듈과 동시에 사용할 수 없다.

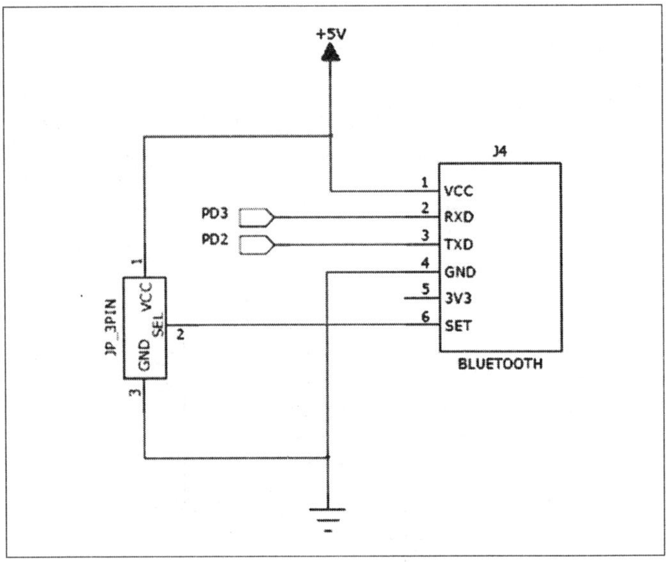

[그림 1-11] 블루투스 모듈 회로

■ WiFi 모듈

USART1을 이용하여 WiFi가 가능한 모듈 또는 장치(컴퓨터, 스마트폰, 테블릿 PC 등)와 데이터 통신이 가능하다. 주의할 점은 블루투스 모듈에서도 USART1 단자를 사용하기 때문에 동시에 사용할 수 없다.

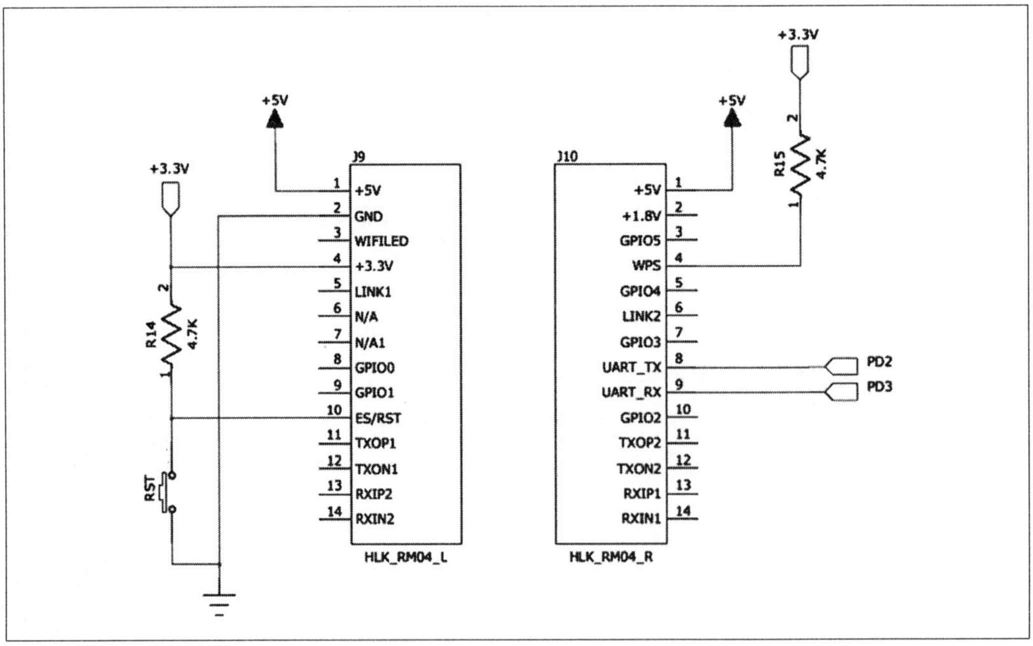

[그림 1-12] WiFi 모듈 회로

■ SPI 연결 커넥터

SPI 방식을 사용하는 모듈이나 장치와의 시리얼 통신을 하기 위한 연결 커넥터이며, SPI 통신으로 사용하지 않을 때는 일반 입출력핀으로 사용할 수 있다.

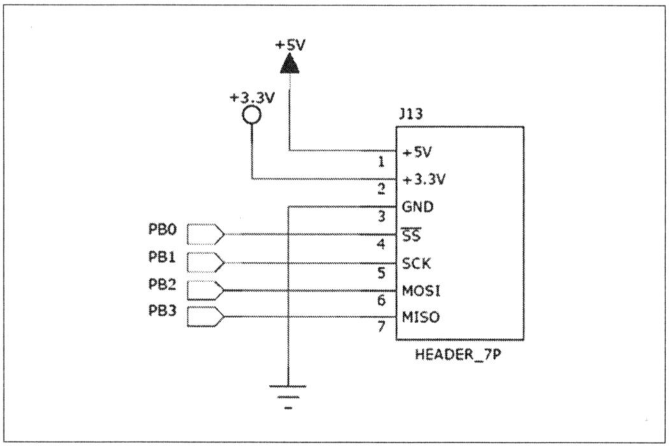

[그림 1-13] SPI 연결 커넥터

■ TWI(I²C) 연결 커넥터

TWI 방식을 사용하는 모듈이나 장치와의 시리얼 통신을 하기 위한 연결 커넥터이다. 주의할 점은 TWI 단자인 PD0, PD1핀을 MPU-6050모듈과 HC-SR04모듈이 공용으로 사용하기 때문에 외부에 별도의 모듈을 연결하는 경우에는 2개의 모듈을 제거하고 사용하여야 한다.

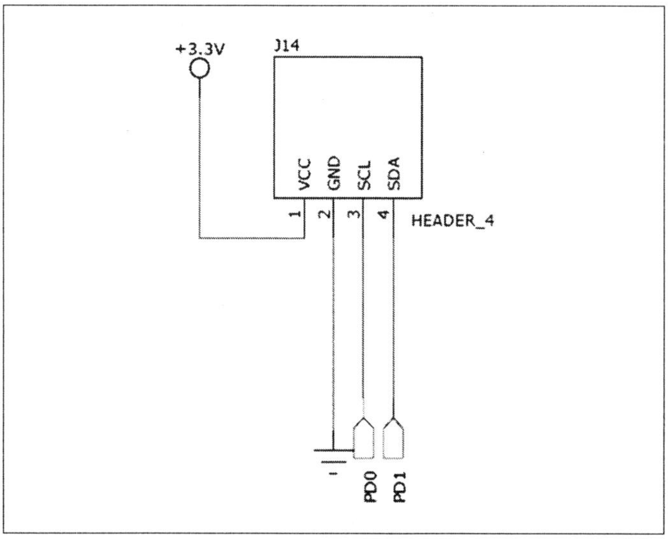

[그림 1-14] TWI 연결 커넥터

■ 확장 연결 커넥터

인터페이스 보드에서 사용하지 않는 핀들을 모아 6개의 핀으로 구성한 커넥터이며, 조이스틱이나 센서 모듈 등을 연결 할 수 있다.

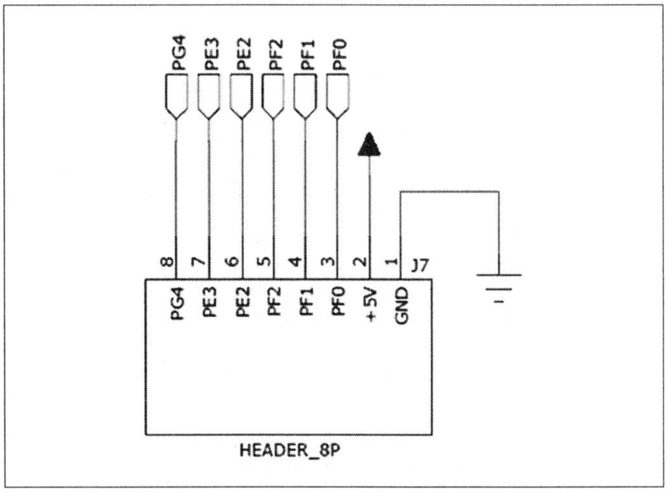

[그림 1-15] 확장 연결 커넥터

■ 3색 도트 매트릭스 연결 커넥터

도트 매트릭스 연결 10핀 커넥터(2 x 5)는 삼광반도체의 SMM-31616 모듈(SMM51616 도 가능)을 사용하기 위한 커넥터이며, 포트 C를 사용한다. 도트 매트릭스의 연결은 플랫 케이블 10핀 커넥터를 이용하며, 전원은 보드의 5V 전압을 사용하면 된다. 그러나 소비전력이 다른 모듈보다 크기 때문에 여러 개의 모듈을 이용하는 경우에는 별도의 전원을 사용해야 한다.

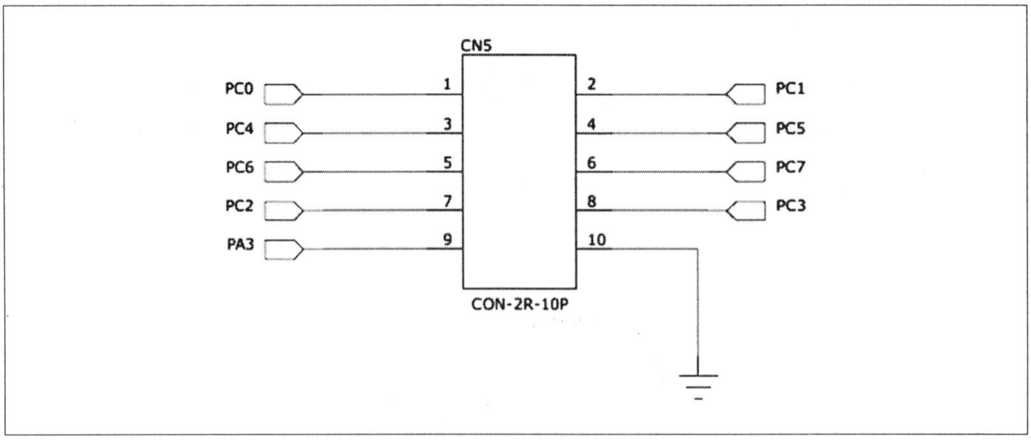

[그림 1-16] 3색 도트 매트릭스 연결 커넥터

■ **전원부**

전원부 5V 어댑터와 LDO(Low Drop Out) Voltage Regulator를 이용하여 보드와 외부 모듈에 5V, 3.3V, 2.5V 1A를 공급한다. 주의할 점은 보드에서 제공하는 3색 도트 매트릭스 2개 이상, 단색 도트매트릭스 3개 이상 연결하면 과도하게 부하가 걸릴 수 있으므로 별도의 외부 전원장치 사용을 권장한다. 3개의 전원부는 [그림 1-17]과 같이 3개의 커넥터를 통해 외부로 전압을 출력할 수 있다.

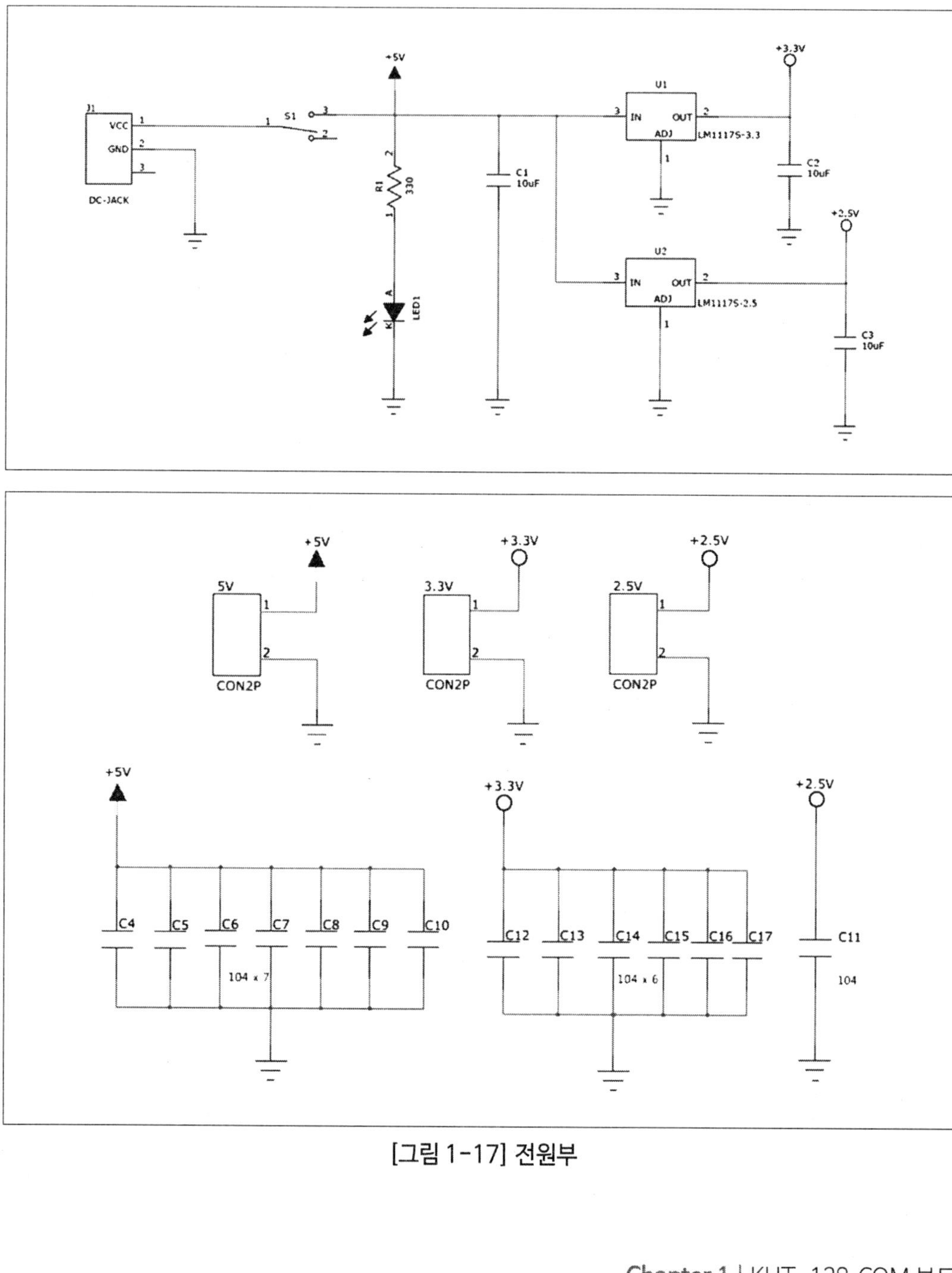

[그림 1-17] 전원부

Chapter 2 7-세그먼트 응용

이 장에서는 7-세그먼트를 이용하여 1/100초(10ms) 단위로 동작하는 스톱워치를 여러 가지 방식으로 구현해 보도록 한다. 기본적인 동작은 [그림 2-1]과 같고, 스위치와 7-세그먼트의 연결 포트는 [표 2-1]과 같다.

초 (10단위)	초 (1단위)	1/10초	1/100초

SW1(PE4) : 시작/정지 토글 동작
SW2(PE5) : 리셋(클리어)

[그림 2-1] 스톱워치 기본 기능

[표 2-1] 스위치 및 7-세그먼트 연결 포트

연결 부품	연결 포트	기능
스위치	PE4 ~ PE5	SW1 ~ SW2(폴링방식)
7-세그먼트	PD4 ~ PD7	7-세그먼트 A ~ D
	PB4 ~ PB7	7-세그먼트 E ~ G, DP
	PG0	초 10자리
	PG1	초 1자리
	PG2	10ms값 10자리
	PG3	10ms값 1자리

2.1 폴링방식 스톱워치

두 개의 스위치 입력 처리는 폴링방식을 이용하도록 하고, 타이머/카운터는 사용하지 않고 구현해 보도록 하자. 스톱워치가 동작할 때는 10ms 단위로 시간 값이 증가해야 하는데 10ms 시간을 측정할 방법이 없으므로, 여기서는 다음과 같이 7-세그먼트를 표시하는데 10ms가 걸리도록 하여 작성해보도록 한다.

〈힌트〉 7-Segment에 4자리를 표시하는 시간이 1/100초(10ms) 정도 걸리게끔 하는 함수를 만들고, 이 함수를 실행할 때마다 동작 상태이면 10ms씩 증가시키며 현재의 시간을 표시한다. 그러나, 정지 상태이면 시간은 증가시키지 말고 현재의 시간을 표시하는 함수만 실행하도록 한다.

여기서 주요 처리과정은 폴링방식의 스위치 입력처리와 10ms 걸리는 7-세그먼트 표시 처리 부분이라 할 수 있다.

2.1.1 폴링(Polling) 방식 스위치 입력처리

스위치의 상태를 자세히 나누어 보면 [표 2-2]와 같이 나눌 수 있으며, 이러한 상태들은 짧은 시간차를 두고 스위치의 상태를 두 번 읽어 두 상태의 값으로부터 [그림 2-2]와 [표 2-2]와 같이 파악할 수 있다.. 시간차를 두고 연속해서 [그림 2-3]과 같이 두 번 읽어도 되지만, 실제 프로그램을 작성할 때는 [그림 2-4]와 같이 현재 상태를 이전 상태로 하고 새로 읽은 상태를 현재 상태로 하여 한 번씩만 읽는 방법을 많이 이용한다. 따라서, 맨 처음에만 연속해서 두 번 스위치의 상태를 읽고 그 다음부터는 한 번씩 읽으면서 스위치의 상태를 파악하게 된다.

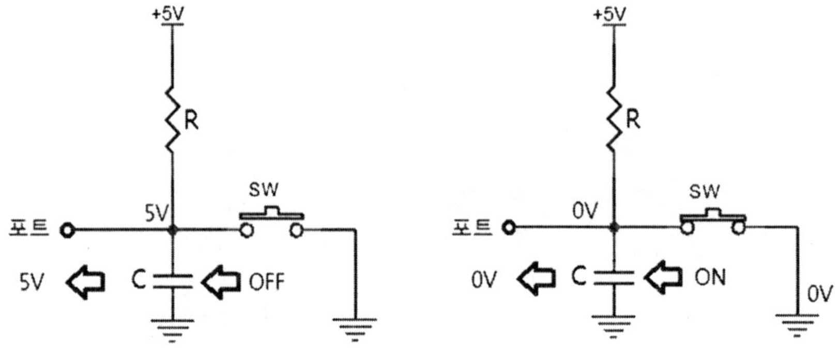

[그림 2-2] 스위치 ON/OFF 동작에 따른 포트 값

[표 2-2] 스위치 상태 분류

스위치 상태	앞 상태	뒤 상태	비 고
OFF	OFF	OFF	
OFF -> ON	OFF	ON	Falling Edge
ON	ON	ON	
ON -> OFF	ON	OFF	Rising Edge

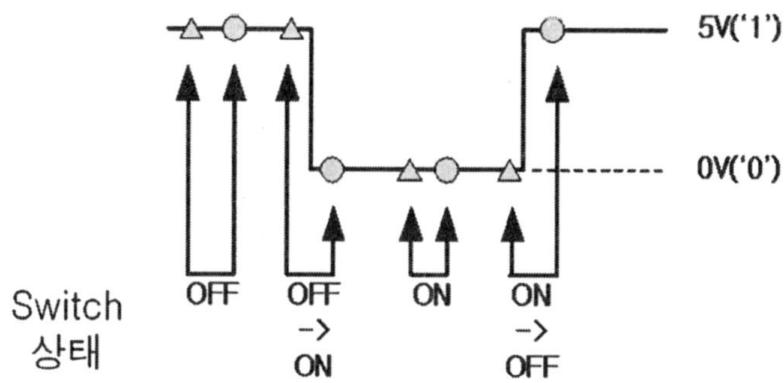

[그림 2-3] 스위치의 상태 파악하기1

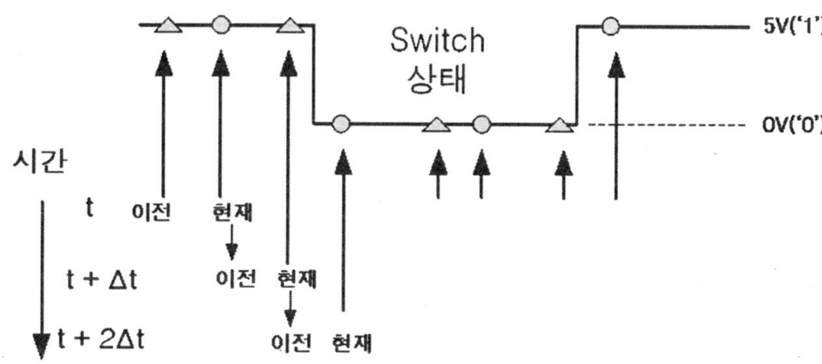

[그림 2-4] 스위치의 상태 파악하기2

이를 프로그램으로 구현하면 다음과 같다.

```
❶ old_sw = PINE & 0b00110000;          // PE4(SW1), PE5(SW2) 스위치 상태 추출

  while(1) {
    ~~~~~~~~~~~~~~~~~~~~~~~~~~~~~~
❷   sw = PINE & 0b00110000;            // PE4(SW1), PE5(SW2) 스위치 상태 추출
❸   if(sw == old_sw) continue;         // 스위치 상태 변화 없으면 처음으로

❹   if(old_sw == 0b00110000 && sw == 0b00100000) sw_key1();      // SW1 눌려지는 순간
❺   else if(old_sw == 0b00110000 && sw == 0b00010000) sw_key2(); // SW2 눌려지는 순간
❻   old_sw = sw;                       // 현재 상태를 이전 상태로 저장
  }
```

〈설명〉

❶ 스위치 입력 처리하는 반복 부분에 들어가기에 앞서 스위치의 상태를 읽고 이전 상태의 값으로 저장한다. 여기서, 스위치가 연결되지 않거나 사용하지 않는 핀의 값은 어떤 값이 입력될 지 모르기 때문에 사용하는 핀의 값만 남도록 하기 위해 0b00110000 값으로 AND 마스크 처리를 수행한다.

```
PINE =>         SW4  SW3  SW2  SW1  ?   ?   ?   ?
           AND   0    0    1    1   0   0   0   0
--------------------------------------------------
                 0    0   SW2  SW1  0   0   0   0
```

❷ 스위치의 상태를 읽고 현재 상태의 값으로 저장한다.
❸ 이전 상태와 현재 상태가 같으면 반복 구문 처음으로 돌아간다.
❹ 이전 상태에서는 두 개의 스위치가 모두 off 이고, 현재 상태에서는 SW1만 on인지 체크한다.
❺ 이전 상태에서는 두 개의 스위치가 모두 off 이고, 현재 상태에서는 SW2만 on인지 체크한다.
❻ 스위치의 현재 샹태를 이전 상태로 저장하고 ❷로 돌아간다.

2.1.2 10ms 7-세그먼트 표시 함수

7-세그먼트는 4개를 표시해야 하므로 한 개당 대략 2.5ms씩 걸려 표시하도록 딜레이 함수를 이용하면 되며, 여기서는 delay_us(딜레이 값) 함수의 딜레이 값을 스마트폰과 비교하면서 조정하도록 한다.

```
void time_out(void)
{
        u_char  m1, m10, s1, s10;

❶       m1 = ms10 % 10;              // 10ms 1자리
        m10 = ms10 / 10;             // 10ms 10자리
        s1 = sec % 10;               // sec 1자리
        s10 = sec / 10;              // sec 10자리

❷       PORTG = 0b00001000;     // 10ms 1자리 ON(PG3=1)
        PORTD = ((seg_pat[m1] & 0x0F) << 4) | (PORTD & 0x0F);  // A~D 표시
        PORTB = (seg_pat[m1] & 0x70 ) | (PORTB & 0x0F);         // E~G 표시
❸       delay_us(2480);
```

```
❹     PORTG = 0b00000100;   // 10ms 10자리 ON(PG2=1)
      PORTD = ((seg_pat[m10] & 0x0F) << 4) | (PORTD & 0x0F); // A~D 표시
      PORTB = (seg_pat[m10] & 0x70 ) | (PORTB & 0x0F);        // E~G 표시
      delay_us(2480);

❺     PORTG = 0b00000010;   // sec 1자리 ON(PG1=1)
      PORTD = ((seg_pat[s1] & 0x0F) << 4) | (PORTD & 0x0F);   // A~D 표시
      PORTB = (seg_pat[s1] & 0x70 ) | (PORTB & 0x0F);         // E~G 표시
      PORTB = PORTB | 0x80;                                    // DP ON
      delay_us(2480);

❻     PORTG = 0b00000001;   // sec 10자리 ON(PG0=1)
      PORTD = ((seg_pat[s10] & 0x0F) << 4) | (PORTD & 0x0F);  // A~D 표시
      PORTB = (seg_pat[s10] & 0x70 ) | (PORTB & 0x0F);        // E~G 표시
      delay_us(2480);
  }
```

〈설명〉

❶ 7-세그먼트에 표시할 10ms 단위 값과 초 값의 10자리, 1자리를 추출하는 부분이다. 즉 10으로 나눈 몫을 취하면 10자리가 되고, 나머지를 취하면 1자리가 된다.

❷ 10ms의 1자리 값(맨 우측)을 표시하는 부분이고, 이에 따라 맨 우측 7-세그먼트만 on되도록 PG3 핀에만 1을 출력한다. 배열 seg_pa[]에는 0~9의 값을 7-세그먼트에 표시할 패턴이 저장되어 있고, seg_pat[m1]의 패턴을 포트D와 포트B에 나누어 출력한다. 여기서 주의할 점은 7-세그먼트 제어에 사용하는 핀이 포트B와 포트D의 상위 4비트이므로, 표시할 패턴을 출력할 때 포트B와 포트D의 하위 4비트는 이전의 상태를 유지하도록 해 주어야 한다. 따라서, 포트B와 포트D의 하위 4비트는 그대로 두고, 상위 4비트만 클리어 시킨 후, 상위 4비트에 seg_pat[m1]의 하위 4비트 값을 왼쪽으로 4비트 쉬프트 시킨 후 OR 연산을 통해 포트B와 포트D에 표시 패턴을 설정해 주어야 한다.

❸ delay_us(2480)에서 값 2480은 스마트폰의 스톱워치와 비교하면서 조정한 값이다.

❹ 10ms의 10자리 값을 표시하는 부분이고, 이에 따라 우측 두 번째 7-세그먼트만 on되도록 PG2 핀에만 1을 출력한다. 포트D와 포트B에는 seg_pat[m10]의 패턴을 나누어 출력한다.

❺ sec의 1자리 값을 표시하는 부분이고, 이에 따라 좌측 두 번째 7-세그먼트만 on되도록 PG1 핀에만 1을 출력한다. 포트D와 포트B에는 seg_pat[s1]의 패턴을 나누어 출력한다. 그리고, DP(Decimal Point) LED를 ON 시키기 위해 포트B의 최상위 비트 PB7핀이 1이 되도록 0x80으로 OR 연산을 수행한다.

❻ sec의 10자리 값을 표시하는 부분이고, 이에 따라 맨 좌측 7-세그먼트만 on되도록 PG0 핀에만 1을 출력한다. 포트D와 포트B에는 seg_pat[s10]의 패턴을 나누어 출력한다.

2.1.3 처리 흐름도 및 프로그램

[그림 2-5]와 [리스트 2-1]은 처리 흐름도와 프로그램을 보여준다.

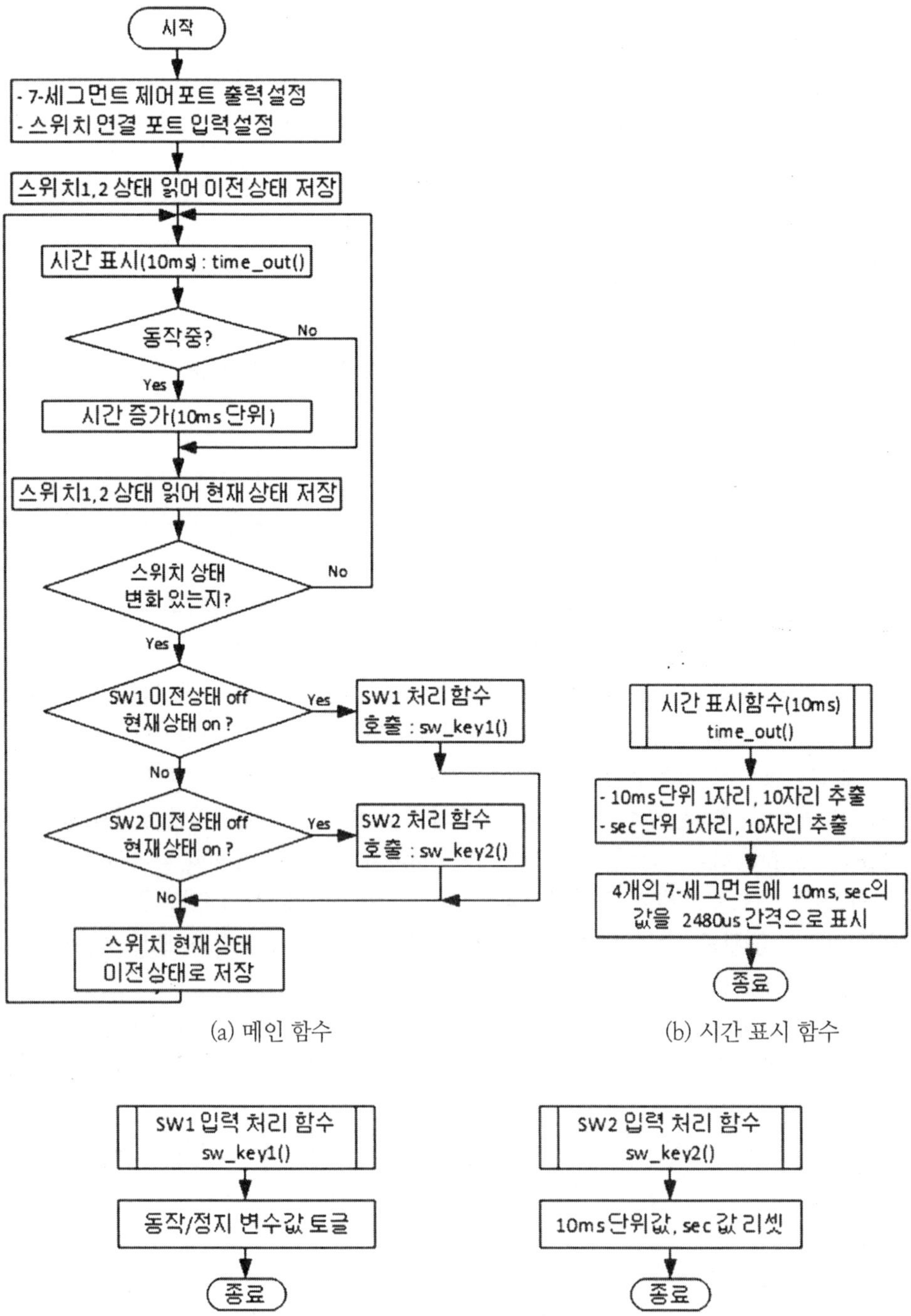

(a) 메인 함수 (b) 시간 표시 함수

(c) 스위치1 입력 처리 함수 (d) 스위치2 입력 처리 함수

[그림 2-5] 처리 흐름도

[리스트 2-1] 스톱워치1 프로그램

```
// stop1.c
// Programmed by Donguk SHIN in 2016
// 폴링 방식에 의한 스톱워치

#include <mega128.h>
#include <delay.h>

typedef unsigned char u_char;

flash u_char seg_pat[10]= {0x3f, 0x06, 0x5b, 0x4f, 0x66, 0x6d, 0x7d, 0x07, 0x7f, 0x6f};

u_char  sec = 0, ms10 =0;          // sec : 초값, ms10 : 10msec 단위의 값
u_char  run = 0;                   // 0 : 정지, 1 : 동작

void time_out(void);               // 스톱워치 시간 7-Segment 출력 함수
void sw_key1(void);                // SW1 입력 처리 함수(동작/정지 토글)
void sw_key2(void);                // SW2 입력 처리 함수(클리어)

void main(void)
{
    unsigned char old_sw, sw;

    DDRB = 0xF0;                   // 포트 B 상위 4비트 출력 설정
    DDRD = 0xF0;                   // 포트 D 상위 4비트 출력 설정
    DDRG = 0x0F;                   // 포트 G 하위 4비트 출력 설정
    DDRE = 0x0;                    // 포트 E 입력 설정

    PORTB = 0x0;                   // 7-세그먼트 e, f, g, dp off
    PORTD = 0x0;                   // 7=세그먼트 a, b, c, d off

    old_sw = PINE & 0b00110000;         // PE4(SW1), PE5(SW2) 스위치 상태 추출

    while(1) {
       time_out();                 // 시간 표시
       if(run == 1){               // 동작 중이면
           ms10++;                 // 10ms 단위값 +1
           if(ms10 == 100){        // 10ms * 100 = 1초 경과
                ms10 = 0;          // 10ms 단위값 리셋
                sec++;             // 초값 +1
                if(sec == 60) sec = 0;      // 60초이면 초값 리셋
```

```
        }
    }

    sw = PINE & 0b00110000;          // PE4(SW1), PE5(SW2) 스위치 상태 추출
    if(sw == old_sw) continue;       // 스위치 상태 변화 없으면 처음으로

    if(old_sw == 0b00110000 &&
        sw == 0b00100000) sw_key1();        // SW1 눌려지는 순간
    else if(old_sw == 0b00110000 &&
        sw == 0b00010000) sw_key2();        // SW2 눌려지는 순간

    old_sw = sw;
  }
}

// 스톱워치 시간 표시 함수(7-세그먼트)
// 실행시간 10ms(10ms 측정 이용)
// delay_us(val) : 함수의 실행시간이 10ms가 되도록 val 조정
void time_out(void)
{
  u_char  m1, m10, s1, s10;

  m1 = ms10 % 10;          // 10ms 1자리
  m10 = ms10 / 10;         // 10ms 10자리
  s1 = sec % 10;           // sec 1자리
  s10 = sec / 10;          // sec 10자리

  PORTG = 0b00001000;      // 10ms 1자리 ON(PG3=1)
  PORTD = ((seg_pat[m1] & 0x0F) << 4) | (PORTD & 0x0F);     // A~D 표시
  PORTB = (seg_pat[m1] & 0x70 ) | (PORTB & 0x0F);           // E~G 표시
  delay_us(2480);

  PORTG = 0b00000100;      // 10ms 10자리 ON(PG2=1)
  PORTD = ((seg_pat[m10] & 0x0F) << 4) | (PORTD & 0x0F);    // A~D 표시
  PORTB = (seg_pat[m10] & 0x70 ) | (PORTB & 0x0F);          // E~G 표시
  delay_us(2480);

  PORTG = 0b00000010;      // sec 1자리 ON(PG1=1)
  PORTD = ((seg_pat[s1] & 0x0F) << 4) | (PORTD & 0x0F);     // A~D 표시
  PORTB = (seg_pat[s1] & 0x70 ) | (PORTB & 0x0F);           // E~G 표시
  PORTB = PORTB | 0x80;                                     // DP ON
  delay_us(2480);
```

```
    PORTG = 0b00000001;        // sec 10자리 ON(PG0=1)
    PORTD = ((seg_pat[s10] & 0x0F) << 4) | (PORTD & 0x0F);      // A~D 표시
    PORTB = (seg_pat[s10] & 0x70 ) | (PORTB & 0x0F);             // E~G 표시
    delay_us(2480);
}

// SW1 입력 처리 함수(동작/정지)
void sw_key1(void)
{
    if(run == 0) run = 1;          // 정지 -> 동작
    else run = 0;                  // 동작 -> 정지
}

// SW2 입력 처리 함수(클리어)
void sw_key2(void)
{
    sec = 0;
    ms10 = 0;
}
```

2.2 인터럽트(Interrupt) 방식 스톱워치

스위치의 입력 처리를 외부 인터럽트 방식을 이용하여 구현해보자. 즉, SW1은 외부 인터럽트4를, SW2는 외부 인터럽트5를 이용한다.

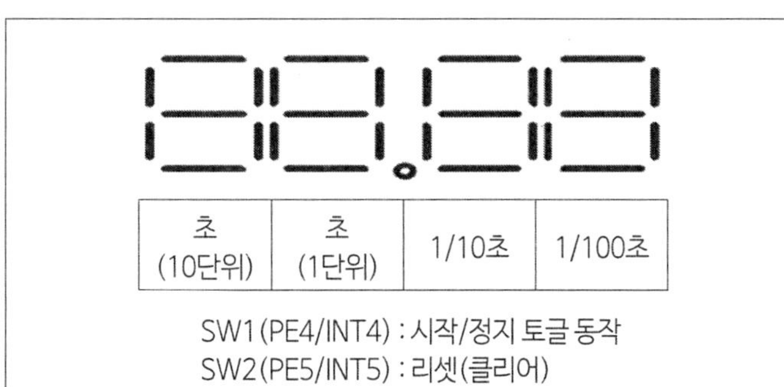

[그림 2-6] 스톱워치2

2.2.1 인터럽트 방식 스위치 입력처리

```
void main(void)
{
 ~~~~~~~~~~~~~~~~~~~~~~~~~~~~
   // 외부 인터럽트 초기화
❶  EIMSK = 0b00110000;        // INT4, 5 Enable
   EICRB = 0b00001010;        // INT4, 5 하강에지

   SREG = 0x80;               // 전역 인터럽트 인에이블 비트 셋

❷  while(1) {
     time_out();              // 시간 표시

     if(run == 1){            // 동작 중이면
        ms10++;               // 10ms 단위값 +1
        if(ms10 == 100){      // 10ms * 100 = 1초 경과
           ms10 = 0;          // 10ms 단위값 리셋
           sec++;             // 초값 +1
           if(sec == 60) sec = 0;     // 60초이면 초값 리셋
        }
     }
   }
}

 // SW1 입력 처리 함수(동작/정지)
❸ interrupt [EXT_INT4] void sw_key1(void)
 {
    if(run == 0) run = 1;            // 정지 -> 동작
    else run = 0;                    // 동작 -> 정지
 }

 // SW2 입력 처리 함수(클리어)
❹ interrupt [EXT_INT5] void sw_key2(void)
 {
    sec = 0;
    ms10 = 0;
 }
```

〈설명〉

❶ SW1과 SW2가 연결되어 있는 INT4, INT5를 인에이블 시키고, 스위치가 눌려지는 순간(하강 에지)에 외부 인터럽트가 걸리도록 설정한다.
❷ 폴링방식에서 스위치를 체크하는 부분(PINE 레지스터 읽는 부분)은 모두 삭제한다.
❸ ❹ SW1과 SW2가 눌려질 때 처리되는 외부 인터럽트 함수를 작성한다.

2.2.2 처리 흐름도 및 프로그램

[그림 2-7]과 [리스트 2-2]는 처리 흐름도와 프로그램을 보여준다.

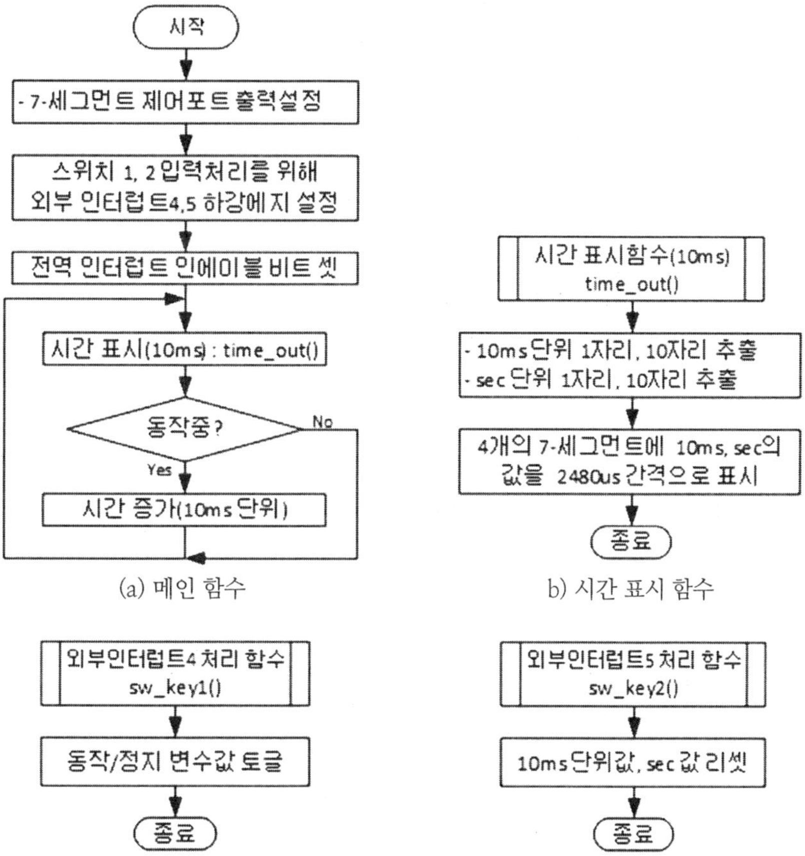

(a) 메인 함수 b) 시간 표시 함수

(c) 외부 인터럽트4 처리 함수 (d) 외부 인터럽트5 처리 함수

[그림 2-7] 처리 흐름도

[리스트 2-2] 스톱워치2 프로그램

```
// stop2.c
// Programmed by Donguk SHIN in 2016
// 외부인터럽트 방식에 의한 스톱워치

#include <mega128.h>
#include <delay.h>

typedef unsigned char u_char;
flash u_char seg_pat[10]= {0x3f, 0x06, 0x5b, 0x4f, 0x66, 0x6d, 0x7d, 0x07, 0x7f, 0x6f};

u_char  sec = 0, ms10 =0;         // sec : 초값, ms10 : 10msec 단위의 값
u_char  run = 0;                  // 0 : 정지, 1 : 동작

void time_out(void);              // 스톱워치 시간 7-Segment 출력 함수

void main(void)
{
   DDRB = 0xF0;                   // 포트 B 상위 4비트 출력 설정
   DDRD = 0xF0;                   // 포트 D 상위 4비트 출력 설정
   DDRG = 0x0F;                   // 포트 G 하위 4비트 출력 설정

   PORTB = 0x0;                   // 7-세그먼트 e, f, g, dp off
   PORTD = 0x0;                   // 7=세그먼트 a, b, c, d off

   // 외부 인터럽트 초기화
   EIMSK = 0b00110000;            // INT4, 5 Enable
   EICRB = 0b00001010;            // INT4, 5 하강에지

   SREG = 0x80;                   // 전역 인터럽트 인에이블 비트 셋

   while(1) {
      time_out();                 // 시간 표시

      if(run == 1){               // 동작 중이면
         ms10++;                  // 10ms 단위값 +1
```

```
        if(ms10 == 100){            // 10ms * 100 = 1초 경과
            ms10 = 0;               // 10ms 단위값 리셋
            sec++;                  // 초값 +1
            if(sec == 60) sec = 0;  // 60초이면 초값 리셋
        }
    }
  }
}

// 스톱워치 시간 표시 함수(7-세그먼트)
// 실행시간 10ms(10ms 측정 이용)
// delay_us(val) : 함수의 실행시간이 10ms가 되도록 val 조정
void time_out(void)
{
  u_char  m1, m10, s1, s10;

  m1 = ms10 % 10;               // 10ms 1자리
  m10 = ms10 / 10;              // 10ms 10자리
  s1 = sec % 10;                // sec 1자리
  s10 = sec / 10;               // sec 10자리

  PORTG = 0b00001000;           // 10ms 1자리 ON(PG3=1)
  PORTD = ((seg_pat[m1] & 0x0F) << 4) | (PORTD & 0x0F);      // A~D 표시
  PORTB = (seg_pat[m1] & 0x70 ) | (PORTB & 0x0F);            // E~G 표시
  delay_us(2480);

  PORTG = 0b00000100;           // 10ms 10자리 ON(PG2=1)
  PORTD = ((seg_pat[m10] & 0x0F) << 4) | (PORTD & 0x0F);     // A~D 표시
  PORTB = (seg_pat[m10] & 0x70 ) | (PORTB & 0x0F);           // E~G 표시
  delay_us(2480);

  PORTG = 0b00000010;           // sec 1자리 ON(PG1=1)
  PORTD = ((seg_pat[s1] & 0x0F) << 4) | (PORTD & 0x0F);      // A~D 표시
  PORTB = (seg_pat[s1] & 0x70 ) | (PORTB & 0x0F);            // E~G 표시
  PORTB = PORTB | 0x80;                                      // DP ON
  delay_us(2480);
```

```
    PORTG = 0b00000001;          // sec 10자리 ON(PG0=1)
    PORTD = ((seg_pat[s10] & 0x0F) << 4) | (PORTD & 0x0F);        // A~D 표시
    PORTB = (seg_pat[s10] & 0x70 ) | (PORTB & 0x0F);              // E~G 표시
    delay_us(2480);
}

// SW1 입력 처리 함수(동작/정지)
interrupt [EXT_INT4] void sw_key1(void)
{
    if(run == 0) run = 1;          // 정지 -> 동작
    else run = 0;                  // 동작 -> 정지
}

// SW2 입력 처리 함수(클리어)
interrupt [EXT_INT5] void sw_key2(void)
{
    sec = 0;
    ms10 = 0;
}
```

2.3 타이머/카운터 이용 스톱워치

10ms 측정을 위해 타이머/카운터1을 이용하여 구현해보자. SW1과 SW2는 외부 인터럽트4와 5를 이용하도록 한다.

초 (10단위)	초 (1단위)	1/10초	1/100초

SW1 (PE4/INT4) : 시작/정지 토글 동작
SW2 (PE5/INT5) : 리셋(클리어)

10ms 측정 : 타이머/카운터1 오버플로우 인터럽트 사용

[그림 2-8] 스톱워치3

2.3.1 타이머/카운터1 인터럽트

```
void main(void)
{
    ~~~~~~~~~~~~~~~~~~~~~~~~~~~~
❶   // 타/카1 초기화(동작중 10ms 측정)
    TIMSK = 0b00000100;        // TOIE1=1(오버플로우)
    TCCR1A = 0x0;              // 타/카1 일반모드
    TCCR1B = 0x0;              // 분주비0 정지(동작 0x03 : 64분주)
    TCCR1C = 0x0;
    TCNT1 = 63036;             // 1/16us * 64분주 * (65536-63036)= 10ms

    SREG = 0x80;

    while(1) time_out();       // 시간 표시
}

❷   // 1/16us * 1024분주 * (65536-63036) = 10ms
interrupt [TIM1_OVF] void t10ms(void)
{
    TCNT1 = 63036;             // 10ms 주기 재설정

    ms10++;                    // 10ms 단위값 +1
    if(ms10 == 100){           // 10ms * 100 = 1초 경과
        ms10 = 0;              // 10ms 단위값 리셋
        sec++;                 // 초값 +1
        if(sec == 60) sec = 0; // 60초이면 초값 리셋
    }
}

   // SW1 입력 처리 함수(동작/정지)
❸ interrupt [EXT_INT4] void sw_key1(void)
{
    // TCCR1B = TCCR1B ^ 0b00000011;        // 아래 부분 이 구문으로 대체 가능

    if(run == 0) {
        run = 1;               // 정지 -> 동작
```

```
        TCCR1B = 0b00000011; // 타/카1 분주비 64 동작
    }
    else {
        run = 0;                    // 동작 -> 정지
        TCCR1B = 0x0;               // 타/카1 정지
    }
}
```

<설명>

❶ 메인 함수에서 타이머/카운터1을 일반모드로 설정하여 오버플로우가 발생하면 인터럽트가 발생하도록 한다. 스톱워치가 처음에는 정지 상태로부터 시작하므로 타이머/카운터1의 분주비를 0으로 하여 타이머/카운터가 동작하지 않도록 초기설정한다.

❷ 타이머/카운터1 오버플로우 인터럽트 처리함수에서는 10ms 인터럽트 주기를 위한 초기 값을 재설정하고, 스톱워치의 10ms단위 값을 1 증가시킨다.

❸ SW1에 의한 외부인터럽트4 처리함수에서는 동작모드로 바뀌면 분주비 값을 설정하여 타이머/카운터가 동작하도록 하고, 정지모드로 바뀌면 분주비를 0으로 하여 타이머/카운터가 동작하지 않도록 하여 시간이 증가하지 않도록 한다.

2.3.2 처리 흐름도 및 프로그램

[그림 2-9]와 [리스트 2-3]은 처리 흐름도와 프로그램을 보여준다.

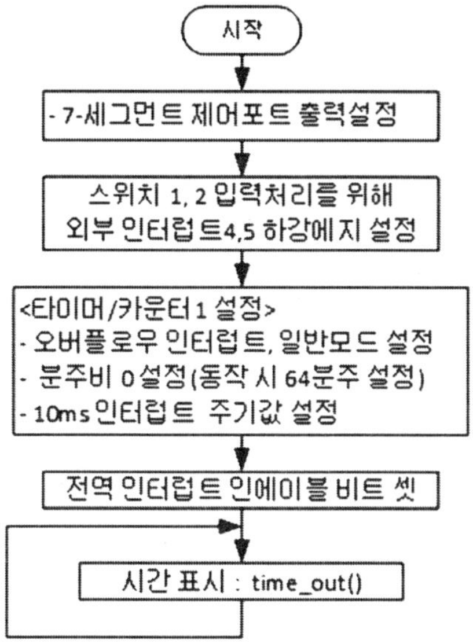

(a) 메인 함수

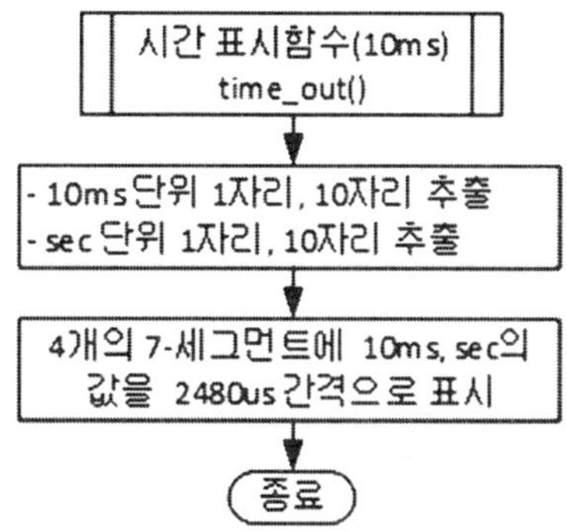

(b) 시간 표시 함수

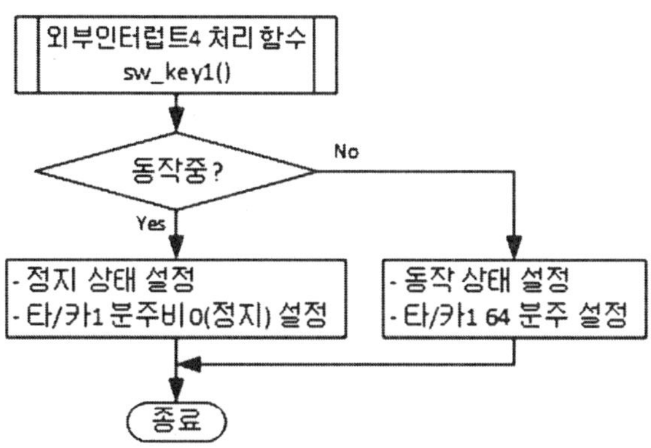

(c) 외부 인터럽트4 처리 함수

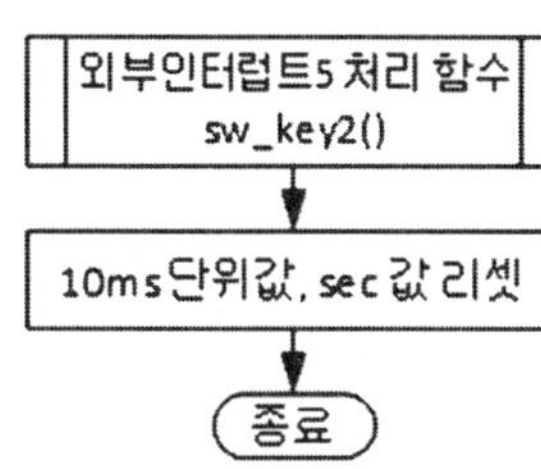

(d) 외부 인터럽트5 처리 함수

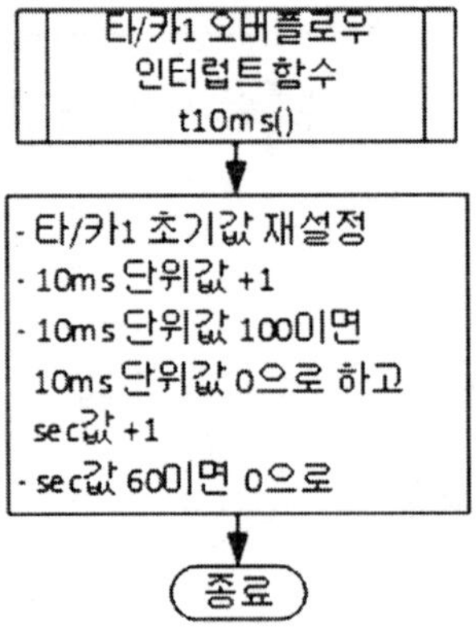

(e) 타이머/카운터1 오버플로우 인터럽트 함수(10ms 주기)

[그림 2-9] 처리 흐름도

[리스트 2-3] 스톱워치3 프로그램

```
// stop3.c
// Programmed by Donguk SHIN in 2016
// 외부 인터럽트 방식에 의한 스톱워치
// 10ms 측정 : 타/카1 일반모드 오버플로우 인터럽트 이용

#include <mega128.h>
#include <delay.h>

typedef unsigned char u_char;

flash u_char seg_pat[10]= {0x3f, 0x06, 0x5b, 0x4f, 0x66, 0x6d, 0x7d, 0x07, 0x7f, 0x6f};
u_char  sec = 0, ms10 =0;          // sec : 초값,  ms10 : 10msec 단위의 값
u_char  run = 0;                   // 0 : 정지,  1 : 동작

void time_out(void);               // 스톱워치 시간 7-Segment 출력 함수

void main(void)
{
   DDRB = 0xF0;                    // 포트 B 상위 4비트 출력 설정
   DDRD = 0xF0;                    // 포트 D 상위 4비트 출력 설정
   DDRG = 0x0F;                    // 포트 G 하위 4비트 출력 설정
   PORTB = 0x0;                    // 7-세그먼트 e, f, g, dp off
   PORTD = 0x0;                    // 7=세그먼트 a, b, c, d off
```

```
    // 외부 인터럽트 초기화
    EIMSK = 0b00110000;             // INT4, 5 Enable
    EICRB = 0b00001010;             // INT4, 5 하강에지

    // 타/카1 초기화(동작중 10ms 측정)
    TIMSK = 0b00000100;             // TOIE1=1(오버플로우)
    TCCR1A = 0x0;                   // 타/카1 일반모드
    TCCR1B = 0x0;                   // 분주비0 정지(동작 0x03 : 64분주)
    TCCR1C = 0x0;
    TCNT1 = 63036;                  // 1/16us * 64분주 * (65536-63036)= 10ms

    SREG = 0x80;

    while(1) time_out();
}

// 스톱워치 시간 표시 함수(7-세그먼트)
void time_out(void)
{
    u_char  m1, m10, s1, s10;

    m1 = ms10 % 10;                 // 10ms 1자리
    m10 = ms10 / 10;                // 10ms 10자리
    s1 = sec % 10;                  // sec 1자리
    s10 = sec / 10;                 // sec 10자리

    PORTG = 0b00001000;             // 10ms 1자리 ON(PG3=1)
    PORTD = ((seg_pat[m1] & 0x0F) << 4) | (PORTD & 0x0F);      // A~D 표시
    PORTB = (seg_pat[m1] & 0x70 ) | (PORTB & 0x0F);            // E~G 표시
    delay_us(2480);

    PORTG = 0b00000100;             // 10ms 10자리 ON(PG2=1)
    PORTD = ((seg_pat[m10] & 0x0F) << 4) | (PORTD & 0x0F);     // A~D 표시
    PORTB = (seg_pat[m10] & 0x70 ) | (PORTB & 0x0F);           // E~G 표시
    delay_us(2480);

    PORTG = 0b00000010;             // sec 1자리 ON(PG1=1)
    PORTD = ((seg_pat[s1] & 0x0F) << 4) | (PORTD & 0x0F);      // A~D 표시
    PORTB = (seg_pat[s1] & 0x70 ) | (PORTB & 0x0F);            // E~G 표시
    PORTB = PORTB | 0x80;                                      // DP ON
    delay_us(2480);
```

```
    PORTG = 0b00000001;          // sec 10자리 ON(PG0=1)
    PORTD = ((seg_pat[s10] & 0x0F) << 4) | (PORTD & 0x0F);          // A~D 표시
    PORTB = (seg_pat[s10] & 0x70 ) | (PORTB & 0x0F);                // E~G 표시
    delay_us(2480);
}

// 1/16us * 1024분주 * (65536-63036) = 10ms
interrupt [TIM1_OVF] void t10ms(void)
{
    TCNT1 = 63036;               // 10ms 주기 재설정

    ms10++;                      // 10ms 단위값 +1
    if(ms10 == 100){             // 10ms * 100 = 1초 경과
        ms10 = 0;                // 10ms 단위값 리셋
        sec++;                   // 초값 +1
        if(sec == 60) sec = 0;   // 60초이면 초값 리셋
    }
}

// SW1 입력 처리 함수(동작/정지)
interrupt [EXT_INT4] void sw_key1(void)
{
    // TCCR1B = TCCR1B ^ 0b00000011;  // 아래 부분 이 구문으로 대체 가능

    if(run == 0) {
        run = 1;                 // 정지 -> 동작
        TCCR1B = 0b00000011;     // 타/카1 분주비 64 동작
    }
    else {
        run = 0;                 // 동작 -> 정지
        TCCR1B = 0x0;            // 타/카1 정지
    }
}

// SW2 입력 처리 함수(클리어)
interrupt [EXT_INT5] void sw_key2(void)
{
    sec = 0;
    ms10 = 0;
}
```

2.4 타이머/카운터 이용 7-세그먼트 표시

이 절에서는 타이머/카운터2를 이용하여 4.9ms 마다 오버플로우 인터럽트를 발생시켜 인터럽트 함수에서 7-세그먼트를 1개씩 순차적으로 표시하도록 구현해보자.

초 (10단위)	초 (1단위)	1/10초	1/100초

SW1(PE4/INT4) : 시작/정지 토글 동작
SW2(PE5/INT5) : 리셋(클리어)

10ms 측정 : 타이머/카운터1 오버플로우 인터럽트 사용
7-세그먼트 : 타이머/카운터2 이용 한 개씩 순차 표시하기(일반모드)

[그림 2-10] 스톱워치4

2.4.1 타이머/카운터2 인터럽트

```
void main(void)
{
    ~~~~~~~~~~~~~~~~~~~~~~~~~~~~
    // 타/카1 초기화(동작 중 10ms 측정)
    ~~~~~~~~~~~~~~~~~~~~~~~~~~~~
❶   TCCR1B = 0x0;                    // 분주비0 정지(동작 0x03 : 64분주)
    ~~~~~~~~~~~~~~~~~~~~~~~~~~~~

❷   // 타/카2 초기화(7세그먼트 표시)
    TIMSK = TIMSK | 0b01000000;      // TOIE2=1(오버플로우)
    TCCR2 = 0b00000100;              // 256분주
    TCNT2 = 0;                       // 1/16us * 256분주 * (256-0)=4.9ms

    SREG = 0x80;

❸   while(1);
}

❹ interrupt [TIM2_OVF] void Seg_out(void)
{
```

```
    u_char val;

    PORTG = seg_on[dsp_no];                        // dsp_no 세그먼트 ON

    // 표시값 구하기
    if(dsp_no == 0) val = ms10 % 10;               // 10ms 1자리
    else if(dsp_no == 1) val = ms10 / 10;          // 10ms 10자리
    else if(dsp_no == 2) val = sec % 10;           // sec 1자리
    else val = sec / 10;                           // sec 10자리

    // 표시값 표시하기
    PORTD = ((seg_pat[val] & 0x0F) << 4) | (PORTD & 0x0F);   // A~D 표시
    PORTB = (seg_pat[val] & 0x70 ) | (PORTB & 0x0F);         // E~G 표시
    if(dsp_no == 2) PORTB = PORTB | 0x80;                     // DP ON

    dsp_no = (dsp_no + 1) % 4;                     // 표시 세그먼트 번호 갱신
}

// SW1 입력 처리 함수(동작/정지)
❺ interrupt [EXT_INT4] void sw_key1(void)
{
    TCCR1B = TCCR1B ^ 0b00000011;                  // 타/카1 동작/정지 토글
}
```

〈설명〉

❶ 스톱워치의 10ms 측정을 위해 사용하는 타이머/카운터1은 분주비를 0으로 설정하여 정지 상태에서 시작하도록 한다.

❷ 타이머/카운터2에 대해 일반모드로 동작하여 오버플로우 인터럽트가 발생하도록 하고, 인터럽트 주기는 4.9ms가 되도록 초기값을 설정한다.

❸ 메인함수에서는 I/O 포트, 외부 인터럽트, 타이머/카운터에 대한 설정을 끝낸 후 별도로 처리할 내용이 없기 때문에 무한 대기 상태가 되며, 인터럽트가 발생할 때마다 인터럽트 처리만 하게 된다.

❹ 4.9ms마다 타이머/카운터2 오버플로우 인터럽트가 발생하면 dsp_no가 가르키는 7-세그먼트의 값을 표시한다. dsp_no는 표시할 7-세그먼트의 위치를 나타내며, 0은 맨 우측(10ms값 1자리), 1이면 우측 두 번째(10ms 값 10자리), 2이면 좌측 두 번째(sec 값 1자리), 3이면 맨 좌측(sec 값 10자리)을 가르킨다. 이 변수는 인터럽트 함수가 실행될 때마다 1씩 증가하며, 4가 되면 다시 0부터 시작한다. 이것은 조건문 없이 나머지 연산자에 의해 수행되며, dsp_no의 값이 3이면 다음 값은 dsp_no = (3 + 1) % 4 = 0이 된다. 따라서, 0 -> 1 -> 2 -> 3 -> 0 -> 1 -> ... 과 같이 반복된다.

❺ ❶에서 TCCR1B는 0의 값을 갖고 시작되므로, 스위치1이 눌려서 외부 인터럽트4 처리함수가 실행되면 TCCR1B는 0x03이 되어 타이머/카운터1은 64분주로 동작하게 된다. 그리고, 다시 스위치1이 눌려져 외부 인터럽트4 처리함수가 실행되면 TCCR1B는 0(분주비 0)이 되어 타이머/카운터1은 정지상태가 된다.

2.4.2 처리 흐름도 및 프로그램

[그림 2-11]과 [리스트 2-4]는 처리 흐름도와 프로그램을 보여준다.

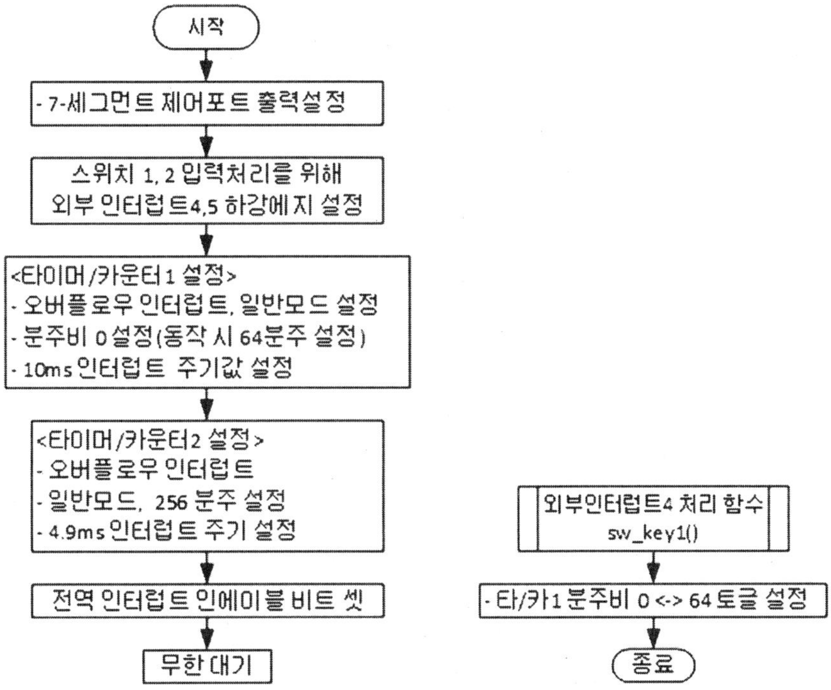

(a) 메인 함수　　(b) 외부 인터럽트4 처리 함수

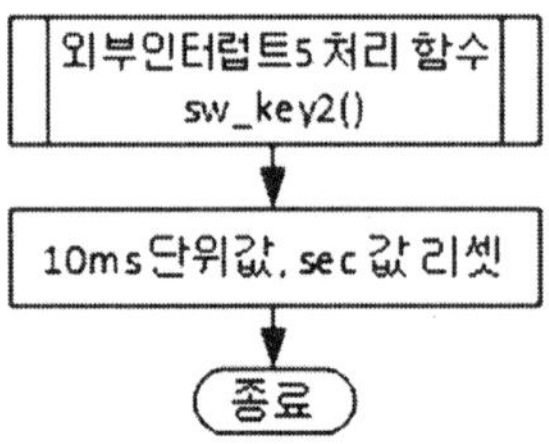

(c) 외부 인터럽트5 처리 함수

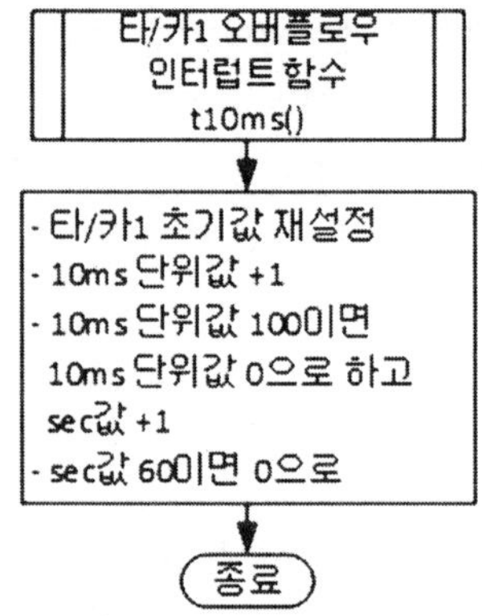

(d) 타이머/카운터1 오버플로우 인터럽트 함수
(10ms 주기)

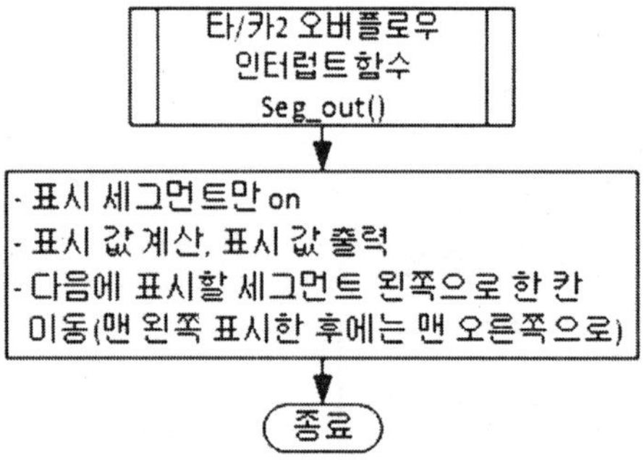

(e) 타이머/카운터2 오버플로우 인터럽트 함수(4.9ms 주기)

[그림 2-11] 처리 흐름도

[리스트 2-4] 스톱워치4 프로그램

```
// stop4.c
// Programmed by Donguk SHIN in 2016
// 외부 인터럽트 방식에 의한 스톱워치
// 타/카1 : 일반모드 오버플로우 인터럽트 이용 10ms 측정
// 타/카2 이용 7-세그먼트 한개씩 순차 표시하기(일반모드)

#include <mega128.h>
#include <delay.h>

typedef unsigned char u_char;
flash u_char seg_pat[10]= {0x3f, 0x06, 0x5b, 0x4f, 0x66, 0x6d, 0x7d, 0x07, 0x7f, 0x6f};
flash u_char seg_on[4] = {0x08, 0x04, 0x02, 0x01}; // SEG ON 값
```

```
u_char  sec = 0, ms10 =0;          // sec : 초값,  ms10 : 10msec 단위의 값
u_char  dsp_no = 0;                // 표시 세그먼트 번호
                                   // 0:1자리, 1:10자리, 2:100자리, 3:1000자리

void main(void)
{
   DDRB = 0xF0;                    // 포트 B 상위 4비트 출력 설정
   DDRD = 0xF0;                    // 포트 D 상위 4비트 출력 설정
   DDRG = 0x0F;                    // 포트 G 하위 4비트 출력 설정

   PORTB = 0x0;                    // 7-세그먼트 e, f, g, dp off
   PORTD = 0x0;                    // 7=세그먼트 a, b, c, d off

   // 외부 인터럽트 초기화
   EIMSK = 0b00110000;             // INT4, 5 Enable
   EICRB = 0b00001010;             // INT4, 5 하강에지

   // 타/카1 초기화(동작 중 10ms 측정)
   TIMSK = 0b00000100;                    // TOIE1=1(오버플로우)
   TCCR1A = 0x0;                          // 타/카1 일반모드
   TCCR1B = 0x0;                          // 분주비0 정지(동작 0x03 : 64분주)
   TCCR1C = 0x0;
   TCNT1 = 63036;                         // 1/16us * 64분주 * (65536-63036)= 10ms

   // 타/카2 초기화(7세그먼트 표시)
   TIMSK = TIMSK | 0b01000000;            // TOIE2=1(오버플로우)
   TCCR2 = 0b00000100;                    // 256분주
   TCNT2 = 0;                             // 1/16us * 256분주 * (256-0)=4.9ms

   SREG = 0x80;

   while(1);                              // 무한 대기
}

// 1/16us * 1024분주 * (65536-63036) = 10ms
interrupt [TIM1_OVF] void t10ms(void)
{
   TCNT1 = 63036;                  // 10ms 주기 재설정

   ms10++;                         // 10ms 단위값 +1
   if(ms10 == 100){                // 10ms * 100 = 1초 경과
      ms10 = 0;                    // 10ms 단위값 리셋
```

```
        sec++;                          // 초값 +1
        if(sec == 60) sec = 0;          // 60초이면 초값 리셋
    }
}

// 7-Segment 표시 함수(4.9ms마다 한 개씩)
// 1/16us * 256분주 * (256-0) = 4.9ms
interrupt [TIM2_OVF] void Seg_out(void)
{
    u_char  val;

    PORTG = seg_on[dsp_no];                 // dsp_no 세그먼트 ON

    // 표시값 구하기
    if(dsp_no == 0) val = ms10 % 10;        // 10ms 1자리
    else if(dsp_no == 1) val = ms10 / 10;   // 10ms 10자리
    else if(dsp_no == 2) val = sec % 10;    // sec 1자리
    else val = sec / 10;                    // sec 10자리

    // 표시값 표시하기
    PORTD = ((seg_pat[val] & 0x0F) << 4) | (PORTD & 0x0F);     // A~D 표시
    PORTB = (seg_pat[val] & 0x70 ) | (PORTB & 0x0F);           // E~G 표시
    if(dsp_no == 2) PORTB = PORTB | 0x80;                      // DP ON

    dsp_no = (dsp_no + 1) % 4;              // 표시 세그먼트 번호 갱신
}
// SW1 입력 처리 함수(동작/정지)
interrupt [EXT_INT4] void sw_key1(void)
{
    TCCR1B = TCCR1B ^ 0b00000011;   // 타/카1 동작/정지 토글
}

// SW2 입력 처리 함수(클리어)
interrupt [EXT_INT5] void sw_key2(void)
{
    sec = 0;
    ms10 = 0;
}
```

2.5 랩타임 저장 및 표시 기능을 갖는 스톱워치

보드에 남아있는 두 개의 스위치 SW3, SW4를 이용하여 랩타임 저장 및 표시 기능을 갖는 스톱워치를 구현해보자. 즉 SW3이 눌려지면 동작중인 스톱워치의 현재 시간을 저장하고(최대 10개까지), SW4가 눌려지면 저장된 랩타임을 순차적으로 반복해서 표시하도록 한다.

초 (10단위)	초 (1단위)	1/10초	1/100초

SW1 (PE4/INT4) : 시작/정지 토글 동작
SW2 (PE5/INT5) : 리셋(클리어)
SW3 (PE6/INT6) : 랩타임(lap time) 저장
SW4 (PE7/INT7) : 랩타임 표시

10ms 측정 : 타이머/카운터1 오버플로우 인터럽트 사용
7-세그먼트 : 타이머/카운터2 이용 한 개씩 순차 표시하기(일반모드)

[그림 2-12] 스톱워치5

2.5.1 랩타임 저장 및 표시

```
❶ u_char  t_sec[10], t_ms10[10];                    // 랩타임 저장소
   u_char  lap_save_no = 0, lap_dsp_no = 0;         // 랩타임 저장/표시 번호

   void main(void)
   {
     ~~~~~~~~~~~~~~~~~~~~~~~~~~~~~~
❷    // 외부 인터럽트 초기화
      EIMSK = 0b11110000;              // INT4,5,6,7 Enable
      EICRB = 0b10101010;              // INT4,5,6,7 하강에지

      // 타/카1 초기화(동작중 10ms 측정)
      ~~~~~~~~~~~~~~~~~~~~~~~~~~~~~~
      while(1);
   }
```

```
   // SW3 입력 처리 함수(랩타입 저장)
❸ interrupt [EXT_INT6] void sw_key3(void)
   {
      if(lap_save_no == 10) return;
      t_sec[lap_save_no] = sec;
      t_ms10[lap_save_no] = ms10;
      lap_save_no++;
   }

   // SW4 입력 처리 함수(랩타입 표시)
❹ interrupt [EXT_INT7] void sw_key4(void)
   {
      TCCR1B = 0x0;                          // 스톱워치 강제 정지

      if(lap_save_no == 0) return;           // 저장 랩타입 없으면 리턴

      // 표시 랩타임 값 읽어 ms10, sec에 설정
      sec = t_sec[lap_dsp_no];
      ms10 = t_ms10[lap_dsp_no];
      lap_dsp_no++;                                         // 표시할 랩타임 번호 +1

      if(lap_dsp_no == lap_save_no) lap_dsp_no = 0;         // 마지막 표시했으면 처음으로
   }
```

〈설명〉

❶ 랩타임 저장 배열, 저장 개수, 표시 번호를 나타내는 변수를 선언한다..

❷ 외부 인터럽트 4,5,6,7을 인에이블 시키고, 모두 하강에지(스위치 눌리는 순간)로 설정한다.

❸ 외부 인터럽트6 처리 함수로서 랩타임 저장 개수가 10개이면 리턴하고, 10개 미만이면 현재의 스톱워치 시간을 랩타임 저장 배열에 저장한 후 저장 개수를 1증가시킨다.

❹ 외부 인터럽트7 처리 함수로서 우선 스톱워치를 정지시키고, 표시번호에 해당하는 랩타임을 표시 시간으로 설정한다. 그리고, 표시 번호를 1증가시키고, 만일 마지막까지 표시가 됐으면 0(첫번째 랩타임)으로 리셋한다.

2.5.2 처리 흐름도 및 프로그램

[그림 2-13]과 [리스트 2-5]는 처리 흐름도와 프로그램을 보여준다.

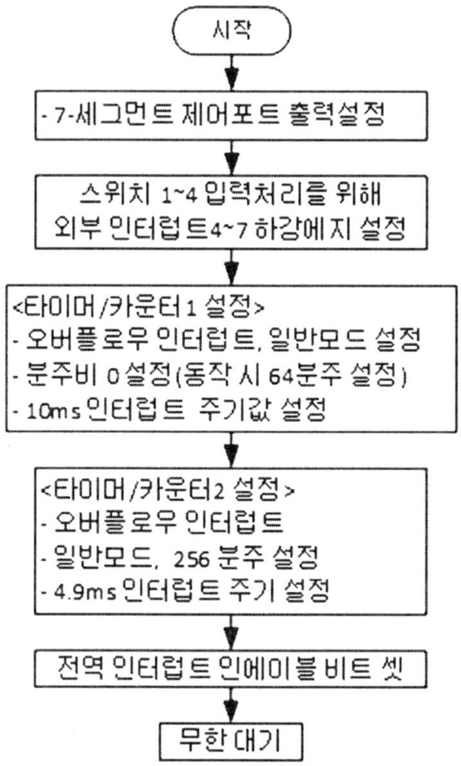

(a) 메인 함수

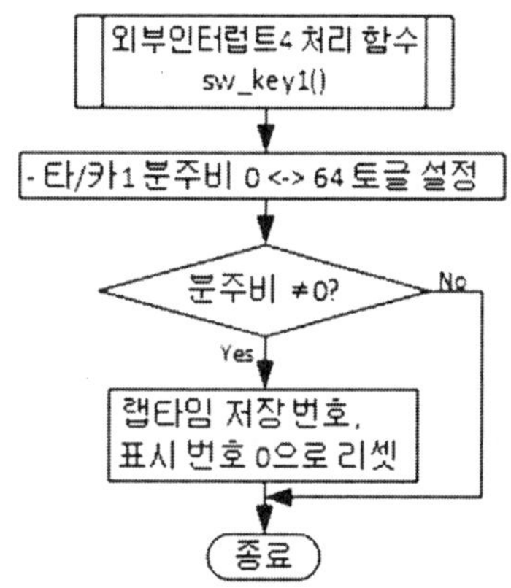

(b) 외부 인터럽트4 처리 함수

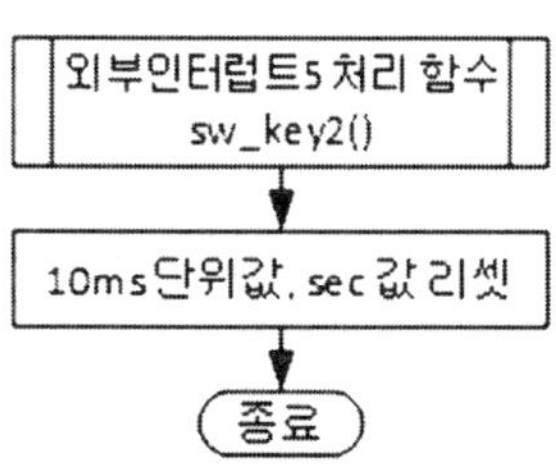

(c) 외부 인터럽트5 처리 함수

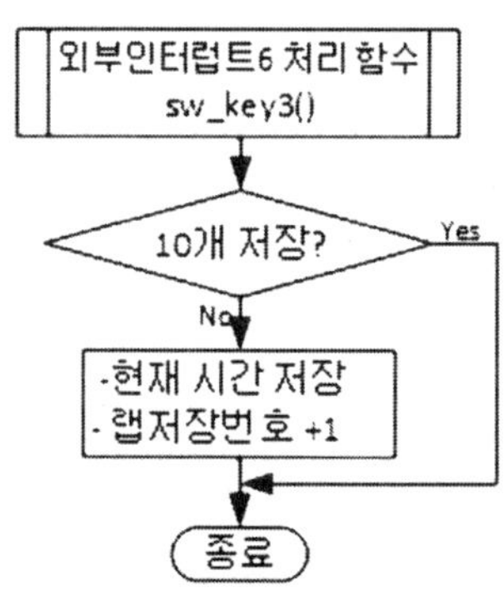

(d) 외부 인터럽트6 처리 함수

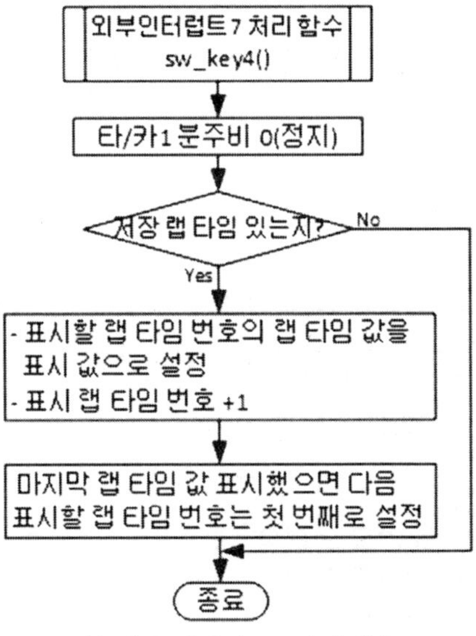

(e) 외부 인터럽트7 처리 함수

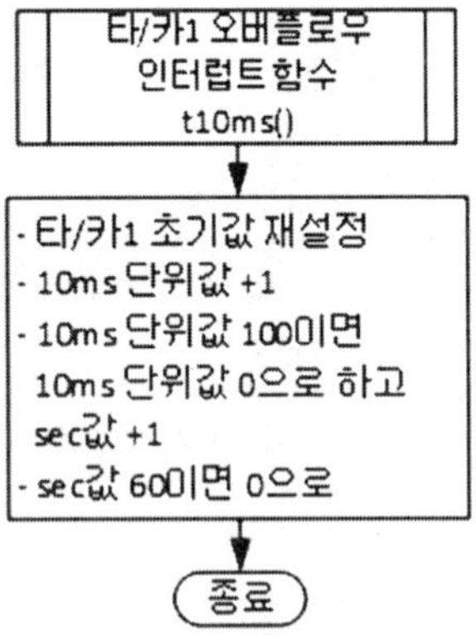

(f) 타이머/카운터1 오버플로우 인터럽트 함수(10ms 주기)

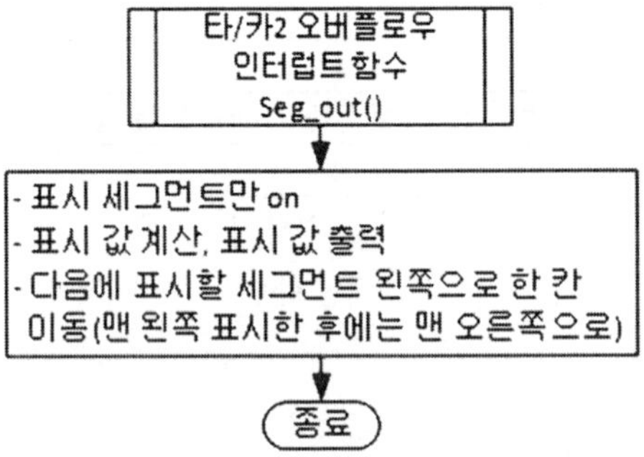

(g) 타이머/카운터2 오버플로우 인터럽트 함수(4.9ms 주기)

[그림 2-13] 처리 흐름도

[리스트 2-5] 스톱워치5 프로그램

```
// stop5.c
// Programmed by Donguk SHIN in 2016
// 외부 인터럽트 방식에 의한 스톱워치(INT4, INT5)
// 타/카1 일반모드 오버플로우 인터럽트 이용
// 타/카2 이용 7-세그먼트 한개씩 순차 표시하기(일반모드)
```

```
// 랩타임 저장 및 표시(INT6, INT7)

#include <mega128.h>
#include <delay.h>

typedef unsigned char u_char;

flash u_char seg_pat[10]= {0x3f, 0x06, 0x5b, 0x4f, 0x66, 0x6d, 0x7d, 0x07, 0x7f, 0x6f};
flash u_char seg_on[4] = {0x08, 0x04, 0x02, 0x01}; // SEG ON 값

u_char  sec = 0, ms10 =0;                   // sec : 초값, ms10 : 10msec 단위의 값
u_char  dsp_no = 0;                         // 표시 세그먼트 번호
                                            // 0:1자리, 1:10자리, 2:100자리, 3:1000자리
u_char  t_sec[10], t_ms10[10];              // 랩타임 저장소
u_char  lap_save_no = 0, lap_dsp_no = 0;    // 랩타임 저장/표시 번호

void main(void)
{
   DDRB = 0xF0;                             // 포트 B 상위 4비트 출력 설정
   DDRD = 0xF0;                             // 포트 D 상위 4비트 출력 설정
   DDRG = 0x0F;                             // 포트 G 하위 4비트 출력 설정

   PORTB = 0x0;                             // 7-세그먼트 e, f, g, dp off
   PORTD = 0x0;                             // 7=세그먼트 a, b, c, d off

   // 외부 인터럽트 초기화
   EIMSK = 0b11110000;                      // INT4,5,6,7 Enable
   EICRB = 0b10101010;                      // INT4,5,6,7 하강에지

   // 타/카1 초기화(동작중 10ms 측정)
   TIMSK = 0b00000100;                      // TOIE1=1(오버플로우)
   TCCR1A = 0x0;                            // 타/카1 일반모드
   TCCR1B = 0x0;                            // 분주비0 정지(동작 0x03 : 64분주)
   TCCR1C = 0x0;
   TCNT1 = 63036;                           // 1/16us * 64분주 * (65536-63036)= 10ms

   // 타/카2 초기화(7세그먼트 표시)
   TIMSK = TIMSK | 0b01000000;              // TOIE2=1(오버플로우)
   TCCR2 = 0b00000100;                      // 256분주
   TCNT2 = 0;                               // 1/16us * 256분주 * (256-0)=4.9ms

   SREG = 0x80;
```

```
    while(1);
}

// 1/16us * 1024분주 * (65536-63036) = 10ms
interrupt [TIM1_OVF] void t10ms(void)
{
    TCNT1 = 63036;                  // 10ms 주기 재설정

    ms10++;                         // 10ms 단위값 +1
    if(ms10 == 100){                // 10ms * 100 = 1초 경과
        ms10 = 0;                   // 10ms 단위값 리셋
        sec++;                      // 초값 +1
        if(sec == 60) sec = 0;      // 60초이면 초값 리셋
    }
}

// 7-Segment 표시 함수(4.9ms마다 한 개씩)
// 1/16us * 256분주 * (256-0) = 4.9ms
interrupt [TIM2_OVF] void Seg_out(void)
{
    u_char  val;

    PORTG = seg_on[dsp_no];                 // dsp_no 세그먼트 ON
    // 표시값 구하기
    if(dsp_no == 0) val = ms10 % 10;        // 10ms 1자리
    else if(dsp_no == 1) val = ms10 / 10;   // 10ms 10자리
    else if(dsp_no == 2) val = sec % 10;    // sec 1자리
    else val = sec / 10;                    // sec 10자리

    // 표시값 표시하기
    PORTD = ((seg_pat[val] & 0x0F) << 4) | (PORTD & 0x0F);     // A~D 표시
    PORTB = (seg_pat[val] & 0x70 ) | (PORTB & 0x0F);           // E~G 표시
    if(dsp_no == 2) PORTB = PORTB | 0x80;                      // DP ON

    dsp_no = (dsp_no + 1) % 4;              // 표시 세그먼트 번호 갱신
}

// SW1 입력 처리 함수(동작/정지)
interrupt [EXT_INT4] void sw_key1(void)
{
    TCCR1B = TCCR1B ^ 0b00000011;   // 타/카1 동작/정지 토글
```

```
    if(TCCR1B != 0){              // 동작 중이면(정지->동작이면 랩타임 저장 수 리셋)
        lap_save_no = 0;
        lap_dsp_no = 0;
    }
}

// SW2 입력 처리 함수(클리어)
interrupt [EXT_INT5] void sw_key2(void)
{
    sec = 0;
    ms10 = 0;
}

// SW3 입력 처리 함수(랩타임 저장)
interrupt [EXT_INT6] void sw_key3(void)
{
    if(lap_save_no == 10) return;
    t_sec[lap_save_no] = sec;
    t_ms10[lap_save_no] = ms10;
    lap_save_no++;
}

// SW4 입력 처리 함수(랩타임 표시)
interrupt [EXT_INT7] void sw_key4(void)
{
    TCCR1B = 0x0;                          // 스톱워치 강제 정지

    if(lap_save_no == 0) return;           // 저장 랩타임 없으면 리턴

    // 표시 랩타임값 읽어 ms10, sec에 설정
    sec = t_sec[lap_dsp_no];
    ms10 = t_ms10[lap_dsp_no];

    lap_dsp_no++;                          // 표시할 랩타임 번호 +1

    if(lap_dsp_no == lap_save_no) lap_dsp_no = 0;   // 마지막 표시했으면 처음으로
}
```

3 Chapter 도트매트릭스 사용법

실험에 사용할 16×16 도트매트릭스는 [사진 3-1]과 같이 SMM-31616이며, 다음과 같은 특성을 가지고 있다.

- 도트 수 : 16 x 16(적색/녹색 LED에 의한 3색 표시)
- 사이즈 : 6.4cm x 6.4cm
- 사용 전압 : 5V

[표 3-1]은 SMM-31616의 핀 번호 및 기능을 보여주며, 2개의 전원선과 9개의 제어신호에 의해 구동된다. R_Data와 G_Data에 의한 색은 [표 3-2]와 같이 3색으로 표시된다.

[사진 3-1] SMM-31616 16×16 도트매트릭스

[표 3-1] SMM-31616 핀 번호 및 기능

<table>
<tr><th>핀 배열</th><th>핀 번호</th><th>핀 명</th><th>기 능</th></tr>
<tr><td rowspan="8">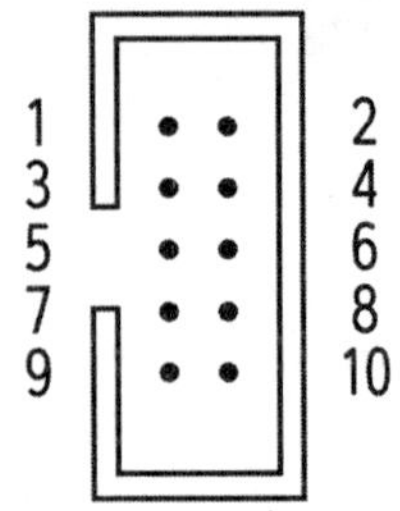
</td><td>1</td><td>R_Data</td><td>Red 데이터 신호</td></tr>
<tr><td>2</td><td>G_Data</td><td>Green 데이터 신호</td></tr>
<tr><td>3-6</td><td>A0-A3</td><td>라인(행) 번호(0~15)</td></tr>
<tr><td>7</td><td>ENABLE</td><td>Brightness Control</td></tr>
<tr><td>8</td><td>LATCH</td><td>'H' : 데이터 입력, 표시
'L' : 데이터 입력 불가, 저장 데이터 표시</td></tr>
<tr><td>9</td><td>CLOCK</td><td>Data 입력과 표시를 위한 클럭 신호</td></tr>
<tr><td>10</td><td>GND</td><td>Ground</td></tr>
</table>

[표 3-2] SMM-31616에서의 표시 색

R_Data	G_Data	표시 색
0	0	off
0	1	녹색
1	0	적색
1	1	오렌지색

도트 매트릭스는 사람의 눈으로 느끼지 않을 정도의 속도로 한 줄씩 차례로 위에서 아래로 출력하여 하나의 정지된 패턴처럼 표시한다. [그림 3-1]은 SMM-31616의 동작 타이밍을 보여주며, 다음과 같은 순서로 도트매트릭스를 구동한다.

① /LATCH 신호 1, /ENABLE 신호 0, R_Data핀 0, G_Data핀 0, 라인 어드레스핀(4비트) 0을 초기 설정한다.

② /LATCH 신호가 1이고, /ENABLE 신호가 0인 상태에서 R_Data핀과 G_Data핀을 통해 현재 표시할 줄에 출력할 16비트의 데이터를 클럭(1에서 0으로)과 함께 출력한다.

③ /ENABLE 신호를 1로 한 후 /LATCH 신호를 0에서 1로 출력한다.

④ 표시할 줄의 어드레스(4비트)를 출력한다.

⑤ /ENABLE 신호를 0으로 한다.

⑥ 표시할 줄의 어드레스를 1증가시킨다.(0~15)

⑦ ②번부터 ⑥번의 과정을 반복한다.(16줄 모두 표시하는데 25ms 이내로 표시되도록 한다.)

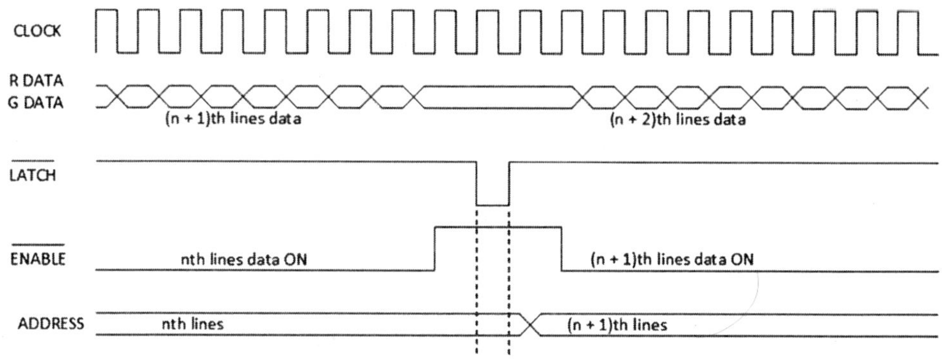

[그림 3-1] 동작 타이밍

[그림 3-2]와 [표 3-3]은 도트매트릭스와 KUT_-128_COM 보드와의 연결포트를 보여주며, PC포트와 PA3핀에 의해 구동된다.

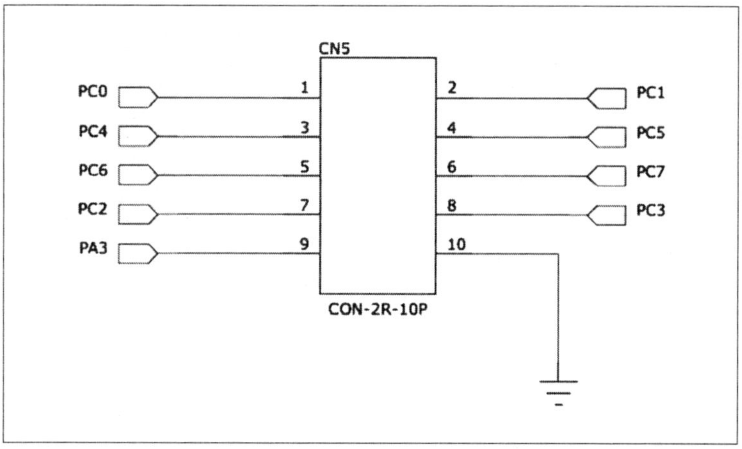

[그림 3-2] 도트매트릭스 연결회로

[사진 3-2]는 아크릴 위에 스피커, 도트매트릭스, 조이스틱을 탑재하여 KUT-128_COM 통신보드에 전원선과 제어선 케이블을 연결한 상태를 보여준다.

[표 3-3] 도트매트릭스와 KUT-128_COM 보드와의 연결포트

핀 배열	핀 번호	핀 명	연결포트	기 능
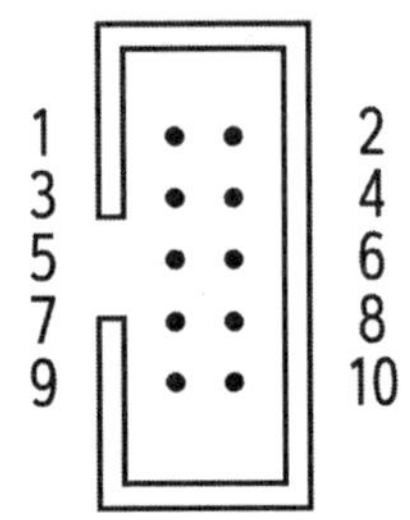	1	R_Data	PC0	Red 데이터 신호
	2	G_Data	PC1	Green 데이터 신호
	3-6	A0-A3	PC4-PC7	라인(행) 번호(0~15)
	7	ENABLE	PC2	Brightness Control
	8	LATCH	PC3	'H' : 데이터 입력, 표시 'L' : 데이터 입력 불가, 저장 데이터 표시
	9	CLOCK	PA3	Data 입력과 표시를 위한 클럭 신호
	10	GND	GND	Ground

[사진 3-2] 도트매트릭스 장착

3.1 패턴 표시하기

대문자 'A'를 표시하는 경우에는 [그림 3-3]과 같이 패턴을 만들고, 한 줄 단위로 맨 좌측을 MSB(최상위 비트)로 맨 우측을 LSB(최하위 비트)로 하는 2바이트 값을 만들면 된다. 따라서, 'A' 문자를 표시하고자 할 때는 위에서부터 아래쪽으로 정의된 값을 배열로 정의해 두고, 일정시간 간격으로 선택된 한 행에 2바이트의 데이터를 데이터 연결 포트에 출력하면 된다. 이를 프로그램으로 구현하면 [리스트 3-1]과 같다. 프로그램에서는 1.024ms 단위로 타이머/카운터0에 오버플로우 인터럽트를 발생시키고, 이 인터럽트 루틴에서 [그림 3-2]의 동작 타이밍과 같이 제어신호를 발생하도록 프로그램 되어 있다.

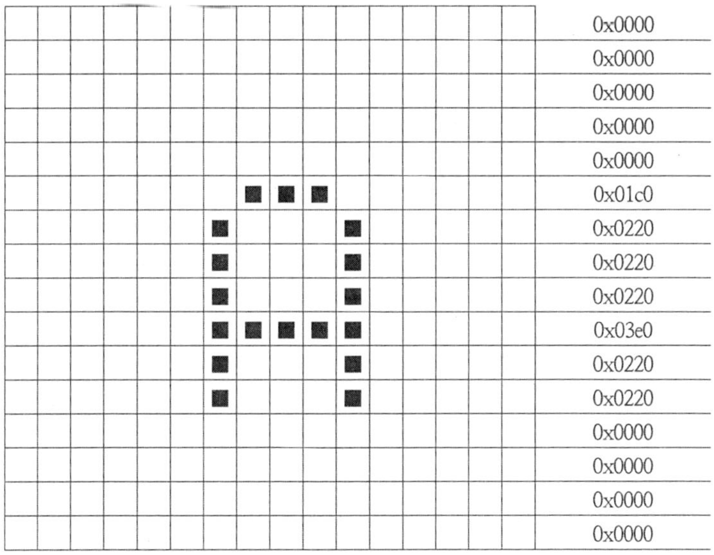

[그림 3-3] 대문자 'A' 패턴

프로그램을 부분적으로 설명하면 다음과 같다.

〈헤더 부분〉

```
/*****************************************/
/* dsp_a.c : 도트매트릭스                  */
/* Programmed by Donguk SHIN in 2016      */
/* 16x16 'A' 문자 표시                     */
/*****************************************/
❶ #include <mega128.h>
   #include <delay.h>

❷ // 도트매트릭스(A0-A3 : PORTC.4~PORTC.7)
   #define RED       PORTC.0      // Red LED Data
   #define GREEN     PORTC.1      // Green LED Data
   #define ENABLE    PORTC.2      // Output Enable
   #define LATCH     PORTC.3      // Latch
   #define CLOCK     PORTA.3      // Clock

❸ // 사용 변수
   int dot_i = 0;                 // 도트매트릭스 표시 라인 번호
   int dot_val[16];               // 표시 패턴 저장을 위한 배열

   // 'A' 문자 패턴 16x16
```

```
❹ flash int A_pat[16] ={
        0x0000, 0x0000, 0x0000, 0x0000, 0x0000, 0x01c0, 0x0220, 0x0220,
        0x0220, 0x03e0, 0x0220, 0x0220, 0x0000, 0x0000, 0x0000, 0x0000};
```

〈설명〉

❶ ATmega128 헤더 파일과, 딜레이 함수 헤더 파일을 인클루드한다.

❷ 도트매트릭스가 연결된 포트를 문자로 정의한다.(비트 제어로 프로그램 작성)

❸ 타이머/카운터1 오버플로우 인터럽트 루틴에서 사용할 변수를 전역변수로 정의한다. dot_i는 현재 표시할 줄의 번호를 나타내며, 0~15의 값을 갖는다. 배열 dot_val[]에는 표시할 데이터를 저장하는 배열이며, 이 예제에서는 적색 데이터와 녹색 데이터에 같은 값을 넣기 때문에 한 개의 배열만 이용한다.

❹ 표시할 문자 패턴이며, flash 형으로 정의하여 Flash ROM에 저장되도록 한다. 프로그램이 실행되는 동안 값이 바뀌지 않는 데이터는 가능하면 flash 형으로 선언하여 Flash ROM에 저장되도록 한다.(Flash ROM : 128kB, RAM : 4kB)

〈main() 함수〉

```
void main(void)
{
   int i;

❶  // 도트매트릭스 제어포트 출력 설정
   DDRA = 0xFF;              // 포트A 출력 설정
   DDRC = 0xFF;              // 포트C 출력 설정

   PORTC = 0b00001000;       // 도트매트릭스(LATCH=1, ENABLE=0, A0-A3=0000)

❷  // 타이머/카운터0 초기 설정
   TIMSK = 0x01;             // TOIE0 = 1, 타이머/카운터0 인터럽트 인에이블
   ASSR = 0x00;              // 타이머/카운터0 타이머 모드
   TCCR0 = 0x04;             // 일반모드, 프리스케일 = CK/64
   TCNT0 = 0x00;             // 타이머/카운터0 레지스터 초기값
                             // 1/16us * 64분주 * (256 - 0) = 1.024ms

   SREG = 0x80;              // 전역 인터럽트 인에이블 비트 I 셋

   // 표시 패턴 저장
```

```
❸  for(i = 0;i < 16;i++) dot_val[i] = A_pat[i];

❹  while(1);
 }
```

<설명>

❶ 도트매트릭스에 사용할 포트를 출력으로 설정한다.(포트A, 포트C) 그리고, LATCH신호만 1을 출력하고 나머지 핀들은 모두 0을 출력한다.
❷ 한 줄씩 표시를 담당할 타이머/카운터0을 일반모드 64분주로 동작시키고, 오버플로우 인터럽트 인에이블 비트를 셋 한다. TCNT0의 값은 0으로 하여 대략 1ms가 되도록 설정하고, 전역 인터럽트 인에이블 비트(I비트)를 셋 하여 인터럽트를 인에이블 시킨다.
❸ 표시할 패턴을 표시 배열에 복사한다.
❹ 특별히 처리할 작업이 없기 때문에 무한 대기 상태로 있으면서 1ms 단위로 발생하는 타이머/카운터0 오버플로우 인터럽트만 처리하게 한다.

<타이머/카운터0 인터럽트 처리함수>

```
  // 도트매트릭스 1.024ms마다 한 라인씩 순차 표시
  // 타이머/카운터0 (256 - 0) * 64 / 16 us = 1.024ms
  interrupt [TIM0_OVF] void timer0_ovf_isr(void)
  {
      int    di;

      // 한 라인 데이터 출력(맨 좌측 표시값부터 하나씩 추출하여 출력)
❶     for(di = 0;di < 16;di++){
❷         if(((dot_val[dot_i] << di) & 0x8000) != 0){ // 적색+녹색으로 표시
                  RED = 1;
                  GREEN = 1;
          }
          else {
                  RED = 0;
                  GREEN = 0;
          }

❸         CLOCK = 1;                  // 클럭 ON
          delay_us(1);
          CLOCK = 0;                  // 클럭 OFF
          delay_us(1);
```

```
        }

        delay_us(2);
❹       ENABLE = 1;                          // Enable 비트 셋
❺       LATCH = 0;                           // Latch 비트 리셋
        delay_us(2);
        LATCH = 1;                           // Latch 비트 셋
❻       PORTC = (PORTC & 0b00001111) | (dot_i << 4);   // 표시 라인 설정
        delay_us(2);
❼       ENABLE = 0;                          // 인에이블 비트 리셋

❽       dot_i = (dot_i + 1) % 16;            // 표시라인 1증가
    }
```

〈설명〉

❶ 한 라인의 데이터 16비트 값을 출력하기 위해 16번 반복문을 실행한다.

❷ 최상위비트가 도트매트릭스의 맨 왼쪽에 놓이도록 하기 위해 di 비트만큼 왼쪽으로 쉬프트한 후 최상위 비트가 1이면 적색 데이터 핀과 녹색 데이터 핀에 1을 출력하고, 그렇지 않으면 0을 출력한다.

❸ 적색 데이터와 녹색 데이터를 1비트씩 클럭(1->0)과 함께 한 개씩 출력한다.

❹ ENABLE 연결핀에 1을 출력한다.

❺ LATCH 연결핀에 펄스를 출력한다.(1->0)

❻ 출력한 데이터를 표시할 줄의 값을 포트C의 상위 4비트에 설정한다. 이때 하위 4비트에 출력되고 있는 제어신호는 바뀌지 않도록 AND 마스크로 상위 4비트만 0으로 클리어 시킨 후, OR 연산으로 상위 4비트에 어드레스가 설정되도록 한다.

❼ ENABLE 연결핀에 0을 출력한다.

❽ 다음에 표시할 줄의 번호를 1증가시킨다. 줄의 번호는 0~15의 값을 가지도록 하기 위해 나머지 연산자를 이용한다.

[리스트 3-1] 'A' 문자 표시하기

```
/*******************************************/
/* dsp_a.c : 도트매트릭스                      */
/* Programmed by Donguk SHIN in 2016        */
/* 16x16 'A' 문자 표시                       */
/*******************************************/
#include <mega128.h>
#include <delay.h>

// 도트매트릭스(A0-A3 : PORTC.4~PORTC.7)
#define RED        PORTC.0      // Red LED Data
#define GREEN      PORTC.1      // Green LED Data
#define ENABLE     PORTC.2      // Output Enable
#define LATCH      PORTC.3      // Latch
#define CLOCK      PORTA.3      // Clock

// 사용 변수
int   dot_i = 0;                // 도트매트릭스 표시 라인 번호
int   dot_val[16];              // 표시 패턴 저장을 위한 배열

// 'A' 문자 패턴 16x16
flash int A_pat[16] ={
    0x0000, 0x0000, 0x0000, 0x0000, 0x0000, 0x01c0, 0x0220, 0x0220,
    0x0220, 0x03e0, 0x0220, 0x0220, 0x0000, 0x0000, 0x0000, 0x0000};

void main(void)
{
  int i;

  // 도트매트릭스 제어포트 출력 설정
  DDRA = 0xFF;               // 포트A 출력 설정
  DDRC = 0xFF;               // 포트C 출력 설정

  PORTC = 0b00001000;        // 도트매트릭스(LATCH=1, ENABLE=0, A0-A3=0000)

  // 타이머/카운터0 초기 설정
  TIMSK = 0x01;              // TOIE0 = 1, 타이머/카운터0 인터럽트 인에이블
  ASSR = 0x00;               // 타이머/카운터0 타이머 모드
  TCCR0 = 0x04;              // 일반모드, 프리스케일 = CK/64
  TCNT0 = 0x00;              // 타이머/카운터0 레지스터 초기값
                             // 1/16us * 64분주 * (256 - 0) = 1.024ms
```

```
    SREG = 0x80;          // 전역 인터럽트 인에이블 비트 I 셋

    // 표시 패턴 저장
    for(i = 0;i < 16;i++) dot_val[i] = A_pat[i];

    while(1);
}

// 도트매트릭스 1.024ms마다 한 라인씩 순차 표시
// 타이머/카운터0 (256 - 0) * 64 / 16 us = 1.024ms
interrupt [TIM0_OVF] void timer0_ovf_isr(void)
{
    int     di;

    // 한 라인 데이터 출력(맨 좌측 표시값부터 하나씩 추출하여 출력)
    for(di = 0;di < 16;di++){
        if(((dot_val[dot_i] << di) & 0x8000) != 0){ // 적색+녹색으로 표시
            RED = 1;
            GREEN = 1;
        }
        else {
            RED = 0;
            GREEN = 0;
        }

        CLOCK = 1;                                          // 클럭 ON
        delay_us(1);
        CLOCK = 0;                                          // 클럭 OFF
        delay_us(1);
    }
    delay_us(2);
    ENABLE = 1;                                             // Enable 비트 셋
    LATCH = 0;                                              // Latch 비트 리셋
    delay_us(2);
    LATCH = 1;                                              // Latch 비트 셋
    PORTC = (PORTC & 0b00001111) | (dot_i << 4);            // 표시 라인 설정
    delay_us(2);
    ENABLE = 0;                                             // 인에이블 비트 리셋

    dot_i = (dot_i + 1) % 16;                               // 표시라인 1증가
}
```

3.2 8x8 ASCII 문자 표시하기

일반적으로 많이 사용되는 8x8 크기의 ASCII 문자 패턴을 정의하고 표시할 ASCII 문자의 코드를 부여하면 이를 도트매트릭스에 출력하는 프로그램을 구현해 보자. 우선 ASCII 문자 중에서 기호, 숫자, 대문자, 소문자 각각에 대해 2개씩 선택하여 패턴을 만들어 보면 [그림3-4]와 같다.

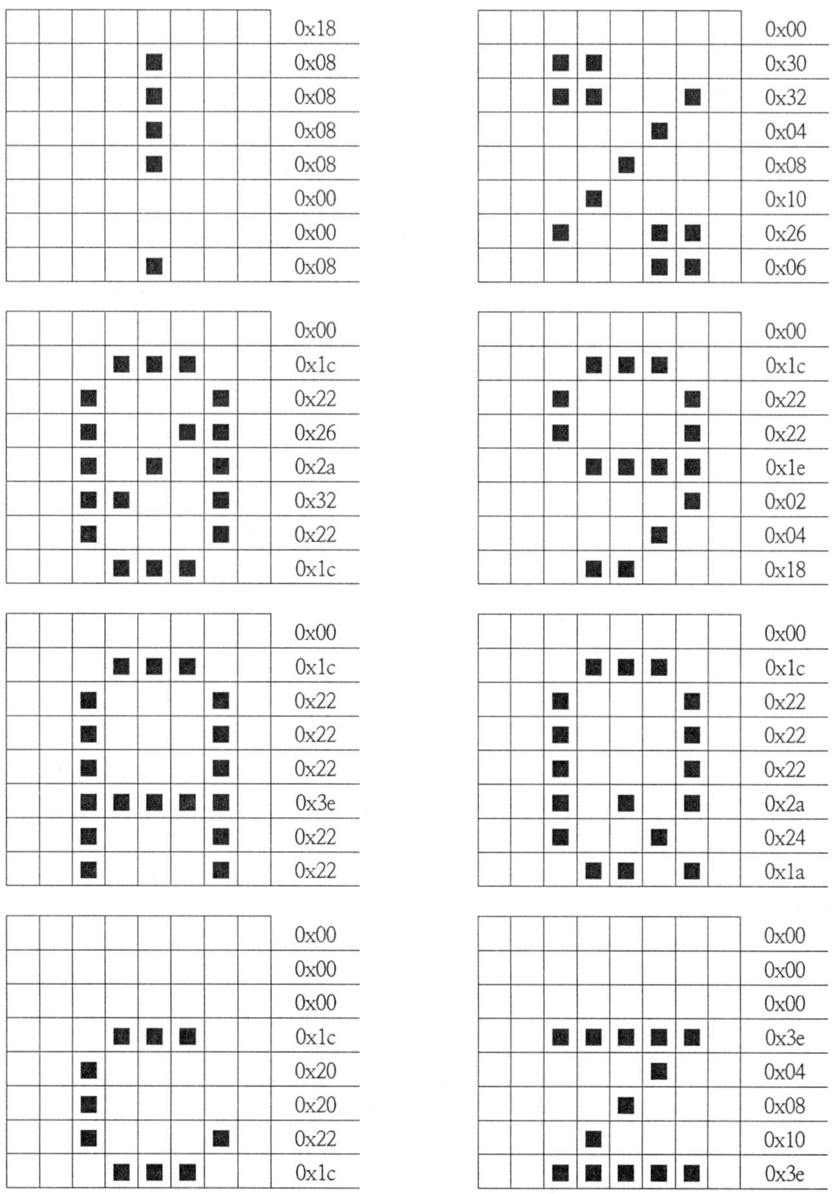

[그림 3-4] '!', '%', '0', '9', 'A ', 'Q', 'c', 'z' 에 대한 8x8 패턴

[리스트 3-2]는 ASCII 문자를 순차적으로 표시하는 프로그램이며, 문자 패턴을 16x16 크기가 아니라 8x8 크기로 정의하여 사용하고 있다. 그리고, 표시할 때 [그림 3-5]와 같이 정의된 8x8 크기의 패턴이 가운데 놓이도록 하고, 상하 4라인과 좌우 4열에 0의 값이 들어가도록 프로그램이 되어 있다.

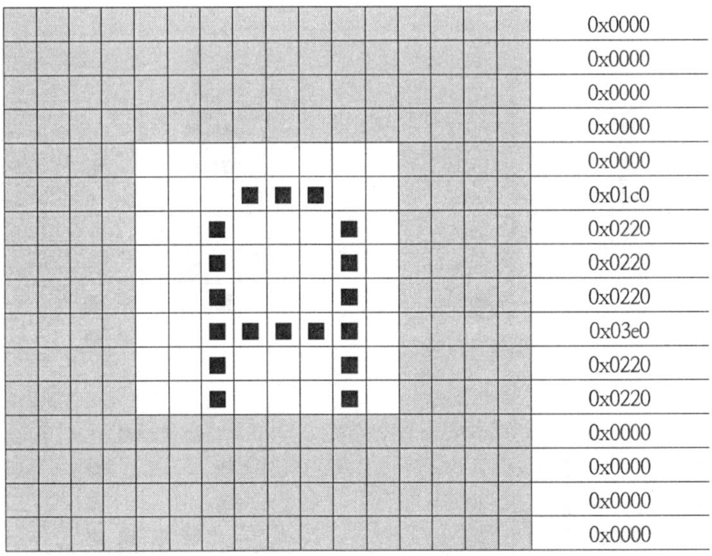

[그림 3-5] 8x8 크기의 패턴을 표시하기 위한 처리
(상하, 좌우 4줄에 0값 처리)

〈프로그램 설명〉

```
#include <mega128.h>
#include <delay.h>

// 도트매트릭스(A0-A3 : PORTC.4~PORTC.7)
~~~~~~~~~~~~~~~~~~~~~~~~~~~~~~~~~~~~~~~~

// 사용 변수
~~~~~~~~~~~~~~~~~~~~~~~~~~~~~~~~~~~~~~~~

// 8 x 8 ASCII 문자 패턴
❶ flash char ascii_table[96][8] = {
    {0x00, 0x00, 0x00, 0x00, 0x00, 0x00, 0x00, 0x00},        // 0x20 space
    {0x00, 0x08, 0x08, 0x08, 0x08, 0x00, 0x00, 0x08},        // 0x21 !
```

```
~~~~~~~~~~~~~~~~~~~~~~~~~~~~~~~~~~~~~~

    {0x00, 0x00, 0x08, 0x04, 0x3e, 0x04, 0x08, 0x00},    // 0x7e ->
    {0x00, 0x00, 0x08, 0x10, 0x3e, 0x10, 0x08, 0x00}};   // 0x7f <-

void main(void)
{
    int  cc, i;

    // 도트매트릭스 제어포트 출력 설정
    ~~~~~~~~~~~~~~~~~~~~~~~~~~~~~~~~~~~~~~

    // 타이머/카운터0 초기 설정
    ~~~~~~~~~~~~~~~~~~~~~~~~~~~~~~~~~~~~~~

    // 도트매트릭스 상하 4라인 0값 추가
❷   for(i = 0;i < 4;i++){
        dot_val[i] = 0;
        dot_val[12 + i] = 0;
    }

    while(1) {
        // ASCII 문자 순차 표시
❸       for(cc = 0;cc < 96; cc++) {
            // 4-12행에 표시할 cc번째 ASCII 패턴 저장(좌우 4칸은 0값 저장)
            for(i = 0;i < 8;i++){
❹               dot_val[i + 4] = ascii_table[cc][i] << 4;
            }
❺           delay_ms(2000);
        }
    }
}
```

〈설명〉

❶ ASCII 문자(0x20 ~ 0x7F)에 대한 8 x 8 크기의 flash형 패턴 데이터이다.
❷ 8x8 크기로 표시하면서 표시가 안되는 상하 4라인 부분은 0으로 미리 클리어시킨다.
❸ 96개의 문자를 순차적으로 표시한다.
❹ 표시할 문자가 가운데로 오도록 8x8 크기의 패턴을 4비트 왼쪽으로 쉬프트 시켜 표시 배열에 저장한다.
❺ 표시 배열에 저장된 패턴이 2초 동안 타이머/카운터0에 의해 인터럽트가 발생하면서 표시되도록 한다.

[리스트 3-2] 8x8 크기 ASCII 문자 표시하기

```
/****************************************/
/* ascii_dsp.c                          */
/* Programmed by Donguk SHIN in 2016    */
/* 8x8(반각) ASCII 패턴 순차 표시        */
/****************************************/

#include <mega128.h>
#include <delay.h>

// 도트매트릭스(A0-A3 : PORTC.4~PORTC.7)
#define  RED        PORTC.0      // Red LED Data
#define  GREEN      PORTC.1      // Green LED Data
#define  ENABLE     PORTC.2      // Output Enable
#define  LATCH      PORTC.3      // Latch
#define  CLOCK      PORTA.3      // Clock

// 사용 변수
int   dot_i = 0;                 // 도트매트릭스 표시 라인 번호
int   dot_val[16];               // 표시 패턴 저장을 위한 배열

// 8 x 8 ASCII 문자 패턴
flash char ascii_table[96][8] = {
   {0x00, 0x00, 0x00, 0x00, 0x00, 0x00, 0x00, 0x00},     // 0x20 space
   {0x00, 0x08, 0x08, 0x08, 0x08, 0x00, 0x00, 0x08},     // 0x21 !
   {0x00, 0x14, 0x14, 0x14, 0x00, 0x00, 0x00, 0x00},     // 0x22 "
   {0x00, 0x14, 0x14, 0x3e, 0x14, 0x3e, 0x14, 0x14},     // 0x23 #
   {0x00, 0x08, 0x1e, 0x28, 0x1c, 0x0a, 0x3c, 0x08},     // 0x24 $
```

```
{0x00, 0x30, 0x32, 0x04, 0x08, 0x10, 0x26, 0x06},          // 0x25 %
{0x00, 0x18, 0x24, 0x28, 0x10, 0x2a, 0x24, 0x1a},          // 0x26 &
{0x00, 0x18, 0x08, 0x10, 0x00, 0x00, 0x00, 0x00},          // 0x27 '
{0x00, 0x04, 0x08, 0x10, 0x10, 0x10, 0x08, 0x04},          // 0x28 (
{0x00, 0x10, 0x08, 0x04, 0x04, 0x04, 0x08, 0x10}           // 0x29 )
{0x00, 0x00, 0x08, 0x2a, 0x1c, 0x2a, 0x08, 0x00},          // 0x2a *
{0x00, 0x00, 0x08, 0x08, 0x3e, 0x08, 0x08, 0x00},          // 0x2b +
{0x00, 0x00, 0x00, 0x00, 0x00, 0x18, 0x08, 0x10},          // 0x2c ,
{0x00, 0x00, 0x00, 0x00, 0x3e, 0x00, 0x00, 0x00},          // 0x2d -
{0x00, 0x00, 0x00, 0x00, 0x00, 0x00, 0x18, 0x18},          // 0x2e .
{0x00, 0x00, 0x02, 0x04, 0x08, 0x10, 0x20, 0x00},          // 0x2f /
{0x00, 0x1c, 0x22, 0x26, 0x2a, 0x32, 0x22, 0x1c},          // 0x30 0
{0x00, 0x08, 0x18, 0x08, 0x08, 0x08, 0x08, 0x1c},          // 0x31 1
{0x00, 0x1c, 0x22, 0x02, 0x04, 0x08, 0x10, 0x3e},          // 0x32 2
{0x00, 0x3e, 0x04, 0x08, 0x04, 0x02, 0x22, 0x1c},          // 0x33 3
{0x00, 0x04, 0x0c, 0x14, 0x24, 0x3e, 0x04, 0x04},          // 0x34 4
{0x00, 0x3e, 0x20, 0x3c, 0x02, 0x02, 0x22, 0x1c},          // 0x35 5
{0x00, 0x0c, 0x10, 0x20, 0x3c, 0x22, 0x22, 0x1c},          // 0x36 6
{0x00, 0x3e, 0x02, 0x04, 0x08, 0x10, 0x10, 0x10},          // 0x37 7
{0x00, 0x1c, 0x22, 0x22, 0x1c, 0x22, 0x22, 0x1c},          // 0x38 8
{0x00, 0x1c, 0x22, 0x22, 0x1e, 0x02, 0x04, 0x18},          // 0x39 9
{0x00, 0x00, 0x18, 0x18, 0x00, 0x18, 0x18, 0x00},          // 0x3a :
{0x00, 0x00, 0x18, 0x18, 0x00, 0x18, 0x08, 0x10},          // 0x3b ;
{0x00, 0x04, 0x08, 0x10, 0x20, 0x10, 0x08, 0x04},          // 0x3c <
{0x00, 0x00, 0x00, 0x3e, 0x00, 0x3e, 0x00, 0x00},          // 0x3d =
{0x00, 0x10, 0x08, 0x04, 0x02, 0x04, 0x08, 0x10},          // 0x3e >
{0x00, 0x1c, 0x22, 0x02, 0x04, 0x08, 0x00, 0x08},          // 0x3f ?
{0x00, 0x1c, 0x22, 0x02, 0x1a, 0x2a, 0x2a, 0x1c},          // 0x40 @
{0x00, 0x1c, 0x22, 0x22, 0x22, 0x3e, 0x22, 0x22},          // 0x41 A
{0x00, 0x3c, 0x22, 0x22, 0x3c, 0x22, 0x22, 0x3c},          // 0x42 B
{0x00, 0x1c, 0x22, 0x20, 0x20, 0x20, 0x22, 0x1c},          // 0x43 C
{0x00, 0x38, 0x24, 0x22, 0x22, 0x22, 0x24, 0x38},          // 0x44 D
{0x00, 0x3e, 0x20, 0x20, 0x3c, 0x20, 0x20, 0x3e},          // 0x45 E
{0x00, 0x3e, 0x20, 0x20, 0x3c, 0x20, 0x20, 0x20},          // 0x46 F
{0x00, 0x1c, 0x22, 0x20, 0x2e, 0x22, 0x22, 0x1e},          // 0x47 G
{0x00, 0x22, 0x22, 0x22, 0x3e, 0x22, 0x22, 0x22},          // 0x48 H
{0x00, 0x1c, 0x08, 0x08, 0x08, 0x08, 0x08, 0x1c},          // 0x49 I
{0x00, 0x0e, 0x04, 0x04, 0x04, 0x04, 0x24, 0x18},          // 0x4a J
{0x00, 0x22, 0x24, 0x28, 0x30, 0x28, 0x24, 0x22},          // 0x4b K
{0x00, 0x20, 0x20, 0x20, 0x20, 0x20, 0x20, 0x3e},          // 0x4c L
{0x00, 0x22, 0x36, 0x2a, 0x2a, 0x22, 0x22, 0x22},          // 0x4d M
{0x00, 0x22, 0x22, 0x32, 0x2a, 0x26, 0x22, 0x22},          // 0x4e N
```

```
{0x00, 0x1c, 0x22, 0x22, 0x22, 0x22, 0x22, 0x1c},        // 0x4f O
{0x00, 0x3c, 0x22, 0x22, 0x3c, 0x20, 0x20, 0x20},        // 0x50 P
{0x00, 0x1c, 0x22, 0x22, 0x22, 0x2a, 0x24, 0x1a},        // 0x51 Q
{0x00, 0x3c, 0x22, 0x22, 0x3c, 0x28, 0x24, 0x22},        // 0x52 R
{0x00, 0x1e, 0x20, 0x20, 0x1c, 0x02, 0x02, 0x3c},        // 0x53 S
{0x00, 0x3e, 0x08, 0x08, 0x08, 0x08, 0x08, 0x08},        // 0x54 T
{0x00, 0x22, 0x22, 0x22, 0x22, 0x22, 0x22, 0x1c},        // 0x55 U
{0x00, 0x22, 0x22, 0x22, 0x22, 0x22, 0x14, 0x08},        // 0x56 V
{0x00, 0x22, 0x22, 0x22, 0x2a, 0x2a, 0x2a, 0x14},        // 0x57 W
{0x00, 0x22, 0x22, 0x14, 0x08, 0x14, 0x22, 0x22},        // 0x58 X
{0x00, 0x22, 0x22, 0x22, 0x14, 0x08, 0x08, 0x08},        // 0x59 Y
{0x00, 0x3e, 0x02, 0x04, 0x08, 0x10, 0x20, 0x3e},        // 0x5a Z
{0x00, 0x1c, 0x10, 0x10, 0x10, 0x10, 0x10, 0x1c},        // 0x5b [
{0x00, 0x22, 0x14, 0x3e, 0x08, 0x3e, 0x08, 0x08},        // 0x5c ₩
{0x00, 0x1c, 0x04, 0x04, 0x04, 0x04, 0x04, 0x1c},        // 0x5d ]
{0x00, 0x08, 0x14, 0x22, 0x00, 0x00, 0x00, 0x00},        // 0x5e ^
{0x00, 0x00, 0x00, 0x00, 0x00, 0x00, 0x00, 0x3e},        // 0x5f _
{0x00, 0x10, 0x08, 0x04, 0x00, 0x00, 0x00, 0x00},        // 0x60 `
{0x00, 0x00, 0x00, 0x1c, 0x02, 0x1e, 0x22, 0x1e},        // 0x61 a
{0x00, 0x20, 0x20, 0x2c, 0x32, 0x22, 0x22, 0x3c},        // 0x62 b
{0x00, 0x00, 0x00, 0x1c, 0x20, 0x20, 0x22, 0x1c},        // 0x63 c
{0x00, 0x02, 0x02, 0x1a, 0x26, 0x22, 0x22, 0x1e},        // 0x64 d
{0x00, 0x00, 0x00, 0x1c, 0x22, 0x3e, 0x20, 0x1c},        // 0x65 e
{0x00, 0x0c, 0x12, 0x10, 0x38, 0x10, 0x10, 0x10},        // 0x66 f
{0x00, 0x00, 0x1e, 0x22, 0x22, 0x1e, 0x02, 0x1c},        // 0x67 g
{0x00, 0x20, 0x20, 0x2c, 0x32, 0x22, 0x22, 0x22},        // 0x68 h
{0x00, 0x08, 0x00, 0x18, 0x08, 0x08, 0x08, 0x1c},        // 0x69 i
{0x00, 0x04, 0x00, 0x0c, 0x04, 0x04, 0x24, 0x18},        // 0x6a j
{0x00, 0x20, 0x20, 0x24, 0x28, 0x30, 0x28, 0x24},        // 0x6b k
{0x00, 0x18, 0x08, 0x08, 0x08, 0x08, 0x08, 0x1c},        // 0x6c l
{0x00, 0x00, 0x00, 0x34, 0x2a, 0x2a, 0x22, 0x22},        // 0x6d m
{0x00, 0x00, 0x00, 0x2c, 0x32, 0x22, 0x22, 0x22},        // 0x6e n
{0x00, 0x00, 0x00, 0x1c, 0x22, 0x22, 0x22, 0x1c},        // 0x6f o
{0x00, 0x00, 0x00, 0x3c, 0x22, 0x3c, 0x20, 0x20},        // 0x70 p
{0x00, 0x00, 0x00, 0x1a, 0x26, 0x1e, 0x02, 0x02},        // 0x71 q
{0x00, 0x00, 0x00, 0x2c, 0x32, 0x20, 0x20, 0x20},        // 0x72 r
{0x00, 0x00, 0x00, 0x1c, 0x20, 0x1c, 0x02, 0x3c},        // 0x73 s
{0x00, 0x10, 0x38, 0x10, 0x10, 0x10, 0x12, 0x0c},        // 0x74 t
{0x00, 0x00, 0x00, 0x22, 0x22, 0x22, 0x26, 0x1a},        // 0x75 u
{0x00, 0x00, 0x00, 0x22, 0x22, 0x22, 0x14, 0x08},        // 0x76 v
{0x00, 0x00, 0x00, 0x22, 0x22, 0x2a, 0x2a, 0x14},        // 0x77 w
{0x00, 0x00, 0x00, 0x22, 0x14, 0x08, 0x14, 0x22},        // 0x78 x
```

```
  {0x00, 0x00, 0x00, 0x22, 0x22, 0x1e, 0x02, 0x1c},           // 0x79 y
  {0x00, 0x00, 0x00, 0x3e, 0x04, 0x08, 0x10, 0x3e},           // 0x7a z
  {0x00, 0x04, 0x08, 0x08, 0x10, 0x08, 0x08, 0x04},           // 0x7b {
  {0x00, 0x08, 0x08, 0x08, 0x08, 0x08, 0x08, 0x08},           // 0x7c |
  {0x00, 0x10, 0x08, 0x08, 0x04, 0x08, 0x08, 0x10},           // 0x7d }
  {0x00, 0x00, 0x08, 0x04, 0x3e, 0x04, 0x08, 0x00},           // 0x7e ->
  {0x00, 0x00, 0x08, 0x10, 0x3e, 0x10, 0x08, 0x00}};          // 0x7f <-

void main(void)
{
  int  cc, i;

  // 도트매트릭스 제어포트 출력 설정
  DDRA = 0xFF;                  // 포트A 출력 설정
  DDRC = 0xFF;                  // 포트C 출력 설정
  PORTC = 0b00001000;           // 도트매트릭스(LATCH=1, ENABLE=0, A0-A3=0000)

  // 타이머/카운터0 초기 설정
  TIMSK = 0x01;                 // TOIE0 = 1, 타이머/카운터0 인터럽트 인에이블
  ASSR = 0x00;                  // 타이머/카운터0 타이머 모드
  TCCR0 = 0x04;                 // 일반모드, 프리스케일 = CK/64
  TCNT0 = 0x00;                 // 타이머/카운터0 레지스터 초기값
                                // 1/16us * 64분주 * (256 - 0) = 1.024ms
  SREG = 0x80;                  // 전역 인터럽트 인에이블 비트 I 셋

  // 도트매트릭스 상하 4라인 0값 추가
  for(i = 0;i < 4;i++){
    dot_val[i] = 0;
    dot_val[12 + i] = 0;
  }

  while(1) {
    // ASCII 문자 순차 표시
    for(cc = 0;cc < 96; cc++) {
      // 4-12행에 표시할 cc번째 ASCII 패턴 저장(좌우 4칸은 0값 저장)
      for(i = 0;i < 8;i++){
          dot_val[i + 4] = ascii_table[cc][i] << 4;
      }
      delay_ms(2000);
    }
  }
}
```

```
// 도트매트릭스 1.024ms마다 한 라인씩 순차 표시
// 타이머/카운터0 (256 - 0) * 64 / 16 us = 1.024ms
interrupt [TIM0_OVF] void timer0_ovf_isr(void)
{
   int     di;

   // 한 라인 데이터 출력(맨 좌측 표시값부터 하나씩 추출하여 출력)
   for(di = 0;di < 16;di++){
      if(((dot_val[dot_i] << di) & 0x8000) != 0){
          // 적색+녹색으로 표시
          RED = 1;
          GREEN = 1;
      }
      else {
          RED = 0;
          GREEN = 0;
      }

      CLOCK = 1;                                          // 클럭 ON
      delay_us(1);
      CLOCK = 0;                                          // 클럭 OFF
      delay_us(1);
   }

   delay_us(2);
   ENABLE = 1;                                            // Enable 비트 셋
   LATCH = 0;                                             // Latch 비트 리셋
   delay_us(2);
   LATCH = 1;                                             // Latch 비트 셋
   PORTC = (PORTC & 0b00001111) | (dot_i << 4);           // 표시 라인 설정
   delay_us(2);
   ENABLE = 0;                                            // 인에이블 비트 리셋

   dot_i = (dot_i + 1) % 16;                              // 표시라인 1증가
}
```

3.3 움직이는 패턴 표시하기

패턴을 연속으로 표시하여 움직이는 것처럼 보이는 프로그램을 작성해보자. [그림 3-6]은 비트맨이라고 하는 43개의 패턴을 보여주며, 이것을 연속으로 보여주면 움직이는 것처럼 보이게 할 수 있다.

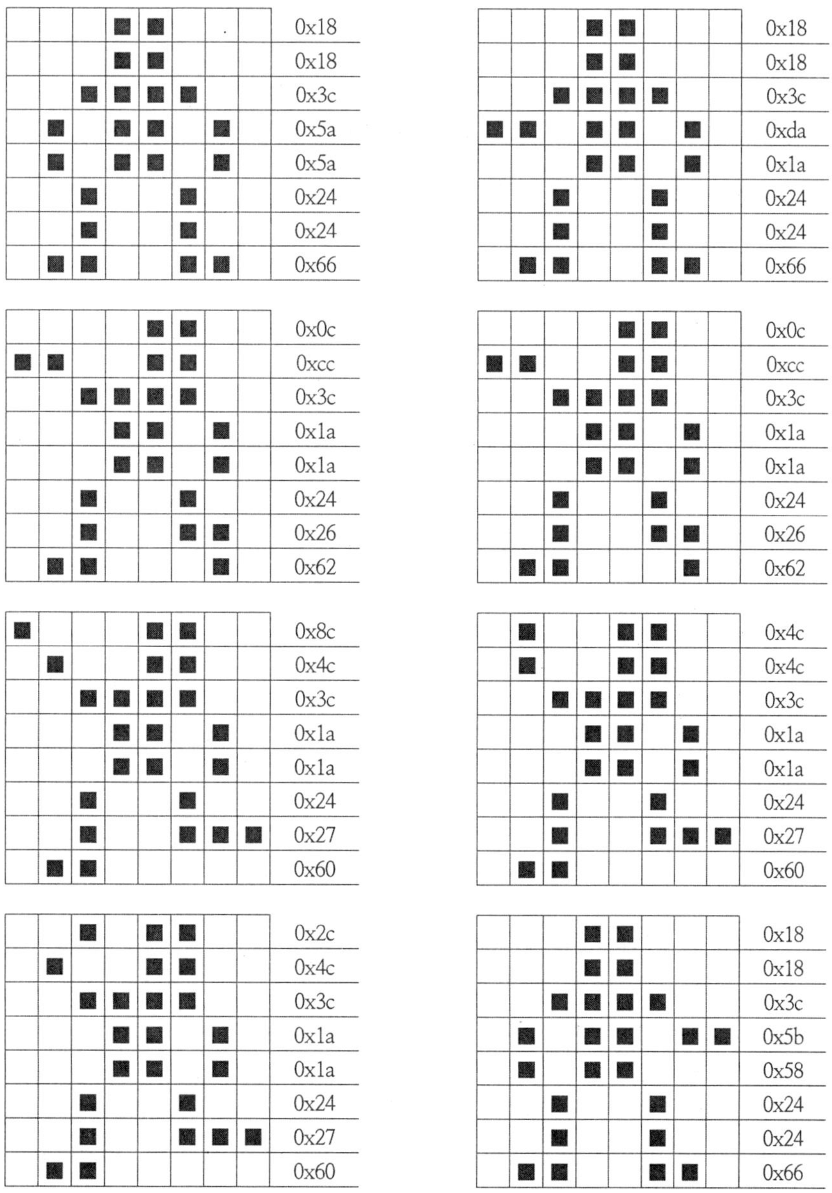

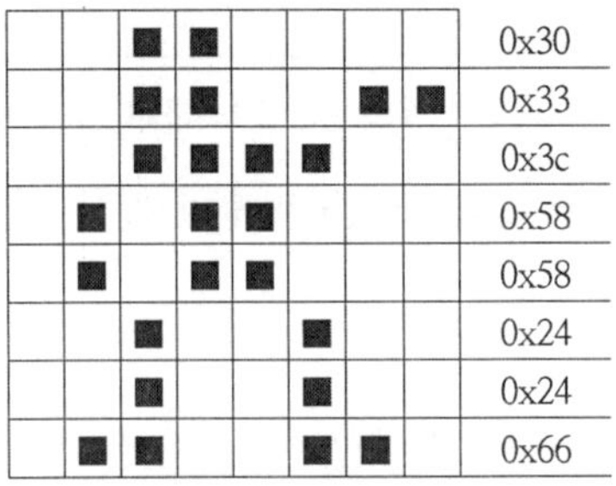
0x30
0x33
0x3c
0x58
0x58
0x24
0x24
0x66

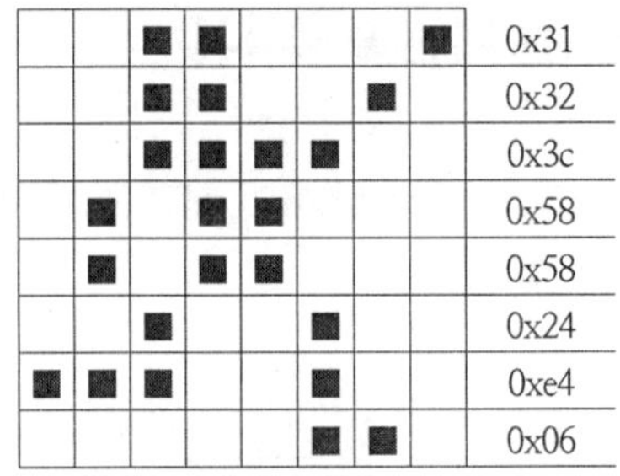
0x31
0x32
0x3c
0x58
0x58
0x24
0xe4
0x06

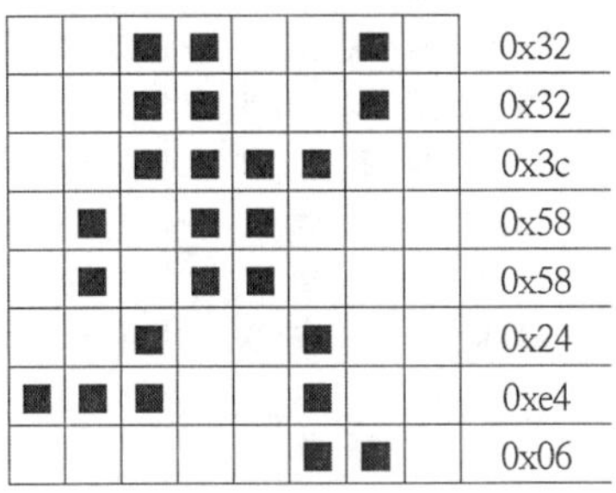
0x32
0x32
0x3c
0x58
0x58
0x24
0xe4
0x06

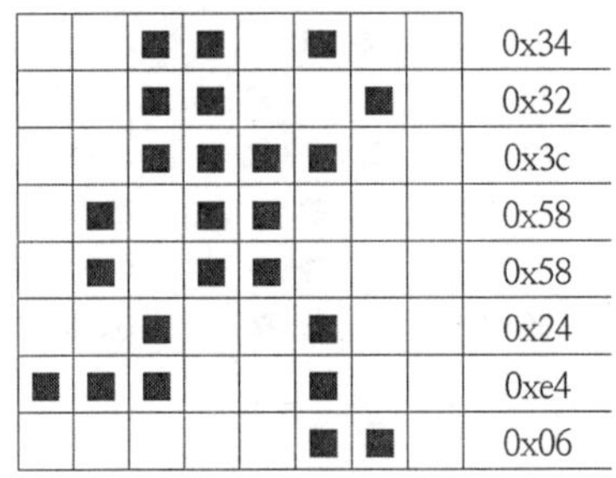
0x34
0x32
0x3c
0x58
0x58
0x24
0xe4
0x06

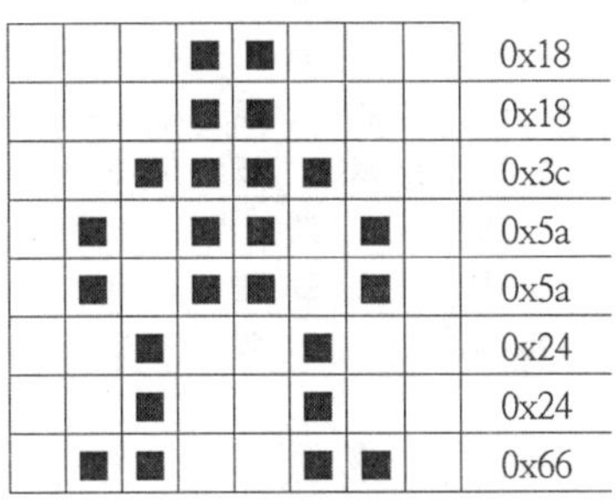
0x18
0x18
0x3c
0x5a
0x5a
0x24
0x24
0x66

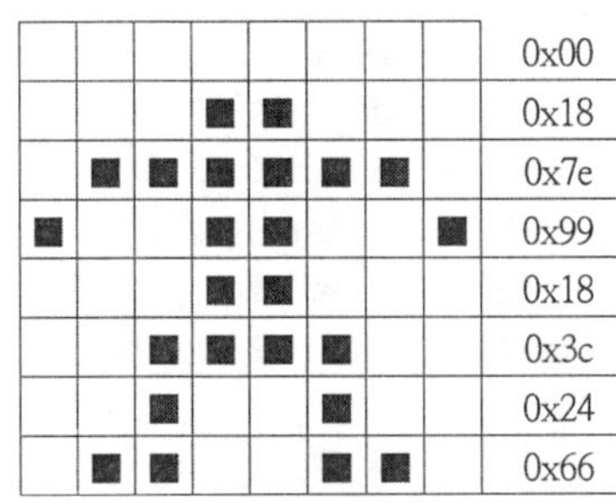
0x00
0x18
0x7e
0x99
0x18
0x3c
0x24
0x66

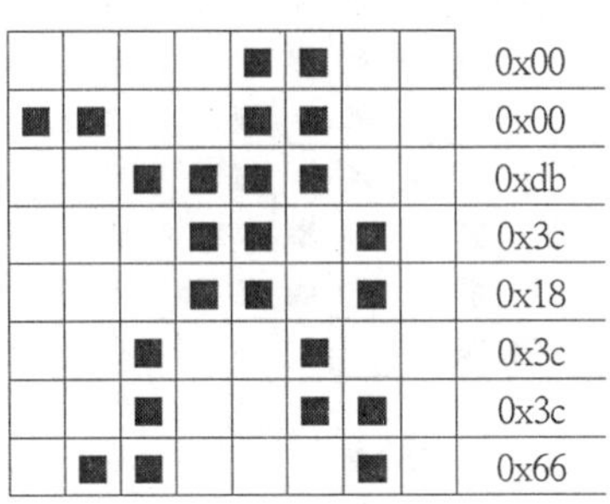
0x00
0x00
0xdb
0x3c
0x18
0x3c
0x3c
0x66

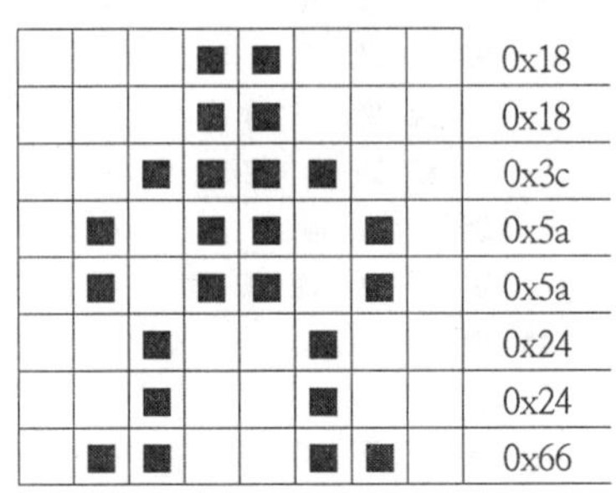
0x18
0x18
0x3c
0x5a
0x5a
0x24
0x24
0x66

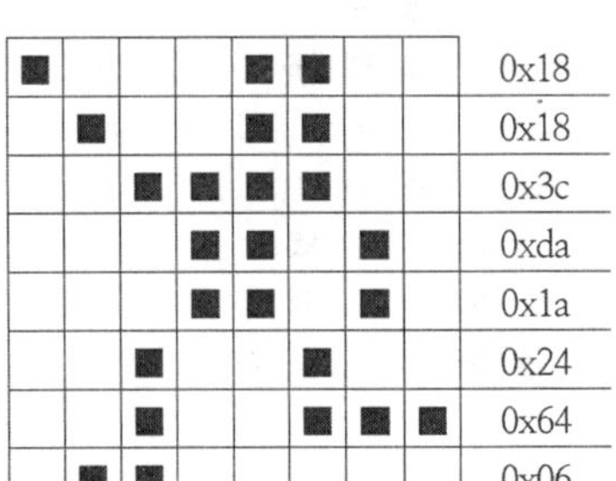
0x18
0x18
0x3c
0xda
0x1a
0x24
0x64
0x06

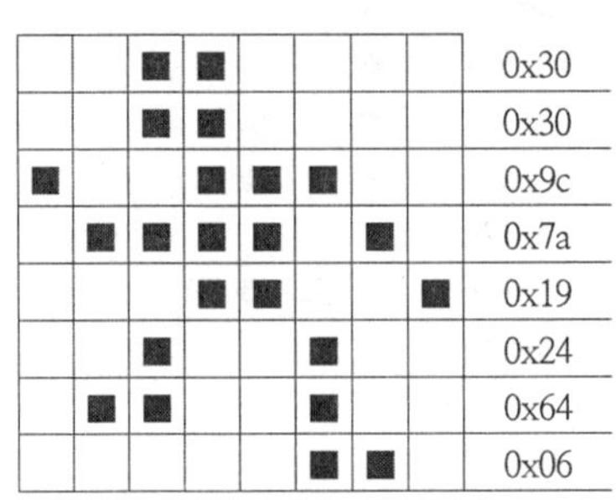
0x30
0x30
0x9c
0x7a
0x19
0x24
0x64
0x06

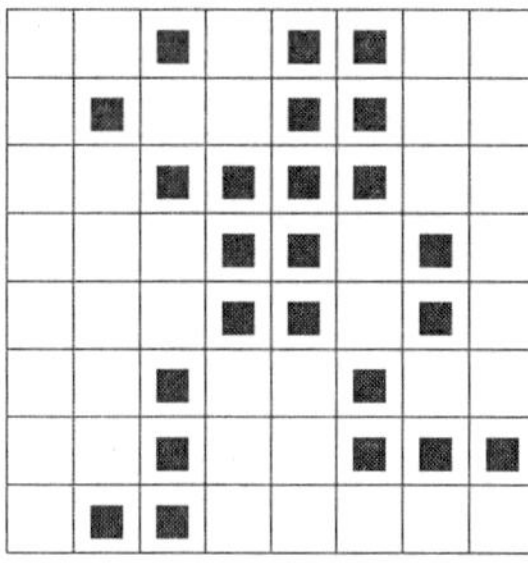

0x18
0x18
0x3c
0x5b
0x58
0x24
0x26
0x60

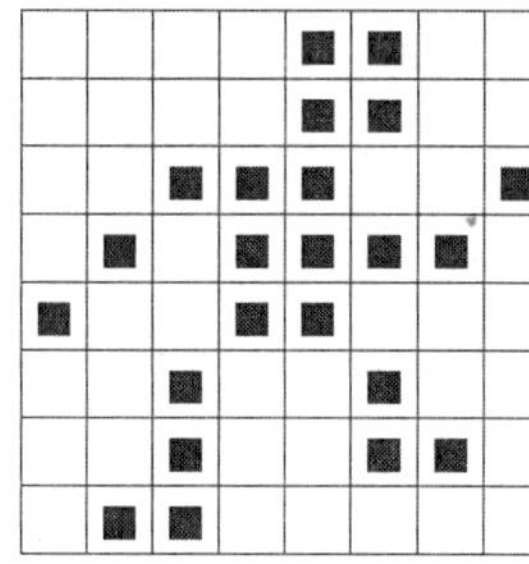

0x0c
0x0c
0x39
0x5e
0x98
0x24
0x26
0x60

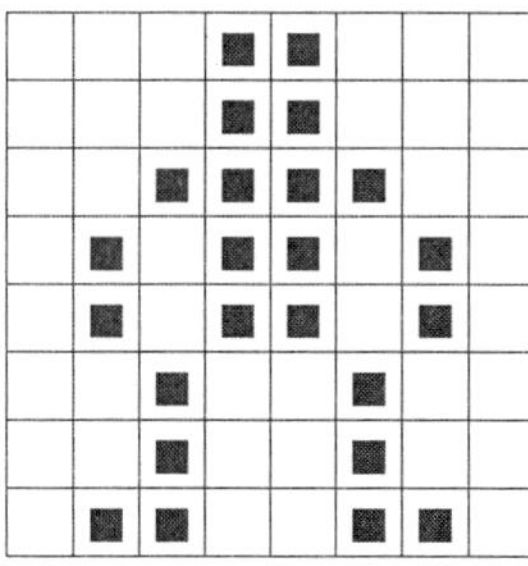

0x18
0x18
0x3c
0x5a
0x5a
0x24
0x24
0x66

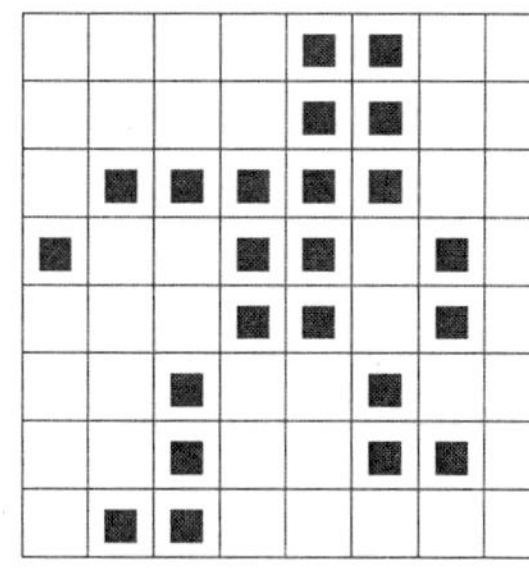

0x0c
0x0c
0x7c
0x9a
0x1a
0x24
0x26
0x60

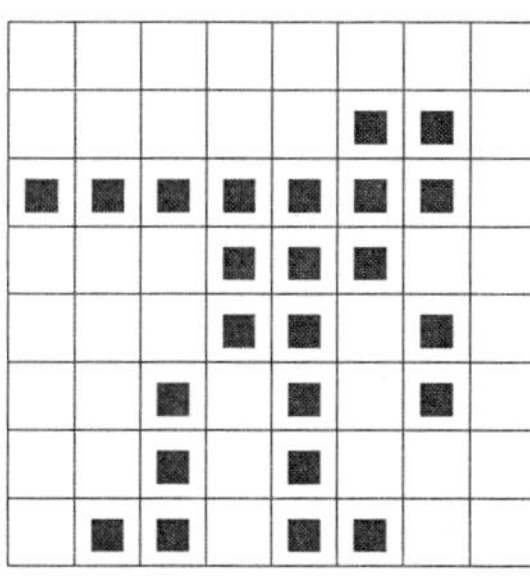

0x00
0x06
0xfe
0x1c
0x1a
0x2a
0x28
0x6c

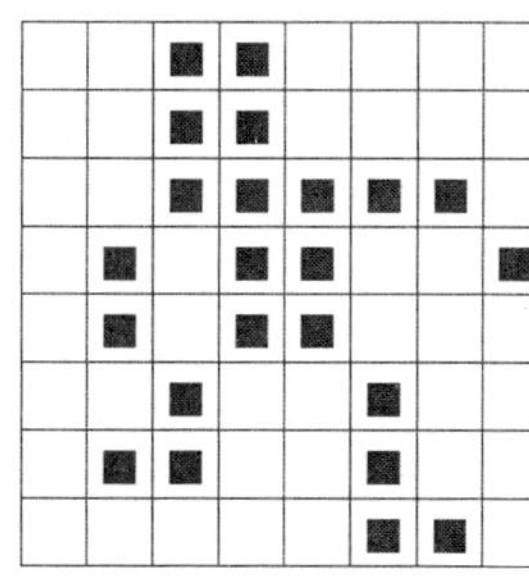

0x30
0x30
0x3e
0x59
0x58
0x24
0x64
0x06

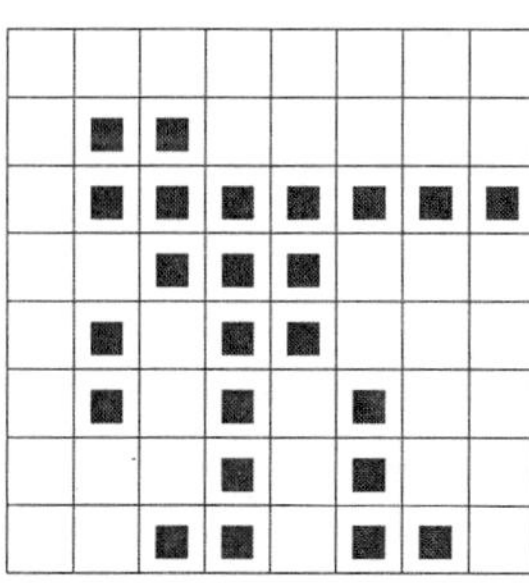

0x00
0x60
0x7f
0x38
0x58
0x54
0x14
0x36

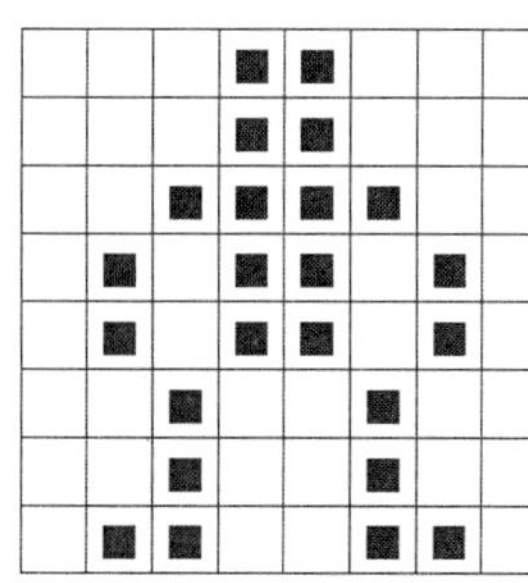

0x18
0x18
0x3c
0x5a
0x5a
0x24
0x24
0x66

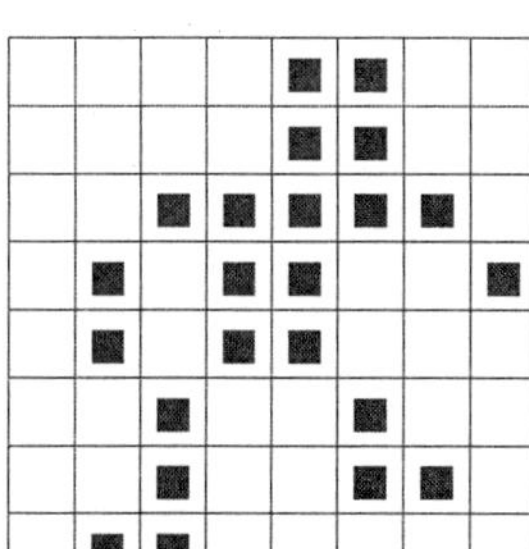

0x18
0x18
0x3e
0x59
0x58
0x24
0x26
0x60

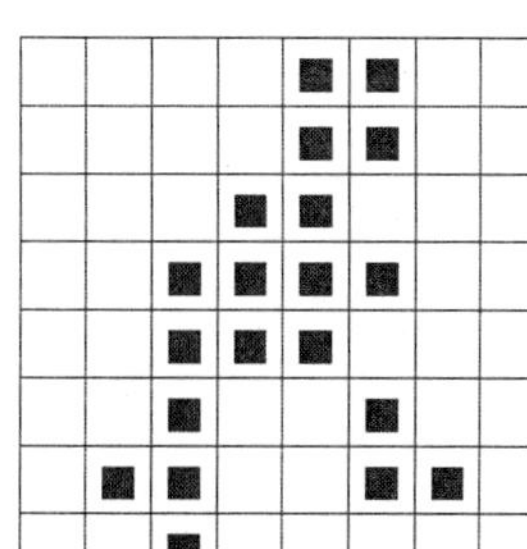

0x0c
0x0c
0x18
0x3c
0x38
0x14
0x36
0x20

				■	■			0x0c
				■	■			0x0c
		■	■	■				0x38
	■		■	■	■	■		0x5e
	■		■	■				0x58
			■		■			0x14
	■	■	■		■			0x74
	■				■	■		0x46

				■	■			0x0c
				■	■			0x0c
		■	■	■				0x38
		■	■	■	■	■		0x3e
			■	■				0x18
	■	■	■	■				0x78
	■		■					0x50
			■	■				0x18

								0x00
				■	■			0x0c
		■	■	■	■			0x3c
	■		■	■				0x58
	■		■	■	■			0x5c
			■		■	■		0x16
		■	■					0x30
		■						0x20

				■	■			0x0c
				■	■			0x0c
	■	■	■	■				0x78
■			■	■	■	■		0x9e
			■	■	■			0x1c
			■		■			0x14
	■	■	■		■	■		0x76
	■							0x40

				■	■			0x0c
				■	■			0x0c
		■	■	■	■	■	■	0x3f
	■		■	■				0x58
			■	■				0x18
		■	■		■			0x34
		■			■			0x24
					■	■		0x06

			■	■				0x18
			■	■				0x18
		■	■	■	■			0x3c
	■		■	■		■		0x5a
	■		■	■		■		0x5a
		■			■			0x24
		■			■			0x24
	■	■			■	■		0x66

			■	■				0x18
			■	■				0x18
	■	■	■	■	■			0x7c
■			■	■		■		0x9a
			■	■		■		0x1a
		■			■			0x24
	■	■			■			0x64
					■	■		0x06

		■	■					0x30
		■	■					0x30
			■	■				0x18
		■	■	■	■			0x3c
			■	■	■			0x1c
		■		■				0x28
	■	■		■	■			0x6c
					■			0x04

		■	■					0x30
		■	■					0x30
			■	■	■			0x1c
	■	■	■	■		■		0x7a
			■	■		■		0x1a
		■		■				0x28
		■		■	■	■		0x2e
	■	■				■		0x62

		■	■					0x30
		■	■					0x30
	■	■	■	■	■			0x7c
			■	■		■		0x1a
			■	■				0x18
			■		■	■		0x16
			■			■		0x12
		■	■					0x30

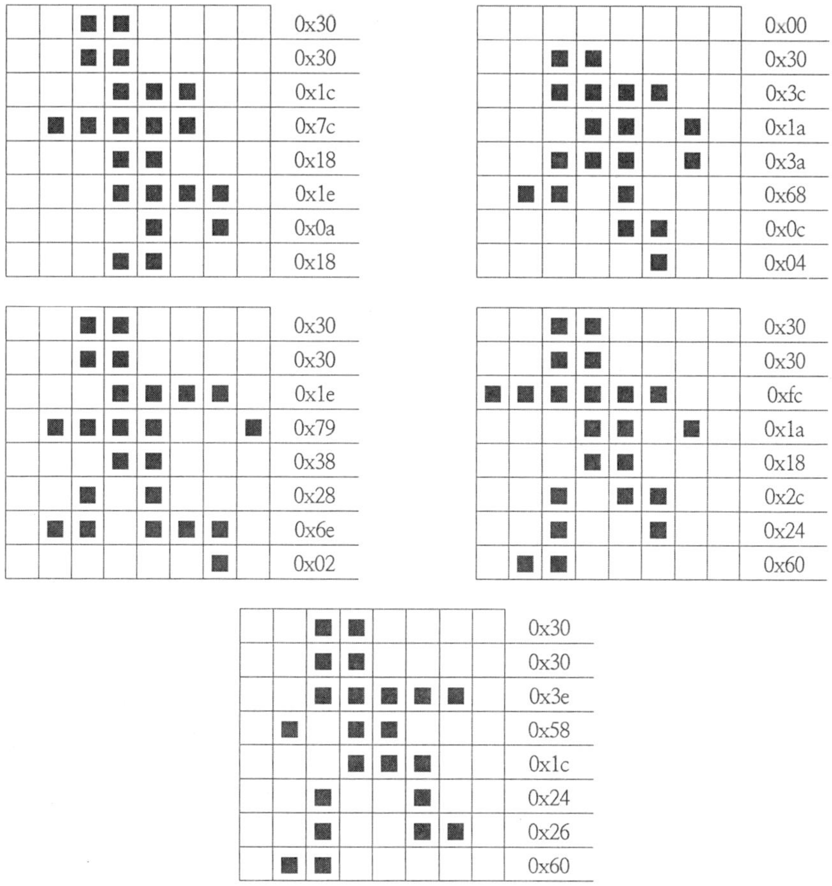

[그림 3-6] 비트맨 동작 패턴

[사진 3-3]은 도트매트릭스에 표시된 비트맨의 모습을 보여주며, [리스트 3-4]는 비트맨을 연속적으로 표시하는 동작 프로그램이다.

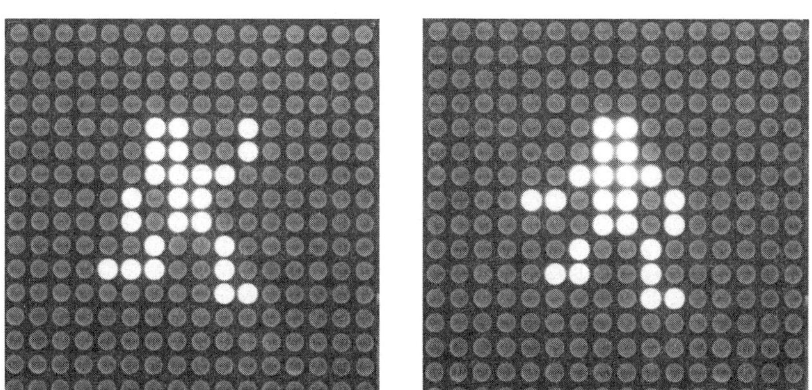

[사진 3-3] 비트맨 동작 사진

도트매트릭스의 표시에 사용할 배열을 별도로 정의한 후 표시하고자 하는 패턴을 이 배열에 순차적으로 저장하면서 표시한다. 이 때 표시에 사용하는 배열의 비트값이 1인 부분에는 녹색과 적색 LED를 같이 ON시킨다.

〈프로그램 설명〉

```
#include <mega128.h>
#include <delay.h>

// 도트 매트릭스(A0-A3 : PORTC.4~PORTC.7)
~~~~~~~~~~~~~~~~~~~~~~~~~~~~~~~~~~~~~~~~

// 사용 변수
~~~~~~~~~~~~~~~~~~~~~~~~~~~~~~~~~~~~~~~~

 // Bitman 패턴 8x8
❶ flash char bitman[PAT_NO][8]={
    {0x18,0x18,0x3c,0x5a,0x5a,0x24,0x24,0x66},
    {0x18,0x18,0x3C,0x5A,0x5A,0x24,0x24,0x66},
    {0x18,0x18,0x3C,0xDA,0x1A,0x24,0x24,0x66}
  ~~~~~~~~~~~~~~~~~~~~~~~~~~~~~~~~~~~~~~~~

    {0x30,0x30,0xFC,0x1A,0x18,0x2C,0x24,0x60},
    {0x30,0x30,0x3E,0x58,0x1C,0x24,0x26,0x60}};

void main(void)
{
     int  cc, i;

   // 도트매트릭스 제어포트 출력 설정
   ~~~~~~~~~~~~~~~~~~~~~~~~~~~~~~~~~~~~~~~~

   // 타이머/카운터0 초기 설정
   ~~~~~~~~~~~~~~~~~~~~~~~~~~~~~~~~~~~~~~~~

   while(1) {
       // 비트맨 순차 표시
❷      for(cc = 0;cc < PAT_NO; cc++) {
          // 4-12행에 표시할 cc번째 bitman 패턴 저장(좌우 4칸은 0값 저장)
          for(i = 0;i < 8;i++){
```

```
❸                    dot_val[i + 4] = bitman[cc][i] << 4;
            }
❹               delay_ms(400);
        }
    }
}
```

<설명>

❶ 비트맨에 대한 8x8 크기의 flash형 패턴 데이터이다.
❷ PAT_NO(43)개의 비트맨 패턴을 순차적으로 표시한다.
❸ 표시할 패턴이 가운데로 오도록 8x8 크기의 패턴을 4비트 왼쪽으로 쉬프트 시켜 표시 배열에 저장한다.
❹ 43개 비트맨의 패턴을 각각 0.4초 동안 연속적으로 표시하면서 움직이는 것처럼 보이게 한다.

[리스트 3-3] 비트맨 동작 프로그램

```
/*****************************************/
/* bitman.c : 비트맨 프로그램                        */
/* Programmed by Donguk SHIN in 2016          */
/*****************************************/

#include <mega128.h>
#include <delay.h>

#define PAT_NO          43

// 도트매트릭스(A0-A3 : PORTC.4~PORTC.7)
#define RED             PORTC.0             // Red LED Data
#define GREEN           PORTC.1             // Green LED Data
#define ENABLE          PORTC.2             // Output Enable
#define LATCH           PORTC.3             // Latch
#define CLOCK           PORTA.3             // Clock

// 사용 변수
int     dot_i = 0;                  // 도트매트릭스 표시 라인 번호
int     dot_val[16];                // 표시 패턴 저장을 위한 배열

// Bitman 패턴 8x8
```

```
flash char bitman[PAT_NO][8]={
	{0x18,0x18,0x3c,0x5a,0x5a,0x24,0x24,0x66},
	{0x18,0x18,0x3C,0x5A,0x5A,0x24,0x24,0x66},
	{0x18,0x18,0x3C,0xDA,0x1A,0x24,0x24,0x66},
	{0x0C,0xCC,0x3C,0x1A,0x1A,0x24,0x26,0x62},
	{0x8C,0x4C,0x3C,0x1A,0x1A,0x24,0x27,0x60},
	{0x4C,0x4C,0x3C,0x1A,0x1A,0x24,0x27,0x60},
	{0x2C,0x4C,0x3C,0x1A,0x1A,0x24,0x27,0x60},
	{0x18,0x18,0x3C,0x5B,0x58,0x24,0x24,0x66},
	{0x30,0x33,0x3C,0x58,0x58,0x24,0x24,0x66},
	{0x31,0x32,0x3C,0x58,0x58,0x24,0xE4,0x06},

	{0x32,0x32,0x3C,0x58,0x58,0x24,0xE4,0x06},
	{0x34,0x32,0x3C,0x58,0x58,0x24,0xE4,0x06},
	{0x18,0x18,0x3C,0x5A,0x5A,0x24,0x24,0x66},
	{0x00,0x18,0x7E,0x99,0x18,0x3C,0x24,0x66},
	{0x00,0x00,0xDB,0x3C,0x18,0x3C,0x3C,0x66},
	{0x18,0x18,0x3C,0x5A,0x5A,0x24,0x24,0x66},
	{0x18,0x18,0x3C,0xDA,0x1A,0x24,0x64,0x06},
	{0x30,0x30,0x9C,0x7A,0x19,0x24,0x64,0x06},
	{0x18,0x18,0x3C,0x5B,0x58,0x24,0x26,0x60},
	{0x0C,0x0C,0x39,0x5E,0x98,0x24,0x26,0x60},

	{0x18,0x18,0x3C,0x5A,0x5A,0x24,0x24,0x66},
	{0x0C,0x0C,0x7C,0x9A,0x1A,0x24,0x26,0x60},
	{0x00,0x06,0xFE,0x1C,0x1A,0x2A,0x28,0x6C},
	{0x30,0x30,0x3E,0x59,0x58,0x24,0x64,0x06},
	{0x00,0x60,0x7F,0x38,0x58,0x54,0x14,0x36},
	{0x18,0x18,0x3C,0x5A,0x5A,0x24,0x24,0x66},
	{0x18,0x18,0x3E,0x59,0x58,0x24,0x26,0x60},
	{0x0C,0x0C,0x18,0x3C,0x38,0x14,0x36,0x20},
	{0x0C,0x0C,0x38,0x5E,0x58,0x14,0x74,0x46},
	{0x0C,0x0C,0x38,0x3E,0x18,0x78,0x50,0x18},

	{0x00,0x0C,0x3C,0x58,0x5C,0x16,0x30,0x20},
	{0x0C,0x0C,0x78,0x9E,0x1C,0x14,0x76,0x40},
	{0x0C,0x0C,0x3F,0x58,0x18,0x34,0x24,0x06},
	{0x18,0x18,0x3C,0x5A,0x5A,0x24,0x24,0x66},
	{0x18,0x18,0x7C,0x9A,0x1A,0x24,0x64,0x06},
	{0x30,0x30,0x18,0x3C,0x1C,0x28,0x6C,0x04},
	{0x30,0x30,0x1C,0x7A,0x1A,0x28,0x2E,0x62},
	{0x30,0x30,0x7C,0x1A,0x18,0x16,0x12,0x30},
```

```
    {0x30,0x30,0x1C,0x7C,0x18,0x1E,0x0A,0x18},
    {0x00,0x30,0x3C,0x1A,0x3A,0x68,0x0C,0x04},

    {0x30,0x30,0x1E,0x79,0x38,0x28,0x6E,0x02},
    {0x30,0x30,0xFC,0x1A,0x18,0x2C,0x24,0x60},
    {0x30,0x30,0x3E,0x58,0x1C,0x24,0x26,0x60}};

void main(void)
{
  int  cc, i;

  // 도트매트릭스 제어포트 출력 설정
  DDRA = 0xFF;                  // 포트A 출력 설정
  DDRC = 0xFF;                  // 포트C  출력 설정
  PORTC = 0b00001000;           // 도트매트릭스(LATCH=1, ENABLE=0, A0-A3=0000)

  // 타이머/카운터0 초기 설정
  TIMSK = 0x01;                 // TOIE0 = 1, 타이머/카운터0 인터럽트 인에이블
  ASSR = 0x00;                  // 타이머/카운터0 타이머 모드
  TCCR0 = 0x04;                 // 일반모드, 프리스케일 = CK/64
  TCNT0 = 0x00;                 // 타이머/카운터0 레지스터 초기값
                                // 1/16us * 64분주 * (256 - 0) = 1.024ms

  SREG = 0x80;                  // 전역 인터럽트 인에이블 비트 I 셋

  // 도트매트릭스 상하 4라인 0값 추가
  for(i = 0;i < 4;i++){
    dot_val[i] = 0;
    dot_val[12 + i] = 0;
  }

  while(1) {
    // 비트맨 순차 표시
    for(cc = 0;cc < PAT_NO; cc++) {
        // 4-12행에 표시할 cc번째 bitman 패턴 저장(좌우 4칸은 0값 저장)
        for(i = 0;i < 8;i++){
                dot_val[i + 4] = bitman[cc][i] << 4;
        }
        delay_ms(400);
    }
  }
}
```

```
// 도트매트릭스 1.024ms마다 한 라인씩 순차 표시
// 타이머/카운터0 (256 - 0) * 64 / 16 us = 1.024ms
interrupt [TIM0_OVF] void timer0_ovf_isr(void)
{
   int    di;

   // 한 라인 데이터 출력(맨 좌측 표시값부터 하나씩 추출하여 출력)
   for(di = 0;di < 16;di++){
      if(((dot_val[dot_i] << di) & 0x8000) != 0){
           // 적색+녹색으로 표시
           RED = 1;
           GREEN = 1;
      }
      else {
           RED = 0;
           GREEN = 0;
      }

      CLOCK = 1;                                              // 클럭 ON
      delay_us(1);
      CLOCK = 0;                                              // 클럭 OFF
      delay_us(1);
   }

   ENABLE = 1;                                                // Enable 비트 셋
   LATCH = 0;                                                 // Latch 비트 리셋
   delay_us(2);
   LATCH = 1;                                                 // Latch 비트 셋
   PORTC = (PORTC & 0b00001111) | (dot_i << 4);               // 표시 라인 설정
   delay_us(2);
   ENABLE = 0;                                                // 인에이블 비트 리셋

   dot_i = (dot_i + 1) % 16;                                  // 표시라인 1증가
}
```

3.4 녹색 LED 표시 고정, 적색 LED 스위치 조작으로 이동시키기

녹색 LED에는 첫 번째 비트맨 패턴을 표시하고, 적색 LED에는 하나의 LED를 ON시킨 상태에서 스위치로 움직여보자. 4개의 스위치 입력은 외부인터럽트 INT4~INT7을 이용한다.

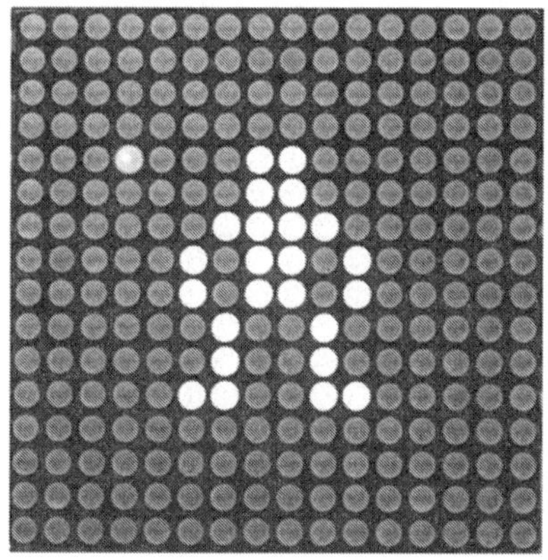

[사진 3-4] 비트맨과 적색 점 표시

3.4.1 도트 이동하기(배열 dot_rval[], ON 위치 좌표 : rx, ry)

도트매트릭스에서 적색 LED에 대한 값은 배열 dot_rval[]에 저장되어 있고, 적색 LED의 위치좌표를 (rx, ry)로 나타내기로 한다. 도트매트릭스의 크기는 설명을 위해 8x8 크기로 한다.

(1) 아래로 이동하기

아래로 이동하는 경우에는 [그림 3-7]과 같이 적색 LED가 있는 위치의 값을 저장하고, ry 좌표를 1 증가시킨 후 저장된 값을 그 위치의 값으로 저장하면 된다.

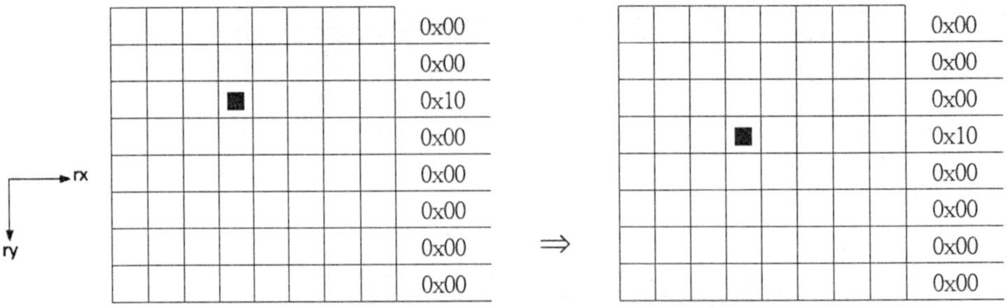

(이동 전 ry=2, rx=3)　　(이동 후 ry=3, rx=3)

```
처리 ; ry < 7 이면
        tmp = dot_rval[ry];
        dot_rval[ry] = 0;
        ry++;
        dot_rval[ry] = tmp;
```

[그림 3-7] 아래로 이동하기

(2) 위로 이동하기

위로 이동하는 경우에는 [그림 3-8]과 같이 적색 LED가 있는 위치의 값을 저장하고, ry 좌표를 1 감소시킨 후 저장된 값을 그 위치의 값으로 저장하면 된다.

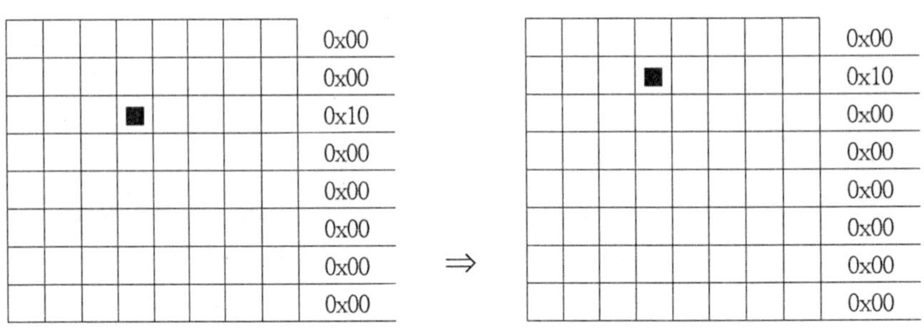

(이동 전 ry=2, rx=3)　　(이동 후 ry=1, rx=3)

```
처리 ; ry > 0 이면
        tmp = dot_rval[ry];
        dot_rval[ry] = 0;
        ry--;
        dot_rval[ry] = tmp;
```

[그림 3-8] 위로 이동하기

(3) 좌로 이동하기

좌로 이동하는 경우에는 [그림 3-9]와 같이 적색 LED의 rx 좌표를 1감소시킨 후 왼쪽으로 1비트 쉬프트 한 값을 그 위치의 값으로 저장하면 된다.

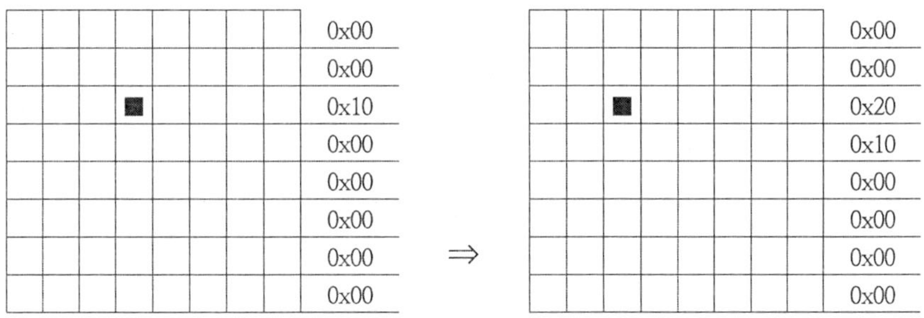

(이동 전 ry=2, rx=3) (이동 후 ry=2, rx=2)

```
처리 ; rx 〉 0
    rx--;
    dot_rval[ry] 〈〈= 1;
```

[그림 3-9] 좌로 이동하기

(4) 우로 이동하기

우로 이동하는 경우에는 [그림 3-10]과 같이 적색 LED의 rx 좌표를 1증가시킨 후 오른쪽으로 1비트 쉬프트 한 값을 그 위치의 값으로 저장하면 된다.

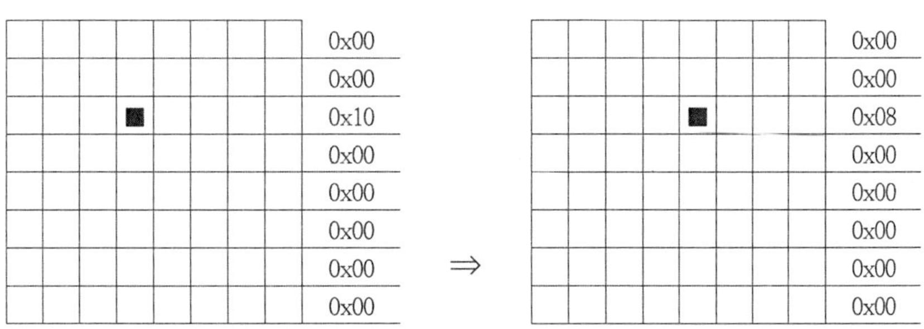

(이동 전 ry=2, rx=3) (이동 후 ry=2, rx=4)

```
처리 ; rx 〈 7
    rx++;
    dot_rval[ry] 〉〉= 1;
```

[그림 3-10] 우로 이동하기

〈프로그램 설명〉

```
#include <mega128.h>
#include <delay.h>

// 도트매트릭스(A0-A3 : PORTC.4~PORTC.7)
#define  RED          PORTC.0         // Red LED Data
~~~~~~~~~~~~~~~~~~~~~~~~~~~~~~~~~~~~~~~~~~~~~~

❶ // 사용 변수
  int    dot_i = 0;                        // 도트매트릭스 표시 라인 번호
  unsigned int   dot_rval[16];             // 표시 패턴 녹색 데이터 저장을 위한 배열
  unsigned int   dot_gval[16];             // 표시 패턴 적색 데이터 저장을 위한 배열
  int    rx = 0, ry = 0;                   // 적색 dot x, y 좌표(0~15)

  // Bitman 패턴 8x8
❷ flash char bitman[8]= {0x18,0x18,0x3c,0x5a,0x5a,0x24,0x24,0x66};

  void main(void)
  {
    int  i;

    // 도트매트릭스 제어포트 출력 설정
    ~~~~~~~~~~~~~~~~~~~~~~~~~~~~~~~~~~~~~~~~~~~~~~

❸  // 외부 인터럽트 설정
    EIMSK = 0b11110000;      // 외부 인터럽트 4,5,6,7 인에이블
    EICRB = 0b10101010;      // 모두 하강에지

    // 타이머/카운터0 초기 설정
    ~~~~~~~~~~~~~~~~~~~~~~~~~~~~~~~~~~~~~~~~~~~~~~

    // 도트 매트릭스 상하 4라인 0값 추가
❹  for(i = 0;i < 16;i++){
      dot_gval[i] = 0;
      dot_rval[i] = 0;
    }

    // 녹색, 적색 패턴 초기 설정
❺  for(i = 0;i < 8;i++) dot_gval[i + 4] = bitman[i] << 4;          // 녹색

❻  dot_rval[ry] = 1 << (15 - rx);                                   // 적색
```

```
❼    while(1);
  }
```

〈설명〉

❶ 도트매트릭스의 적색 LED 표시를 위한 배열 dot_rval[]과, 녹색 LED 표시를 위한 배열 dot_gval[]을 선언한다. 그리고, 적색 LED의 위치 변수를 선언하고 초기값으로 (0,0)을 설정한다.
❷ 도트매트릭스에서 녹색으로 표시할 비트맨 패턴을 flash형 배열로 선언한다.
❸ 4개의 스위치에 대한 입력 처리를 외부 인터럽트로 처리하기 위해 외부인터럽트 4~7을 인에이블 시키고, 하강에지로 설정한다.
❹ 타이머/카운터0에서 표시에 사용할 배열 dot_rval[], dot_gval[]을 클리어 한다.
❺ 녹색 표시 배열 dot_gval[]에 8x8 크기의 비트맨 데이터를 도트매트릭스의 중앙에 위치하도록 저장한다.
❻ 적색 LED의 위치 (rx, ry)의 LED만 on이 되도록 적색 표시 배열 dot_rval[]에 1을 설정한다.
❼ 무한 대기상태로 들어간다.

〈외부 인터럽트 처리 함수〉

```
  // 위쪽으로 이동
❶ interrupt [EXT_INT4] void sw1(void)
  {
    int  tmp;

    if(ry > 0) {
       tmp = dot_rval[ry];
       dot_rval[ry] = 0;
       ry--;
       dot_rval[ry] = tmp;
    }
  }

  // 아래쪽으로 이동
❷ interrupt [EXT_INT5] void sw2(void)
  {
    int  tmp;

    if(ry < 15) {
       tmp = dot_rval[ry];
       dot_rval[ry] = 0;
```

```
        ry++;
        dot_rval[ry] = tmp;
    }
}

// 왼쪽으로 이동
❸ interrupt [EXT_INT6] void sw3(void)
{
    if(rx > 0){
        rx--;
        dot_rval[ry] <<= 1;
    }
}

// 오른쪽으로 이동
❹ interrupt [EXT_INT7] void sw4(void)
{
    if(rx < 15){
        rx++;
        dot_rval[ry] >>= 1;
    }
}
```

〈설명〉

❶ SW1이 눌려졌을 때 실행되는 외부 인터럽트4 처리 함수이며, 적색 LED를 한 줄 위로 이동시킨다.

❷ SW2가 눌려졌을 때 실행되는 외부 인터럽트5 처리 함수이며, 적색 LED를 한 줄 아래로 이동시킨다.

❸ SW3이 눌려졌을 때 실행되는 외부 인터럽트6 처리 함수이며, 적색 LED를 왼쪽으로 한 칸 이동시킨다.

❹ SW4가 눌려졌을 때 실행되는 외부 인터럽트7 처리 함수이며, 적색 LED를 오른쪽으로 한 칸 이동시킨다.

[리스트 3-4] 비트맨 녹색 표시, 적색 LED 스위치 조작 이동

```
/*************************************************************/
/* bitman1.c : 비트맨 프로그램                                   */
/* Programmed by Donguk SHIN in 2016                          */
/*                                                            */
/* 녹색 dot에는 0번째 비트맨만을 표시하고                          */
/* 적색 dot에는 (0,0)에 한 개만 ON시킨 상태에서                     */
/* 네 개의 스위치입력에 따라 상하좌우로 이동시키며 표시하기            */
/* SW1 : 상, SW2 : 하, SW3 : 좌,  SW4 : 우                      */
/*************************************************************/

#include <mega128.h>
#include <delay.h>

// 도트매트릭스(A0-A3 : PORTC.4~PORTC.7)
#define  RED        PORTC.0        // Red LED Data
#define  GREEN      PORTC.1        // Green LED Data
#define  ENABLE     PORTC.2        // Output Enable
#define  LATCH      PORTC.3        // Latch
#define  CLOCK      PORTA.3        // Clock

// 사용 변수
int      dot_i = 0;                     // 도트매트릭스 표시 라인 번호
unsigned int    dot_rval[16];           // 표시 패턴 녹색 데이터 저장을 위한 배열
unsigned int    dot_gval[16];           // 표시 패턴 적색 데이터 저장을 위한 배열
int     rx = 0, ry = 0;                 // 적색 dot x, y 좌표(0~15)
// Bitman 패턴 8x8
flash char bitman[8]= {0x18,0x18,0x3c,0x5a,0x5a,0x24,0x24,0x66};

void main(void)
{
   int  i;

   // 도트매트릭스 제어포트 출력 설정
   DDRA = 0xFF;              // 포트A 출력 설정
   DDRC = 0xFF;              // 포트C 출력 설정

   PORTC = 0b00001000;       // 도트매트릭스(LATCH=1, ENABLE=0, A0-A3=0000)

   // 외부 인터럽트 설정
   EIMSK = 0b11110000;       // 외부 인터럽트 4,5,6,7인에이블
```

```
    EICRB = 0b10101010;          // 모두 하강에지

    // 타이머/카운터0 초기 설정
    TIMSK = 0x01;                // TOIE0 = 1, 타이머/카운터0 인터럽트 인에이블
    ASSR = 0x00;                 // 타이머/카운터0 타이머 모드
    TCCR0 = 0x04;                // 일반모드, 프리스케일 = CK/64
    TCNT0 = 0x00;                // 타이머/카운터0 레지스터 초기값
                                 // 1/16us * 64분주 * (256 - 0) = 1.024ms
    SREG = 0x80;                 // 전역 인터럽트 인에이블 비트 I 셋

    // 도트매트릭스 상하 4라인 0값 추가
    for(i = 0;i < 16;i++){
        dot_gval[i] = 0;
        dot_rval[i] = 0;
    }

    // 녹색, 적색 패턴 초기 설정
    for(i = 0;i < 8;i++) dot_gval[i + 4] = bitman[i] << 4;      // 녹색
    dot_rval[ry] = 1 << (15 - rx);                              // 적색

    while(1);
}

// 도트매트릭스 1.024ms마다 한 라인씩 순차 표시
// 타이머/카운터0 (256 - 0) * 64 / 16 us = 1.024ms
interrupt [TIM0_OVF] void timer0_ovf_isr(void)
{
    int     di;

    // 한 라인 데이터 출력(맨 좌측 표시값부터 하나씩 추출하여 출력)
    for(di = 0;di < 16;di++){
        if(((dot_gval[dot_i] << di) & 0x8000) != 0) GREEN = 1; // 녹색
        else GREEN = 0;

        if(((dot_rval[dot_i] << di) & 0x8000) != 0) RED = 1;   // 적색
        else RED = 0;

        CLOCK = 1;                                              // 클럭 ON
        delay_us(1);
        CLOCK = 0;                                              // 클럭 OFF
        delay_us(1);
    }
```

```
    ENABLE = 1;                                         // Enable 비트 셋
    LATCH = 0;                                          // Latch 비트 리셋
    delay_us(2);
    LATCH = 1;                                          // Latch 비트 셋
    PORTC = (PORTC & 0b00001111) | (dot_i << 4);        // 표시 라인 설정
    delay_us(2);
    ENABLE = 0;                                         // 인에이블 비트 리셋

    dot_i = (dot_i + 1) % 16;                           // 표시라인 1증가
}

// 위쪽으로 이동
interrupt [EXT_INT4] void sw1(void)
{
    int  tmp;

    if(ry > 0) {
        tmp = dot_rval[ry];
        dot_rval[ry] = 0;
        ry--;
        dot_rval[ry] = tmp;
    }
}

// 아래쪽으로 이동
interrupt [EXT_INT5] void sw2(void)
{
    int  tmp;

    if(ry < 15) {
        tmp = dot_rval[ry];
        dot_rval[ry] = 0;
        ry++;
        dot_rval[ry] = tmp;
    }
}

// 왼쪽으로 이동
interrupt [EXT_INT6] void sw3(void)
{
    if(rx > 0){
        rx--;
```

```
        dot_rval[ry] <<= 1;
    }
}

// 오른쪽으로 이동
interrupt [EXT_INT7] void sw4(void)
{
    if(rx < 15){
        rx++;
        dot_rval[ry] >>= 1;
    }
}
```

3.5 스위치 조작으로 적색 LED 이동시키면서 녹색 LED 지우기

녹색 LED에는 첫 번째 비트맨 패턴을 표시하고, 적색 LED에는 하나의 LED를 ON시킨 상태에서 스위치로 움직여보자. 이 때 적색 LED가 지나는 위치에 비트맨의 녹색 LED가 표시되어 있으면 하나씩 OFF 시킨다. 4개의 스위치 입력은 외부인터럽트 INT4~INT7을 이용한다. 적색 LED에 대한 값은 배열 dot_rval[]에 저장되어 있고, 적색 LED의 위치좌표를 (rx, ry)로 나타내기로 한다. 녹색 LED에 대한 값은 dot_gval[]에 저장한다.

[그림 3-11]과 같이 적색 LED가 오른쪽으로 1칸 이동하는 경우 녹색 LED 저장 배열 dot_gval[]과 적색 LED 저장 배열 dot_rval[]이 어떻게 바뀌는지 살펴보자. 적색 LED가 이동한 후 그 위치의 녹색 LED가 off 되어야하므로, 적색 LED가 있는 ry 위치의 배열 dot_rval[ry]를 반전시켜 적색 LED가 위치해 있는 부분만 0으로 하여 녹색 LED 배열 dot_gval[ry]와 AND 연산을 수행한 후 그 값을 dot_gval[ry]에 저장하면 된다. 다른 이동에 대해서도 같은 방법을 적용하면 된다.

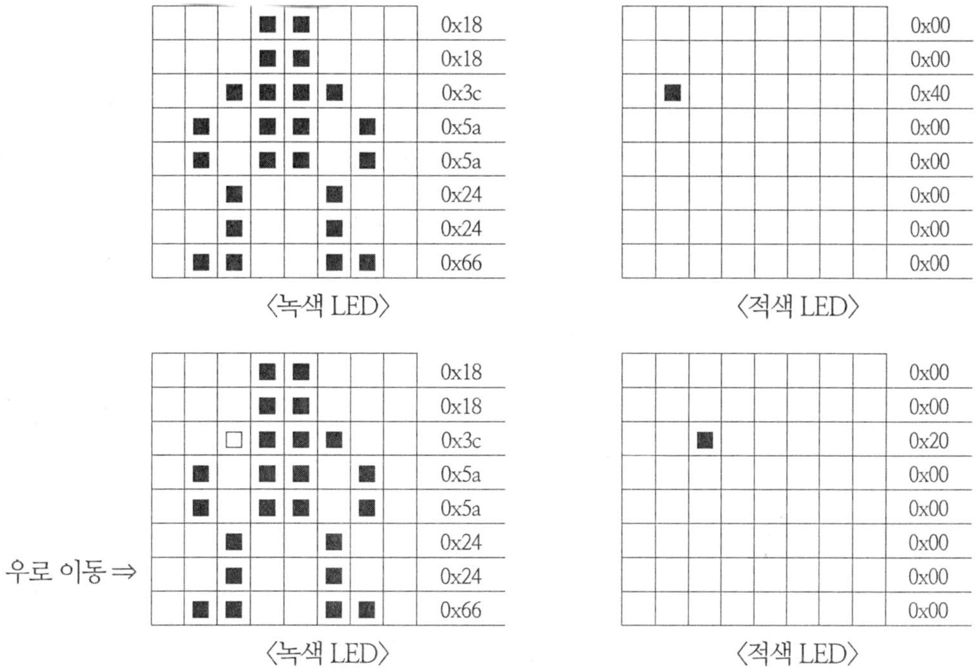


```
처리 ; (이동 전 ry=2, rx=1)          이동 후 ry=2, rx=2)
        dot_rval[ry] >>= 1;              // 0x40 ===> 0x20
        dot_gval[ry] = dot_gval[ry] & (~dot_rval[ry]);
                          계산 ===> 0x3c & (~0x20)
                               ===> 0b00111100 & (~0b00100000)
                               ===> 0b00①11100 & 0b11◎11111 = 0b00◎11100
                               ===> 3번째 줄의 3번째 녹색 LED OFF
                               ===> 3번째 줄의 3번째 적색 LED ON
```

[그림 3-11] 이동하면서 적색 LED 지우기(우측 이동)

〈외부 인터럽트 처리 함수〉

```
  // 위로 이동
❶ interrupt [EXT_INT4] void sw1(void)
  {
    int  tmp;

    if(ry > 0) {
       tmp = dot_rval[ry];
       dot_rval[ry] = 0;
```

```
        ry--;
        dot_rval[ry] = tmp;
        dot_gval[ry] = dot_gval[ry] & (~dot_rval[ry]);
    }
}

// 아래로 이동
❷ interrupt [EXT_INT5] void sw2(void)
{
    int  tmp;

    if(ry < 15) {
        tmp = dot_rval[ry];
        dot_rval[ry] = 0;
        ry++;
        dot_rval[ry] = tmp;
        dot_gval[ry] = dot_gval[ry] & (~dot_rval[ry]);
    }
}

// 왼쪽으로 이동
❸ interrupt [EXT_INT6] void sw3(void)
{
    if(rx > 0){
        rx--;
        dot_rval[ry] <<= 1;

        dot_gval[ry] = dot_gval[ry] & (~dot_rval[ry]);
    }
}

// 오른쪽으로 이동
❹ interrupt [EXT_INT7] void sw4(void)
{
    if(rx < 15){
        rx++;
        dot_rval[ry] >>= 1;
        dot_gval[ry] = dot_gval[ry] & (~dot_rval[ry]);
    }
}
```

〈설명〉

❶ SW1이 눌려졌을 때 실행되는 외부 인터럽트4 처리 함수이며, 적색 LED를 한 줄 위로 이동시킨다. 그리고, ry 위치에서의 적색 LED 배열을 반전시켜 녹색 LED 배열과 AND 연산을 한 후 그 값을 녹색 LED 배열의 새로운 값으로 저장한다.

❷ SW2가 눌려졌을 때 실행되는 외부 인터럽트5 처리 함수이며, 적색 LED를 한 줄 아래로 이동시킨다. 그리고, ry 위치에서의 적색 LED 배열을 반전시켜 녹색 LED 배열과 AND 연산을 한 후 그 값을 녹색 LED 배열의 새로운 값으로 저장한다.

❸ SW3이 눌려졌을 때 실행되는 외부 인터럽트6 처리 함수이며, 적색 LED를 왼쪽으로 한 칸 이동시킨다. 그리고, ry 위치에서의 적색 LED 배열을 반전시켜 녹색 LED 배열과 AND 연산을 한 후 그 값을 녹색 LED 배열의 새로운 값으로 저장한다.

❹ SW4가 눌려졌을 때 실행되는 외부 인터럽트7 처리 함수이며, 적색 LED를 오른쪽으로 한 칸 이동시킨다. 그리고, ry 위치에서의 적색 LED 배열을 반전시켜 녹색 LED 배열과 AND 연산을 한 후 그 값을 녹색 LED 배열의 새로운 값으로 저장한다.

[리스트 3-7] 비트맨 녹색 표시, 적색 LED 스위치 조작 이동하면서 녹색 패턴 지우기

```
/*************************************************************/
/* bitman2.c : 비트맨 프로그램                                  */
/* Programmed by Donguk SHIN in 2016                          */
/*                                                            */
/* 녹색 dot에는 0번째 비트맨만을 표시하고                          */
/* 적색 dot에는 (0,0)에 한 개만 ON시킨 상태에서                     */
/* 네 개의 스위치입력에 따라 상하좌우로 이동시키면서                   */
/* 녹색점 지우기                                                 */
/* SW1 : 상, SW2 : 하, SW3 : 좌,  SW4 : 우                      */
/*************************************************************/

#include <mega128.h>
#include <delay.h>

// 도트매트릭스(A0-A3 : PORTC.4~PORTC.7)
#define RED       PORTC.0     // Red LED Data
#define GREEN     PORTC.1     // Green LED Data
#define ENABLE    PORTC.2     // Output Enable
#define LATCH     PORTC.3     // Latch
#define CLOCK     PORTA.3     // Clock
```

```
// 사용 변수
int     dot_i = 0;                         // 도트매트릭스 표시 라인 번호
unsigned int   dot_rval[16];               // 표시 패턴 녹색 데이터 저장을 위한 배열
unsigned int   dot_gval[16];               // 표시 패턴 적색 데이터 저장을 위한 배열
int    rx = 0, ry = 0;                     // 적색 dot x, y 좌표(0~15)

// Bitman 패턴 8x8
flash char bitman[8]= {0x18,0x18,0x3c,0x5a,0x5a,0x24,0x24,0x66};
void main(void)
{
  int i;

   // 도트매트릭스 제어포트 출력 설정
   DDRA = 0xFF;                  // 포트A 출력 설정
   DDRC = 0xFF;                  // 포트C 출력 설정

   PORTC = 0b00001000;           // 도트매트릭스(LATCH=1, ENABLE=0, A0-A3=0000)

   // 외부 인터럽트 설정
   EIMSK = 0b11110000;           // 외부 인터럽트 4,5,6,7인에이블
   EICRB = 0b10101010;           // 모두 하강에지

   // 타이머/카운터0 초기 설정
   TIMSK = 0x01;                 // TOIE0 = 1, 타이머/카운터0 인터럽트 인에이블
   ASSR = 0x00;                  // 타이머/카운터0 타이머 모드
   TCCR0 = 0x04;                 // 일반모드, 프리스케일 = CK/64
   TCNT0 = 0x00;                 // 타이머/카운터0 레지스터 초기값
                                 // 1/16us * 64분주 * (256 - 0) = 1.024ms

   SREG = 0x80;                  // 전역 인터럽트 인에이블 비트 I 셋

   // 도트매트릭스 상하 4라인 0값 추가
   for(i = 0;i < 16;i++){
      dot_gval[i] = 0;
      dot_rval[i] = 0;
   }

   // 녹색, 적색 패턴 초기 설정
   for(i = 0;i < 8;i++) dot_gval[i + 4] = bitman[i] << 4;        // 녹색

   dot_rval[ry] = 1 << (15 - rx);                                // 적색
```

```
    while(1);
}
// 도트매트릭스 1.024ms마다 한 라인씩 순차 표시
// 타이머/카운터0 (256 - 0) * 64 / 16 us = 1.024ms
interrupt [TIM0_OVF] void timer0_ovf_isr(void)
{
    int    di;

    // 한 라인 데이터 출력(맨 좌측 표시값부터 하나씩 추출하여 출력)
    for(di = 0;di < 16;di++){
        if(((dot_gval[dot_i] << di) & 0x8000) != 0) GREEN = 1;         // 녹색
        else GREEN = 0;

        if(((dot_rval[dot_i] << di) & 0x8000) != 0) RED = 1;           // 적색
        else RED = 0;

        CLOCK = 1;                                     // 클럭 ON
        delay_us(1);
        CLOCK = 0;                                     // 클럭 OFF
        delay_us(1);
    }

    ENABLE = 1;                                        // Enable 비트 셋
    LATCH = 0;                                         // Latch 비트 리셋
    delay_us(2);
    LATCH = 1;                                         // Latch 비트 셋
    PORTC = (PORTC & 0b00001111) | (dot_i << 4);  // 표시 라인 설정
    delay_us(2);
    ENABLE = 0;                                        // 인에이블 비트 리셋

    dot_i = (dot_i + 1) % 16;                          // 표시라인 1증가
}

// 위로 이동
interrupt [EXT_INT4] void sw1(void)
{
    int  tmp;

    if(ry > 0) {
        tmp = dot_rval[ry];
        dot_rval[ry] = 0;
        ry--;
```

```
        dot_rval[ry] = tmp;
        dot_gval[ry] = dot_gval[ry] & (~dot_rval[ry]);
    }
}

// 아래로 이동
interrupt [EXT_INT5] void sw2(void)
{
    int  tmp;

    if(ry < 15) {
        tmp = dot_rval[ry];
        dot_rval[ry] = 0;
        ry++;
        dot_rval[ry] = tmp;
        dot_gval[ry] = dot_gval[ry] & (~dot_rval[ry]);
    }
}

// 왼쪽으로 이동
interrupt [EXT_INT6] void sw3(void)
{
    if(rx > 0){
        rx--;
        dot_rval[ry] <<= 1;
        dot_gval[ry] = dot_gval[ry] & (~dot_rval[ry]);
    }
}

// 오른쪽으로 이동
interrupt [EXT_INT7] void sw4(void)
{
    if(rx < 15){
        rx++;
        dot_rval[ry] >>= 1;
        dot_gval[ry] = dot_gval[ry] & (~dot_rval[ry]);
    }
}
```

3.6 가속도 센서 x, y축 기울기에 따른 제어 연습

도트 매트릭스의 녹색 LED에는 비트맨을 표시하고, 적색 LED는 하나의 LED만을 ON시킨 상태에서 시작한다. 그리고, 가속도 센서의 x, y축 성분을 측정하여 평형상태로부터 ±40의 차이가 있으면 기울어진 방향 쪽으로 적색 LED를 공처럼 움직이면서 녹색 LED를 off 시키는 프로그램을 작성해보자. 즉, 앞에서 4개의 스위치를 이용하여 녹색 LED를 off 시키는 프로그램을 작성했는데, 여기서는 스위치 대신 가속도 센서로 다음과 같이 제어하도록 프로그램을 작성하도록 하자.

> 제어 방법
>
> 보드를 앞으로 기울이면(x축 가속도 작아짐) 적색 LED를 위로
> 보드를 뒤로 기울이면(x축 가속도 커짐) 적색 LED를 아래로
> 보드를 우측으로 기울이면(y축 가속도 커짐) 적색 LED를 우측으로
> 보드를 좌측으로 기울이면(y축 가속도 작아짐) 적색 LED를 좌측으로
> 이동하면 된다.

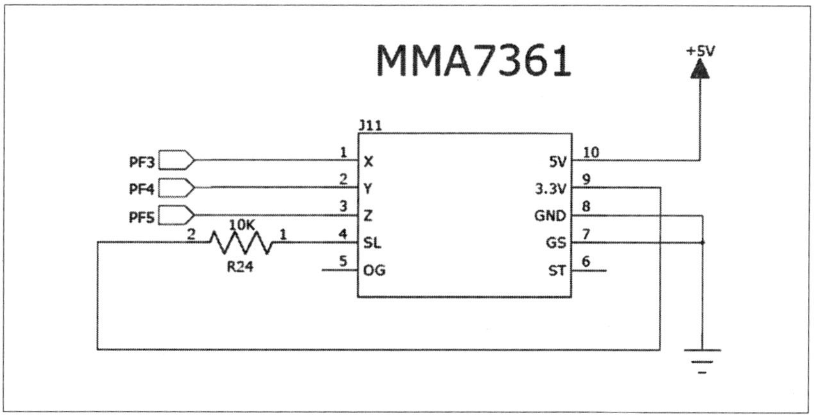

[그림 3-12] 가속도 센서 모듈 연결 회로

〈헤더 부분〉

```
  #include <mega128.h>
  #include <delay.h>
❶ #include <stdio.h>

❷ // LCD(PORTA.0~PORTA.2, PORTA.4~PORTA.7)
  #define RS          PORTA.0       // RS
  #define RW          PORTA.1       // Read/Write
  #define EN          PORTA.2       // Enable

  // LCD COMMAND
  #define FUNCSET   0x28          // Function Set
  #define ENTMODE 0x06          // Entry Mode Set
  #define ALLCLR    0x01          // All Clear
  #define HOME      0x02          // HOME
  #define DISPON    0x0c          // Display On
  #define LINE2     0xC0          // 2nd Line Move

  // 도트매트릭스(A0-A3 : PORTC.4~PORTC.7)
  #define  RED        PORTC.0       // Red LED Data
~~~~~~~~~~~~~~~~~~~~~~~~~~~~~~~~~~~~~~~~~~~~

❸ // 가속도 센서
  #define  X_ST       338           // 평형상태에서의 X축 가속도 센서값
  #define  Y_ST       360           // 평형상태에서의 Y축 가속도 센서값
  #define  DXY        40            // 기울기

  // 사용 변수
  int dot_i = 0;                    // 도트매트릭스 표시 라인 번호
~~~~~~~~~~~~~~~~~~~~~~~~~~~~~~~~~~~~~~~~~~~~

  // Bitman 패턴 8x8
  flash char bitman[8]= {0x18,0x18,0x3c,0x5a,0x5a,0x24,0x24,0x66};

❹ // 가속도 센서 움직임 관련 함수
   void up_move(void);              // 적색 점 위로 이동
  void down_move(void);             // 적색 점 아래로 이동
  void left_move(void);             // 적색 점 왼쪽으로 이동
  void right_move(void);            // 적색 점 오른쪽으로 이동

❺ // LCD 관련함수
```

```
void LCD_init(void);
void LCD_String1(char *);
void Busy(void);
void Command(unsigned char);
void Data(unsigned char);
```

〈설명〉

❶ LCD에 가속도 센서의 값을 출력할 때 sprintf()함수를 사용하기 위해 인클루드 한다.
❷ LCD 제어핀에 연결된 핀 번호와 명령어를 심볼로 정의한다.
❸ 가속도 센서의 x축, y축의 평형 값과 도트매트릭스의 적색 LED가 움직이기 시작하는 평형 상태로부터의 차이 값을 정의한다. 평형 값은 보드를 평평한 면 위에 올려놓은 상태에서 측정된 값으로 여기서 정의된 값과 많은 차이가 있으면 수정하도록 한다.
❹ 가속도 센서에 관련된 함수로서 적색 LED를 상하좌우로 움직임을 처리하는 함수이다.
❺ LCD 관련 함수이며, 이에 관련된 자세한 내용은 〈ATmega128 기초와 응용1〉을 참조하기 바란다.

〈main 함수 부분〉

```
   void main(void)
   {
❶      int   i, acc_x = 0, acc_y = 0;
       char  buf[20];

       // 도트매트릭스 제어포트 출력 설정
❷      DDRA = 0xFF;              // 포트A 출력 설정
       DDRC = 0xFF;              // 포트C 출력 설정
       PORTC = 0b00001000;       // 도트매트릭스(LATCH=1, ENABLE=0, A0-A3=0000)

❸      LCD_init();

       // 타이머/카운터0 초기 설정
   ~~~~~~~~~~~~~~~~~~~~~~~~~~~~~~~~~~~~~~~~~~~~~~~~

       // 도트매트릭스 상하 4라인 0값 추가
   ~~~~~~~~~~~~~~~~~~~~~~~~~~~~~~~~~~~~~~~~~~~~~~~~

       // 녹색, 적색 패턴 초기 설정
   ~~~~~~~~~~~~~~~~~~~~~~~~~~~~~~~~~~~~~~~~~~~~~~~~
```

```
❹  ADCSRA = 0x87;                    // ADEN=1, 16MHz 128분주 -> 125kHz

   while(1){
❺    ADMUX = 0x03;                    // 가속 X성분( ADC3) 단극성 입력 선택
     ADCSRA = ADCSRA | 0x40;          // ADSC = 1 변환 시작
     while((ADCSRA & 0x10) == 0);     // ADIF=1이 될때까지
     acc_x = ADCW;

❻    ADMUX = 0x04;                    // 가속 Y성분( ADC4) 단극성 입력 선택
     ADCSRA = ADCSRA | 0x40;          // ADSC = 1 변환 시작
     while((ADCSRA & 0x10) == 0);     // ADIF=1이 될때까지
     acc_y = ADCW;

❼    // 결과 출력
     sprintf(buf, "X:%4d  Y:%4d", acc_x, acc_y);
     Command(HOME);
     LCD_String1(buf);

❽    if((acc_x - X_ST) > DXY) down_move();
     else if((X_ST- acc_x) > DXY) up_move();

❾    if((acc_y - Y_ST) > DXY) right_move();
     else if((Y_ST- acc_y) > DXY) left_move();

     delay_ms(200);
   }
}
```

〈설명〉

❶ x축, y축의 센서 값을 저장할 변수와 LCD에 표시할 때 사용할 문자열 변수를 선언한다.
❷ LCD와 도트매트릭스가 연결된 포트A와 포트C를 출력으로 설정한다.
❸ LCD 초기화를 실행한다.
❹ AD변환기를 인에이블 시키고, 125kHz로 동작시킨다.
❺ 가속도 센서의 x축이 연결된 ADC3을 단극성 입력으로 설정하고, AD 변환한 후 변수에 저장한다.
❻ 가속도 센서의 y축이 연결된 ADC4을 단극성 입력으로 설정하고, AD 변환한 후 변수에 저장한다.
❼ 가속도 센서의 x축, y축 AD 변환값을 LCD에 출력 표시한다.

❽ x축의 AD 변환값이 평형상태의 값으로부터 DXY 이상의 차이가 있으면 도트매트릭스의 적색 LED를 위/아래로 이동시킨다.
❾ y축의 AD 변환값이 평형상태의 값으로부터 DXY 이상의 차이가 있으면 도트매트릭스의 적색 LED를 좌/우로 이동시킨다.

〈적색 LED 상하좌우 이동 처리 함수〉

```
  // 위로 이동
❶ void up_move(void)
  {
    int  tmp;

    if(ry > 0) {
      tmp = dot_rval[ry];
      dot_rval[ry] = 0;
      ry--;
      dot_rval[ry] = tmp;
      dot_gval[ry] = dot_gval[ry] & (~dot_rval[ry]);
    }
  }

  // 아래로 이동
❷ void down_move(void)
  {
    int  tmp;

    if(ry < 15) {
      tmp = dot_rval[ry];
      dot_rval[ry] = 0;
      ry++;
      dot_rval[ry] = tmp;
      dot_gval[ry] = dot_gval[ry] & (~dot_rval[ry]);
    }
  }

  // 왼쪽으로 이동
❸ void left_move(void)
  {
    if(rx > 0){
```

```
        rx--;
        dot_rval[ry] <<= 1;
        dot_gval[ry] = dot_gval[ry] & (~dot_rval[ry]);
    }
}

// 오른쪽으로 이동
❹ void right_move(void)
{
    if(rx < 15){
        rx++;
        dot_rval[ry] >>= 1;
        dot_gval[ry] = dot_gval[ry] & (~dot_rval[ry]);
    }
}
```

〈설명〉

❶ 보드가 앞으로 기울여질 때 실행되는 처리 함수이며, 적색 LED를 한 줄 위로 이동시킨다. 그리고, ry 위치에서의 적색 LED 배열을 반전시켜 녹색 LED 배열과 AND 연산을 한 후 그 값을 녹색 LED 배열의 새로운 값으로 저장한다.

❷ 보드가 뒤로 기울여질 때 실행되는 처리 함수이며, 적색 LED를 한 줄 아래로 이동시킨다. 그리고, ry 위치에서의 적색 LED 배열을 반전시켜 녹색 LED 배열과 AND 연산을 한 후 그 값을 녹색 LED 배열의 새로운 값으로 저장한다.

❸ 보드가 왼쪽으로 기울여질 때 실행되는 처리 함수이며, 적색 LED를 왼쪽으로 한 칸 이동시킨다. 그리고, ry 위치에서의 적색 LED 배열을 반전시켜 녹색 LED 배열과 AND 연산을 한 후 그 값을 녹색 LED 배열의 새로운 값으로 저장한다.

❹ 보드가 오른쪽으로 기울여질 때 실행되는 처리 함수이며, 적색 LED를 오른쪽으로 한 칸 이동시킨다. 그리고, ry 위치에서의 적색 LED 배열을 반전시켜 녹색 LED 배열과 AND 연산을 한 후 그 값을 녹색 LED 배열의 새로운 값으로 저장한다.

[리스트 3-8] 가속도 센서를 이용한 제어 연습

```
// bitman3.c
// Programmed by Donguk SHIN in 2016
//
// 가속도 센서(X : ADC3, Y : ADC4, Z : ADC5)
// 가속도 센서 X, Y 두 축 이용하여
// 도트매트릭스 적색 점 이동시키면서 녹색 LED 지우기
// 평형상태 X(앞/뒤) : 328, Y(좌/우) : 348, Z(위) : 444  => 확인 필요
//    앞으로 기울이면 X값 작아짐
//    뒤로 기울이면 X값 커짐
//    오른쪽으로 기울이면 Y값 커짐
//    왼쪽으로 기울이면 Y값 작아짐
// 평형상태로부터 40이상 차이가 나면 그쪽 방향으로
// 적색 LED 이동

#include <mega128.h>
#include <delay.h>
#include <stdio.h>

// LCD(PORTA.0~PORTA.2, PORTA.4~PORTA.7)
#define RS              PORTA.0         // RS
#define RW              PORTA.1         // Read/Write
#define EN              PORTA.2         // Enable

// LCD COMMAND
#define FUNCSET         0x28            // Function Set
#define ENTMODE         0x06            // Entry Mode Set
#define ALLCLR          0x01            // All Clear
#define HOME            0x02            // HOME
#define DISPON          0x0c            // Display On
#define LINE2           0xC0            // 2nd Line Move

// 도트매트릭스(A0-A3 : PORTC.4~PORTC.7)
#define  RED            PORTC.0         // Red LED Data
#define  GREEN          PORTC.1         // Green LED Data
#define  ENABLE         PORTC.2         // Output Enable
#define  LATCH          PORTC.3         // Latch
#define  CLOCK          PORTA.3         // Clock

// 가속도 센서
#define X_ST            338             // 평형상태에서의 X축 가속도 센서값
```

```
#define  Y_ST            360              // 평형상태에서의 Y축 가속도 센서값
#define  DXY             40               // 감도 조절값

// 사용 변수
int      dot_i = 0;                       // 도트매트릭스 표시 라인 번호
unsigned int    dot_rval[16];             // 표시 패턴 녹색 데이터 저장을 위한 배열
unsigned int    dot_gval[16];             // 표시 패턴 적색 데이터 저장을 위한 배열
int      rx = 0, ry = 0;                  // 적색 dot x, y 좌표(0~15)

// Bitman 패턴 8x8
flash char bitman[8]= {0x18,0x18,0x3c,0x5a,0x5a,0x24,0x24,0x66};

// 조이스틱 관련함수
void up_move(void);                       // 적색 점 위로 이동
void down_move(void);                     // 적색 점 아래로 이동
void left_move(void);                     // 적색 점 왼쪽으로 이동
void right_move(void);                    // 적색 점 오른쪽으로 이동

// LCD 관련함수
void LCD_init(void);
void LCD_String1(char *);
void Busy(void);
void Command(unsigned char);
void Data(unsigned char);

void main(void)
{
   int  i, acc_x = 0, acc_y = 0;
   char  buf[20];

  // 도트매트릭스 제어포트 출력 설정
   DDRA = 0xFF;                 // 포트A 출력 설정
   DDRC = 0xFF;                 // 포트C 출력 설정

   PORTC = 0b00001000;          // 도트매트릭스(LATCH=1, ENABLE=0, A0-A3=0000)

   LCD_init();

  // 타이머/카운터0 초기 설정
   TIMSK = 0x01;                // TOIE0 = 1, 타이머/카운터0 인터럽트 인에이블
   ASSR = 0x00;                 // 타이머/카운터0 타이머 모드
   TCCR0 = 0x04;                // 일반모드, 프리스케일 = CK/64
```

```
    TCNT0 = 0x00;                  // 타이머/카운터0 레지스터 초기값
                                   // 1/16us * 64분주 * (256 - 0) = 1.024ms
    SREG = 0x80;                   // 전역 인터럽트 인에이블 비트 I 셋

    // 도트매트릭스 상하 4라인 0값 추가
    for(i = 0;i < 16;i++){
        dot_gval[i] = 0;
        dot_rval[i] = 0;
    }

    // 녹색, 적색 패턴 초기 설정
    for(i = 0;i < 8;i++) dot_gval[i + 4] = bitman[i] << 4;      // 녹색
    dot_rval[ry] = 1 << (15 - rx);                               // 적색

    ADCSRA = 0x87;                        // ADEN=1, 16MHz  128분주 -> 125kHz

    while(1){
        ADMUX = 0x03;                     // 가속 X성분( ADC3) 단극성 입력 선택
        ADCSRA = ADCSRA | 0x40;           // ADSC = 1 변환 시작
        while((ADCSRA & 0x10) == 0);      // ADIF=1이 될때까지
        acc_x = ADCW;

        ADMUX = 0x04;                     // 가속 Y성분( ADC4) 단극성 입력 선택
        ADCSRA = ADCSRA | 0x40;           // ADSC = 1 변환 시작
        while((ADCSRA & 0x10) == 0);      // ADIF=1이 될때까지
        acc_y = ADCW;

        // 결과 출력
        sprintf(buf, "X:%4d  Y:%4d", acc_x, acc_y);
        Command(HOME);
        LCD_String1(buf);

        if((acc_x - X_ST) > DXY) down_move();
        else if((X_ST- acc_x) > DXY) up_move();

        if((acc_y - Y_ST) > DXY) right_move();
        else if((Y_ST- acc_y) > DXY) left_move();

        delay_ms(200);
    }
}
```

```
// 위로 이동
void up_move(void)
{
   int  tmp;

   if(ry > 0) {
      tmp = dot_rval[ry];
      dot_rval[ry] = 0;
      ry--;
      dot_rval[ry] = tmp;

      dot_gval[ry] = dot_gval[ry] & (~dot_rval[ry]);
   }
}

// 아래로 이동
void down_move(void)
{
   int  tmp;

   if(ry < 15) {
      tmp = dot_rval[ry];
      dot_rval[ry] = 0;
      ry++;
      dot_rval[ry] = tmp;

       dot_gval[ry] = dot_gval[ry] & (~dot_rval[ry]);
   }
}

// 왼쪽으로 이동
void left_move(void)
{
   if(rx > 0){
      rx--;
      dot_rval[ry] <<= 1;

      dot_gval[ry] = dot_gval[ry] & (~dot_rval[ry]);
   }
}

// 오른쪽으로 이동
```

```
void right_move(void)
{
   if(rx < 15){
      rx++;
      dot_rval[ry] >>= 1;

      dot_gval[ry] = dot_gval[ry] & (~dot_rval[ry]);
   }
}

// 도트매트릭스 1.024ms마다 한 라인씩 순차 표시
// 타이머/카운터0 (256 - 0) * 64 / 16 us = 1.024ms
interrupt [TIM0_OVF] void timer0_ovf_isr(void)
{
   int    di;

   // 한 라인 데이터 출력(맨 좌측 표시값부터 하나씩 추출하여 출력)
   for(di = 0;di < 16;di++){
      if(((dot_gval[dot_i] << di) & 0x8000) != 0) GREEN = 1;         // 녹색
      else GREEN = 0;

      if(((dot_rval[dot_i] << di) & 0x8000) != 0) RED = 1;           // 적색
      else RED = 0;

      CLOCK = 1;                                 // 클럭 ON
      delay_us(1);
      CLOCK = 0;                                 // 클럭 OFF
      delay_us(1);
   }

   ENABLE = 1;                                   // Enable 비트 셋
   LATCH = 0;                                    // Latch 비트 리셋
   delay_us(2);
   LATCH = 1;                                    // Latch 비트 셋
   PORTC = (PORTC & 0b00001111) | (dot_i << 4);  // 표시 라인 설정
   delay_us(2);
   ENABLE = 0;                                   // 인에이블 비트 리셋
    dot_i = (dot_i + 1) % 16;                    // 표시라인 1증가
}

// LCD 초기화
void LCD_init(void)
```

```
{
    delay_ms(15);
    Command(0x20);
    delay_ms(5);
    Command(0x20);
    delay_us(100);
    Command(0x20);
    Command(FUNCSET);
    Command(DISPON);
    Command(ALLCLR);
    Command(ENTMODE);
}

// 문자열 출력 함수
void LCD_String1(char *str)
{
    char *pStr=0;

    pStr = str;
    while(*pStr) Data(*pStr++);
}

// 인스트럭션 쓰기 함수
void Command(unsigned char byte)
{
    Busy();

    // 인스트럭션 상위 바이트
    PORTA = (byte & 0xF0);              // 데이터
    RS = 0;                             // RS = 0
    RW = 0;                             // RW = 0
    delay_us(1);
    EN = 1;                             // E = 1
    delay_us(1);
    EN = 0;                             // E = 0

    // 인스트럭션 하위 바이트
    PORTA = ((byte<<4) & 0xF0);         // 데이터
    RS = 0;                             // RS = 0
    RW = 0;                             // RW = 0
    delay_us(1);
    EN = 1;                             // E = 1
```

```
    delay_us(1);
    EN = 0;                             // E = 0
}

//데이터 쓰기 함수
void Data(unsigned char byte)
{
    Busy();

    // 데이터 상위 바이트
    PORTA = (byte & 0xF0);              // 데이터
    RS = 1;                             // RS = 1
    RW = 0;                             // RW = 0
    delay_us(1);
    EN = 1;                             // E = 1
    delay_us(1);
    EN = 0;                             // E = 0

    // 데이터 하위 바이트
    PORTA = ((byte << 4) & 0xF0);       // 데이터
    RS = 1;                             // RS = 1
    RW = 0;                             // RW = 1
    delay_us(1);
    EN = 1;                             // E = 1
    delay_us(1);
    EN = 0;                             // E = 0
}

// Busy Flag Check -> 일반적인 BF를 체크하는 것이 아니라
// 일정한 시간 지연을 이용한다.
void Busy(void)
{
    delay_ms(2);
}
```

3.7 조이스틱을 이용한 도트매트릭스 제어 연습

여기서 사용할 조이스틱은 [그림 3-13]과 같으며, 조이스틱을 움직임에 따라 내부 가변 저항에 걸리는 전압이 출력된다. 따라서, ATmega128의 A/D 변환기에 연결하여 디지털 값으로 변환하여 사용하여야 한다. KUT-128_COM 보드에는 [그림 3-14]와 같이 확장 연결 커넥터가 있으며, 이 커넥터에는 A/D 변환기 단자가 3개 PF0(ADC0), PF1(ADC1), PF2(ADC2)가 마련되어 있다. 따라서, 이 확장 연결 커넥터에 조이스틱을 [표 3-4]와 같이 연결하여 사용하기로 한다.

외관	핀 구성	주요 특징
	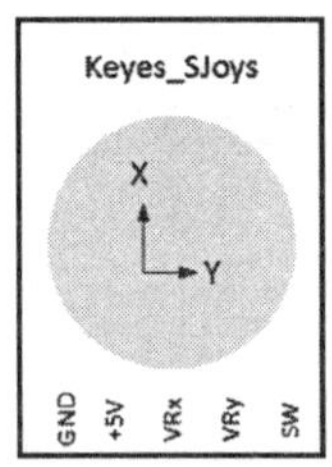	-5V 입력 - X, Y 축에 대한 10K 가변 저항 내장 - 1개의 푸시-버튼 스위치 내장 - 출력 : 전압 0~5V

[그림 3-13] 조이스틱 외관 및 특징

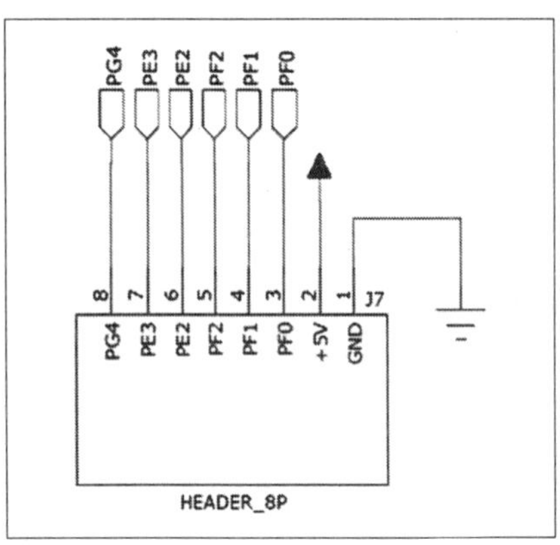

[그림 3-14] 확장 연결 커넥터

[표 3-4] 확장 연결 커넥터와 조이스틱의 연결 관계

확장 연결 커넥터	조이스틱	기능
GND	GND	접지
5V	+5V	5V
PF0(ADC0)	VRx	조이스틱 앞뒤 움직임에 따라 전압 값 가변 앞 : 전압 값 커짐, 뒤 : 전압 값 작아짐
PF1(ADC1)	VRy	조이스틱 좌우 움직임에 따라 전압 값 가변 좌 : 전압 값 작아짐, 뒤 : 전압 값 커짐
PF2	SW	스위치

〈조이스틱 사용 변경 부분〉

```
#include <mega128.h>
~~~~~~~~~~~~~~~~~~~~~~~~~~~~~~~~~~~~~~~~

// 도트매트릭스(A0-A3 : PORTC.4~PORTC.7)
~~~~~~~~~~~~~~~~~~~~~~~~~~~~~~~~~~~~~~~~

// LCD COMMAND
~~~~~~~~~~~~~~~~~~~~~~~~~~~~~~~~~~~~~~~~

 // 조이스틱
❶ #define X_ST    512    // 평형상태에서의 X축 조이스틱 값
 #define Y_ST    512    // 평형상태에서의 Y축 조이스틱 값
 #define DXY     200    // 감도 조절값
~~~~~~~~~~~~~~~~~~~~~~~~~~~~~~~~~~~~~~~~

void main(void)
{
  ~~~~~~~~~~~~~~~~~~~~~~~~~~~~~~~~~~~~~~~~

   while(1){
❷     ADMUX = 0x0;                    // 조이스틱 X성분( ADC0) 단극성 입력 선택
      ADCSRA = ADCSRA | 0x40;         // ADSC = 1 변환 시작
      while((ADCSRA & 0x10) == 0);    // ADIF=1이 될때까지 대기
      joy_x = ADCW;

❸    ADMUX = 0x01;                    // 조이스틱 Y성분( ADC1) 단극성 입력 선택
     ADCSRA = ADCSRA | 0x40;          // ADSC = 1 변환 시작
     while((ADCSRA & 0x10) == 0);     // ADIF=1이 될때까지 대기
     joy_y = ADCW;

     // 결과 출력
     sprintf(buf, "X:%4d  Y:%4d", joy_x, joy_y);
     Command(HOME);
     LCD_String1(buf);

❹     if((joy_x - X_ST) > DXY) up_move();
      else if((X_ST - joy_x) > DXY) down_move();

❺     if((joy_y - Y_ST) > DXY) right_move();
      else if((Y_ST- joy_y) > DXY) left_move();
```

```
        delay_ms(200);
    }
}
```

<설명>

❶ 조이스틱 x축, y축의 평형 값과 도트매트릭스의 적색 LED가 움직이기 시작하는 평형 상태로부터의 차이 값을 정의한다. 평형 값은 조이스틱에서 손을 뗀 상태에서 측정된 값이다.
❷ 조이스틱 x축이 연결된 ADC0을 단극성 입력으로 설정하고, AD 변환한 후 변수에 저장한다.
❸ 조이스틱 y축이 연결된 ADC1을 단극성 입력으로 설정하고, AD 변환한 후 변수에 저장한다.
❹ x축의 AD 변환값이 평형상태의 값으로부터 DXY 이상의 차이가 있으면 도트매트릭스의 적색 LED를 위/아래로 이동시킨다.
❺ y축의 AD 변환값이 평형상태의 값으로부터 DXY 이상의 차이가 있으면 도트매트릭스의 적색 LED를 좌/우로 이동시킨다

[리스트 3-9] 조이스틱을 이용한 제어 연습

```
// bitman4.c
// Programmed by Donguk SHIN in 2016
//
// 조이스틱(X축 : ADC0, Y축 : ADC1)
// 조이스틱을 이용하여
// 도트매트릭스 적색 점 이동시키면서 녹색 LED 지우기
// 평형상태 X축(앞/뒤) : 518, Y축(좌/우) : 512
//    앞으로 기울이면 X값 커짐
//    뒤로 기울이면 X값 작아짐
//    오른쪽으로 기울이면 Y값 커짐
//    왼쪽으로 기울이면 Y값 작아짐
// 평형상태로부터 200이상 차이가 나면 그쪽 방향으로
// 적색 LED 이동

#include <mega128.h>
#include <delay.h>
#include <stdio.h>

// 도트매트릭스(A0-A3 : PORTC.4~PORTC.7)
#define  RED         PORTC.0        // Red LED Data
#define  GREEN       PORTC.1        // Green LED Data
```

```
#define ENABLE      PORTC.2     // Output Enable
#define LATCH       PORTC.3     // Latch
#define CLOCK       PORTA.3     // Clock

// LCD(PA0~PA2, PA4~PA7)
#define RS          PORTA.0     // RS
#define RW          PORTA.1     // Read/Write
#define EN          PORTA.2     // Enable

// LCD COMMAND
#define FUNCSET     0x28        // Function Set
#define ENTMODE     0x06        // Entry Mode Set
#define ALLCLR      0x01        // All Clear
#define HOME        0x02        // HOME
#define DISPON      0x0c        // Display On
#define LINE2       0xC0        // 2nd Line Move

// 조이스틱
#define X_ST        512         // 평형상태에서의 X축 조이스틱 값
#define Y_ST        512         // 평형상태에서의 Y축 조이스틱 값
#define DXY         200         // 감도 조절값

// 사용 변수
int     dot_i = 0;                  // 도트매트릭스 표시 라인 번호
unsigned int  dot_rval[16];         // 표시 패턴 녹색 데이터 저장을 위한 배열
unsigned int  dot_gval[16];         // 표시 패턴 적색 데이터 저장을 위한 배열
int     rx = 0, ry = 0;             // 적색 dot x, y 좌표(0~15)

// Bitman 패턴 8x8
flash char bitman[8]= {0x18,0x18,0x3c,0x5a,0x5a,0x24,0x24,0x66};

// LCD 관련함수
void LCD_init(void);
void LCD_String1(char *);
void Busy(void);
void Command(unsigned char);
void Data(unsigned char);

// 조이스틱 제어 관련함수
void up_move(void);                 // 적색 점 위로 이동
void down_move(void);               // 적색 점 아래로 이동
void left_move(void);               // 적색 점 왼쪽으로 이동
```

```
void right_move(void);                  // 적색점 오른쪽으로 이동

void main(void)
{
   int   i, joy_x = 0, joy_y = 0;
   char  buf[20];

   // 도트매트릭스 제어포트 출력 설정
   DDRA = 0xFF;                  // 포트A 출력 설정
   DDRC = 0xFF;                  // 포트C 출력 설정

   PORTC = 0b00001000;           // 도트매트릭스(LATCH=1, ENABLE=0, A0-A3=0000)

   LCD_init();

   // 타이머/카운터0 초기 설정
   TIMSK = 0x01;                 // TOIE0 = 1, 타이머/카운터0 인터럽트 인에이블
   ASSR = 0x00;                  // 타이머/카운터0 타이머 모드
   TCCR0 = 0x04;                 // 일반모드, 프리스케일 = CK/64
   TCNT0 = 0x00;                 // 타이머/카운터0 레지스터 초기값
                                 // 1/16us * 64분주 * (256 - 0) = 1.024ms
   SREG = 0x80;                  // 전역 인터럽트 인에이블 비트 I 셋

   // 도트매트릭스 상하 4라인 0값 추가
   for(i = 0;i < 16;i++){
      dot_gval[i] = 0;
      dot_rval[i] = 0;
   }

   // 녹색, 적색 패턴 초기 설정
   for(i = 0;i < 8;i++) dot_gval[i + 4] = bitman[i] << 4;      // 녹색
   dot_rval[ry] = 1 << (15 - rx);                              // 적색

   ADCSRA = 0x87;                      // ADEN=1, 16MHz  128분주 -> 125kHz

   while(1){
      ADMUX = 0x0;                     // 조이스틱 X성분( ADC0) 단극성 입력 선택
      ADCSRA = ADCSRA | 0x40;          // ADSC = 1 변환 시작
      while((ADCSRA & 0x10) == 0);     // ADIF=1이 될때까지 대기
      joy_x = ADCW;

      ADMUX = 0x01;                    // 조이스틱 Y성분( ADC1) 단극성 입력 선택
```

```
        ADCSRA = ADCSRA | 0x40;          // ADSC = 1 변환 시작
        while((ADCSRA & 0x10) == 0);     // ADIF=1이 될때까지 대기
        joy_y = ADCW;

        // 결과 출력
        sprintf(buf, "X:%4d  Y:%4d", joy_x, joy_y);
        Command(HOME);
        LCD_String1(buf);

        if((joy_x - X_ST) > DXY) up_move();
        else if((X_ST - joy_x) > DXY) down_move();

        if((joy_y - Y_ST) > DXY) right_move();
        else if((Y_ST- joy_y) > DXY) left_move();

        delay_ms(200);
    }
}

// 위로 이동
void up_move(void)
{
    int  tmp;

    if(ry > 0) {
        tmp = dot_rval[ry];
        dot_rval[ry] = 0;
        ry--;
        dot_rval[ry] = tmp;

        dot_gval[ry] = dot_gval[ry] & (~dot_rval[ry]);
    }
}

// 아래로 이동
void down_move(void)
{
    int  tmp;

    if(ry < 15) {
        tmp = dot_rval[ry];
        dot_rval[ry] = 0;
```

```
        ry++;
        dot_rval[ry] = tmp;

        dot_gval[ry] = dot_gval[ry] & (~dot_rval[ry]);
    }
}

// 왼쪽으로 이동
void left_move(void)
{
    if(rx > 0){
        rx--;
        dot_rval[ry] <<= 1;

        dot_gval[ry] = dot_gval[ry] & (~dot_rval[ry]);
    }
}

// 오른쪽으로 이동
void right_move(void)
{
    if(rx < 15){
        rx++;
        dot_rval[ry] >>= 1;

        dot_gval[ry] = dot_gval[ry] & (~dot_rval[ry]);
    }
}

// 도트매트릭스 1.024ms마다 한 라인씩 순차 표시
// 타이머/카운터0 (256 - 0) * 64 / 16 us = 1.024ms
interrupt [TIM0_OVF] void timer0_ovf_isr(void)
{
    int     di;

    // 한 라인 데이터 출력(맨 좌측 표시값부터 하나씩 추출하여 출력)
    for(di = 0;di < 16;di++){
        if(((dot_gval[dot_i] << di) & 0x8000) != 0) GREEN = 1;          // 녹색
        else GREEN = 0;

        if(((dot_rval[dot_i] << di) & 0x8000) != 0) RED = 1;            // 적색
        else RED = 0;
```

```
        CLOCK = 1;                                  // 클럭 ON
        delay_us(1);
        CLOCK = 0;                                  // 클럭 OFF
        delay_us(1);
    }

    ENABLE = 1;                                     // Enable 비트 셋
    LATCH = 0;                                      // Latch 비트 리셋
    delay_us(2);
    LATCH = 1;                                      // Latch 비트 셋
    PORTC = (PORTC & 0b00001111) | (dot_i << 4);    // 표시 라인 설정
    delay_us(2);
    ENABLE = 0;                                     // 인에이블 비트 리셋

    dot_i = (dot_i + 1) % 16;                       // 표시라인 1증가
}

// LCD 초기화
void LCD_init(void)
{
    delay_ms(15);
    Command(0x20);
    delay_ms(5);
    Command(0x20);
    delay_us(100);
    Command(0x20);
    Command(FUNCSET);
    Command(DISPON);
    Command(ALLCLR);
    Command(ENTMODE);
}

// 문자열 출력 함수
void LCD_String1(char * str)
{
    char * pStr=0;

    pStr = str;
    while(*pStr) Data(*pStr++);
}

// 인스트럭션 쓰기 함수
```

```
void Command(unsigned char byte)
{
   Busy();

   // 인스트럭션 상위 바이트
   PORTA = (byte & 0xF0);        // 데이터
   RS = 0;                       // RS = 0
   RW = 0;                       // RW = 0
   delay_us(1);
   EN = 1;                       // E = 1
   delay_us(1);
   EN = 0;                       // E = 0

   // 인스트럭션 하위 바이트
   PORTA = ((byte<<4) & 0xF0);// 데이터
   RS = 0;                       // RS = 0
   RW = 0;                       // RW = 0
   delay_us(1);
   EN = 1;                       // E = 1
   delay_us(1);
   EN = 0;                       // E = 0
}

//데이터 쓰기 함수
void Data(unsigned char byte)
{
   Busy();

   // 데이터 상위 바이트
   PORTA = (byte & 0xF0);               // 데이터
   RS = 1;                              // RS = 1
   RW = 0;                              // RW = 0
   delay_us(1);
   EN = 1;                              // E = 1
   delay_us(1);
   EN = 0;                              // E = 0

   // 데이터 하위 바이트
   PORTA = ((byte<<4) & 0xF0);          // 데이터
   RS = 1;                              // RS = 1
   RW = 0;                              // RW = 1
   delay_us(1);
```

```
    EN = 1;                         // E = 1
    delay_us(1);
    EN = 0;                         // E = 0
}

// Busy Flag Check -> 일반적인 BF를 체크하는 것이 아니라
// 일정한 시간 지연을 이용한다.
void Busy(void)
{
    delay_ms(2);
}
```

Chapter 4

지렁이 게임

지렁이(WORM) 게임은 [그림 4-1]과 같이 게임 화면상에 지렁이 마디 몸체와 먹이가 표시되고, 지렁이를 상하좌우로 움직여 먹이를 먹어가는 게임이다. 이때 지렁이는 끊임없이 움직이며, 조작 스위치는 단지 이동 방향만을 제어하게 된다. 또한 먹이를 먹게 되면 마디가 하나씩 증가되고, 지렁이의 머리가 벽이나 자기 몸에 부딪히게 되면 게임이 종료하게 된다.

이 장에서는 이와 같이 동작하는 지렁이 게임을 도트매트릭스를 이용하여 구현하였다.

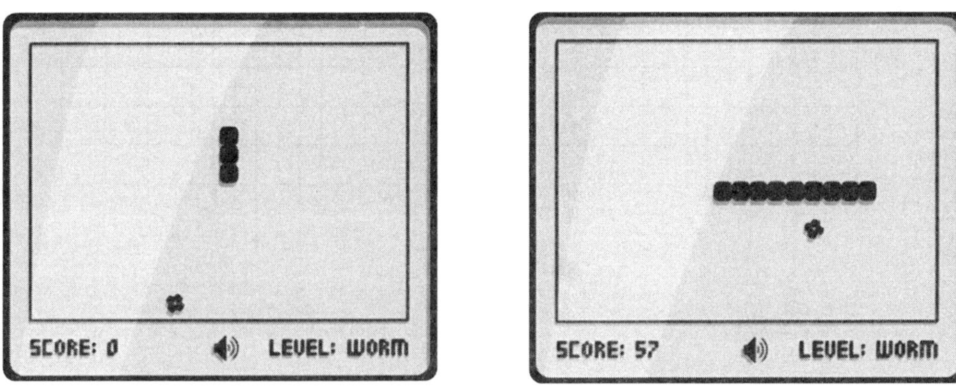

[그림 4-1] 지렁이 게임 화면[그림 4-1] 지렁이 게임 화면

4.1 동작개요

■ 게임목표

도트매트릭스에 표시되는 지렁이를 조작 스위치로 움직여가면서 랜덤하게 생성되는 먹이를 먹어 지렁이의 몸 길이를 최대한 길게 하는 것이 게임의 목표이다.

■ 동작순서

① 전원 인가 후 시작 스위치가 on 되면 프로그램을 시작한다.

② 도트매트릭스에 최초의 지렁이(3마디) 및 먹이를 생성한다.

③ 조작 스위치를 이용하여 지렁이를 움직인다.(상하좌우)

④ 지렁이를 움직여 랜덤으로 생성되는 먹이(1개의 적색 LED)를 머리 부분이 닿게 하여 먹게끔 조작한다.

⑤ 먹이를 먹으면 지렁이의 몸 길이를 한 마디 늘린다.

⑥ 이동 중 몸에 머리가 닿거나 외곽벽에 닿으면 지렁이가 죽게 되어 게임을 종료한다.

4.2 알고리즘

〈지렁이 마디 좌표 저장법〉

각 마디의 좌표가 저장된 상태에서 지렁이가 움직이면 [그림 4-2]와 같이 먼저 위치에서 꼬리좌표를 저장한 배열에 새로운 머리의 좌표를 저장하며, 이러한 과정을 반복한다. 그리고

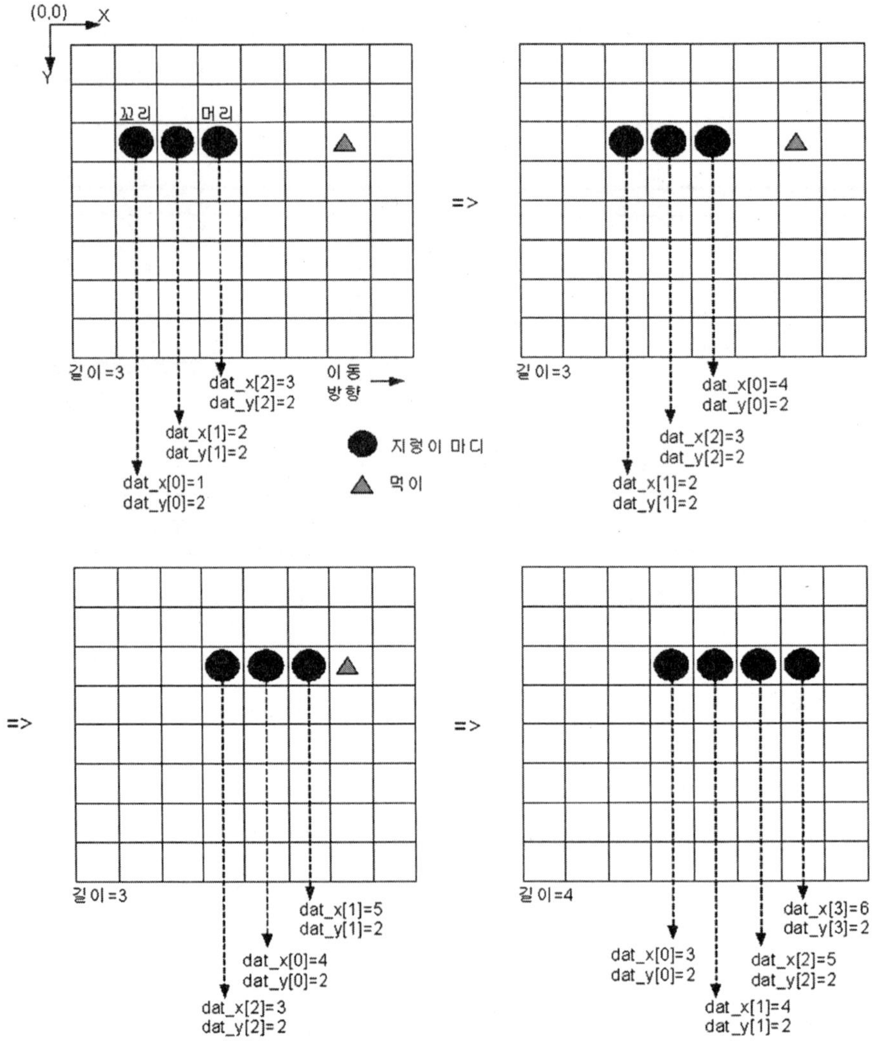

[그림 4-2] 지렁이 마디 좌표 저장법

먹이를 먹으면 길이를 하나 증가시키고, 꼬리부분의 좌표가 배열 맨 앞부분에 저장되도록 정렬하여 다시 저장한다.

〈게임 종료〉

① 머리 부분이 이동하면서 벽을 넘어서는 경우에는 게임을 종료한다.

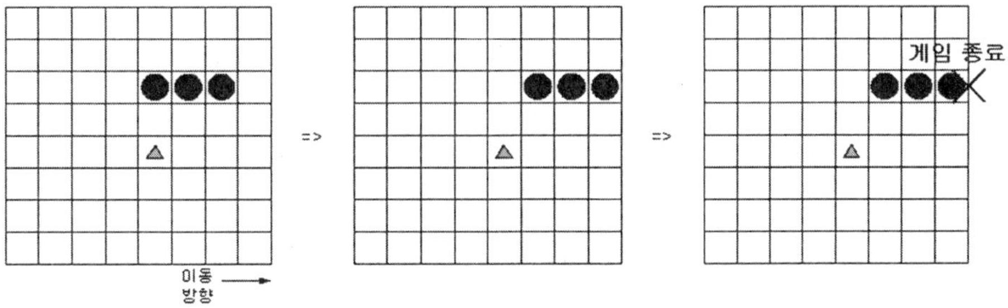

[그림 4-3] 벽을 넘는 경우

② 머리 부분이 몸의 일부에 부딪히는 경우에는 게임을 종료한다.
(머리의 새로운 좌표에서 LED가 on인 경우)

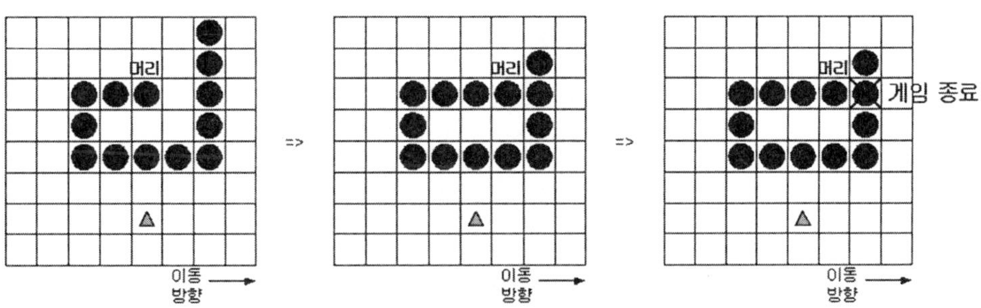

[그림 4-4] 머리와 몸이 충돌하는 경우

4.3 스위치 이용 지렁이 게임

KUT-128_COM 보드에 장착되어 있는 7-세그먼트, 스위치 그리고 도트매트릭스를 이용하여 구현한다. [표 4-1]은 연결되는 포트와 기능을 나타내며, [사진 4-1]은 게임 화면을 보여준다.

[표 4-1] 입출력 인터페이스

입출력	디바이스	기능	사용포트
입력	푸시 버튼 스위치	지렁이 이동 방향 선택	PE4-PE7(상하좌우)
		시작	PE7
출력	7-세그먼트	지렁이 마디 길이 표시	PG0-PG3(구동 세그먼트 선택)
			PD4-PD7(A,B,C,D)
			PB4-PB7(E,F,G,DP)
	도트매트릭스 (16x16)	게임판	PC0 : Red Data
			PC1 : Green Data
			PC2 : Enable
			PC3 : Latch
			PC4-PC7 : address(A0_A7)
			PA3 : Clock

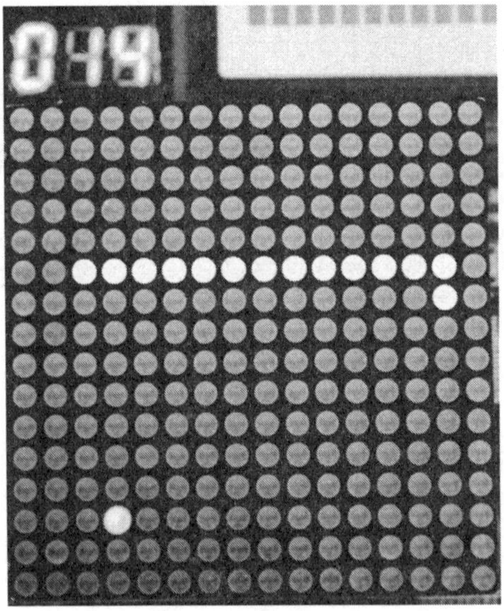

[사진 4-1] 작품 사진

4.3.1 처리 흐름도

[그림 4-5]는 프로그램에 있는 함수들의 처리 흐름도를 보여준다.

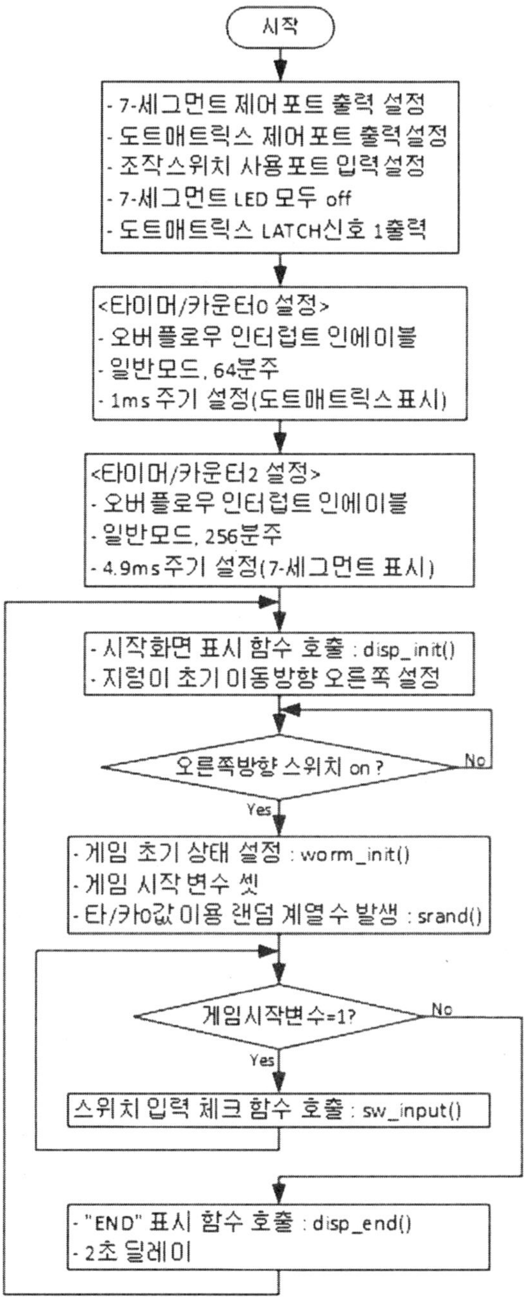

(a) main() 함수

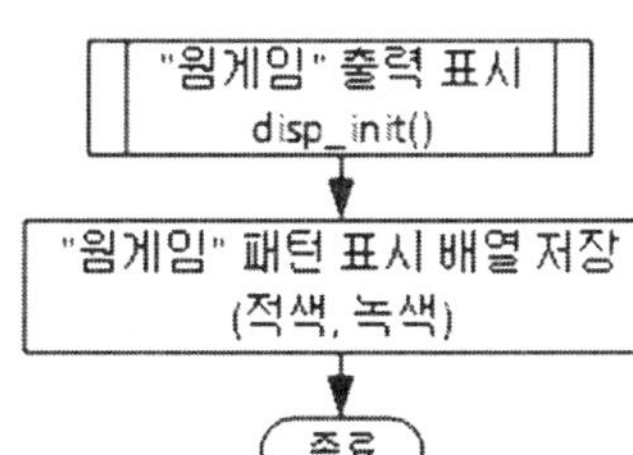

(b) disp_init() 함수

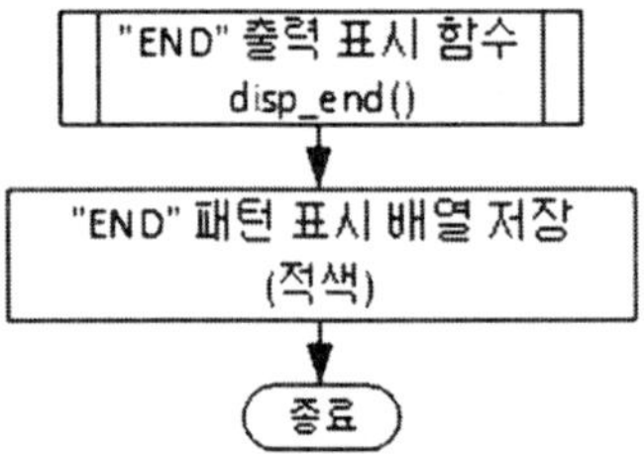

(c) disp_end() 함수

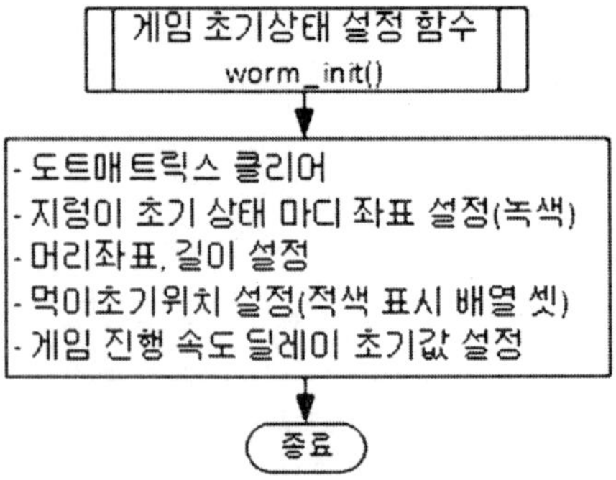

(d) worm_init() 함수

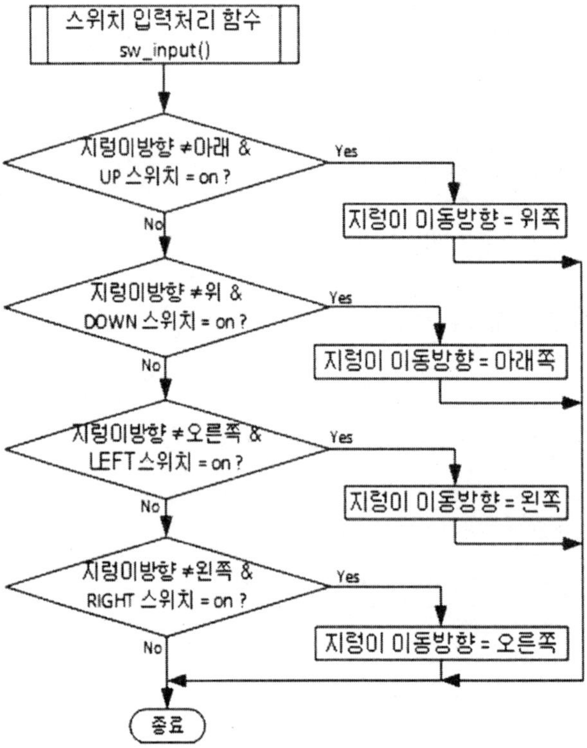

(e) sw_input() 함수

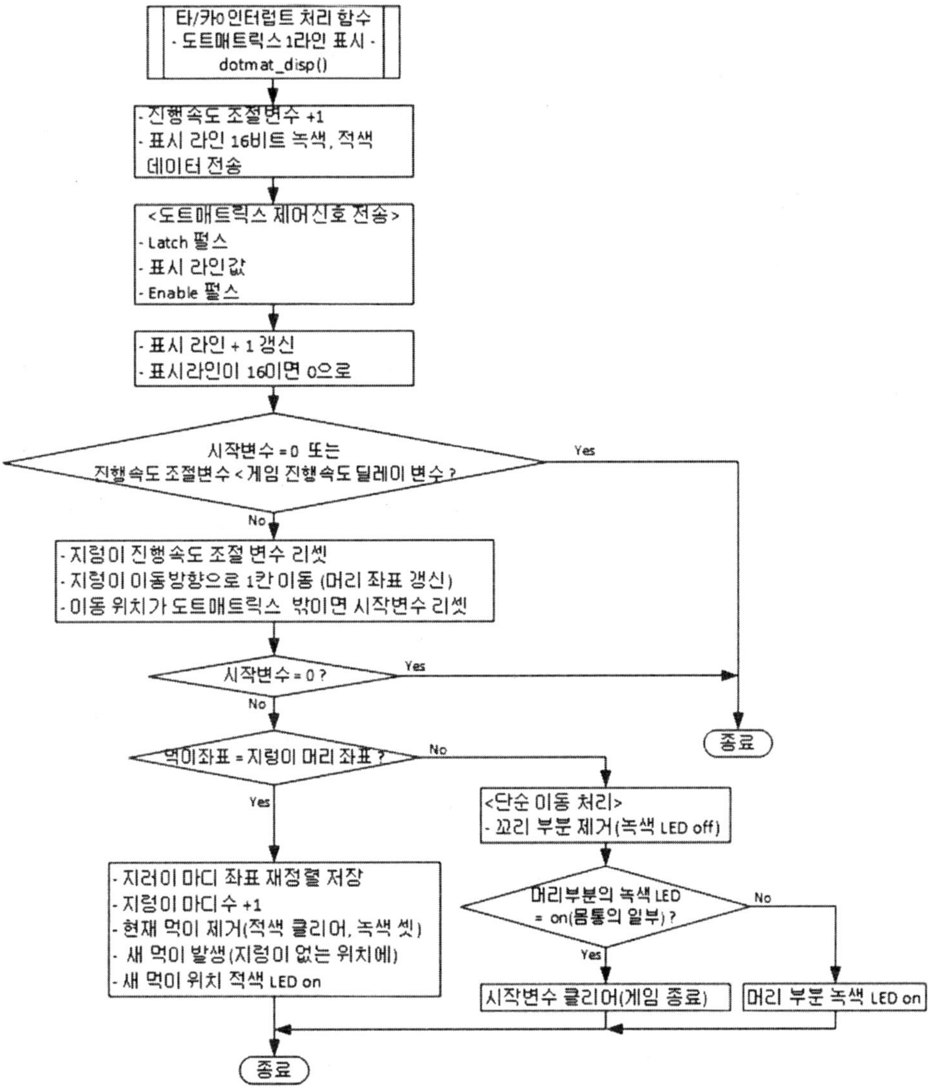

(f) 타이머/카운터0 인터럽트 처리함수

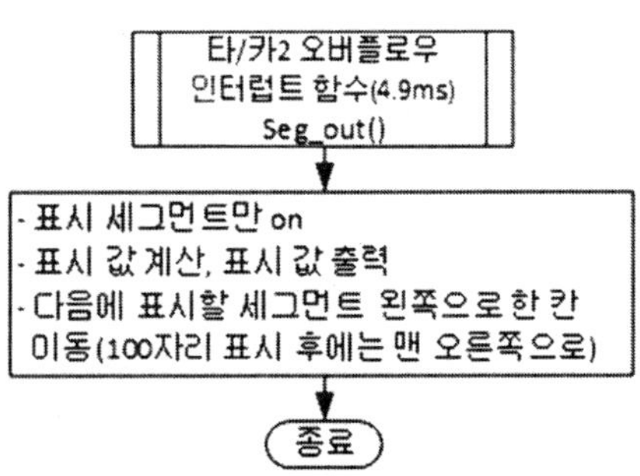

(g) 타이머/카운터2 인터럽트 처리함수

[그림 4-5] 처리 흐름도

4.3.2 프로그램 설명

〈헤더 부분〉

```
   #include 〈mega128.h〉
   #include 〈delay.h〉
❶ #include 〈stdlib.h〉
   typedef unsigned char u_char;

   // 도트매트릭스(A0-A3 : PORTC.4~PORTC.7)
   ~~~~~~~~~~~~~~~~~~~~~~~~~~~~~~~~~~~~~~~~~~~~~

❷ #define UP_SW       PINE.4   // Up 이동 스위치
   #define DOWN_SW     PINE.5   // Down 이동 스위치
   #define LEFT_SW     PINE.6   // Left 이동 스위치
   #define RIGHT_SW    PINE.7   // Right 이동 스위치

❸ #define UP          1        // 지렁이 움직이는 방향 위
   #define DOWN        2        // 지렁이 움직이는 방향 아래
   #define LEFT        3        // 지렁이 움직이는 방향 왼쪽
   #define RIGHT       4        // 지렁이 움직이는 방향 오른쪽

❹ // 사용 변수
   int dot_i = 0;               // 타이머 오버플로우(1ms) 인터럽트 함수에서
                                // 다음에 표시할 라인 번호
   int  h_x, h_y;               // 머리 x, y 좌표
   int  o_x, o_y;               // 먹이 x, y 좌표
   int  dir;                    // 지렁이 이동 방향
   int  tcnt = 0;
   int  length = 0;             // 지렁이 마디 수
   int  kk;                     // 꼬리 배열 번호(새로운 머리 좌표 저장할 배연 번호)
   int  lent_time, st = 0;

   u_char  dsp_no = 0;          // 표시 세그먼트 번호
                                // 0:1자리, 1:10자리, 2:100자리

   u_char  dot_red[16][16];            // 도트매트릭스 제어신호에서 사용할 R성분
   u_char  dot_green[16][16];          // 도트매트릭스 제어신호에서 사용할 G성분
   u_char  w_x[256], w_y[256];         // 마디 좌표 저장 배열 변수
   u_char  buf_x[256], buf_y[256];     // 마디 좌표 일시 저장 작업 배열 변수
```

```
// 7-세그먼트 숫자 출력 패턴
~~~~~~~~~~~~~~~~~~~~~~~~~~~~~~~~~~~~~~~~~~~~~

// 7-세그먼트 ON 값
~~~~~~~~~~~~~~~~~~~~~~~~~~~~~~~~~~~~~~~~~~~~~
❺
flash u_char w_init[3][2] = {{0, 0}, {1, 0}, {2, 0}};  // 지렁이 시작 마디 좌표

flash u_char sijak[16][16] ={  // "웜게임" 문자 패턴
~~~~~~~~~~~~~~~~~~~~~~~~~~~~~~~~~~~~~~~~~~~~~

flash u_char end[16][16] ={  // "END" 문자 패턴
~~~~~~~~~~~~~~~~~~~~~~~~~~~~~~~~~~~~~~~~~~~~~
❻
void   worm_init(void);      // 게임 시작을 위한 초기설정
void   sw_input(void);       // 스위치 입력 처리
void   disp_init(void);      // "웜게임" 출력(오렌지색)
void   disp_end(void);       // "END" 출력
```

〈설명〉

❶ 먹이를 랜덤하게 발생하기 위해 사용하는 srand(), rand() 함수가 정의된 헤더파일이다.
❷ 상하좌우 이동 스위치의 연결 포트를 심볼로 정의한다.
❸ 지렁이의 움직이는 방향을 심볼로 정의한다.
❹ 전역변수로 사용할 변수들이다.
❺ 게임이 시작할 때 지렁이의 기본 3마디에 대한 좌표를 나타낸다.
❻ main()함수 이외에 정의된 함수들이며, 이 함수들 이외에 도트매트릭스를 표시하는 타이머/카운터0 오버플로우 인터럽트 함수와 지렁이의 마디를 7-세그먼트에 표시하는 타이머/카운터2 오버플로우 인터럽트 함수가 있다.

〈main() 함수〉

```
void main(void)
{
   // 7-세그먼트 사용 포트 설정
❶  DDRB = 0xF0;          // 포트 B 상위 4비트 출력 설정
   DDRD = 0xF0;          // 포트 D 상위 4비트 출력 설정
   DDRG = 0x0F;          // 포트 G 하위 4비트 출력 설정
   ~~~~~~~~~~~~~~~~~~~~~~~~~~~~~~~~~~~~~~~~~~~~~
```

```
    // 도트매트릭스 사용 포트 설정
    DDRA = 0x1F;              // 포트A 출력 설정
    DDRC = 0xFF;              // 포트C 출력 설정
    PORTC = 0b00001000;       // 도트매트릭스(LATCH=1, ENABLE=0, A0-A3=1111)

    // 조작 스위치 사용 포트 설정
    DDRE = 0x0;               // 조작 스위치 입력 설정(PE4~PE7)

❷   // 도트매트릭스 표시용 타/카0 설정
    TIMSK = 0x01;             // TOIE0 = 1, 타이머/카운터0 인터럽트 인에이블
    ASSR = 0x00;              // 타이머/카운터0 타이머 모드
    TCCR0 = 0x04;             // 일반모드, 프리스케일 = CK/64
    TCNT0 = 0x00;             // 1/16us * 64분주 * (256-0)=1.024ms

    // 7-세그먼트 표시용 타/카2 설정
    TIMSK = TIMSK | 0b01000000;     // TOIE2=1(오버플로우)
    TCCR2 = 0b00000100;             // 256분주
    TCNT2 = 0;                      // 1/16us * 256분주 * (256-0)=4.9ms
    SREG = 0x80;                    // 전역 인터럽트 인에이블 비트 I 셋

    while(1){
❸       disp_init();                // 시작을 위한 초기설정

        dir = RIGHT;                // 지렁이 이동방향 오른쪽 설정
        while(RIGHT_SW);            // 시작 스위치가 눌려질 때까지 대기

❹       worm_init();                // 지렁이 게임 시작 상태 설정
        st = 1;                     // 게임 진행
        srand(TCNT0);               // TCNTO값 랜덤 seed값으로 이용

❺       while(st) sw_input();       // 스위치 입력 체크

❻       disp_end();                 // "END" 표시
        delay_ms(2000);
    }
}
```

〈설명〉

❶ 7-세그먼트와 도트매트릭스에 사용할 I/O 포트를 출력방향으로 설정하고, 출력 포트에 초기값을 출력한다. 스위치가 연결된 포트E는 폴링 방식으로 처리하기 위해 입력 방향으로 설정한다.

❷ 도트매트릭스와 7-세그먼트 구동에 사용할 타이머/카운터0과 2를 일반모드로 설정하고, 오버플로우 인터럽트를 인에이블 시킨다. 타이머/카운터0은 1.024ms, 타이머/카운터2는 4.9ms의 오버플로우 인터럽트 주기를 각각 설정한다.

❸ 도트매트릭스에 게임을 시작할 초기화면을 출력하고, 지렁이의 초기 이동방향은 오른쪽으로 한 상태에서 오른쪽 방향의 스위치(SW4)가 눌려질 때까지 대기한다.

❹ 게임 시작을 위한 초기설정과 시작/정지 변수를 1로 하고, 먹이의 위치를 랜덤하게 발생하기 위해 현재의 타이머/카운터0의 값을 seed값으로 하는 랜덤계열수를 발생한다.

❺ 게임이 진행 상태이면 스위치를 지속적으로 체크하면서 게임을 진행한다.

❻ 종료되면 "END"를 표시하고 2초 대기 후 다시 게임 시작을 위해 ❸ 부분으로 돌아간다.

〈다른 함수〉

```
    // 도트매트릭스 "웜게임" 출력 표시
❶  void disp_init(void)
    {
        int         i, j;

        // "웜게임" 표시
        for(j = 0;j < 16;j++){
            for(i = 0;i < 16;i++){
                dot_green[j][i] = sijak[j][i];
                dot_red[j][i] = sijak[j][i];
            }
        }
    }

    // 도트매트릭스 "END" 출력 표시
❷  void disp_end(void)
    {
        int         i, j;

        // "END" 표시
```

```
        for(j = 0;j < 16;j++){
            for(i = 0;i < 16;i++){
                dot_red[j][i] = end[j][i];
            }
        }
    }

    // 게임 초기 상태 설정
❸  void worm_init(void)
    {
        int         i, j, x, y;

        // 도트매트릭스 클리어
        for(j = 0;j < 16;j++){
            for(i = 0;i < 16;i++){
                dot_green[j][i] = 0;
                dot_red[j][i] = 0;
            }
        }

        // 지렁이 초기 상태의 마디 좌표 설정(길이 3)
❹      for(i = 0;i < 3;i++){
            x = w_init[i][0];
            y = w_init[i][1];
            w_x[i] = x;             // 마디 x좌표
            w_y[i] = y;             // 마디 y좌표

            dot_green[y][x] = 1;    // 녹색 LED on(지렁이 몸체)
        }
❺      h_x = w_init[2][0];         // 머리 x 좌표
        h_y = w_init[2][1];         // 머리 y 좌표

        length = 3;                 // 길이 3
        kk = 0;                     // 꼬리 배열 번호

❻      dot_i = 0;                  // 타이머 인터럽트 함수에서 표시할 라인 초기 번호
        o_x = 12;                   // 초기 먹이 위치
        o_y = 12;

        dot_red[o_y][o_x] = 1;              // 먹이 적색 표시
        lent_time = 500 - length * 5;       // 게임 진행 속도 딜레이 계산
    }
```

〈설명〉

❶ "웜게임" 패턴을 적색/녹색 표시 배열에 복사한다.(주황색 표시)

❷ "END" 패턴을 적색 표시 배열에 복사한다.

❸ 게임 초기 상태에 대한 설정을 수행하는 함수이이다.

❹ 지렁이 초기 상태의 3마디에 대한 좌표를 설정하고, 녹색으로 표시되도록 각 마디의 좌표의 녹색 표시 배열 값을 1로 한다.

❺ 머리 좌표, 길이, 꼬리 좌표가 저장된 배열 요소 번호를 설정한다.

❻ 초기 먹이 위치를 지정하고, 그 위치의 적색 표시 배열 값을 1로 한다. 길이에 맞춰 게임 속도를 조절하는 변수의 값을 계산한다.

〈스위치 처리 및 7-세그먼트 표시 함수〉

```
  // 스위치 입력 처리
❶ void sw_input()
  {
     if(dir != DOWN && UP_SW == 0) dir = UP;                 // 이동 방향 위로
     else if(dir != UP && DOWN_SW == 0) dir = DOWN;          // 이동 방향 아래로
     else if(dir != RIGHT && LEFT_SW == 0) dir = LEFT;       // 이동 방향 왼쪽으로
     else if(dir != LEFT && RIGHT_SW == 0) dir = RIGHT;      //이동방향 오른쪽으로
}

  // 지렁이 마디 수 7-세그먼트 표시(4.9ms마다 한 개씩)
  // 1/16us * 256분주 * (256-0) = 4.9ms
❷ interrupt [TIM2_OVF] void Seg_out(void)
  {
     u_char  val;

     PORTG = seg_on[dsp_no];                      // dsp_no 세그먼트 ON

     // 표시값 구하기
     if(dsp_no == 0) val = length % 10;           // length 1자리
     else if(dsp_no == 1) val = (length / 10) % 10;   // length 10자리
     else val = length / 100;                     // lenght 100자리

     // 표시값 표시하기
     PORTD = ((seg_pat[val] & 0x0F) << 4) | (PORTD & 0x0F);  // A~D 표시
     PORTB = (seg_pat[val] & 0x70 ) | (PORTB & 0x0F);        // E~G 표시

     dsp_no = (dsp_no + 1) % 3;          // 표시 세그먼트 번호 갱신(0~2)
  }
```

〈설명〉

❶ 스위치의 상태를 폴링 방식으로 체크하는 함수이며, 지렁이의 이동방향과 눌려진 스위치의 방향이 반대인 경우에는 무시한다. 즉 지렁이의 이동방향이 아래인데 위 쪽(UP) 방향의 스위치가 눌려지면 무시한다. 바로 반대 방향으로 이동할 수 없기 때문이다. 지렁이의 이동방향과 눌려진 스위치의 방향이 반대가 아닌 경우에는 스위치의 방향을 지렁이의 새로운 이동방향으로 갱신한다.

❷ 7-세그먼트에 지렁이의 길이를 주기적으로 표시하는 타이머/카운터2 오버플로우 인터럽트 처리함수이다. 현재 표시할 세그먼트만 on 시키고, 그 세그먼트에 표시할 값을 추출한 후 출력한다. 그리고, 다음에 표시할 세그먼트의 위치를 나타내는 변수의 값을 1증가시켜 왼쪽으로 한 칸 이동하고, 100자리까지 표시했으면 1자리의 위치로 이동하도록 한다.(0->1->2->0->2-> 반복)

〈타이머/카운터0 함수〉

```
   // 타이머/카운터0 (256 - 0) * 64 / 16 us = 1.024ms
❶  interrupt [TIM0_OVF] void dotmat_disp(void)
   {
       int    bx, by, i, di;

❷      tcnt++;                              // 게임 진행속도 조절 카운터

❸      for(di = 0;di < 16;di++){            // 한 라인 데이터 출력
       ~~~~~~~~~~~~~~~~~~~~~~~~~~~~~~~~~~~~~~~~~~~~~~~~~~

       dot_i = (dot_i + 1) % 16;            // 표시라인 1증가


       // 게임 진행속도에 맞춰 지렁이 이동방행으로 1칸 이동 처리
❹      if(st == 0 || tcnt < lent_time) return;

❺      tcnt = 0;

       if(dir == UP) {                      // 이동방향 = 위?
           if(h_y > 0) h_y--;               // 머리 Y좌표 1감소
           else st = 0;                     // 윗쪽 벽 충돌 게임종료
       }
       else if(dir == DOWN){                // 이동방향 = 아래?
```

```
        if(h_y < 15) h_y++;              // 머리 Y좌표 1증가
        else st = 0;                     // 아래쪽 벽 충돌 게임종료
    }
    else if(dir == LEFT){                // 이동방향 = 왼쪽?
        if(h_x > 0) h_x--;               // 머리 X좌표 1감소
        else st = 0;                     // 왼쪽 벽 충돌 게임종료
    }
    else {                               // 이동방향 = 오른쪽?
        if(h_x < 15) h_x++;              // 머리 X좌표 1감소
        else st = 0;                     // 오른쪽 벽 충돌 게임종료
    }

    if(st == 0) return;                  // 게임종료?

❻   if(o_x == h_x && o_y == h_y){        // 먹이좌표 = 새로운 머리좌표
        // 지렁이 마디 좌표 재정렬 저장
        for(i = 0;i < length;i++){
            buf_x[i] = w_x[kk];
            buf_y[i] = w_y[kk];
            kk = (kk + 1) % length;
        }
        for(i = 0;i < length;i++){
            w_x[i] = buf_x[i];
            w_y[i] = buf_y[i];
        }
        w_x[length] = h_x;                           // 머리부분 좌표
        w_y[length] = h_y;
        kk = 0;                                      // 꼬리부분 배열 번호

        length = length + 1;                         // 길이 1증가
        if(length < 50) lent_time = 500 - length * 5;   // 길이에 따라 점점 빠르게

        dot_red[o_y][o_x] = 0;                       // 현재 먹이 제거
        dot_green[h_y][h_x] = 1;                     //  먹이 부분 추가

❼       // 새 먹이 발생
        while(1){
            o_x = rand() % 16;
            o_y = rand() % 16;
            if(dot_green[o_y][o_x] != 0) continue;   // 지렁이 없는 위치에

            dot_red[o_y][o_x] = 1;
```

```
                break;
            }
        }
❽      else { // 지렁이 단순 이동(먹이 먹지 않은 이동)
            bx = w_x[kk];                          // 꼬리 좌표 백업
            by = w_y[kk];
            w_x[kk] = h_x;                         // 현재의 머리좌표 kk번째 배열에 저장
            w_y[kk] = h_y;
            dot_green[by][bx] = 0;                 // 현재 꼬리부분 클리어
            kk= (kk + 1) % length;                 // 새로운 꼬리부분 배열 번호 갱신

            if(dot_green[h_y][h_x] == 1) st = 0;   // 몸부분과 충돌 체크
            else dot_green[h_y][h_x] = 1;          // 새 머리 부분 추가
        }
    }
```

〈설명〉

❶ 1.024ms 단위로 호출되는 타이머/카운터0 오버플로우 인터럽트 처리함수이며, 도트매트릭스를 한 줄씩 표시한 후, 지렁이를 이동 방향으로 한 칸 이동할 시간이 경과했는지 조사한다. 만일 한 칸 자동 이동할 시간이 되었으면 이동방향으로 이동한 후 먹이를 먹었는지 아니면 게임판 밖으로 나갔는지를 조사한다.

❷ 지렁이를 자동으로 한 칸 이동할지 어떨지를 결정하는 속도 조절변수의 값을 1 증가시킨다.

❸ 도트매트릭스에 표시할 줄의 적색과 녹색의 16비트 데이터를 표시한다.(앞에서 반복된 부분이므로 자세한 설명은 생략)

❹ 게임이 종료 상태이거나 지렁이를 자동이동 시킬 시간이 아직 안되었으면 인터럽트 함수를 종료한다.

❺ 속도 조절변수의 값을 클리어 시킨 후 지렁이의 이동방향으로 이동 후 게임판 밖으로 나가는 경우에는 게임 종료 상태로(st = 0) 만들고 리턴한다.

❻ 지렁이 머리 좌표와 먹이 좌표가 일치하는 경우에 대한 처리부분이며, 꼬리 부분의 배열 요소 번호가 0이 되도록 재정렬 한다.(배열요소 번호 0~[length-1]) 그리고, 지렁이의 현재 길이(length) 위치의 배열 값에 머리 부분의 좌표를 저장한 후, 길이 값을 1 증가시킨다. 지렁이의 길이가 50보다 작은 경우에는 지렁이의 자동 이동속도를 약5ms씩 감소시켜 나간다. 마지막으로 현재 먹이 위치의 적색 LED를 off 시키도록 표시 적색 배열에 0의 값을 넣고, 반대로 녹색 LED가 on이 되도록 표시 녹색 배열에 1의 값을 넣는다.

❼ 먹이의 새로운 위치를 지렁이의 몸(마디)과 일치하지 않도록 랜덤하게 설정한다.

❽ 지렁이가 자동으로 한 칸 이동하지만 지렁이의 머리 위치와 먹이 위치가 일치하지 않는 경우에 대한 처리 부분이다. 꼬리 부분의 녹색 LED는 지우고, 한 칸 자동 이동한 위치에는 머리가

위치하도록 지렁이의 좌표를 저장한다. 즉 꼬리 좌표가 저장되었던 배열 위치에 새로운 머리 위치의 좌표를 저장한다. 그리고 새로운 머리 위치에 지렁이의 몸이 이미 위치해 있으면 게임 종료 상태로 만들고, 그렇지 않으면 새로운 지렁이 머리 위치의 녹색 LED가 on이 되도록 1을 설정한다.

4.3.3 프로그램

```
/**************************************************/
/* worm1.c : 지렁이 게임(스위치 조작)                  */
/* Programmed by Donguk SHIN in 2016                */
/**************************************************/

#include <mega128.h>
#include <delay.h>
#include <stdlib.h>

typedef unsigned char u_char;

// 도트매트릭스(A0-A3 : PORTC.4~PORTC.7)
#define RED          PORTC.0      // Red LED Data
#define GREEN        PORTC.1      // Green LED Data
#define ENABLE       PORTC.2      // Output Enable
#define LATCH        PORTC.3      // Latch
#define CLOCK        PORTA.3      // Clock

#define UP_SW        PINE.4       // Up 이동 스위치
#define DOWN_SW      PINE.5       // Down 이동 스위치
#define LEFT_SW      PINE.6       // Left 이동 스위치
#define RIGHT_SW     PINE.7       // Right 이동 스위치

#define UP           1            // 지렁이 움직이는 방향 위
#define DOWN         2            // 지렁이 움직이는 방향 아래
#define LEFT         3            // 지렁이 움직이는 방향 왼쪽
#define RIGHT        4            // 지렁이 움직이는 방향 오른쪽

// 사용 변수
int   dot_i = 0;                  // 타이머 오버플로우(1ms) 인터럽트 함수에서
                                  // 다음에 표시할 라인 번호
int   h_x, h_y;                   // 머리 x, y 좌표
```

```
int    o_x, o_y;                   // 먹이 x, y 좌표
int    dir;                        // 지렁이 이동 방향
int    tcnt = 0;
int    length = 0;                 // 지렁이 마디 수
int    kk;                         // 꼬리 배열 번호(새로운 머리 좌표 저장할 배연 번호)
int    lent_time, st = 0;

u_char  dsp_no = 0;                // 표시 세그먼트 번호
                                   // 0:1자리, 1:10자리, 2:100자리

u_char  dot_red[16][16];           // 도트매트릭스 제어신호에서  사용할 R성분
u_char  dot_green[16][16];         // 도트매트릭스 제어신호에서  사용할 G성분
u_char  w_x[256], w_y[256];        // 마디 좌표 저장 배열 변수
u_char  buf_x[256], buf_y[256];    // 마디 좌표 일시 저장 작업 배열 변수

// 7-세그먼트 숫자 출력 패턴
flash u_char seg_pat[10] = {0x3f, 0x06, 0x5b, 0x4f, 0x66, 0x6d, 0x7d, 0x07, 0x7f, 0x6f};

// 7-세그먼트 ON 값
flash u_char seg_on[4] = {0x08, 0x04, 0x02, 0x01};

flash u_char w_init[3][2] = {{0, 0}, {1, 0}, {2, 0}};     // 지렁이 시작 마디 좌표

flash u_char sijak[16][16] ={  // "웜게임" 문자 패턴
     {0, 0, 0, 0, 0, 0, 0, 0, 0, 0, 0, 0, 0, 0, 0, 0},
     {0, 0, 1, 1, 0, 0, 0, 1, 0, 1, 1, 1, 0, 1, 0, 1},
     {0, 1, 0, 0, 1, 0, 0, 1, 0, 0, 0, 1, 0, 1, 0, 1},
     {0, 1, 0, 0, 1, 0, 0, 1, 0, 0, 0, 1, 0, 1, 0, 1},
     {0, 0, 1, 1, 0, 0, 0, 1, 0, 0, 0, 1, 1, 1, 0, 1},
     {0, 0, 0, 0, 0, 0, 0, 1, 0, 0, 1, 0, 0, 1, 0, 1},
     {0, 1, 1, 1, 1, 1, 0, 1, 0, 0, 1, 0, 0, 1, 0, 1},
     {0, 0, 0, 1, 0, 0, 0, 1, 0, 1, 0, 0, 0, 1, 0, 1},
     {0, 0, 0, 1, 0, 1, 1, 1, 0, 0, 0, 0, 0, 0, 0, 0},
     {0, 0, 0, 1, 0, 0, 0, 1, 0, 0, 1, 1, 1, 0, 0, 1},
     {0, 0, 0, 0, 0, 0, 0, 1, 0, 1, 0, 0, 0, 1, 0, 1},
     {0, 1, 1, 1, 1, 1, 1, 1, 0, 1, 0, 0, 0, 1, 0, 1},
     {0, 1, 0, 0, 0, 0, 0, 1, 0, 0, 1, 1, 1, 0, 0, 1},
     {0, 1, 0, 0, 0, 0, 0, 1, 0, 1, 1, 1, 1, 1, 1, 1},
     {0, 1, 0, 0, 0, 0, 0, 1, 0, 1, 0, 0, 0, 0, 0, 1},
     {0, 1, 1, 1, 1, 1, 1, 1, 0, 1, 1, 1, 1, 1, 1, 1}};

flash u_char end[16][16] ={  // "END" 문자 패턴
```

```
    {0, 0, 0, 0, 0, 0, 0, 0, 0, 0, 0, 0, 0, 0, 0, 0},
    {1, 1, 1, 1, 0, 1, 0, 0, 0, 1, 0, 1, 1, 1, 0, 0},
    {1, 0, 0, 0, 0, 1, 1, 0, 0, 1, 0, 1, 0, 0, 1, 0},
    {1, 0, 0, 0, 0, 1, 1, 0, 0, 1, 0, 1, 0, 0, 1, 0},
    {1, 0, 0, 0, 0, 1, 1, 0, 0, 1, 0, 1, 0, 0, 1, 0},
    {1, 0, 0, 0, 0, 1, 1, 0, 0, 1, 0, 1, 0, 0, 1, 0},
    {1, 0, 0, 0, 0, 1, 0, 1, 0, 1, 0, 1, 0, 0, 1, 0},
    {1, 1, 1, 1, 0, 1, 0, 1, 0, 1, 0, 1, 0, 0, 1, 0},
    {1, 0, 0, 0, 0, 1, 0, 1, 0, 1, 0, 1, 0, 0, 1, 0},
    {1, 0, 0, 0, 0, 1, 0, 1, 0, 1, 0, 1, 0, 0, 1, 0},
    {1, 0, 0, 0, 0, 1, 0, 0, 1, 1, 0, 1, 0, 0, 1, 0},
    {1, 0, 0, 0, 0, 1, 0, 0, 1, 1, 0, 1, 0, 0, 1, 0},
    {1, 0, 0, 0, 0, 1, 0, 0, 1, 1, 0, 1, 0, 0, 1, 0},
    {1, 0, 0, 0, 0, 1, 0, 0, 1, 1, 0, 1, 0, 0, 1, 0},
    {1, 1, 1, 1, 0, 1, 0, 0, 0, 1, 0, 1, 1, 1, 0, 0},
    {0, 0, 0, 0, 0, 0, 0, 0, 0, 0, 0, 0, 0, 0, 0, 0}};

void  worm_init(void);          // 게임 시작을 위한 초기설정
void  sw_input(void);           // 스위치 입력 처리
void  disp_init(void);          // "웜게임" 출력(오렌지색)
void  disp_end(void);           // "END" 출력

void main(void)
{
  // 7-세그먼트 사용 포트 설정
  DDRB = 0xF0;                  // 포트 B 상위 4비트 출력 설정
  DDRD = 0xF0;                  // 포트 D 상위 4비트 출력 설정
  DDRG = 0x0F;                  // 포트 G 하위 4비트 출력 설정

  PORTB = 0x0;                  // 7-세그먼트 e, f, g, dp off
  PORTD = 0x0;                  // 7=세그먼트 a, b, c, d off

  // 도트매트릭스 사용 포트 설정
  DDRA = 0x1F;                  // 포트A 출력 설정
  DDRC = 0xFF;                  // 포트C 출력 설정
  PORTC = 0b00001000;           // 도트매트릭스(LATCH=1, ENABLE=0, A0-A3=1111)

  // 조작 스위치 사용 포트 설정
  DDRE = 0x0;                   // 조작 스위치 입력 설정(PE4~PE7)

  // 도트매트릭스 표시용 타/카0 설정
  TIMSK = 0x01;                 // TOIE0 = 1, 타이머/카운터0 인터럽트 인에이블
```

```
    ASSR = 0x00;                            // 타이머/카운터0 타이머 모드
    TCCR0 = 0x04;                           // 일반모드, 프리스케일 = CK/64
    TCNT0 = 0x00;                           // 타이머/카운터0 레지스터 초기값

    // 7-세그먼트 표시용 타/카2 설정
    TIMSK = TIMSK | 0b01000000;             // TOIE2=1(오버플로우)
    TCCR2 = 0b00000100;                     // 256분주
    TCNT2 = 0;                              // 1/16us * 256분주 * (256-0)=4.9ms
    SREG = 0x80;                            // 전역 인터럽트 인에이블 비트 I 셋

    while(1){
        disp_init();                // 시작을 위한 초기설정

        dir = RIGHT;                // 지렁이 이동방향 오른쪽 설정
        while(RIGHT_SW);            // 시작 스위치가 눌려질 때까지 대기

        worm_init();                // 지렁이 게임 시작 상태 설정
        st = 1;                     // 게임 진행
        srand(TCNT0);               // TCNTO값 랜덤 seed값으로 이용

        while(st) sw_input();       // 스위치 입력 체크

        disp_end();                 // "END" 표시
        delay_ms(2000);
    }
}

// 도트매트릭스 "웜게임" 출력 표시
void disp_init(void)
{
    int  i, j;
    // "웜게임" 표시
    for(j = 0;j < 16;j++){
        for(i = 0;i < 16;i++){
            dot_green[j][i] = sijak[j][i];
            dot_red[j][i] = sijak[j][i];
        }
    }
}

// 도트매트릭스 "END" 출력 표시
void disp_end(void)
```

```
{
    int  i, j;
    // "END" 표시
    for(j = 0;j < 16;j++){
        for(i = 0;i < 16;i++){
            dot_red[j][i] = end[j][i];
        }
    }
}

// 게임 초기 상태 설정
void worm_init(void)
{
    int  i, j, x, y;

    // 도트매트릭스 클리어
    for(j = 0;j < 16;j++){
        for(i = 0;i < 16;i++){
            dot_green[j][i] = 0;
            dot_red[j][i] = 0;
        }
    }

    // 지렁이 초기 상태의 마디 좌표 설정(길이 3)
    for(i = 0;i < 3;i++){
        x = w_init[i][0];
        y = w_init[i][1];
        w_x[i] = x;                 // 마디 x좌표
        w_y[i] = y;                 // 마디 y좌표

        dot_green[y][x] = 1;        // 녹색 LED on(지렁이 몸체)
    }
    h_x = w_init[2][0];             // 머리 x 좌표
    h_y = w_init[2][1];             // 머리 y 좌표

    length = 3;                     // 길이 3
    kk = 0;                         // 꼬리 배열 번호

    dot_i = 0;                      // 타이머 인터럽트 함수에서 표시할 라인 초기 번호
    o_x = 12;                       // 초기 먹이 위치
    o_y = 12;
    dot_red[o_y][o_x] = 1;          // 먹이 적색 표시
```

```
    lent_time = 500 - length * 5;                              // 게임 진행 속도 딜레이 계산
}
// 스위치 입력 처리
void sw_input()
{
    if(dir != DOWN && UP_SW == 0) dir = UP;                    // 이동 방향 위로
    else if(dir != UP && DOWN_SW == 0) dir = DOWN;             // 이동 방향 아래로
    else if(dir != RIGHT && LEFT_SW == 0) dir = LEFT;          // 이동 방향 왼쪽으로
    else if(dir != LEFT && RIGHT_SW == 0) dir = RIGHT;         //이동 방향오른쪽으로
}

// 타이머/카운터0 (256 - 0) * 64 / 16 us = 1.024ms
interrupt [TIM0_OVF] void dotmat_disp(void)
{
    int     bx, by, i, di;

    tcnt++;                                                    // 게임 진행속도 조절 카운터
    for(di = 0;di < 16;di++){                                  // 한 라인 데이터 출력
        RED = dot_red[dot_i][di];                              // 적색 먹이
        GREEN = dot_green[dot_i][di];                          // 녹색 지렁이 마디
        CLOCK = 1;                                             // 클럭 ON
        delay_us(1);
        CLOCK = 0;                                             // 클럭 OFF
        delay_us(1);
    }

    delay_us(2);
    ENABLE = 1;                                                // Enable 비트 셋
    LATCH = 0;
    delay_us(2);
    LATCH = 1;
    PORTC = (PORTC & 0b00001111) | (dot_i << 4);               // 라인값 설정
    delay_us(2);
    ENABLE = 0;                                                // 인에이블 비트 리셋

    dot_i = (dot_i + 1) % 16;                                  // 표시라인 1증가


    // 게임 진행속도에 맞춰 지렁이 이동방행으로 1칸 이동 처리
    if(st == 0 || tcnt < lent_time) return;

    tcnt = 0;
```

```
if(dir == UP) {                             // 이동방향 = 위?
    if(h_y > 0) h_y--;                      // 머리 Y좌표 1감소
    else st = 0;                            // 윗쪽 벽 충돌 게임종료
}
else if(dir == DOWN){                       // 이동방향 = 아래?
    if(h_y < 15) h_y++;                     // 머리 Y좌표 1증가
    else st = 0;                            // 아래쪽 벽 충돌 게임종료
}
else if(dir == LEFT){                       // 이동방향 = 왼쪽?
    if(h_x > 0) h_x--;                      // 머리 X좌표 1감소
    else st = 0;                            // 왼쪽 벽 충돌 게임종료
}
else {                                      // 이동방향 = 오른쪽?
    if(h_x < 15) h_x++;                     // 머리 X좌표 1감소
    else st = 0;                            // 오른쪽 벽 충돌 게임종료
}

if(st == 0) return;                         // 게임종료?

if(o_x == h_x && o_y == h_y){               // 먹이좌표 = 새로운 머리좌표
    // 지렁이 마디 좌표 재정렬 저장
    for(i = 0;i < length;i++){
        buf_x[i] = w_x[kk];
        buf_y[i] = w_y[kk];
        kk = (kk + 1) % length;
    }
    for(i = 0;i < length;i++){
        w_x[i] = buf_x[i];
        w_y[i] = buf_y[i];
    }
    w_x[length] = h_x;                      // 머리부분 좌표
    w_y[length] = h_y;
    kk = 0;                                 // 꼬리부분 배열 번호

    length = length + 1;                    // 길이 1증가
    if(length < 50) lent_time = 500 - length * 5;  // 길이에 따라 점점 빠르게

    dot_red[o_y][o_x] = 0;                  // 현재 먹이 제거
    dot_green[h_y][h_x] = 1;                //  먹이 부분 추가

    // 새 먹이 발생
    while(1){
```

```
            o_x = rand() % 16;
            o_y = rand() % 16;
            if(dot_green[o_y][o_x] != 0) continue;        // 지렁이 없는 위치에

            dot_red[o_y][o_x] = 1;
            break;
        }
    }
    else { // 지렁이 단순 이동(먹이 먹지 않은 이동)
        bx = w_x[kk];                                 // 꼬리 좌표 백업
        by = w_y[kk];

        w_x[kk] = h_x;                                // 현재의 머리좌표 kk번째 배열에 저장
        w_y[kk] = h_y;
        dot_green[by][bx] = 0;                        // 현재 꼬리부분 클리어
        kk= (kk + 1) % length;                        // 새로운 꼬리부분 배열 번호 갱신

        if(dot_green[h_y][h_x] == 1) st = 0;          // 몸부분과 충돌 체크
        else dot_green[h_y][h_x] = 1;                 // 새 머리 부분 추가
    }
}

// 지렁이 마디 수 7-세그먼트 표시(4.9ms마다 한 개씩)
// 1/16us * 256분주 * (256-0) = 4.9ms
interrupt [TIM2_OVF] void Seg_out(void)
{
    u_char  val;

    PORTG = seg_on[dsp_no];                           // dsp_no 세그먼트 ON

    // 표시값 구하기
    if(dsp_no == 0) val = length % 10;                // length 1자리
    else if(dsp_no == 1) val = (length / 10) % 10;    // length 10자리
    else val = length / 100;                          // lenght 100자리

    // 표시값 표시하기
    PORTD = ((seg_pat[val] & 0x0F) << 4) | (PORTD & 0x0F);    // A~D 표시
    PORTB = (seg_pat[val] & 0x70 ) | (PORTB & 0x0F);          // E~G 표시
    if(dsp_no == 2) PORTB = PORTB | 0x80;                     // DP ON

    dsp_no = (dsp_no + 1) % 3;                        // 표시 세그먼트 번호 갱신(0~2)
}
```

4.4 조이스틱 이용 지렁이 게임

이 절에서는 KUT-128_COM 보드에 조이스틱과 도트매트릭스를 [표 4-2]와 같이 연결하여 지렁이 게임을 구현한다.

[표 4-2] 입출력 인터페이스

<table>
<tr><th>입출력</th><th>디바이스</th><th>사용포트</th><th>기능</th></tr>
<tr><td rowspan="3">입력</td><td rowspan="2">조이스틱 바</td><td>PF0- VRX : 상/하</td><td rowspan="2">지렁이 이동 방향 선택</td></tr>
<tr><td>PF1- VRY : 좌/우</td></tr>
<tr><td>조이스틱 스위치</td><td>PF2 - 스위치</td><td>시작</td></tr>
<tr><td rowspan="9">출력</td><td rowspan="3">7-세그먼트</td><td>PG0-PG3(구동 세그먼트 선택)</td><td rowspan="3">지렁이 마디 길이 표시</td></tr>
<tr><td>PD4-PD7(A,B,C,D)</td></tr>
<tr><td>PB4-PB7(E,F,G,DP)</td></tr>
<tr><td rowspan="6">도트매트릭스
(16 x 16)</td><td>PC0 : Red Data</td><td rowspan="6">게임판</td></tr>
<tr><td>PC1 : Green Data</td></tr>
<tr><td>PC2 : Enable</td></tr>
<tr><td>PC3 : Latch</td></tr>
<tr><td>PC4-PC7 : address(A0_A7)</td></tr>
<tr><td>PA3 : Clock</td></tr>
</table>

4.4.1 처리 흐름도

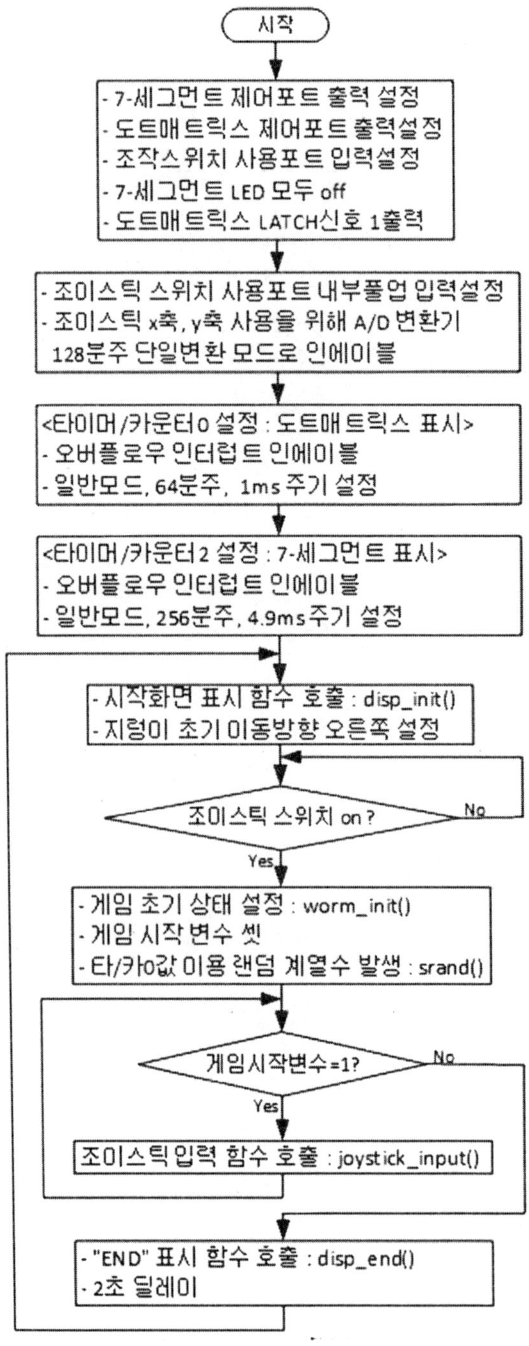

(a) main() 함수

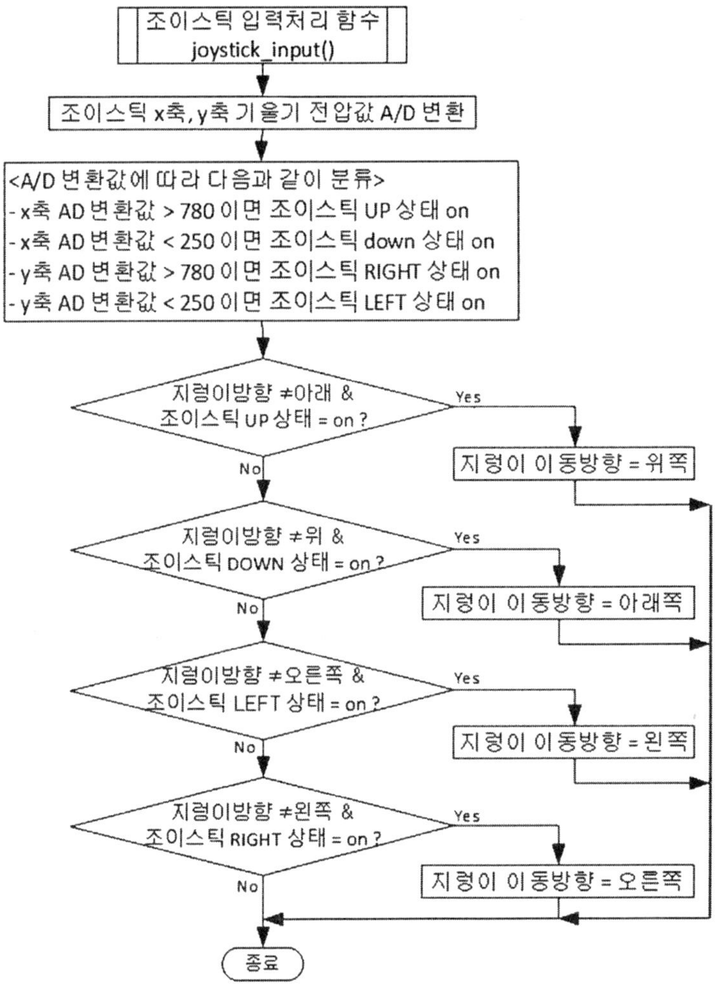

(b) joystick_input() 함수

[그림 4-6] 처리 흐름도
[disp_init(), disp_end(), worm_init(), 타이머/카운터0 인터럽트 처리함수,
타이머/카운터2 인터럽트 처리함수는 스위치 사용할 때와 동일]

4.4.2 프로그램 설명

스위치를 이용하는 경우와 다른 부분만 설명하도록 한다.

〈main 부분〉

```
   void   worm_init(void);              // 게임 시작을 위한 초기설정
❶ void   joystick_input(void);         // 스위치 입력 처리
   ~~~~~~~~~~~~~~~~~~~~~~~~~~~~~~~~~~~~~~~~~~

   void main(void)
   {
       // 7-세그먼트 사용 포트 설정
       ~~~~~~~~~~~~~~~~~~~~~~~~~~~~~~~~~~~~~~~~~~
       // 도트 매트릭스 사용 포트 설정
       ~~~~~~~~~~~~~~~~~~~~~~~~~~~~~~~~~~~~~~~~~~
       PORTC = 0b00001000;// 도트매트릭스(LATCH=1, ENABLE=0, A0-A3=1111)

❷     // 조이스틱(PF0 : Vx,  PF1 : Vy,  PF2 : 택 스위치)
       DDRF = 0x0;                      // 포트F 입력 설정
       SFIOR = 0x0;                     // 내부 풀업저항 인에이블
       PORTF = 0b00000100;              // 내부 풀업저항 인에이블(PF2)

       ADCSRA = 0x87;                   //  ADEN=1, 단일변환 128분주(125kHz)

       // 도트 매트릭스 표시용 타/카0 설정
       ~~~~~~~~~~~~~~~~~~~~~~~~~~~~~~~~~~~~~~~~~~

       // 7-세그먼트 표시용 타/카2 설정
       ~~~~~~~~~~~~~~~~~~~~~~~~~~~~~~~~~~~~~~~~~~

       while(1){
           disp_init();              // 시작을 위한 초기설정

           dir = RIGHT;              // 지렁이 이동방향 오른쪽 설정

           // 시작 스위치가 눌려질 때까지 대기
❸         while((PINF & 0b00000100) != 0);
         ~~~~~~~~~~~~~~~~~~~~~~~~~~~~~~~~~~~~~~~~
         worm_init();                // 지렁이 게임 시작 상태 설정

       }
   }
```

〈설명〉

❶ 조이스틱을 처리하는 함수를 정의한다.

❷ 조이스틱의 스위치를 PF2에 연결하여 내부 풀업으로 사용하기 위해 입력 방향으로 설정한 후 PORTF.2에 1을 출력한다. 그리고 SFIOR 레지스터의 PUD 비트에 0을 출력하여 내부 풀업을 인에이블 시킨다.

❸ 조이스틱 스위치가 눌려질 때까지 대기한다.

〈조이스틱 입력 처리〉

```
   // 조이스틱 입력 처리
   void joystick_input()
   {
       int ad_vx, ad_vy;
       int up_sw = 1, down_sw = 1;
       int left_sw = 1, right_sw = 1;

❶      ADMUX = 0x00;                      // PF0 : VRX
       ADCSRA = ADCSRA | 0x40;            // ADSC = 1 변환 시작
       while((ADCSRA & 0x10) == 0);       // ADIF=1이 될 때까지 대기
       ad_vx = ADCW;
       delay_ms(1);

       ADMUX = 0x01;                      // PF1 : VRY
       ADCSRA = ADCSRA | 0x40;            // ADSC = 1 변환 시작
       while((ADCSRA & 0x10) == 0);       // ADIF=1이 될 때까지 대기
       ad_vy = ADCW;
       delay_ms(1);

❷      if(ad_vx > 780) up_sw = 0;
       else if(ad_vx < 250) down_sw = 0;
       else if(ad_vy > 780) right_sw = 0;
       else if(ad_vy < 250) left_sw = 0;

       // 지렁이 이동방향 갱신
❸      if(dir != DOWN && up_sw == 0) dir = UP;             // 위로
       else if(dir != UP && down_sw == 0) dir = DOWN;      // 아래로
       else if(dir != RIGHT && left_sw == 0) dir = LEFT;   // 왼쪽으로
       else if(dir != LEFT && right_sw == 0) dir = RIGHT;  // 오른쪽으로
   }
```

〈설명〉

❶ 조이스틱의 상하 방향의 전압 값(VRx)과 좌우 방향의 전압 값(VRy)을 AD 변환한다.
❷ AD 변환 값이 평형상태로부터 약 260 이상의 변화가 있는 방향의 조이스틱의 상태 값만 0으로 한다(그쪽 방향의 스위치가 눌려진 것으로 처리함).
❸ 지렁이의 이동방향과 조이스틱의 상태 값이 0인 방향이 반대인 경우에는 무시하고, 그렇지 않은 경우에는 조이스틱의 상태 값이 0인 방향을 지렁이의 새로운 이동방향으로 갱신한다.

4.4.3 프로그램

```
/*******************************************/
/* worm2.c : 지렁이 게임(조이스틱 사용)           */
/* Programmed by Donguk SHIN in 2016           */
/*******************************************/

#include <mega128.h>
#include <stdlib.h>
#include <delay.h>

typedef unsigned char u_char;

// 도트매트릭스(A0-A3 : PORTC.4~PORTC.7)
#define RED         PORTC.0     // Red LED Data
#define GREEN       PORTC.1     // Green LED Data
#define ENABLE      PORTC.2     // Output Enable
#define LATCH       PORTC.3     // Latch
#define CLOCK       PORTA.3     // Clock

#define UP          1           // 지렁이 움직이는 방향 위
#define DOWN        2           // 지렁이 움직이는 방향 아래
#define LEFT        3           // 지렁이 움직이는 방향 왼쪽
#define RIGHT       4           // 지렁이 움직이는 방향 오른쪽

// 사용 변수
int   dot_i = 0;                // 도트매트릭스 표시 라인 번호
int   h_x, h_y;                 // 머리 x, y 좌표
int   o_x, o_y;                 // 먹이 x, y 좌표
int   dir;                      // 지렁이 이동 방향
```

```
int     tcnt = 0;
int     length = 0;                          // 지렁이 마디 수
int     kk;                                  // 꼬리 배열 번호(새로운 머리 좌표 저장할 배연 번호)
int     lent_time, st = 0;

u_char  dsp_no = 0;                          // 표시 세그먼트 번호
                                             // 0:1자리, 1:10자리, 2:100자리
u_char  dot_red[16][16];                     // LDM 제어신호에서  사용할 R성분
u_char  dot_green[16][16];                   // LDM 제어신호에서  사용할 G성분
u_char  w_x[256], w_y[256];                  // 마디 좌표 저장 배열 변수
u_char  buf_x[256], buf_y[256];              // 마디 좌표 일시 저장 작업 배열 변수

// 7-세그먼트 숫자 출력 패턴
flash u_char seg_pat[10] = {0x3f, 0x06, 0x5b, 0x4f, 0x66, 0x6d, 0x7d, 0x07, 0x7f, 0x6f};

// 7-세그먼트 ON 값
flash u_char seg_on[4] = {0x08, 0x04, 0x02, 0x01};

flash u_char w_init[3][2] = {{0, 0}, {1, 0}, {2, 0}};  // 지렁이 시작 마디 좌표

flash u_char sijak[16][16] ={  // "웜게임" 문자 패턴
        {0, 0, 0, 0, 0, 0, 0, 0, 0, 0, 0, 0, 0, 0, 0, 0},
        {0, 0, 1, 1, 0, 0, 0, 1, 0, 1, 1, 1, 0, 1, 0, 1},
        {0, 1, 0, 0, 1, 0, 0, 1, 0, 0, 0, 1, 0, 1, 0, 1},
        {0, 1, 0, 0, 1, 0, 0, 1, 0, 0, 0, 1, 0, 1, 0, 1},
        {0, 0, 1, 1, 0, 0, 0, 1, 0, 0, 0, 1, 1, 1, 0, 1},
        {0, 0, 0, 0, 0, 0, 0, 1, 0, 0, 1, 0, 0, 1, 0, 1},
        {0, 1, 1, 1, 1, 1, 0, 1, 0, 0, 1, 0, 0, 1, 0, 1},
        {0, 0, 0, 1, 0, 0, 0, 1, 0, 1, 0, 0, 0, 1, 0, 1},
        {0, 0, 0, 1, 0, 1, 1, 1, 0, 0, 0, 0, 0, 0, 0, 0},
        {0, 0, 0, 1, 0, 0, 0, 1, 0, 0, 1, 1, 1, 0, 0, 1},
        {0, 0, 0, 0, 0, 0, 0, 1, 0, 1, 0, 0, 0, 1, 0, 1},
        {0, 1, 1, 1, 1, 1, 1, 1, 0, 1, 0, 0, 0, 1, 0, 1},
        {0, 1, 0, 0, 0, 0, 0, 1, 0, 0, 1, 1, 1, 0, 0, 1},
        {0, 1, 0, 0, 0, 0, 0, 1, 0, 1, 1, 1, 1, 1, 1, 1},
        {0, 1, 0, 0, 0, 0, 0, 1, 0, 1, 0, 0, 0, 0, 0, 1},
        {0, 1, 1, 1, 1, 1, 1, 1, 0, 1, 1, 1, 1, 1, 1, 1}};


flash u_char end[16][16] ={  // "END" 문자 패턴
        {0, 0, 0, 0, 0, 0, 0, 0, 0, 0, 0, 0, 0, 0, 0, 0},
        {1, 1, 1, 1, 0, 1, 0, 0, 0, 1, 0, 1, 1, 1, 0, 0},
```

```
        {1, 0, 0, 0, 0, 1, 1, 0, 0, 1, 0, 1, 0, 0, 1, 0},
        {1, 0, 0, 0, 0, 1, 1, 0, 0, 1, 0, 1, 0, 0, 1, 0},
        {1, 0, 0, 0, 0, 1, 1, 0, 0, 1, 0, 1, 0, 0, 1, 0},
        {1, 0, 0, 0, 0, 1, 1, 0, 0, 1, 0, 1, 0, 0, 1, 0},
        {1, 0, 0, 0, 0, 1, 0, 1, 0, 1, 0, 1, 0, 0, 1, 0},
        {1, 1, 1, 1, 0, 1, 0, 1, 0, 1, 0, 1, 0, 0, 1, 0},
        {1, 0, 0, 0, 0, 1, 0, 1, 0, 1, 0, 1, 0, 0, 1, 0},
        {1, 0, 0, 0, 0, 1, 0, 1, 0, 1, 0, 1, 0, 0, 1, 0},
        {1, 0, 0, 0, 0, 1, 0, 0, 1, 1, 0, 1, 0, 0, 1, 0},
        {1, 0, 0, 0, 0, 1, 0, 0, 1, 1, 0, 1, 0, 0, 1, 0},
        {1, 0, 0, 0, 0, 1, 0, 0, 1, 1, 0, 1, 0, 0, 1, 0},
        {1, 0, 0, 0, 0, 1, 0, 0, 1, 1, 0, 1, 0, 0, 1, 0},
        {1, 1, 1, 1, 0, 1, 0, 0, 0, 1, 0, 1, 1, 1, 0, 0},
        {0, 0, 0, 0, 0, 0, 0, 0, 0, 0, 0, 0, 0, 0, 0, 0}};

void  worm_init(void);            // 게임 시작을 위한 초기설정
void  joystick_input(void);       // 스위치 입력 처리
void  disp_init(void);            // "웜게임" 출력(오렌지색)
void  disp_end(void);             // "END" 출력

void main(void)
{
    // 7-세그먼트 사용 포트 설정
    DDRB = 0xF0;                  // 포트 B 상위 4비트 출력 설정
    DDRD = 0xF0;                  // 포트 D 상위 4비트 출력 설정
    DDRG = 0x0F;                  // 포트 G 하위 4비트 출력 설정

    PORTB = 0x0;                  // 7-세그먼트 e, f, g, dp off
    PORTD = 0x0;                  // 7=세그먼트 a, b, c, d off

    // 도트매트릭스 사용 포트 설정
    DDRA = 0x1F;                  // 포트A 출력 설정
    DDRC = 0xFF;                  // 포트C 출력 설정
    PORTC = 0b00001000;           // 도트매트릭스(LATCH=1, ENABLE=0, A0-A3=1111)

    // 조이스틱(PF0 : Vx,  PF1 : Vy,  PF2 : 택 스위치)
    DDRF = 0x0;                   // 포트F 입력 설정
    SFIOR = 0x0;                  // 내부 풀업저항 인에이블
    PORTF = 0b00000100;           // 내부 풀업저항 인에이블(PF2)

    ADCSRA = 0x87;                //  ADEN=1, 단일변환 128분주(125kHz)
```

```
    // 도트매트릭스 표시용 타/카0 설정
    ASSR = 0x00;                // 타이머/카운터0 타이머 모드
    TCCR0 = 0x04;               // 일반모드, 프리스케일 = CK/64
    TCNT0 = 0x00;               // 1/16us * 64분주 * (256-0)=1.024ms
    TIMSK = 0x01;               // TOIE0 = 1, 타이머/카운터0 인터럽트 인에이블

    // 7-세그먼트 표시용 타/카2 설정
    TIMSK = TIMSK | 0b01000000;        // TOIE2=1(오버플로우)
    TCCR2 = 0b00000100;                // 256분주
    TCNT2 = 0;                         // 1/16us * 256분주 * (256-0)=4.9ms
    SREG = 0x80;                       // 전역 인터럽트 인에이블 비트 I 셋

    while(1){
      disp_init();              // 시작을 위한 초기설정

      dir = RIGHT;              // 지렁이 이동방향 오른쪽 설정

      // 시작 스위치가 눌려질 때까지 대기
      while((PINF & 0b00000100)!= 0);

      worm_init();              // 지렁이 게임 시작 상태 설정
      st = 1;                   // 게임 진행
      srand(TCNT0);             // TCNT0값 랜덤 seed값으로 이용

      while(st) joystick_input();  // 조이스틱 입력 체크

      disp_end();               // "END" 표시
      delay_ms(2000);           // 일시 대기
    }
}

// 도트매트릭스 "웜게임" 출력 표시
void disp_init(void)
{
    int i, j;

    // "웜게임" 표시
    for(j = 0;j < 16;j++){
      for(i = 0;i < 16;i++){
        dot_green[j][i] = sijak[j][i];
        dot_red[j][i] = sijak[j][i];
      }
```

```
    }
}

// 도트매트릭스 "END" 출력 표시
void disp_end(void)
{
    int  i, j;
    // "END" 표시
    for(j = 0;j < 16;j++){
        for(i = 0;i < 16;i++){
            dot_red[j][i] = end[j][i];
        }
    }
}

// 게임 초기 상태 설정
void worm_init(void)
{
    int i, j, x, y;

    // 도트매트릭스 클리어
    for(j = 0;j < 16;j++){
        for(i = 0;i < 16;i++){
            dot_green[j][i] = 0;
            dot_red[j][i] = 0;
        }
    }

    // 지렁이 초기 상태의 마디 좌표 설정(길이 3)
    for(i = 0;i < 3;i++){
        x = w_init[i][0];
        y = w_init[i][1];
        w_x[i] = x;                 // 마디 x좌표
        w_y[i] = y;                 // 마디 y좌표

        dot_green[y][x] = 1;        // 녹색 LED on(지렁이 몸체)
    }
    h_x = w_init[2][0];             // 머리 x 좌표
    h_y = w_init[2][1];             // 머리 y 좌표

    length = 3;                     // 길이 3
    kk = 0;                         // 꼬리 배열 번호
```

```
    dot_i = 0;                              // 도트 매트릭스 표시 라인
    o_x = 12;                               // 초기 먹이 위치
    o_y = 12;

    dot_red[o_y][o_x] = 1;                  // 먹이 적색 표시
    lent_time = 500 - length * 5;           // 게임 진행 속도 딜레이 계산
}

// 조이스틱 입력 처리
void joystick_input()
{
    int ad_vx, ad_vy;
    int up_sw = 1, down_sw = 1;
    int left_sw = 1, right_sw = 1;

    ADMUX = 0x00;                           // PF0 : VRX
    ADCSRA = ADCSRA | 0x40;                 // ADSC = 1 변환 시작
    while((ADCSRA & 0x10) == 0);            // ADIF=1이 될 때까지 대기
    ad_vx = ADCW;
    delay_ms(1);

    ADMUX = 0x01;                           // PF1 : VRY
    ADCSRA = ADCSRA | 0x40;                 // ADSC = 1 변환 시작
    while((ADCSRA & 0x10) == 0);            // ADIF=1이 될 때까지 대기
    ad_vy = ADCW;
    delay_ms(1);

    if(ad_vx > 780) up_sw = 0;
    else if(ad_vx < 250) down_sw = 0;
    else if(ad_vy > 780) right_sw = 0;
    else if(ad_vy < 250) left_sw = 0;

    // 지렁이 이동방향 갱신
    if(dir != DOWN && up_sw == 0) dir = UP;                 // 위로
    else if(dir != UP && down_sw == 0) dir = DOWN;          // 아래로
    else if(dir != RIGHT && left_sw == 0) dir = LEFT;       // 왼쪽으로
    else if(dir != LEFT && right_sw == 0) dir = RIGHT;      // 오른쪽으로
}

// 타이머/카운터0 (256 - 0) * 64 / 16 us = 1.024ms
interrupt [TIM0_OVF] void domat_disp(void)
{
```

```
int     bx, by, i, di;

tcnt++;                                       // 게임 진행속도 조절 카운터

for(di = 0;di < 16;di++){                     // 한 라인 데이터 출력
   RED = dot_red[dot_i][di];                  // 적색 먹이 데이터
   GREEN = dot_green[dot_i][di];              // 녹색 먹이 데이터
   CLOCK = 1;                                 // 클럭 ON
   delay_us(1);
   CLOCK = 0;                                 // 클럭 OFF
   delay_us(1);
}

delay_us(2);
ENABLE = 1;                                   // Enable 비트 셋
LATCH = 0;
delay_us(2);
LATCH = 1;
PORTC = (PORTC & 0b00001111) | (dot_i << 4);  // 라인값 설정
delay_us(2);
ENABLE = 0;                                   // 인에이블 비트 리셋

dot_i = (dot_i + 1) % 16;                     // LDM 표시라인 1증가

// 게임 진행속도에 맞춰 지렁이 이동방행으로 1칸 이동 처리
if(st == 0 || tcnt < lent_time) return;

tcnt = 0;

if(dir == UP) {                               // 이동방향 = 위?
   if(h_y > 0) h_y--;                         // 머리 Y좌표 1감소
   else st = 0;                               // 윗쪽 벽 충돌 게임종료
}
else if(dir == DOWN){                         // 이동방향 = 아래?
   if(h_y < 15) h_y++;                        // 머리 Y좌표 1증가
   else st = 0;                               // 아래쪽 벽 충돌 게임종료
}
else if(dir == LEFT){                         // 이동방향 = 왼쪽?
   if(h_x > 0) h_x--;                         // 머리 X좌표 1감소
   else st = 0;                               // 왼쪽 벽 충돌 게임종료
}
else {                                        // 이동방향 = 오른쪽?
```

```
        if(h_x < 15) h_x++;                     // 머리 X좌표 1감소
        else st = 0;                            // 오른쪽 벽 충돌 게임종료
    }

    if(st == 0) return;                         // 게임종료?

    if(o_x == h_x && o_y == h_y){               // 먹이좌표 = 새로운 머리좌표
        // 지렁이 마디 좌표 재정렬 저장
        for(i = 0;i < length;i++){
            buf_x[i] = w_x[kk];
            buf_y[i] = w_y[kk];
            kk = (kk + 1) % length;
        }
        for(i = 0;i < length;i++){
            w_x[i] = buf_x[i];
            w_y[i] = buf_y[i];
        }
        w_x[length] = h_x;                      // 머리부분 좌표
        w_y[length] = h_y;
        kk = 0;                                 // 꼬리부분 배열 번호

        length = length + 1;                    // 길이 1증가
        if(length < 50) lent_time = 500 - length * 5;  // 길이에 따라 점점 빠르게

        dot_red[o_y][o_x] = 0;                  // 현재 먹이 제거
        dot_green[h_y][h_x] = 1;                //  먹이 부분 추가

        // 새 먹이 발생
        while(1){
            o_x = rand() % 16;
            o_y = rand() % 16;
            if(dot_green[o_y][o_x] != 0) continue;   // 지렁이 없는 위치에

            dot_red[o_y][o_x] = 1;
            break;
        }
    }
    else {                                      // 지렁이 단순 이동(먹이 먹지 않은 이동)
        bx = w_x[kk];                           // 꼬리 좌표 백업
        by = w_y[kk];

        w_x[kk] = h_x;                          // 현재의 머리좌표 kk번째 배열에 저장
```

```
        w_y[kk] = h_y;
        dot_green[by][bx] = 0;                    // 현재 꼬리부분 클리어
        kk= (kk + 1) % length;                    // 새로운 꼬리부분 배열 번호 갱신

        if(dot_green[h_y][h_x] == 1) st = 0;      // 몸부분과 충돌 체크
        else dot_green[h_y][h_x] = 1;             // 새 머리 부분 추가
    }
}

// 지렁이 마디 수 7-세그먼트 표시(4.9ms마다 한 개씩)
// 1/16us * 256분주 * (256-0) = 4.9ms
interrupt [TIM2_OVF] void Seg_out(void)
{
    u_char  val;

    PORTG = seg_on[dsp_no];                       // dsp_no 세그먼트 ON

    // 표시값 구하기
    if(dsp_no == 0) val = length % 10;            // length 1자리
    else if(dsp_no == 1) val = (length / 10) % 10;    // length 10자리
    else val = length / 100;                      // lenght 100자리

    // 표시값 표시하기
    PORTD = ((seg_pat[val] & 0x0F) << 4) | (PORTD & 0x0F);    // A~D 표시
    PORTB = (seg_pat[val] & 0x70 ) | (PORTB & 0x0F);          // E~G 표시
    if(dsp_no == 2) PORTB = PORTB | 0x80;                     // DP ON

    dsp_no = (dsp_no + 1) % 3;                    // 표시 세그먼트 번호 갱신(0~2)
}
```

Chapter 5

테트리스

테트리스(Tetris)는 1985년 모스크바 아카데미 연구원이었던 알렉세이 파지트노프(Alexey Pajitnov)에 의해 처음 만들어진 블록 낙하형 퍼즐게임이며, 오랜 시간이 지난 지금도 사랑받고 있는 게임이기도 하다.

테트리스에 사용되는 블록은 [그림 5-1]과 같이 7개이며, 이 게임의 목표는 무작위로 위에서 떨어지는 블록들을 움직이고 90도씩 회전시켜 수평선을 빈틈없이 채우는 것이다. 이러한 수평선이 만들어질 때 이 수평선은 지워지며 그 위의 블록이 아래로 내려오게 된다. 게임이 진행될수록 블록은 더 빨리 떨어지며, 블록이 꼭대기까지 가득 채워져 더 들어갈 공간이 없게 되면 게임이 끝나게 된다.

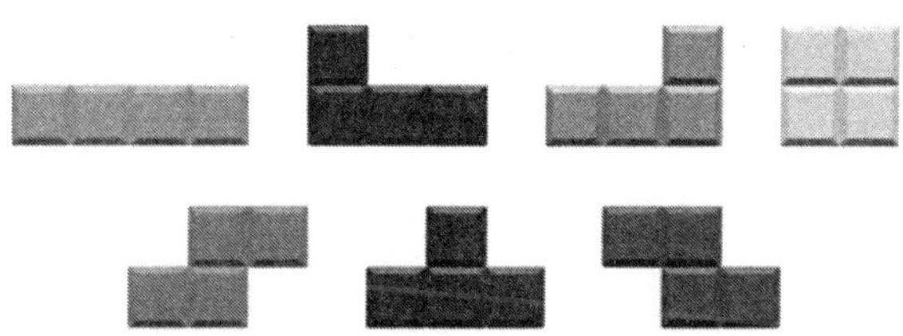

[그림 5-1] 테트리스에 사용되는 블록

[그림 5-2] PC에서 테트리스 게임 화면

5.1 동작개요

게임판은 [그림 5-3]에서와 같이 맨 좌측, 맨 아래, 우측 5번째 라인을 블록이 움직이는 경계로 하며, 우측 4라인은 다음에 나올 블록과 게임 스테이지 번호, 그리고 클리어 시킨 줄의 개수를 LED로 표시한다. 블록에 대한 조작은 회전, 좌/우 이동, 한 줄 내리기를 수행하도록 스위치 또는 조이스틱을 사용한다.

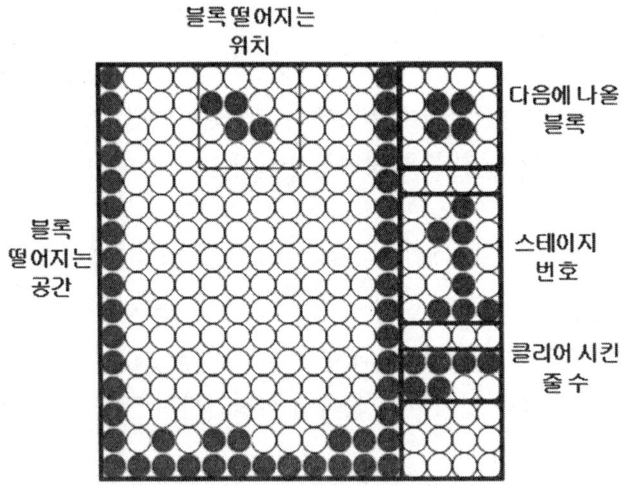

[그림 5-3] 테트리스 게임판

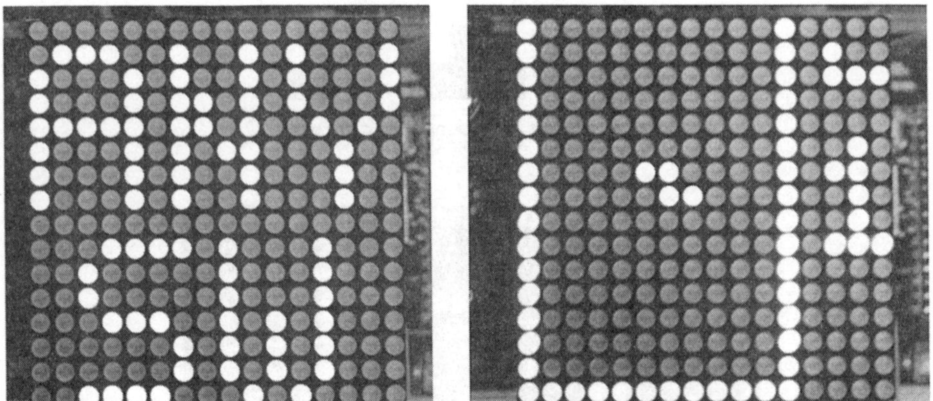

[그림 5-4] 작품 사진

〈스테이지 기능〉

- 스테이지 1부터 스테이지 3까지 단계별로 게임이 진행된다.
- 각 스테이지마다 8줄을 클리어하면 다음 스테이지로 이동한다.
- 스테이지가 올라갈 때마다 블록의 내려오는 속도가 증가하고, 스테이지 2와 스테이지 3에는 아래 부분에 기본 블록이 깔려진다.

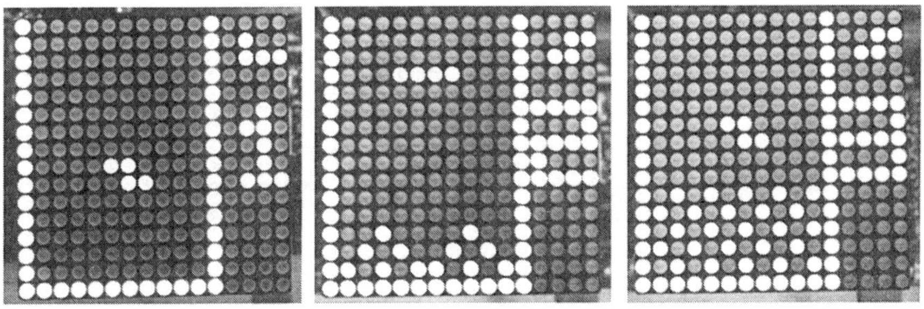

[그림 5-5] 테트리스 게임판

〈클리어 시킨 라인수 표시〉

도트매트릭스 오른쪽에 표시된 스테이지 번호 밑에 라인을 클리어 할 때마다 LED를 하나씩 추가로 on시켜 표시한다.

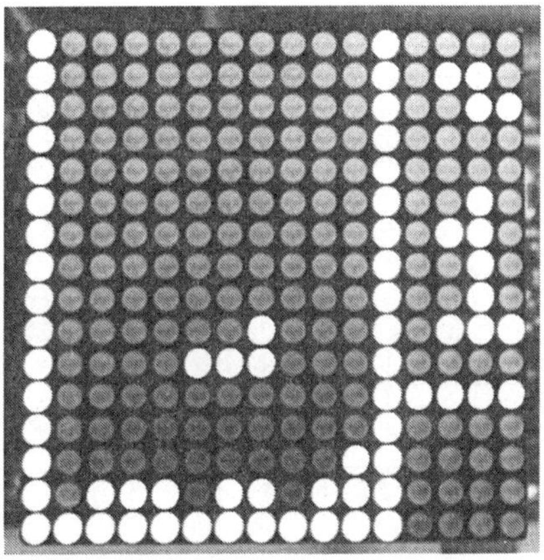

[그림 5-6] 클리어 시킨 라인수 표시

〈게임에 졌을 때와 이겼을 때〉

스테이지3에서 8라인을 클리어하면 승리하게 되며, 도트매트릭스에는 '승리'가 표시된다. 그러나, 게임도중에 끝나는 경우에는 '패'라고 표시된다.

〈블록의 모양 및 저장〉

블록은 [그림 5-7]과 같이 7개의 기본 블록을 사용하며, 각 블록을 90도씩 회전시킨 데이터를 4차원 배열 block에 저장한다.

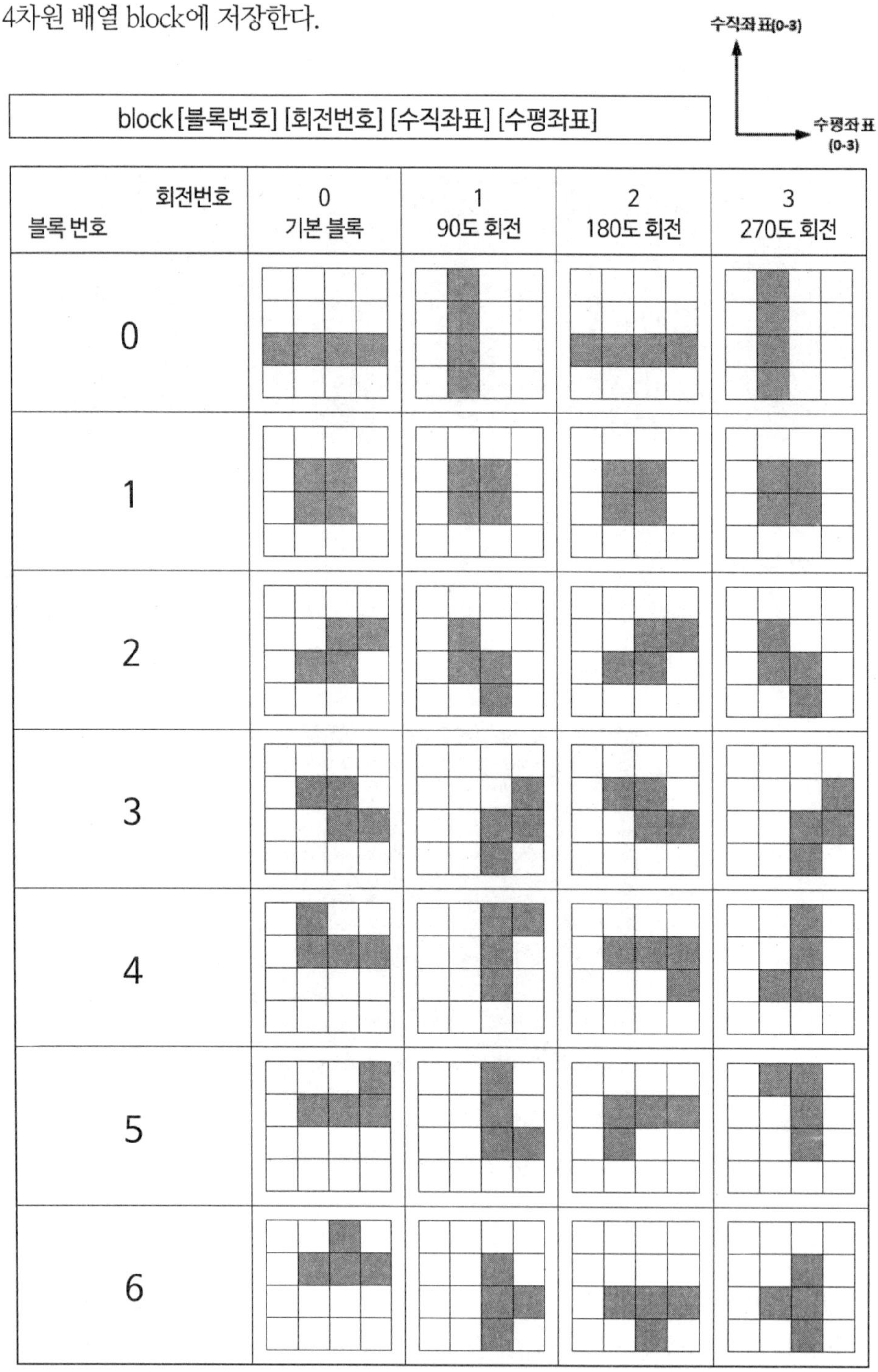

[그림 5-7] 기본 블록과 회전 블록

5.2 알고리즘

〈낙하 블록의 초기 위치와 종료 조건〉

블록은 4 x 4 크기를 가지며, [그림 5-8]과 같이 1행 4열에 낙하 초기위치를 갖는다. 따라서, 종료조건은 이 낙하위치 영역 내에 블록들이 존재하게 되면 게임이 종료하게 되며 게임에서 패하게 된다.

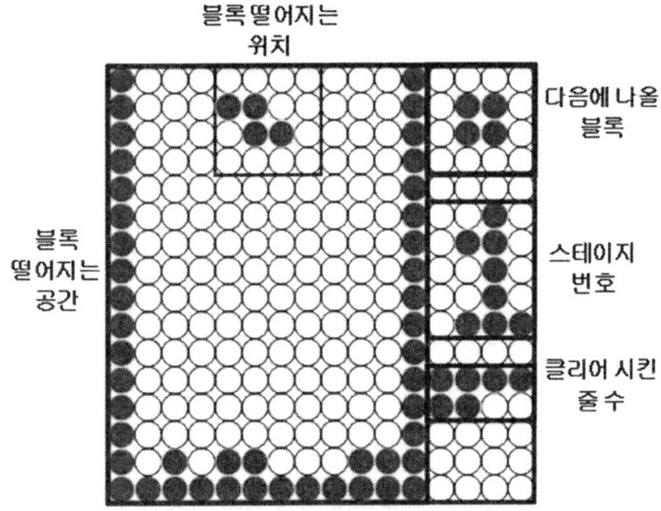

[그림 5-8] 블록 낙하 초기위치

〈블록의 조작〉

블록은 조작 스위치에 의해 회전, 좌우 이동, 그리고 아래로 한 줄 이동의 블록 조작이 가능하며, 조작 스위치에 의해 기존에 떨어진 블록들과 충돌하는 경우에는 스위치의 입력이 무시된다. 회전 스위치가 눌려지는 경우 블록은 시계방향으로 90도씩 회전한다.

〈블록의 자동 하강〉

블록은 일정시간이 경과되면 조작 스위치의 입력이 없더라도 자동적으로 1줄씩 아래로 이동하며, 스테이지가 올라갈 때마다 점점 빨라지게 된다.

〈블록의 충돌 체크〉

블록은 두 개의 배열에 의해 저장되며, 이미 떨어진 블록은 2차원 배열 dsp_block[][]에, 움직이고 있는 블록은 mov_block[][]에 각각 저장되어 관리된다. 따라서, 충돌 체크는 mov_block[][]에서 블록이 있는 부분에 대해 dsp_block[][]과 비교하여 같은 위치에서 양쪽이 모두 1인 경우에는 충돌하는 경우로 판단하여 이동(회전)할 수 없게끔 처리된다.

5.3 스위치 조작 테트리스

KUT-128_COM 보드에 기본 장착된 4개의 스위치를 이용하여 [표 5-1]과 같이 구성하여 구현한다.

[표 5-1] 입출력 인터페이스

<table>
<tr><th>입출력</th><th colspan="2">디바이스</th><th>기능</th><th>사용포트</th></tr>
<tr><td rowspan="4">입력</td><td rowspan="4">푸쉬 버튼 스위치</td><td>SW1</td><td>블록 회전</td><td>PE4(INT4)</td></tr>
<tr><td>SW2</td><td>블록 한 줄 하강</td><td>PE5(INT5)</td></tr>
<tr><td>SW3</td><td>블록 왼쪽 이동</td><td>PE6(INT6)</td></tr>
<tr><td>SW4</td><td>블록 오른쪽 이동</td><td>PE7(INT7)</td></tr>
<tr><td rowspan="6">출력</td><td colspan="2" rowspan="6">도트매트릭스
(16 x 16)</td><td rowspan="6">게임판</td><td>PC0 : Red Data</td></tr>
<tr><td>PC1 : Green Data</td></tr>
<tr><td>PC2 : Enable</td></tr>
<tr><td>PC3 : Latch</td></tr>
<tr><td>PC4-PC7 : address(A0_A7)</td></tr>
<tr><td>PA3 : Clock</td></tr>
</table>

5.3.1 처리 흐름도

[그림 5-9]는 프로그램에 사용된 함수들의 처리 흐름도를 보여준다.

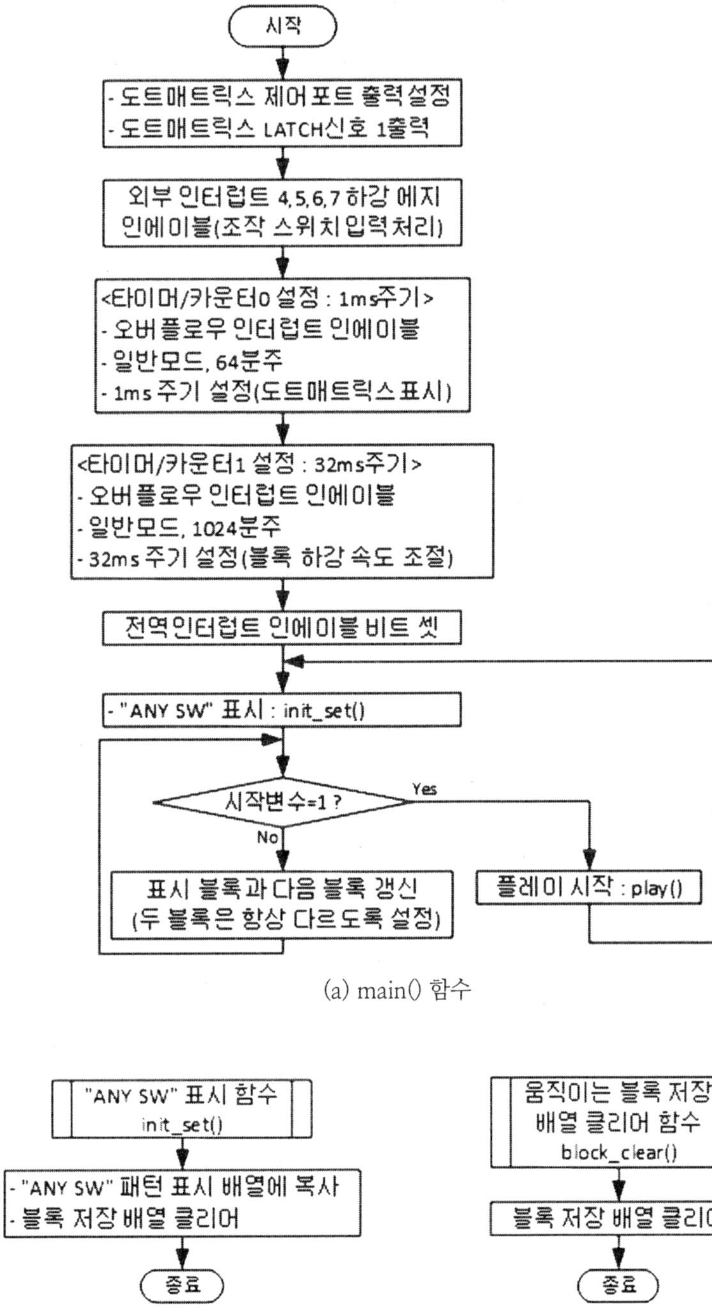

(a) main() 함수

(b) init_set() 함수

(c) block_clear() 함수

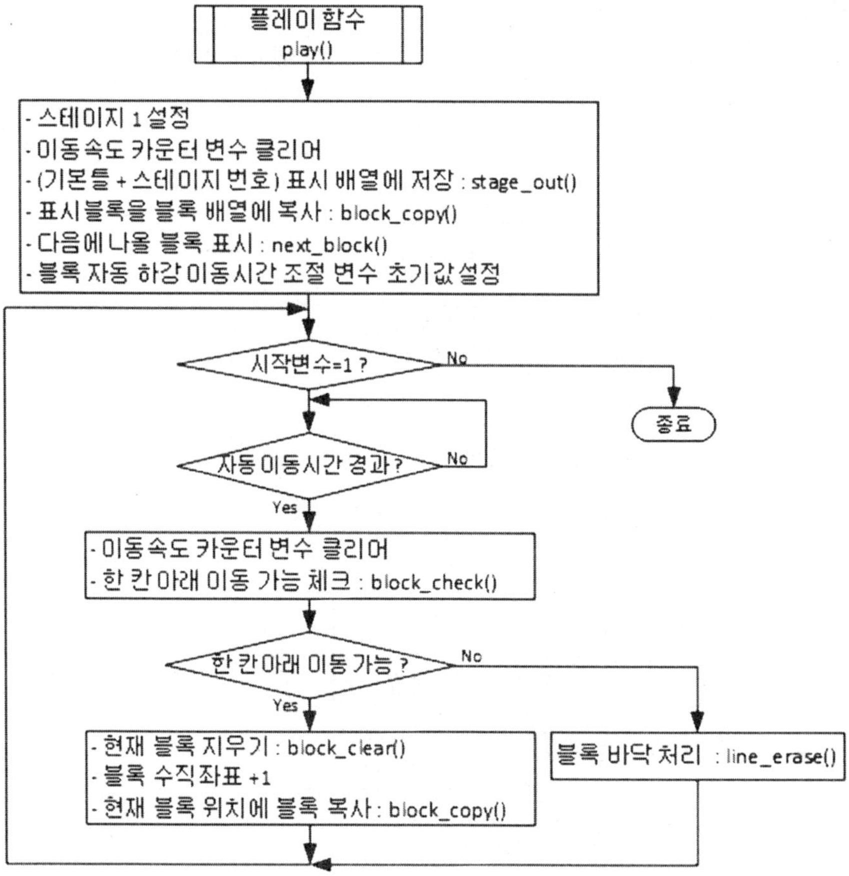

(d) play() 함수

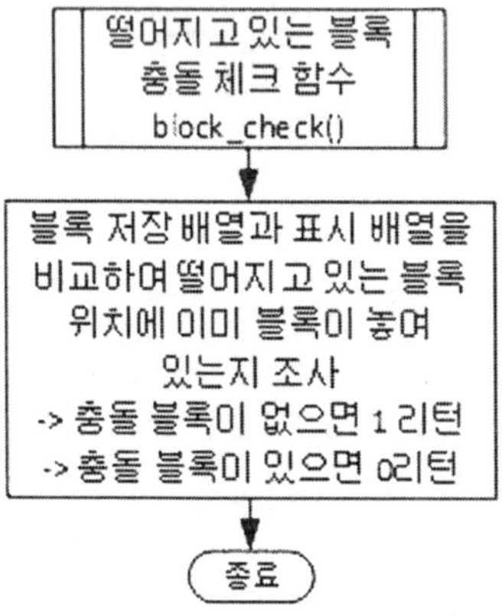

(e) block_check() 함수

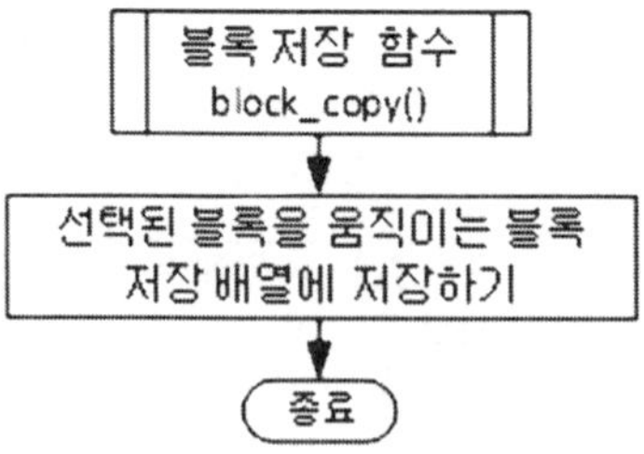

(f) block_copy() 함수

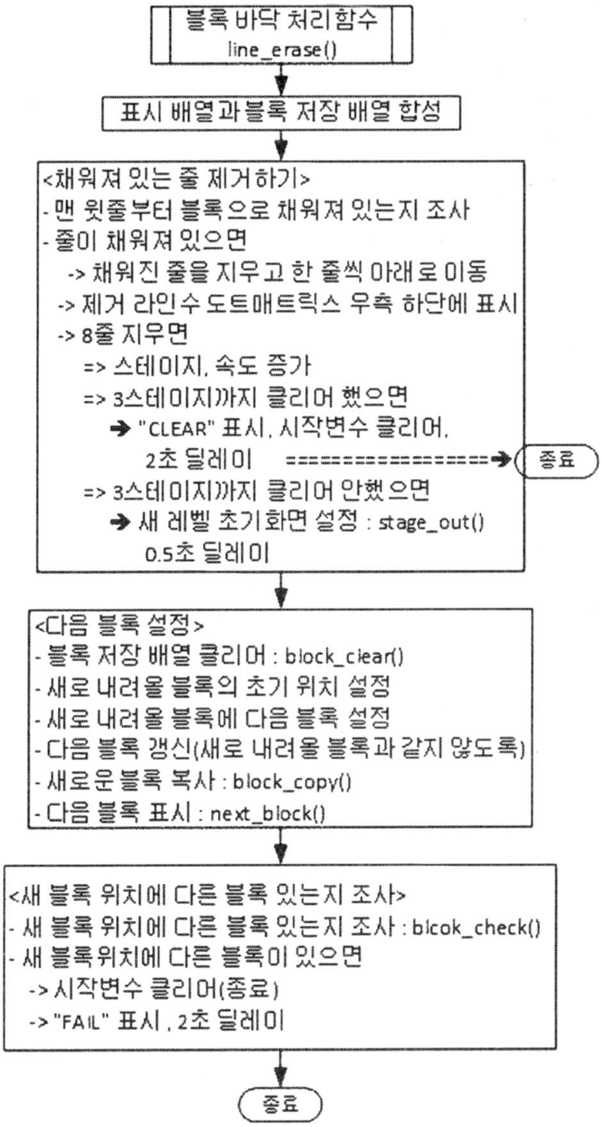

(g) line_erase() 함수

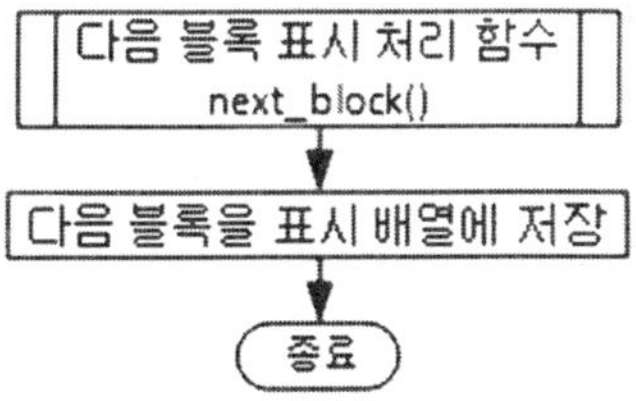

(h) next_block() 함수

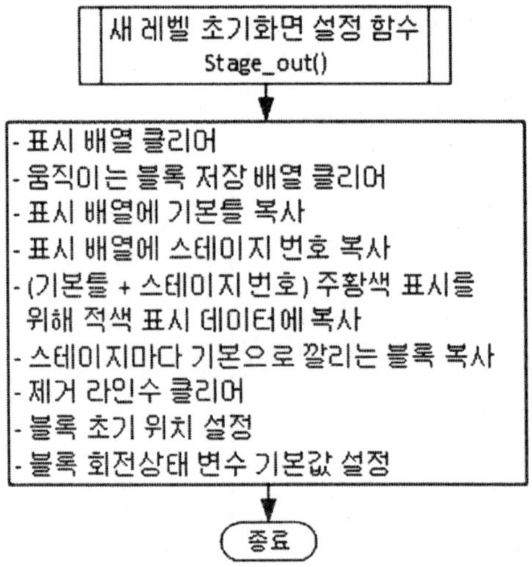

(i) stage_out() 함수

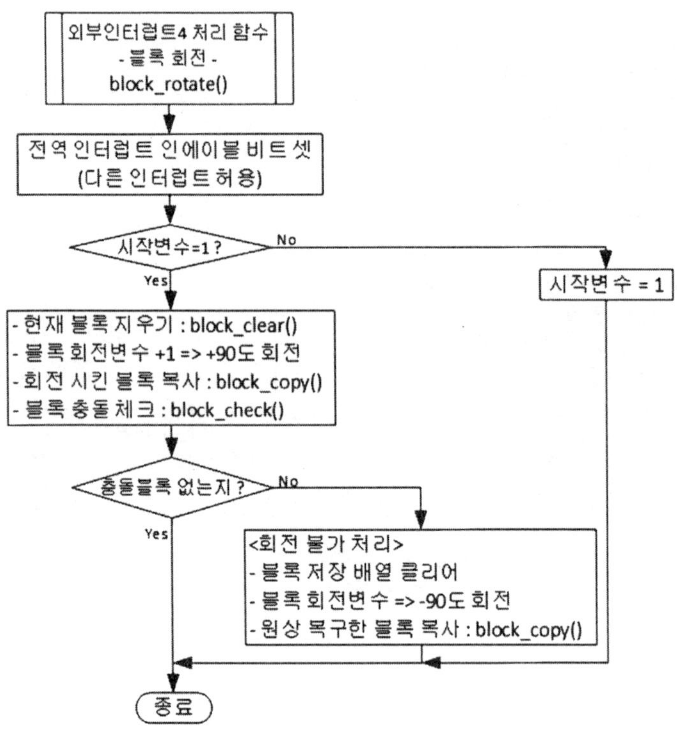

(j) 외부 인터럽트4 처리 함수

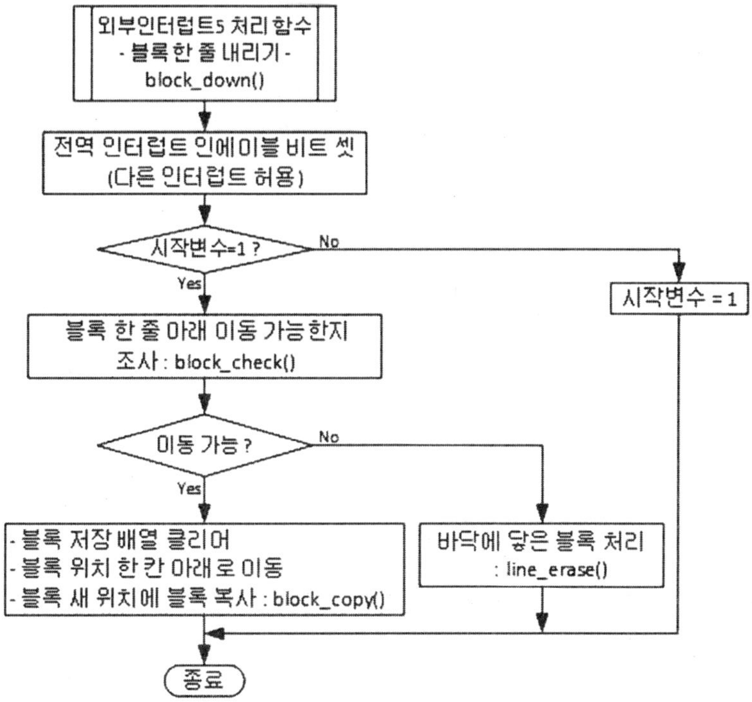

(k) 외부 인터럽트5 처리 함수

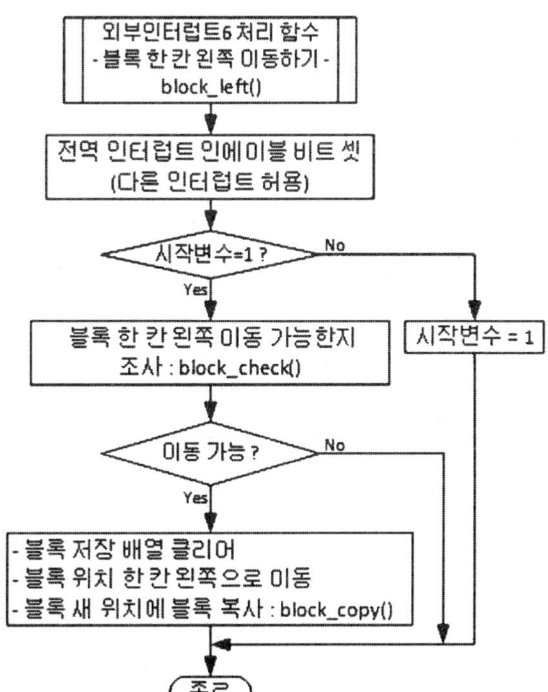

(l) 외부 인터럽트6 처리 함수

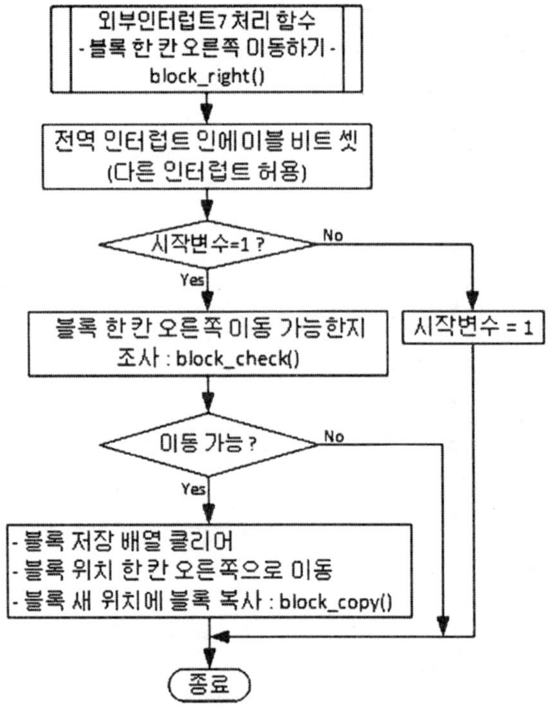

(m) 외부 인터럽트7 처리 함수

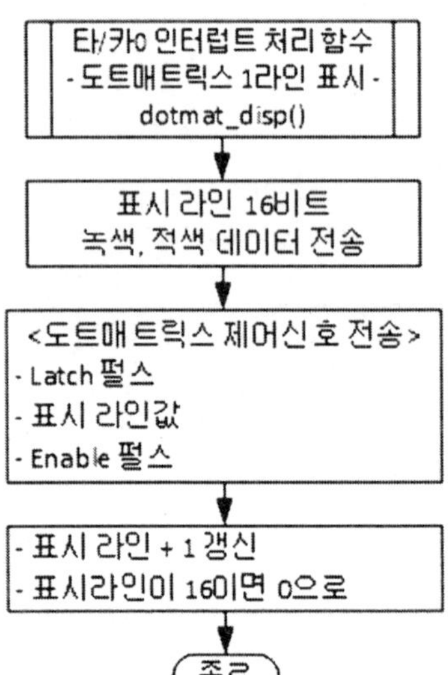

(n) 타이머/카운터0 인터럽트 처리 함수

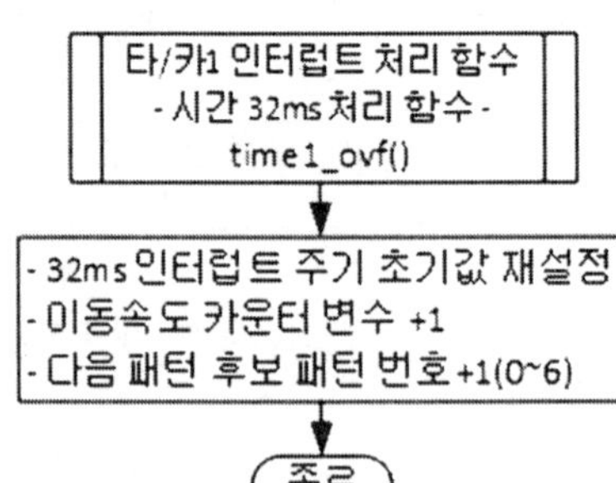

(o) 타이머/카운터1 인터럽트 처리 함수

[그림 5-9] 처리 흐름도

5.3.2 프로그램 설명

〈헤더 부분〉

```
#include <mega128.h>
#include <delay.h>

typedef unsigned char u_char;
typedef unsigned int u_int;

❶ // 도트 매트릭스(A0-A3 : PORTC.4~PORTC.7)
#define RED        PORTC.0      // Red LED Data
#define GREEN      PORTC.1      // Green LED Data
~~~~~~~~~~~~~~~~~~~~~~~~~~~~~~~~~~~~~~~~

// 7가지의 블록을 4가지 패턴으로 블록 정의
// block[블록번호][회전번호][수직좌표][수평좌표]
❷ flash u_char block[7][4][4][4] ={
    {{{0,0,0,0},{0,0,0,0},{1,1,1,1},{0,0,0,0}},
     {{0,1,0,0},{0,1,0,0},{0,1,0,0},{0,1,0,0}},
     {{0,0,0,0},{0,0,0,0},{1,1,1,1},{0,0,0,0}},
     {{0,1,0,0},{0,1,0,0},{0,1,0,0},{0,1,0,0}}},
~~~~~~~~~~~~~~~~~~~~~~~~~~~~~~~~~~~~~~~~

❸ flash u_char num_pat[4][5][4] =  // 1 ~ 3 패턴(5x4)
   {{{0,0,0,0}, {0,0,0,0}, {0,0,0,0}, {0,0,0,0}, {0,0,0,0}},     // clear
    {{0,0,1,0}, {0,1,1,0}, {0,0,1,0}, {0,0,1,0}, {0,1,1,1}},     // 1
    {{1,1,1,1}, {0,0,0,1}, {1,1,1,1}, {1,0,0,0}, {1,1,1,1}},     // 2
    {{1,1,1,1}, {0,0,0,1}, {1,1,1,1}, {0,0,0,1}, {1,1,1,1}}};    // 3

// 블록이 떨어지는 테트리스 기본틀
❹ flash u_char stage[16][12] =
   {{1,0,0,0,0,0,0,0,0,0,0,1},
    {1,0,0,0,0,0,0,0,0,0,0,1},
    {1,0,0,0,0,0,0,0,0,0,0,1},
   ~~~~~~~~~~~~~~~~~~~~~~~~~~~~~~~~~~~~~~~~
    {1,0,0,0,0,0,0,0,0,0,0,1},
    {1,1,1,1,1,1,1,1,1,1,1,1}};

// 스테이지 기본틀
❺ flash u_char base_stage[3][5][10] =
   {{{0,0,0,0,0,0,0,0,0,0},
    {0,0,0,0,0,0,0,0,0,0},
```

```
    {0,0,0,0,0,0,0,0,0,0},
    {0,0,0,0,0,0,0,0,0,0},
    {0,0,0,0,0,0,0,0,0,0}},
   {{0,0,0,0,0,0,0,0,0,0},
    {0,0,0,0,0,0,0,0,0,0},
    {0,0,1,0,0,0,0,1,0,0},
    {0,1,0,1,0,0,1,0,1,0},
    {1,0,1,0,1,1,0,1,0,1}},
   {{0,1,0,1,0,1,0,1,0,1},
    {1,0,1,0,1,0,1,0,1,0},
    {0,1,0,1,0,1,0,1,0,1},
    {1,0,1,0,1,0,1,0,1,0},
    {0,1,0,1,0,1,0,1,0,1}}};
```

❻

```
flash u_char anysw[16][16] =          // "ANYSW"
    {{0,0,0,0,0,0,0,0,0,0,0,0,0,0,0,0},
     {0,1,1,1,0,0,1,0,0,1,0,1,0,0,0,1},
     {1,0,0,0,1,0,1,0,0,1,0,1,0,0,0,1},
    ~~~~~~~~~~~~~~~~~~~~~~~~~~~~~~~~~~~
     {0,0,0,0,0,0,1,0,1,0,1,0,1,0,0,0},
     {0,0,0,0,0,0,1,0,1,0,1,0,1,0,0,0},
     {0,0,1,1,1,1,0,0,0,1,0,1,0,0,0,0}};

flash u_char clear[16][16] =          // "CLEAR"
    {{0,0,0,0,0,0,0,0,0,0,0,0,0,0,0,0},
     {0,1,1,1,0,0,1,0,0,0,0,1,1,1,1,1},
     {1,0,0,0,1,0,1,0,0,0,0,1,0,0,0,0},
    ~~~~~~~~~~~~~~~~~~~~~~~~~~~~~~~~~~~
     {0,0,0,1,0,0,0,1,0,1,0,1,0,0,0,0},
     {0,0,0,1,0,0,0,1,0,1,0,0,1,0,0,0},
     {0,0,0,1,0,0,0,1,0,1,0,0,0,1,0,0}};

flash u_char fail[16][16] =           // "FAIL"
    {{0,0,0,0,0,0,0,0,0,0,0,0,0,0,0,0},
     {0,0,0,0,0,0,0,0,0,0,0,0,0,0,0,0},
     {0,0,0,0,0,0,0,0,0,0,0,0,0,0,0,0},
    ~~~~~~~~~~~~~~~~~~~~~~~~~~~~~~~~~~~
     {0,0,0,0,0,0,0,0,0,0,0,0,0,0,0,0},
     {0,0,0,0,0,0,0,0,0,0,0,0,0,0,0,0},
     {0,0,0,0,0,0,0,0,0,0,0,0,0,0,0,0}};
```

❼

```
u_int dot_i = 0;                      // 도트매트릭스 출력행
```

```
    u_int start = 0;              // 게임 시작(0:대기, 1:시작)
    u_int stage_no = 1;           // 스테이지 번호
    u_int clear_line = 0;         // 현재 스테이지에서 지운 라인수
    u_int pat_cnt;                // 블록 랜덤 발생을 위한 카운터
    u_int by = 0;                 // 블록 좌상 Y좌표
    u_int bx = 4;                 // 블록 좌상 X좌표
    u_int turn = 0;               // 현재 블록 패턴 회전 번호
    u_int next_pat = 0;           // 다음 블록 패턴 번호
    u_int pat = 0;                // 현재 블록 패턴 번호
    u_int t_limit;                // 블록 이동 속도 조절(22부터 스테이지에 따라 감소)
    u_int down_cnt;               // 이동속도 카운터 변수

❽  u_char mov_block[16][16];     // 내려오고 있는 블록 데이터(블록 저장 배열)
    u_char dsp_block[16][16];     // (기본틀+스테이지 번호)와 내려온 블록 데이터(표시 배열)
    u_char red_data[16][16];      // (기본틀+스테이지 번호), 주황색 표시를 위해 저장

❾  void init_set(void);          // "ANY SW" 출력
    void play(void);              // 플레이 함수
    void stage_out(void);         // (기본틀 + 스테이지 번호) 데이터 설정
    void next_block(void);        // 다음 블록 표시를 위한 설정
    int  block_check(int, int);   // 내려오는 블록이 아래/좌/우 부분에 닿는지 조사
    void block_clear(void);       // 내려오는 블록 데이터 저장 배열 클리어
    void block_copy(void);        // 내려오는 블록 데이터 설정
    void line_erase(void);        // 채워진 줄 제거하기
```

〈설명〉

❶ 도트매트릭스 제어 핀을 심볼로 정의한다.

❷ 7가지의 블록을 4가지 회전된 패턴으로 4차원 배열에 4 x 4크기로 저장한다.

❸ 도트매트릭스에 표시할 스테이지 1, 2, 3의 패턴을 배열에 5x4의 크기로 저장하고, 스테이지 0은 사용하지 않기 때문에 0을 저장한다.

❹ 블록이 떨어지는 테트리스 기본틀을 나타낸다.

❺ 스테이지 1, 2, 3에서 시작할 때 테트리스 기본틀 아래 부분에 기본적으로 깔리는 블록을 배열에 저장한다.(5x10)

❻ 토트매트릭스에 표시될 "ANY SW", "CLEAR", "FAIL"에 대한 도트 패턴을 배열에 저장한다.

❼ 프로그램에서 사용하는 전역변수들이다.

❽ 내려오고 있는 블록 데이터를 저장하는 배열과, 기본틀 + 스테이지 번호 + 내려온 블록 데이터를 저장하는 배열, 기본틀 + 스테이지 번호를 적색 데이터로 저장하여 주황색으로 표시할 때 사용하기 위한 배열을 선언한다.

❾ 프로그램에서 main() 함수 이외에 만들어진 함수들을 정의한다.

〈main() 함수〉

```
void main(void)
{
❶  // 도트매트릭스 사용 포트 입출력 설정
    DDRA = 0xFF;                    // PORTA 출력 설정(PA3 : CLOCK핀)
    DDRC = 0xFF;                    // PORTC 출력설정(어드레스 A0-A3)
    PORTC = 0b00001000;             // 도트매트릭스(LATCH=1, ENABLE=0,
                                    // A0-A3=0000)

❷  // 외부 인터럽트 설정
    EIMSK = 0b11110000;             // 외부인터럽트 4-7 인에이블
    EICRB = 0b10101010;             // 외부인터럽트 4-7 하강에지

❸  // 타이머/카운터 설정
    TIMSK = 0x01;                   // TOIE0 = 1 타/카0 오버플로우 인터럽트 인에이블
    ASSR = 0x00;                    // 타이머/카운터0 타이머 모드
    TCCR0 = 0x04;                   // 일반모드, 프리스케일 = CK/64
    TCNT0 = 0x00;                   // 1/16us x 64 x (256 -0) = 1.024ms

❹  TIMSK = TIMSK | 0x04;            // TOIE1 = 1
                                    // 타/카1 오버플로우 인터럽트 인에이블
    TCCR1A = 0x00;                  // 타이머/카운터1 인에이블
    TCCR1B = 0x05;                  // 1024분주
    TCCR1C = 0x00;
    TCNT1 = 0xfe00;                 // 1/16us x 1024 x (65536 -65024) = 32ms

    SREG = 0x80;                    // 전역 인터럽트 인에이블 비트 셋

    while(1){
❺      init_set();                 // "ANY SW" 표시

❻      while(!start){              // 스위치 눌려질 때까지 대기
          pat = next_pat;           // 새로 나올 블록을 계속 해서 바꿔준다.
          next_pat = pat_cnt;       // 다음 블록은 다른 랜덤값을 취한다.
          if(pat == next_pat) next_pat = (next_pat + 1) % 7;
        }
❼      play();                     // 플레이 시작
    }
}
```

〈설명〉

❶ 도트매트릭스에 연결된 포트를 출력으로 설정하고, LATCH 신호에만 1을 출력한다.
❷ 게임에 사용할 4개의 스위치 입력 처리를 위해 외부 인터럽트 4~7을 인에이블 시키고, 모두 하강에지 동작모드로 설정한다.
❸ 타이머/카운터0을 도트매트릭스 표시에 사용하기 위해 일반모드 1.024ms 주기의 오버플로우 인터럽트를 인에이블 시킨다.
❹ 타이머/카운터2를 블록이 떨어지는 속도 조절에 사용하기 위해 일반모드 32ms 주기의 오버플로우 인터럽트를 인에이블 시킨다.
❺ "ANY SW"를 도트매트릭스에 표시한다.
❻ 스위치가 눌려 시작 상태가 될 때까지 대기한다. 대기하면서 새로 나올 블록을 계속 갱신한다.
❼ 게임 시작함수 play()를 호출한다.

〈play(), stage_out() 함수〉

```
   // 플레이
❶ void play(void)
   {
       int check;

❷      stage_no = 1;      // 스테이지 1설정
       down_cnt = 0;      // 이동속도 카운터 변수 클리어
       stage_out();       // (기본틀 + 스테이지 번호) 데이터 dsp_block에 저장
       block_copy();      // pat 번째의 블록 mov_block에 저장
       next_block();      // 다음 블록 패턴 표시를 위한 저장
       t_limit = 22;      // 한 라인 아래로 자동 이동시간 조절(32ms * t_limit)

       while(start){
❸          while(down_cnt < t_limit);       // 자동 이동시간이 경과하지 않았으면 대기

❹          // 아래로 한줄 자동 이동
           down_cnt = 0;                    // 이동속도 조절 변수 리셋
           check = block_check(0, 1);       // 한 칸 아래 이동 가능한지 조사

           if(check == 1){                  // 한 칸 아래 이동 가능
               block_clear();               // 현재 블록 지우기
               by = by + 1;                 // 블록 한줄 아래로 이동
               block_copy();                // 현재 블록 복사
           }
           else line_erase();
```

```
        }
    }

    // 새로운 스테이지 초기화면 설정
❺ void stage_out()
    {
        int i, j;

❻      for(j = 0;j < 16;j++){
            for(i = 0;i < 16;i++) {
              dsp_block[j][i] = 0;
              mov_block[j][i] = 0;
          }
      }

      // 기본틀 복사
      for(j = 0;j < 16;j++){
          for(i = 0;i < 12;i++) dsp_block[j][i] = stage[j][i];
      }

❼      // 스테이지 번호복사
       for(j = 0;j < 5;j++){
          for(i = 0;i < 4;i++)
                  dsp_block[j + 5][i + 12] = num_pat[stage_no][j][i];
      }

❽      // (기본틀 + 스테이지 번호), 주황색 표시를 위해 red_data에 저장
       for(j = 0;j < 16;j++){
          for(i = 0;i < 16;i++) red_data[j][i] = dsp_block[j][i];
       }

❾      // 스테이지 기본
       for(j = 0;j < 5;j++){
          for(i = 0;i < 10;i++)
             dsp_block[j + 10][i + 1] |= base_stage[stage_no - 1][j][i];
       }

       clear_line = 0;
       bx = 4;
       by = 0;
       turn = 0;
    }
```

〈설명〉

❶ 게임을 시작하는 함수이며, 각종 변수 값을 초기화한다. 그리고, 자동으로 한 칸 이동할 시간이 되면 이동처리를 수행하고, 이동을 할 수 없는 경우(바닥에 닿은 경우)에는 블록을 지울 수 있는지 체크하는 함수를 호출한다.

❷ 게임을 시작하면서 필요한 처리를 수행한다. 스테이지 번호 1 설정, 블록 한 칸 자동 이동을 위한 카운터 변수 클리어, 게임 틀 구성과 첫 번째 나올 블록을 움직이는 블록 저장 배열에 복사한다. 그리고, 다음에 나올 블록을 게임 틀에 설정하고, 자동 이동시간 조절 초기 값을 설정한다.

❸ 블록을 한 줄 아래로 자동 이동할 시간이 될 때까지 대기한다.

❹ 블록을 한 줄 아래로 자동 이동할 시간이 되면 자동 이동 속도 조절 변수를 리셋하고, 한 줄 아래로 이동할 수 있는지 체크한다. 만일 이동 가능하면 움직이는 블록을 한 줄 아래로 이동하면서 움직이는 블록 저장 배열에 복사하고, 이동이 불가능한 경우에는 바닥에 닿은 것이므로 블록 지우기 처리 함수를 호출한다.

❺ 새로운 스테이지의 시작 화면을 구성하는 함수이다.

❻ 도트매트릭스에 표시할 때 사용하는 배열과 움직이는 블록을 저장하는 배열을 클리어 한 후 기본틀을 표시 배열에 복사한다. (도트매트릭스에서 녹색 부분 표시)

❼ 기본틀이 저장되어 있는 표시 배열에 5x4 크기의 스테이지 번호 패턴을 추가한다.

❽ 표시 배열의 값을 적색 표시 배열에 저장하여 도트매트릭스에 표시할 때 (기본틀 + 스테이지 번호)가 주황색으로 표시되도록 한다.

❾ 스테이지 마다 기본틀 아래 부분에 첨가되는 5줄의 블록을 추가하고, 지운 줄 수 리셋, 첫 번째 블록 나올 초기 위치 지정, 블록은 회전 없는 기본형으로 설정한다.

〈init_set(), next_block(), block_check(), block_clear(), block_copy() 함수〉

```
  // "ANY SW" 표시
❶ void init_set(void)
  {
    int    i, j;

    // "ANY SW" 표시
    for(j = 0;j < 16;j++){
       for(i = 0;i < 16;i++){
          dsp_block[j][i] = anysw[j][i];    // 표시 배열에 "ANY SW" 패턴 저장
          mov_block[j][i] = 0;              // 블록 저장 배열 클리어
       }
    }
  }
```

```
  // 다음 블록 패턴 표시를 위한 저장
❷ void next_block(void)
  {
    int  j, k;

    for(j = 0;j < 4;j++){
       for(k = 0;k < 4;k++)
          dsp_block[j][k+12] = block[next_pat][0][j][k];
    }
  }

  // 떨어진 블록과 움직이는 블록 충돌 체크
  // ox : bx와의 차이값, oy : by와의 차이값
❸ int block_check(int ox, int oy)
  {
    int  j, k, y, x;

    for(j = 0;j < 4;j++){
       y = j + by;
       for(k = 0;k < 4;k++){
          x = k + bx;
          // mov_block의 수평 ox 열, 수직 oy 아랫부분의
          // data가 모두 1인 부분이 있는지 조사
          if((mov_block[y][x] & dsp_block[y + oy][x + ox]) == 1)
                   return(0);
       }
    }
    return(1);
  }

  // 움직이는 블록 저장 배열 클리어
❹ void block_clear( )
  {
    int  j, k;
    for(j = 0;j < 16;j++){   //현재 블록 지우기
       for(k = 0;k < 16;k++) mov_block[j][k] = 0;
    }
  }

❺ // 선택된(pat) 블록 -> m_block에 복사
  void block_copy( )
  {
```

```
    int     j, k, x, y;

    for(j = 0;j < 4;j++){
        y = j + by;
        for(k = 0;k < 4;k++){ // 새로운 블록 불러오기
            x = k + bx;
            mov_block[y][x] = block[pat][turn][j][k];
        }
    }
}
```

<설명>

❶ 시작하기에 앞서 도트매트릭스에 "ANY SW"를 출력 표시하는 함수이다.

❷ 다음에 나올 블록을 기본틀 오른쪽에 4 x 4 크기로 표시하는 함수이다.

❸ 움직이는 블록 저장 배열에 있는 블록을 함수 호출시 인자로 건네는 수평과 수직방향의 변위만큼 이동 가능한지 체크하여 이동이 가능하면 1을 리턴하고, 그렇지 않으면 0의 값을 리턴 한다. 기본 틀과 함께 떨어진 블록을 저장하는 배열과 움직이는 블록을 저장하는 배열의 중복되는 위치에서의 값이 양쪽 모두 1인 위치가 있게 되면 이미 떨어져 있는 블록이 있는 경우가 되므로 이동 불가능의 상태를 나타내게 된다.

❹ 움직이는 블록을 저장하는 배열을 클리어 하는 함수이다.

❺ 선택된 블록을 움직이는 블록 저장 배열에 저장한다.

〈line_erase()〉

```
  // 블록이 바닥에 닿아 이동 불가한 경우, 이동 블록 정지 처리
❶ void line_erase(void)
  {
     int  j, k, m, n, check;

❷    // 게임판 데이터와 움직이는 블록(테이블) 합성
     for(j = 0;j < 16;j++){
        for(k = 0;k < 16;k++)
           dsp_block[j][k] = dsp_block[j][k] | mov_block[j][k];
     }

     // 채워져 있는 줄 제거하기
❸    for(j = 0;j < 15;j++){
        // 줄이 모두 채워져 있는지 조사
        // 모두 채워져 있으면 and값(또는 곱)은 1이 되고,
        // 하나라도 비어 있으면 0이 된다.
        n = 1;
        for(k = 1;k < 11;k++) n = n & dsp_block[j][k];

        if(n == 0) continue;                  // 채워지지 않음

❹       // 채워진 j번째 줄 없애고 아래로 한 줄씩 이동처리
        for(m = j;m >= 1;m--){                // 윗줄 아래로 당기기
           for(k = 1;k < 11;k++) dsp_block[m][k] = dsp_block[m-1][k];
        }
        clear_line++;                         // 한 줄 지울 때마다 증가

❺       // 제거 라인 수 LED 표시
        for(m = 0;m < 2;m++){
           for(k = 0;k < 4;k++){
              if((k + m * 4) < clear_line) dsp_block[m+11][k+12] = 1;
              else dsp_block[m+11][k+12] = 0;
           }
        }

❻       if(clear_line > 7){                   // 8줄 지우면 다음 단계로 이동
           stage_no = stage_no + 1;           // 스테이지 번호 +1
           t_limit = t_limit - 5;             // 속도증가

           if(stage_no > 3){                  // 3스테이지까지 클리어
```

```
            start = 0;
            // 스테이지 3 클리어시 "CLEAR" 표시
            for(m = 0;m < 16;m++){
               for(k = 0;k < 16;k++){
                  dsp_block[m][k] = clear[m][k];
                  mov_block[m][k] = 0;
               }
            }

            delay_ms(2000);
            start = 0;                          // 종료
            return;
         }
         else {                                 // 새 스테이지 화면
            stage_out();
            delay_ms(500);
         }
      }
   }

   // 다음 블록 설정
❼  block_clear( );                           // 블록 저장 배열 클리어
   by = 0;                                    // 내려오는 블록의 y좌표
   bx = 4;                                    // 내려오는 블록의 x좌표
   turn = 0;                                  // 블록 기본형으로(회전 없음)
   pat = next_pat;                            // next 패턴을 현재 패턴으로
   next_pat = pat_cnt;                        // next 패턴 새로운 값
   if(pat == next_pat) next_pat = (next_pat + 1) % 7;

   block_copy( );                             // 새로운 블록 복사
   next_block();                              // 다음 블록 패턴 표시를 위한 저장

   // 새로 놓일 블록위치에 블록이 없는지 조사
❽  check = block_check(0, 0);
   if(check == 0){                            // 새로 놓일 블록위치에 블록이 있음
     start = 0;                               // 종료
     for(j = 0;j < 16;j++){                   // 블록이 상위에 닿으면 정지. 패
        for(k = 0;k < 16;k++){
           dsp_block[j][k] = fail[j][k];     // "FAIL"
           mov_block[j][k] = 0;
        }
     }
```

```
        delay_ms(2000);
        return;
    }
}
```

〈설명〉

❶ 블록이 바닥에 닿아 이동이 불가능한 경우 이동 블록을 정지 처리한 후 지워지는 라인을 처리하는 함수이다.

❷ 움직이는 블록이 더 이상 아래로 움직일 수 없기 때문에 표시 배열과 블록 저장 배열을 합성하여 표시 배열에 저장한다.

❸ 블록으로 채워져 있는 줄이 있는지 맨 윗줄부터 차례로 조사한다. 조사할 때 비어 있는 칸이 있는 경우에는 0의 값을 갖기 때문에 칸의 값들을 모두 곱하거나 AND 연산을 실행하여 0인 경우에는 채워져 있지 않은 것으로 판정하고, 1인 경우에는 채워져 있는 것으로 판정한다.

❹ 줄이 채워져 있는 경우에는 그 줄을 제거하고 블록들을 한 줄씩 아래로 이동시킨다. 그리고 지운 줄의 수를 1 증가시킨다.

❺ 제거한 줄의 수를 기본틀의 오른쪽 하단에 LED를 on 시켜 표시한다. 이때 LED는 1줄에 최대 4개까지 표시하고, 4개가 넘으면 2번째 줄에 표시한다. 제거한 줄의 수가 8개이면 다음 스테이지로 넘어간다.

❻ 8줄을 지운 경우에는 스테이지 번호를 1증가시키고, 블록의 떨어지는 속도를 빠르게 하기 위해 속도 조절변수의 값을 감소시킨다. 스테이지 번호가 3보다 크면 게임을 종료하고 도트매트릭스에 "CLEAR"를 2초간 표시한 후 리턴한다. 스테이지 번호가 3이하이면 새 스테이지 화면을 출력하고 0.5초 대기한다.

❼ 다음에 내려오는 블록을 설정하기 위해 블록 저장 배열을 클리어 시키고, 새로 내려오는 블록과 초기 위치를 설정한다. 그리고 다음에 같은 블록이 나오는 것을 방지하기 위해 같은 블록인 경우에는 다음 블록이 설정되도록 갱신한다. 새로운 블록을 불록 저장 배열에 저장하고, 다음에 나올 블록을 기본틀 오른쪽에 표시한다.

❽ 새로 내려올 블록 위치에 떨어진 블록이 있는지를 조사하여 블록이 있는 경우에는 게임을 종료하고 2초동안 "FAIL"을 표시한 후 리턴한다.

〈타이머/카운터 인터럽트 함수〉

```
   // 타이머/카운터0 인터럽트 처리함수(LDM 출력)
   // 1/16us * 64 * (256 - 0) = 1.024ms
❶ interrupt [TIM0_OVF] void dotmat_disp(void)
   {
     int     di = 0;

     for(di = 0;di < 16;di++){
❷       if(start == 1)  RED = red_data[dot_i][di];                  // Red_data;
         else RED = 0;

❸       GREEN = dsp_block[dot_i][di] | mov_block[dot_i][di];        // Green_data

         // 1비트 데이터 입력을 위한 클럭 입력
❹       CLOCK = 1;
         delay_us(1);
         CLOCK = 0;
         delay_us(1);
      }

❺    delay_us(1);
      ENABLE = 1;                                             // Output Enable
      LATCH = 0;                                              // 데이터 래치 저장
      delay_us(1);
      LATCH = 1;                                              // 데이터 입력과 표시
      PORTC = (PORTC & 0b00001111) | (dot_i << 4);            // 라인값 설정
      delay_us(1);
      ENABLE = 0;                                             // 입력된 데이터 표시

      dot_i = (dot_i + 1) % 16;                               // 출력행 +1(0~15)
   }

   // 타이머/카운터1 인터럽트 처리함수
   // 1/16us x 1024 x (65536 -65024) = 32ms
❻ interrupt [TIM1_OVF] void time1_ovf(void)
   {
     TCNT1 = 65024;                                           // 초기값 재설정

     down_cnt++;                                              // 블록이 떨어지는 시간 카운트.
     pat_cnt = (pat_cnt + 1) % 7;                             // 패턴의 랜덤 추출.
   }
```

〈설명〉

❶ 1.024ms의 인터럽트 주기를 갖는 타이머/카운터0 오버플로우 인터럽트 처리함수이며, 도트매트릭스를 1줄 표시한다.

❷ 게임이 진행 중인경우에는 게임틀을 주황색으로 표시하기 위해 적색 LED를 on시켜주며, 게임 중이 아닌 경우에는 녹색으로 메시지가 출력되도록 적색 LED를 off 시킨다.

❸ 녹색 LED는 떨어진 블록과 기본틀 그리고 움직이는 블록을 표시하기 위해 사용되며, 떨어진 블록과 움직이는 블록은 녹색으로만 표시된다.

❹ 적색, 녹색 데이터 1비트를 출력하면서 클럭을 출력한다.

❺ ENABLE 신호와 LATCH를 이용하여 출력한 16비트 적색/녹색 데이터가 도트매트릭스의 쉬프트 레지스터에 들어가도록 하고, 표시할 어드레스를 출력한다. 그리고, 다음에 도트매트릭스에 표시할 줄의 어드레스를 1증가시키고, 맨 아래줄이면 맨 윗줄이 되도록 한다.(0~15)

❻ 32ms의 인터럽트 주기를 갖는 타이머/카운터1 오버플로우 인터럽트 처리함수이며, 블록이 자동으로 한 칸 내려가는 속도와 다음에 나올 블록을 갱신처리를 한다. 따라서, 인터럽트가 걸릴 때마다 블록이 떨어지는 시간 카운트 변수를 1증가 시키고, 다음에 나올 블록 번호를 0~6의 범위에서 1 증가시킨다.

〈외부 인터럽트 함수〉

```
   // 외부 인터럽트4, 스위치1 : 블록 회전 SW
❶ interrupt [EXT_INT4] void block_rotate(void)
   {
      int  check;

❷     SREG = 0x80;

      if(!start){                    // 정지 시 눌리면 시작모드로
          start = 1;
          return;
      }

❸     block_clear();                 // 현재 블록 지우기
      turn = (turn + 1) % 4;         // 블록 90도 회전

      // 회전시킨 블록 데이터 복사
      block_copy();
```

```
❹     // 회전가능한지 조사
      check = block_check(0, 0);

      if(check == 0){              // 회전 불가
         block_clear();            // 새로운 블록 데이터 클리어
         turn = (turn + 3) % 4;    // 블록 270도 회전
         block_copy();             // 원래 패턴 복귀
      }
   }

   // 외부 인터럽트5, 블록 한 줄 내리기
❺ interrupt [EXT_INT5] void block_down(void)
   {
      int  check;

      SREG = 0x80;

      if(!start){                  // 정지 시 눌리면 시작모드로
         start = 1;
         return;
      }

      // 아래 이동 가능한지 조사(아래 한 줄 내리기)
      check = block_check(0, 1);

      if(check != 0){              // 안 겹치면 현지블록 지우고 이동
         block_clear();            // 현재 블록 데이터 클리어
         by = by + 1;              // 블록 Y 좌표 +1
        block_copy();              // 블록 데이터 복사
     }
     else line_erase();
   }

   // 외부 인터럽트6, 스위치3 : 블록 왼쪽 이동 SW
❻ interrupt [EXT_INT6] void block_left(void)
   {
       int  check;

      SREG = 0x80;

       if(!start){                 // 정지 시 눌리면 시작모드로
         start = 1;
```

```
        return;
    }

    // 왼쪽으로 이동후 data와 table이 겹치는지 검사
    check = block_check(-1, 0);

    if(check != 0){                 // 안 겹치면 현재 블록 지우고 이동
        block_clear();              // 현재 블록 데이터 클리어
        bx = bx - 1;                // 블록 X 좌표 -1
        block_copy();               // 블록 데이터 복사
    }
}

// 외부 인터럽트7, 스위치4 : 블록 오른쪽 이동 SW
❼ interrupt [EXT_INT7] void block_right(void)
{
    int  check;

    SREG = 0x80;

    if(!start){                     // 정지 시 눌리면 시작모드로
        start = 1;
        return;
    }

    // 이동할 수 있는지 조사
    check = block_check(1, 0);

    if(check != 0){                 // 안 겹치면 현재 블록 지우고 이동
        block_clear();              // 현재 블록 데이터 클리어
        bx = bx + 1;                // 블록 X 좌표 +1
        block_copy();               // 블록 데이터 복사
    }
}
```

〈설명〉

❶ 스위치1이 눌려질 때 실행되는 외부 인터럽트4 처리함수이며, 블록을 회전 시킨다.

❷ 외부 인터럽트 함수가 실행되는 동안에도 타이머/카운터의 인터럽트를 허용하기 위해 전역 인터럽트 인에이블 비트를 셋 시킨다.

❸ 움직이는 블록 저장 배열을 클리어 시키고, 현재 움직이는 블록을 90도 회전 시킨 블록 패턴이 선택되도록 회전 번호를 갱신한다. 그리고, 회전시킨 블록을 움직이는 블록 저장 배열에 저장한다.

❹ 회전시킨 상태에서 블록이 게임틀에 놓일 수 있는지를 체크하고, 놓일 수 없는 경우에는 회전 번호와 움직이는 블록 저장 배열을 복원한다.

❺ 스위치2가 눌려질 때 실행되는 외부 인터럽트5 처리함수이며, 움직이는 블록을 한 줄 아래로 내리는 기능을 갖는다. 블록을 아래로 한 줄 내릴 수 있는지를 체크하고, 내릴 수 있으면 블록의 수직좌표를 1 증가시킨 후 블록을 움직이는 블록 저장 배열에 한 줄 아래 위치에 저장한다. 아래로 한 줄 내릴 수 없는 경우에는 바닥에 닿은 경우이므로 line_erase()함수를 호출하여 처리하도록 한다.

❻ 스위치3이 눌려질 때 실행되는 외부 인터럽트6 처리함수이며, 움직이는 블록을 한 칸 왼쪽으로 이동시키는 기능을 갖는다. 움직이는 블록을 왼쪽으로 한 칸 이동할 수 있는지를 체크하고, 이동할 수 있으면 블록의 수평좌표를 1 감소시킨 후 블록을 움직이는 블록 저장 배열에 한 칸 왼쪽 위치에 저장한다. 왼쪽으로 이동할 수 없는 경우에는 아무 처리 없이 리턴 한다.

❼ 스위치4가 눌려질 때 실행되는 외부 인터럽트7 처리함수이며, 움직이는 블록을 한 칸 오른쪽으로 이동시키는 기능을 갖는다. 움직이는 블록을 오른쪽으로 한 칸 이동할 수 있는지를 체크하고, 이동할 수 있으면 블록의 수평좌표를 1 증가시킨 후 블록을 움직이는 블록 저장 배열에 한 칸 오른쪽 위치에 저장한다. 오른쪽으로 이동할 수 없는 경우에는 아무 처리 없이 리턴 한다.

5.3.3 프로그램

```
/*********************************************/
/* tetris1.c : 테트리스 게임                          */
/* Programmed by Donguk SHIN in 2016           */
/*********************************************/

#include <mega128.h>
#include <delay.h>

typedef unsigned char u_char;
typedef unsigned int u_int;

// 도트매트릭스(A0-A3 : PORTC.4~PORTC.7)
#define RED         PORTC.0        // Red LED Data
#define GREEN       PORTC.1        // Green LED Data
#define ENABLE      PORTC.2        // Output Enable
#define LATCH       PORTC.3        // Latch
#define CLOCK       PORTA.3        // Clock

// 7가지의 블록을 4가지 패턴으로 블록 정의
// block[블록번호][회전번호][수직좌표][수평좌표]
flash u_char block[7][4][4][4] ={
   {{{0,0,0,0},{0,0,0,0},{1,1,1,1},{0,0,0,0}},
    {{0,1,0,0},{0,1,0,0},{0,1,0,0},{0,1,0,0}},
    {{0,0,0,0},{0,0,0,0},{1,1,1,1},{0,0,0,0}},
    {{0,1,0,0},{0,1,0,0},{0,1,0,0},{0,1,0,0}}},

    {{{0,0,0,0},{0,1,1,0},{0,1,1,0},{0,0,0,0}},
    {{0,0,0,0},{0,1,1,0},{0,1,1,0},{0,0,0,0}},
    {{0,0,0,0},{0,1,1,0},{0,1,1,0},{0,0,0,0}},
    {{0,0,0,0},{0,1,1,0},{0,1,1,0},{0,0,0,0}}},

    {{{0,0,0,0},{0,0,1,1},{0,1,1,0},{0,0,0,0}},
    {{0,0,0,0},{0,1,0,0},{0,1,1,0},{0,0,1,0}},
    {{0,0,0,0},{0,0,1,1},{0,1,1,0},{0,0,0,0}},
    {{0,0,0,0},{0,1,0,0},{0,1,1,0},{0,0,1,0}}},

    {{{0,0,0,0},{0,1,1,0},{0,0,1,1},{0,0,0,0}},
    {{0,0,0,0},{0,0,0,1},{0,0,1,1},{0,0,1,0}},
    {{0,0,0,0},{0,1,1,0},{0,0,1,1},{0,0,0,0}},
    {{0,0,0,0},{0,0,0,1},{0,0,1,1},{0,0,1,0}}},
```

```
    {{{0,0,0,0},{0,1,0,0},{0,1,1,1},{0,0,0,0}},
     {{0,0,1,1},{0,0,1,0},{0,0,1,0},{0,0,0,0}},
     {{0,0,0,0},{0,1,1,1},{0,0,0,1},{0,0,0,0}},
     {{0,0,1,0},{0,0,1,0},{0,1,1,0},{0,0,0,0}}},

    {{{0,0,0,0},{0,0,0,1},{0,1,1,1},{0,0,0,0}},
     {{0,0,1,0},{0,0,1,0},{0,0,1,1},{0,0,0,0}},
     {{0,0,0,0},{0,1,1,1},{0,1,0,0},{0,0,0,0}},
     {{0,1,1,0},{0,0,1,0},{0,0,1,0},{0,0,0,0}}},

    {{{0,0,0,0},{0,0,1,0},{0,1,1,1},{0,0,0,0}},
     {{0,0,0,0},{0,0,1,0},{0,0,1,1},{0,0,1,0}},
     {{0,0,0,0},{0,0,0,0},{0,1,1,1},{0,0,1,0}},
     {{0,0,0,0},{0,0,1,0},{0,1,1,0},{0,0,1,0}}}};

flash u_char num_pat[4][5][4] =  // 1 ~ 3 패턴(5 x 4)
   {{{0,0,0,0}, {0,0,0,0}, {0,0,0,0}, {0,0,0,0}, {0,0,0,0}},        // clear
    {{0,0,1,0}, {0,1,1,0}, {0,0,1,0}, {0,0,1,0}, {0,1,1,1}},        // 1
    {{1,1,1,1}, {0,0,0,1}, {1,1,1,1}, {1,0,0,0}, {1,1,1,1}},        // 2
    {{1,1,1,1}, {0,0,0,1}, {1,1,1,1}, {0,0,0,1}, {1,1,1,1}}};       // 3

// 블록이 떨어지는 테트리스 기본틀
flash u_char stage[16][12] =
   {{1,0,0,0,0,0,0,0,0,0,0,1},
    {1,0,0,0,0,0,0,0,0,0,0,1},
    {1,0,0,0,0,0,0,0,0,0,0,1},
    {1,0,0,0,0,0,0,0,0,0,0,1},
    {1,0,0,0,0,0,0,0,0,0,0,1},
    {1,0,0,0,0,0,0,0,0,0,0,1},
    {1,0,0,0,0,0,0,0,0,0,0,1},
    {1,0,0,0,0,0,0,0,0,0,0,1},
    {1,0,0,0,0,0,0,0,0,0,0,1},
    {1,0,0,0,0,0,0,0,0,0,0,1},
    {1,0,0,0,0,0,0,0,0,0,0,1},
    {1,0,0,0,0,0,0,0,0,0,0,1},
    {1,0,0,0,0,0,0,0,0,0,0,1},
    {1,0,0,0,0,0,0,0,0,0,0,1},
    {1,0,0,0,0,0,0,0,0,0,0,1},
    {1,1,1,1,1,1,1,1,1,1,1,1}};

// 스테이지 기본틀
flash u_char base_stage[3][5][10] =
```

```
    {{{0,0,0,0,0,0,0,0,0,0},
      {0,0,0,0,0,0,0,0,0,0},
      {0,0,0,0,0,0,0,0,0,0},
      {0,0,0,0,0,0,0,0,0,0},
      {0,0,0,0,0,0,0,0,0,0}},
     {{0,0,0,0,0,0,0,0,0,0},
      {0,0,0,0,0,0,0,0,0,0},
      {0,0,1,0,0,0,0,1,0,0},
      {0,1,0,1,0,0,1,0,1,0},
      {1,0,1,0,1,1,0,1,0,1}},
     {{0,1,0,1,0,1,0,1,0,1},
      {1,0,1,0,1,0,1,0,1,0},
      {0,1,0,1,0,1,0,1,0,1},
      {1,0,1,0,1,0,1,0,1,0},
      {0,1,0,1,0,1,0,1,0,1}}};

flash u_char anysw[16][16] =                    // "ANYSW"
    {{0,0,0,0,0,0,0,0,0,0,0,0,0,0,0,0},
     {0,1,1,1,0,0,1,0,0,1,0,1,0,0,0,1},
     {1,0,0,0,1,0,1,0,0,1,0,1,0,0,0,1},
     {1,0,0,0,1,0,1,1,0,1,0,1,0,0,0,1},
     {1,1,1,1,1,0,1,1,0,1,0,0,1,0,1,0},
     {1,0,0,0,1,0,1,0,1,1,0,0,0,1,0,0},
     {1,0,0,0,1,0,1,0,0,1,0,0,0,1,0,0},
     {1,0,0,0,1,0,1,0,0,1,0,0,0,1,0,0},
     {0,0,0,0,0,0,0,0,0,0,0,0,0,0,0,0},
     {0,0,0,1,1,1,1,0,1,0,0,0,1,0,0,0},
     {0,0,1,0,0,0,0,0,1,0,0,0,1,0,0,0},
     {0,0,1,0,0,0,0,0,1,0,0,0,1,0,0,0},
     {0,0,0,1,1,1,0,0,1,0,1,0,1,0,0,0},
     {0,0,0,0,0,0,1,0,1,0,1,0,1,0,0,0},
     {0,0,0,0,0,0,1,0,1,0,1,0,1,0,0,0},
     {0,0,1,1,1,1,0,0,0,1,0,1,0,0,0,0}};

flash u_char clear[16][16] =                    // "CLEAR"
    {{0,0,0,0,0,0,0,0,0,0,0,0,0,0,0,0},
     {0,1,1,1,0,0,1,0,0,0,0,1,1,1,1,1},
     {1,0,0,0,1,0,1,0,0,0,0,1,0,0,0,0},
     {1,0,0,0,0,0,1,0,0,0,0,1,0,0,0,0},
     {1,0,0,0,0,0,1,0,0,0,0,1,1,1,1,0},
     {1,0,0,0,0,0,1,0,0,0,0,1,0,0,0,0},
     {1,0,0,0,1,0,1,0,0,0,0,1,0,0,0,0},
```

```
    {0,1,1,1,0,0,1,1,1,1,0,1,1,1,1,1},
    {0,0,0,0,0,0,0,0,0,0,0,0,0,0,0,0},
    {0,0,0,0,1,1,1,0,0,1,1,1,1,0,0,0},
    {0,0,0,1,0,0,0,1,0,1,0,0,0,1,0,0},
    {0,0,0,1,0,0,0,1,0,1,0,0,0,1,0,0},
    {0,0,0,1,1,1,1,1,0,1,1,1,1,0,0,0},
    {0,0,0,1,0,0,0,1,0,1,0,1,0,0,0,0},
    {0,0,0,1,0,0,0,1,0,1,0,0,1,0,0,0},
    {0,0,0,1,0,0,0,1,0,1,0,0,0,1,0,0}};

flash u_char fail[16][16] =                   // "FAIL"
   {{0,0,0,0,0,0,0,0,0,0,0,0,0,0,0,0},
    {0,0,0,0,0,0,0,0,0,0,0,0,0,0,0,0},
    {0,0,0,0,0,0,0,0,0,0,0,0,0,0,0,0},
    {0,0,0,0,0,0,0,0,0,0,0,0,0,0,0,0},
    {1,1,1,1,0,1,1,0,0,1,0,0,1,0,0,0},
    {1,0,0,0,1,0,0,1,0,1,0,0,1,0,0,0},
    {1,0,0,0,1,0,0,1,0,1,0,0,1,0,0,0},
    {1,0,0,0,1,0,0,1,0,1,0,0,1,0,0,0},
    {1,1,1,0,1,1,1,1,0,1,0,0,1,0,0,0},
    {1,0,0,0,1,0,0,1,0,1,0,0,1,0,0,0},
    {1,0,0,0,1,0,0,1,0,1,0,0,1,0,0,0},
    {1,0,0,0,1,0,0,1,0,1,0,0,1,1,1,1},
    {0,0,0,0,0,0,0,0,0,0,0,0,0,0,0,0},
    {0,0,0,0,0,0,0,0,0,0,0,0,0,0,0,0},
    {0,0,0,0,0,0,0,0,0,0,0,0,0,0,0,0},
    {0,0,0,0,0,0,0,0,0,0,0,0,0,0,0,0}};

u_int dot_i = 0;              // 도트매트릭스 출력행
u_int start = 0;              // 게임 시작(0:대기, 1:시작)
u_int stage_no = 1;           // 스테이지 번호
u_int clear_line = 0;         // 현재 스테이지에서 지운 라인수
u_int pat_cnt;                // 블록 랜덤 발생을 위한 카운터
u_int by = 0;                 // 블록 좌상 Y좌표
u_int bx = 4;                 // 블록 좌상 X좌표
u_int turn = 0;               // 현재 블록 패턴 회전 번호
u_int next_pat = 0;           // 다음 블록 패턴 번호
u_int pat = 0;                // 현재 블록 패턴 번호
u_int t_limit;                // 블록 이동 속도 조절(22부터 스테이지에 따라 감소)
u_int down_cnt;               // 이동속도 카운터 변수

u_char mov_block[16][16];     // 내려오고 있는 블록 데이터(블록 저장 배열)
```

```
u_char dsp_block[16][16];        // (기본틀 + 스테이지 번호)와 내려온 블록 데이터(표시 배열)
u_char red_data[16][16];         // (기본틀 + 스테이지 번호), 주황색 표시를 위해 저장

void init_set(void);             // "ANY SW" 출력
void play(void);                 // 플레이 함수
void stage_out(void);            // (기본틀 + 스테이지 번호) 데이터 설정
void next_block(void);           // 다음 블록 표시를 위한 설정
int  block_check(int, int);      // 내려오는 블록이 아래/좌/우 부분에 닿는지 조사
void block_clear(void);          // 블록 저장 배열 클리어
void block_copy(void);           // 내려오는 블록 데이터 설정
void line_erase(void);           // 채워진 줄 제거하기

void main(void)
{
  // 도트매트릭스 사용 포트 입출력 설정
  DDRA = 0xFF;                   // PORTA 출력 설정(PA3 : CLOCK 핀)
  DDRC = 0xFF;                   // PORTC 출력설정(어드레스 A0-A3)
  PORTC = 0b00001000;            // 도트매트릭스(LATCH=1, ENABLE=0, A0-A3=0000)

  // 외부 인터럽트 설정
  EIMSK = 0b11110000;            // 외부인터럽트 4-7 인에이블
  EICRB = 0b10101010;            // 외부인터럽트 4-7 하강에지

  // 타이머/카운터 설정
  TIMSK = 0x01;                  // TOIE0 = 1 타/카0 오버플로우 인터럽트 인에이블
  ASSR = 0x00;                   // 타이머/카운터0 타이머 모드
  TCCR0 = 0x04;                  // 일반모드, 프리스케일 = CK/64
  TCNT0 = 0x00;                  // 1/16us x 64 x (256 -0) = 1.024ms

  TIMSK = TIMSK | 0x04;          // TOIE1 = 1 타/카1 오버플로우 인터럽트 인에이블
  TCCR1A = 0x00;                 // 타이머/카운터1 인에이블
  TCCR1B = 0x05;                 // 1024분주
  TCCR1C = 0x00;
  TCNT1 = 0xfe00;                // 1/16us x 1024 x (65536 -65024) = 32ms

  SREG = 0x80;                   // 전역 인터럽트 인에이블 비트 셋

  while(1){
    init_set();                  // "ANY SW" 표시

    while(!start){               // 스위치 눌려질 때까지 대기
      pat = next_pat;            // 새로 나올 블록을 계속 해서 바꿔준다.
```

```
            next_pat = pat_cnt;                  // 다음 블록은 다른 랜덤값을 취한다.
            if(pat == next_pat) next_pat = (next_pat + 1) % 7;
        }
        play();                                  // 플레이 시작
    }
}

// "ANY SW" 표시
void init_set(void)
{
    int    i, j;

    // "ANY SW" 표시
    for(j = 0;j < 16;j++){
        for(i = 0;i < 16;i++){
            dsp_block[j][i] = anysw[j][i];       // 표시 배열에 "ANY SW" 패턴 저장
            mov_block[j][i] = 0;                 // 블록 저장 배열 클리어
        }
    }
}

// 플레이
void play(void)
{
    int  check;

    stage_no = 1;                  // 스테이지 1설정
    down_cnt = 0;                  // 이동속도 카운터 변수 클리어
    stage_out();                   // (기본틀 + 스테이지 번호) 데이터 dsp_block에 저장
    block_copy();                  // pat 번째의 블록 mov_block에 저장
    next_block();                  // 다음 블록 패턴 표시를 위한 저장
    t_limit = 22;                  // 한 라인 아래로 자동 이동시간 조절(32ms * t_limit)

    while(start){
        while(down_cnt < t_limit); // 자동 이동시간이 경과하지 않았으면 대기

        // 아래로 한줄 자동 이동
        down_cnt = 0;              // 이동속도 조절 변수 리셋
        check = block_check(0, 1); // 한 칸 아래 이동 가능한지 조사

        if(check == 1){            // 한 칸 아래 이동 가능
            block_clear();         // 현재 블록 지우기
```

```
            by = by + 1;                    // 블록 한줄 아래로 이동
            block_copy();                   // 현재 블록 복사
        }
        else line_erase();
    }
}

// 블록이 바닥에 닿아 이동 불가한 경우, 이동 블록 정지 처리
void line_erase(void)
{
    int  j, k, m, n, check;

    // 게임판 데이터와 움직이는 블록(테이블) 합성
    for(j = 0;j < 16;j++){
        for(k = 0;k < 16;k++)
                dsp_block[j][k] = dsp_block[j][k] | mov_block[j][k];
    }

    // 채워져 있는 줄 제거하기
    for(j = 0;j < 15;j++){
        // 줄이 모두 채워져 있는지 조사
        // 모두 채워져 있으면 and값(또는 곱)은 1이 되고,
        // 하나라도 비어 있으면 0이 된다.
        n = 1;
        for(k = 1;k < 11;k++) n = n & dsp_block[j][k];

        if(n == 0) continue;                    // 채워지지 않음

        // 채워진 j번째 줄 없애고 아래로 한 줄씩 이동처리
        for(m = j;m >= 1;m--){                  // 윗줄 아래로 당기기
            for(k = 1;k < 11;k++) dsp_block[m][k] = dsp_block[m-1][k];
        }
        clear_line++;                           // 한 줄 지울 때마다 증가

        // 제거 라인 수 LED 표시
        for(m = 0;m < 2;m++){
            for(k = 0;k < 4;k++){
                if((k + m * 4) < clear_line) dsp_block[m+11][k+12] = 1;
                else dsp_block[m+11][k+12] = 0;
            }
        }
```

```
        if(clear_line > 7){                    // 8줄 지우면 다음 단계로 이동
            stage_no = stage_no + 1;           // 스테이지 번호 +1
            t_limit = t_limit - 5;             // 속도증가

            if(stage_no > 3){                  // 3스테이지까지 클리어
                start = 0;
                // 스테이지 3 클리어시 "CLEAR" 표시
                for(m = 0;m < 16;m++){
                    for(k = 0;k < 16;k++){
                        dsp_block[m][k] = clear[m][k];
                        mov_block[m][k] = 0;
                    }
                }

                delay_ms(2000);
                start = 0;                     // 종료
                return;
            }
            else {  // 새 스테이지 화면
                stage_out();
                delay_ms(500);
            }
        }
    }

    // 다음 블록 설정
    block_clear( );                            // 블록 저장 배열 클리어
    by = 0;                                    // 내려오는 블록의 y좌표
    bx = 4;                                    // 내려오는 블록의 x좌표
    turn = 0;                                  // 블록 기본형으로(회전 않음)
    pat = next_pat;                            // next 패턴을 현재 패턴으로
    next_pat = pat_cnt;                        // next 패턴 새로운 값
    if(pat == next_pat) next_pat = (next_pat + 1) % 7;

    block_copy( );                             // 새로운 블록 복사
    next_block();                              // 다음 블록 패턴 표시를 위한 저장

    // 새로 놓일 블록위치에 블록이 없는지 조사
    check = block_check(0, 0);
    if(check == 0){                            // 새로 놓일 블록위치에 블록이 있음
        start = 0;                             // 종료
        for(j = 0;j < 16;j++){                 // 블록이 상위에 닿으면 정지. 패
```

```
            for(k = 0;k < 16;k++){
                dsp_block[j][k] = fail[j][k];        // "FAIL"
                mov_block[j][k] = 0;
            }
        }
        delay_ms(2000);
        return;
    }
}

// 다음 블록 패턴 표시를 위한 저장
void next_block(void)
{
    int  j, k;

    for(j = 0;j < 4;j++){
        for(k = 0;k < 4;k++)
            dsp_block[j][k+12] = block[next_pat][0][j][k];
    }
}

// 떨어진 블록과 움직이는 블록 충돌 체크
// ox : bx와의 차이값, oy : by와의 차이값
int block_check(int ox, int oy)
{
    int  j, k, y, x;

    for(j = 0;j < 4;j++){
        y = j + by;
        for(k = 0;k < 4;k++){
            x = k + bx;
            // mov_block의 수평 ox 열, 수직 oy 아랫부분의
              // data가 모두 1인 부분이 있는지 조사
            if((mov_block[y][x] & dsp_block[y + oy][x + ox]) == 1) return(0);
        }
    }

    return(1);
}

// 움직이는 블록 저장 배열 클리어
void block_clear( )
```

```
{
   int  j, k;

   for(j = 0;j < 16;j++){   //현재 블록 지우기
      for(k = 0;k < 16;k++) mov_block[j][k] = 0;
   }
}

// 선택된(pat) 블록 -> m_block에 복사
void block_copy( )
{
   int    j, k, x, y;

   for(j = 0;j < 4;j++){
      y = j + by;
      for(k = 0;k < 4;k++){   // 새로운 블록 불러오기
         x = k + bx;
         mov_block[y][x] = block[pat][turn][j][k];
      }
   }
}

// 새로운 스테이지 초기화면 설정
void stage_out()
{
   int i, j;

   for(j = 0;j < 16;j++){
      for(i = 0;i < 16;i++) {
         dsp_block[j][i] = 0;
         mov_block[j][i] = 0;
      }
   }

   // 기본틀 복사
   for(j = 0;j < 16;j++){
      for(i = 0;i < 12;i++) dsp_block[j][i] = stage[j][i];
   }

   // 스테이지 번호복사
   for(j = 0;j < 5;j++){
      for(i = 0;i < 4;i++) dsp_block[j + 5][i + 12] = num_pat[stage_no][j][i];
```

```
    }

    // (기본틀 + 스테이지 번호), 주황색 표시를 위해 red_data에 저장
    for(j = 0;j < 16;j++){
        for(i = 0;i < 16;i++) red_data[j][i] = dsp_block[j][i];
    }

    // 스테이지마다 기본으로 깔리는 블록 복사
    for(j = 0;j < 5;j++){
        for(i = 0;i < 10;i++)
            dsp_block[j + 10][i + 1] |= base_stage[stage_no - 1][j][i];
    }

    clear_line = 0;
    bx = 4;
    by = 0;
    turn = 0;
}

// 외부 인터럽트4, 스위치1 : 블록 회전 SW
interrupt [EXT_INT4] void block_rotate(void)
{
    int  check;

    SREG = 0x80;
    if(!start){                         // 정지 시 눌리면 시작모드로
        start = 1;
        return;
    }

    block_clear();                      // 현재 블록 지우기
    turn = (turn + 1) % 4;              // 블록 90도 회전

    // 회전시킨 블록 데이터 복사
    block_copy();

    // 회전가능한지 조사
    check = block_check(0, 0);

    if(check == 0){                     // 회전 불가
        block_clear();                  // 새로운 블록 데이터 클리어
        turn = (turn + 3) % 4;          // 블록 270도 회전
```

```
        block_copy();                          // 원래 패턴 복귀
    }
}

// 외부 인터럽트5, 블록 한 줄 내리기
interrupt [EXT_INT5] void block_down(void)
{
  int  check;

  SREG = 0x80;

  if(!start){                                  // 정지 시 눌리면 시작모드로
      start = 1;
      return;
  }

  // 아래 이동 가능한지 조사(아래 한 줄 내리기)
  check = block_check(0, 1);

  if(check != 0){                             // 안 겹치면 현지블록 지우고 이동
      block_clear();                          // 현재 블록 데이터 클리어
      by = by + 1;                            // 블록 Y 좌표 +1
      block_copy();                           // 블록 데이터 복사
  }
  else line_erase();
}

// 외부 인터럽트6, 스위치3 : 블록 왼쪽 이동 SW
interrupt [EXT_INT6] void block_left(void)
{
  int  check;

  SREG = 0x80;

  if(!start){                                  // 정지 시 눌리면 시작모드로
      start = 1;
      return;
  }

  // 왼쪽으로 이동후 data와 table이 겹치는지 검사
  check = block_check(-1, 0);
```

```
    if(check != 0){                          // 안 겹치면 현재 블록 지우고 이동
        block_clear();                       // 현재 블록 데이터 클리어
        bx = bx - 1;                         // 블록 X 좌표 -1
        block_copy();                        // 블록 데이터 복사
    }
}

// 외부 인터럽트7, 스위치4 : 블록 오른쪽 이동 SW
interrupt [EXT_INT7] void block_right(void)
{
    int  check;

     SREG = 0x80;

    if(!start){                              // 정지 시 눌리면 시작모드로
        start = 1;
        return;
    }
    // 이동할 수 있는지 조사
    check = block_check(1, 0);

    if(check != 0){                          // 안 겹치면 현재 블록 지우고 이동
        block_clear();                       // 현재 블록 데이터 클리어
        bx = bx + 1;                         // 블록 X 좌표 +1
        block_copy();                        // 블록 데이터 복사
    }
}

// 타이머/카운터0 인터럽트 처리함수(LDM 출력)
// 1/16us * 64 * (256 - 0) = 1.024ms
interrupt [TIM0_OVF] void dotmat_disp(void)
{
    int    di = 0;

    for(di = 0;di < 16;di++){
        if(start == 1)  RED = red_data[dot_i][di];                      // Red_data;
        else RED = 0;

        GREEN = dsp_block[dot_i][di] | mov_block[dot_i][di];           // Green_data;

        // 1비트 데이터 입력을 위한 클럭 입력
        CLOCK = 1;
```

```
        delay_us(1);
        CLOCK = 0;
        delay_us(1);
    }

    delay_us(1);
    ENABLE = 1;                                             // Output Enable
    LATCH = 0;                                              // 데이터 래치 저장
    delay_us(1);
    LATCH = 1;                                              // 데이터 입력과 표시
    PORTC = (PORTC & 0b00001111) | (dot_i << 4);            // 표시 어드레스 설정
    delay_us(1);
    ENABLE = 0;                                             // 입력된 데이터 표시

    dot_i = (dot_i + 1) % 16;                               // 출력행 +1(0~15)
}

// 타이머/카운터1 인터럽트 처리함수
// 1/16us x 1024 x (65536 -65024) = 32ms
interrupt [TIM1_OVF] void time1_ovf(void)
{
    TCNT1 = 65024;                                          // 초기값 재설정

    down_cnt++;                                             // 블록이 떨어지는 시간 카운트
    pat_cnt = (pat_cnt + 1) % 7;                            // 패턴의 랜덤 추출
}
```

5.4 조이스틱 조작 테트리스

KUT-128_COM 보드에 조이스틱을 [표 5-2]와 같이 연결하여 테트리스를 구현해 보자. [표 5-3]은 조이스틱에 대한 연결 포트와 동작을 나타낸다.

[표 5-2] 입출력 인터페이스

입출력	디바이스		기능	사용포트
입력	조이스틱	SW	블록 회전	PF2
		수직	블록 한 줄 하강	PF0(ADC0)
		수평	블록 좌/우 이동	PF1(ADC1)
출력	도트매트릭스(16 x 16)		게임판	PC0 : Red Data
				PC1 : Green Data
				PC2 : Enable
				PC3 : Latch
				PC4-PC7 : address(A0_A7)
				PA3 : Clock

[표 5-3] 확장 연결 커넥터와 조이스틱의 연결 관계

외관	핀 구성	확장 연결 커넥터
	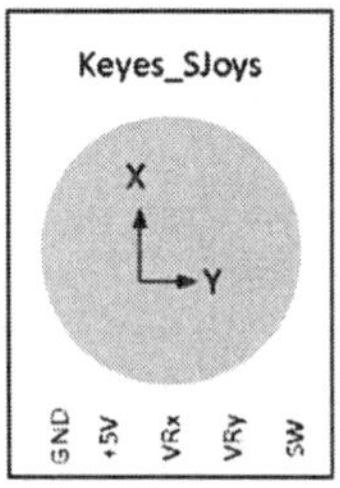	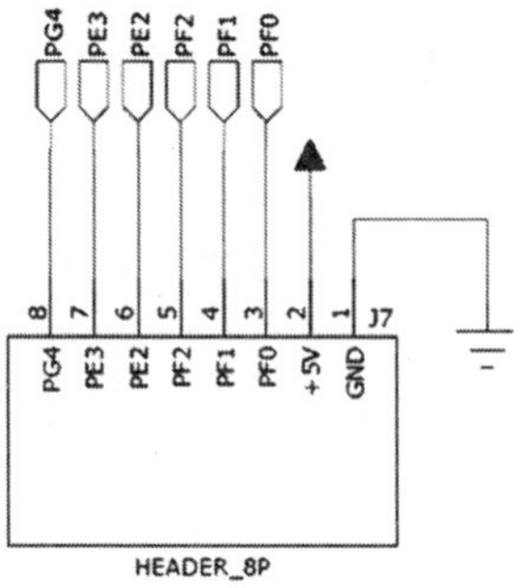

확장 연결 커넥터	조이스틱	기능
GND	GND	접지
5V	+5V	5V
PF0(ADC0)	VRx	조이스틱 앞뒤 움직임에 따라 전압 값 가변 앞 : 전압 값 커짐, 뒤 : 전압 값 작아짐
PF1(ADC1)	VRy	조이스틱 좌우 움직임에 따라 전압 값 가변 좌 : 전압 값 작아짐, 뒤 : 전압 값 커짐
PF2	SW	스위치

5.4.1 처리 흐름도

[그림 5-10]은 프로그램에 사용된 함수들의 처리 흐름도를 보여준다.

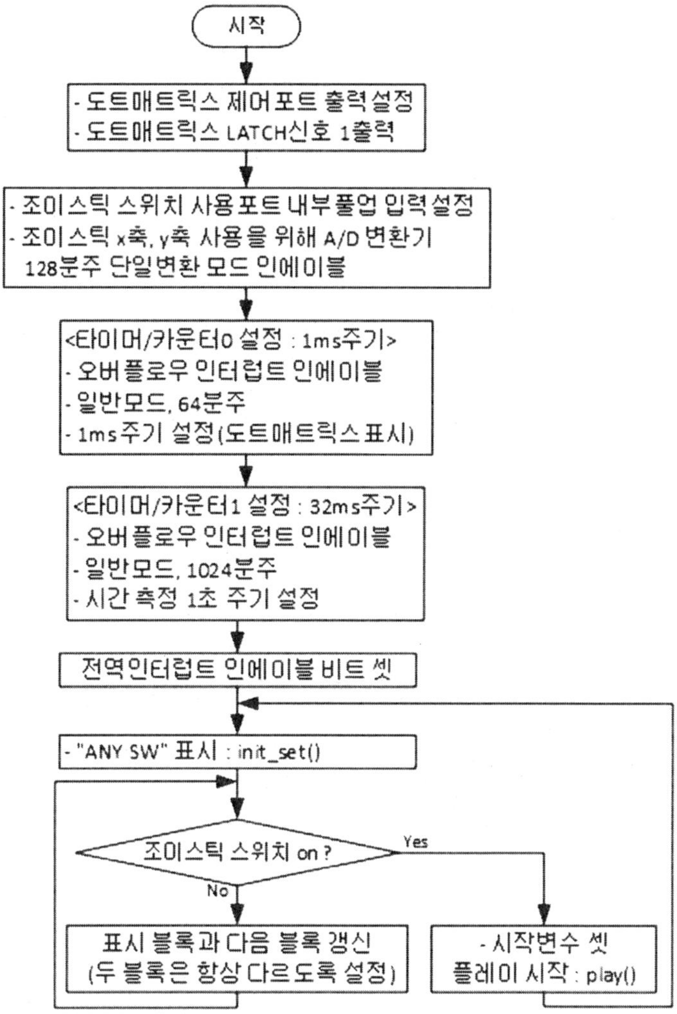

(a) main() 함수

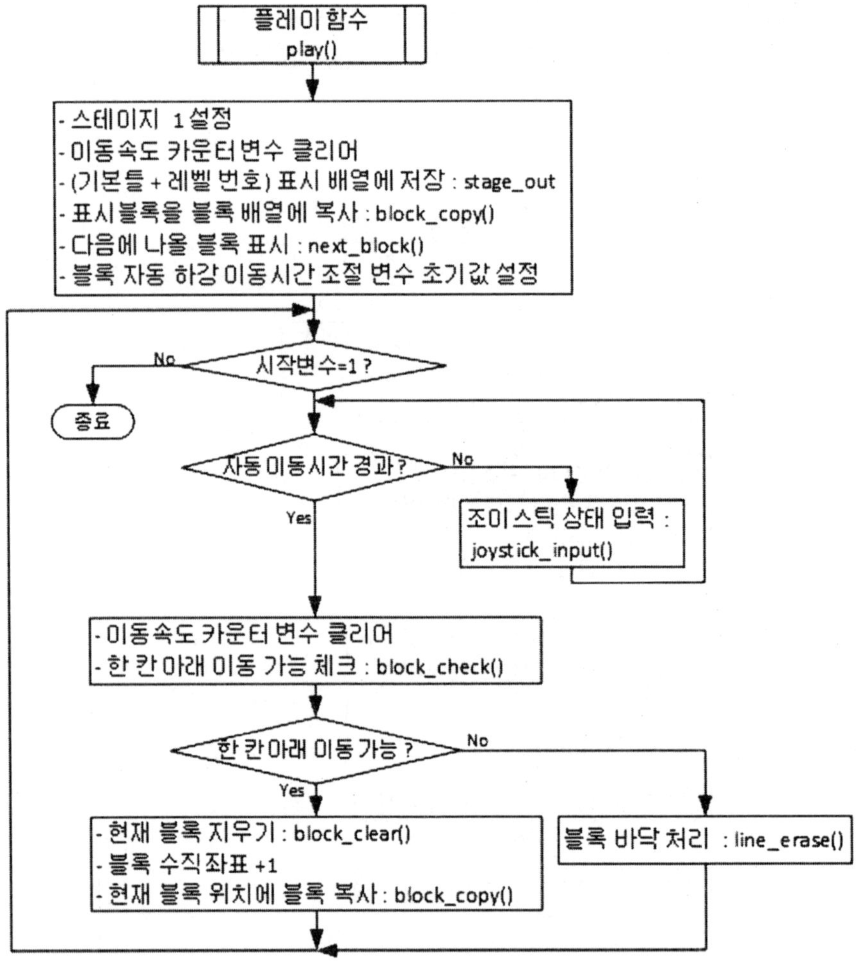
플레이함수
play()
- 스테이지 1설정
- 이동속도 카운터변수 클리어
- (기본틀 + 레벨 번호) 표시 배열에 저장 : stage_out
- 표시블록을 블록 배열에 복사 : block_copy()
- 다음에 나올 블록 표시 : next_block()
- 블록 자동 하강 이동시간 조절 변수 초기값 설정
시작변수=1 ?
No
종료
자동 이동시간 경과?
No
Yes
조이스틱 상태 입력 :
joystick_input()
- 이동속도 카운터 변수 클리어
- 한 칸 아래 이동 가능 체크 : block_check()
한 칸 아래 이동 가능 ?
No
Yes
- 현재 블록 지우기 : block_clear()
- 블록 수직좌표 +1
- 현재 블록 위치에 블록 복사 : block_copy()
블록 바닥 처리 : line_erase()

(b) play() 함수

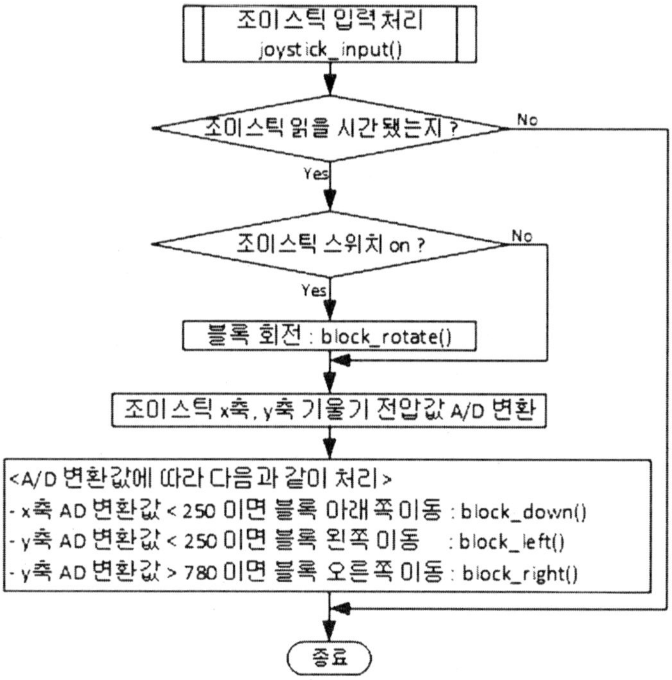

(c) joystick_input() 함수

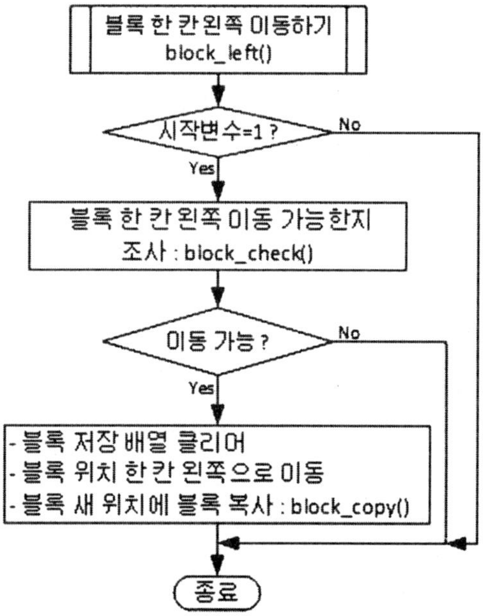

(d) block_left() 함수

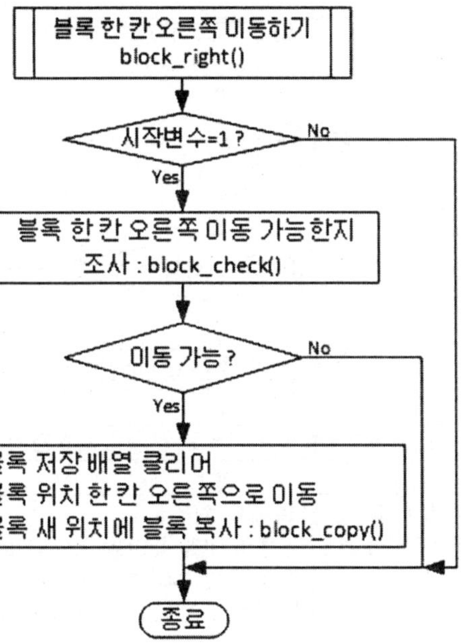

(e) block_right() 함수

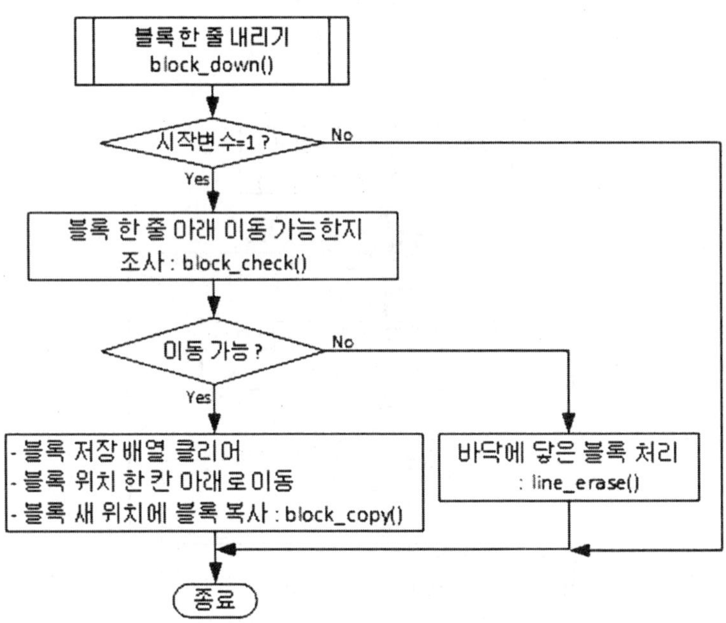

(f) block_down() 함수

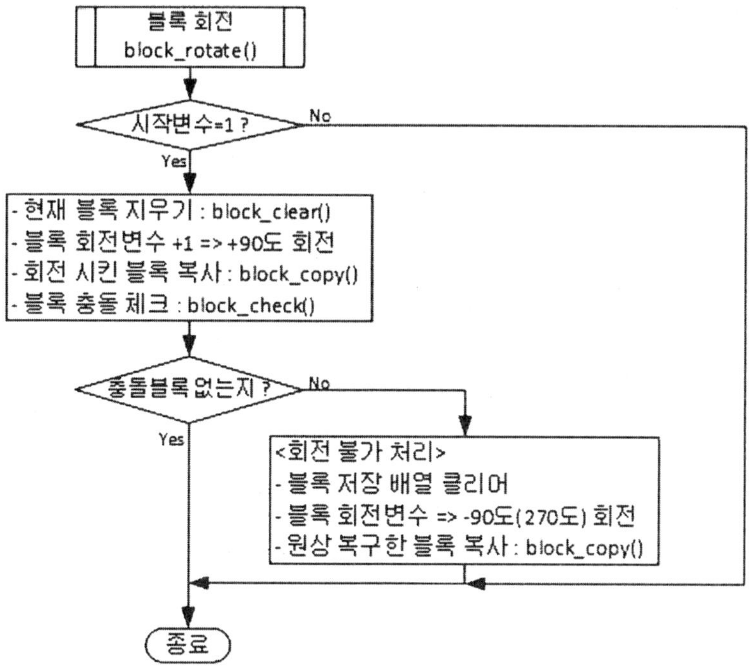

(g) block_rotate() 함수

init_set(), stage_out(), next_block(), block_check(), block_clear(), block_copy(), line_erase(), 타이머/카운터0 인터럽트 함수의 블록도는 [그림 5-9]와 동일

[그림 5-10] 처리 흐름도

5.4.2 프로그램 설명

〈헤더 부분〉

```
#include <mega128.h>
#include <delay.h>

~~~~~~~~~~~~~~~~~~~~~~~~~~~~~~~~~~~~~~
❶ #define  JOYSTICK_SENSE    4          // 조이스틱 감도 조절 값

// 7가지의 블록을 4가지 패턴으로 블록 정의
// block[블록번호][회전번호][수직좌표][수평좌표]
flash u_char block[7][4][4][4] ={
~~~~~~~~~~~~~~~~~~~~~~~~~~~~~~~~~~~~~~

❷ u_int joystick_rtime = 0;              // 조이스틱 체크 시간 조절 변수
~~~~~~~~~~~~~~~~~~~~~~~~~~~~~~~~~~~~~~

void line_erase(void);                   // 채워진 줄 제거하기
❷ void joystic_input(void);              // 조이스틱값 읽기
void block_rotate(void);                 // 블록 회전처리
void block_down(void);                   // 블록 아래 이동
void block_left(void);                   // 블록 왼쪽 이동
void block_right(void);                  // 블록 오른쪽 이동
```

〈설명〉

❶ 조이스틱의 상태를 체크하는 주기를 결정하는 값으로, (JOYSTICK_SENSE * 32ms)의 값이 체크 주기가 된다.

❷ 조이스틱의 상태를 체크하는 시간 조절 변수이다. JOYSTICK_SENSE 값과 비교하여 큰 경우 조이스틱의 상태를 체크한다.

❸ 조이스틱을 사용하면서 추가된 함수이며, joystic_input()함수는 조이스틱의 상태를 읽어오는 함수이다. 그리고 나머지 함수들은 움직이는 블록을 조이스틱의 상태에 따라 움직이는 함수들이다.

〈main() 함수〉

```
void main(void)
{
  // 포트 입출력 설정
  ~~~~~~~~~~~~~~~~~~~~~~~~~~~~~~~~~~~~~~~~
                                    // A0-A3=0000)
  // 조이스틱(PF0 : Vx, PF1 : Vy, PF2 : 택 스위치)
❶ DDRF = 0x0;                        // 포트F 입력 설정
  SFIOR = 0x0;                       // 내부 풀업저항 인에이블
  PORTF = 0b00000100;                // 내부 풀업저항 인에이블(PF2)

❷ ADCSRA = 0x87;                     // ADEN=1, 16MHz 128분주 -> 125kHz

  // 외부 인터럽트 설정
  ~~~~~~~~~~~~~~~~~~~~~~~~~~~~~~~~~~~~~~~~

  // 타이머/카운터 설정
  ~~~~~~~~~~~~~~~~~~~~~~~~~~~~~~~~~~~~~~~~

  while(1){
    init_set();                      // "ANY SW" 표시

❸     while((PINF & 0b00000100) != 0){   // 스위치 눌려질 때까지 대기
        pat = next_pat;              // 새로 나올 블록을 계속 해서 교체
        next_pat = pat_cnt;          // 다음 블록은 다른 랜덤값을 취함
        if(pat == next_pat) next_pat = (next_pat + 1) % 7;
      }
      start = 1;
      play();                        // 플레이 시작
  }
}
```

〈설명〉

❶ 조이스틱의 스위치에 PF2를 내부 풀업저항으로 사용하기 위해 입력 방향으로 설정한 후 PORTF.2에 1을 출력한다. 그리고 SFIOR 레지스터의 PUD 비트에 0을 출력하여 내부 풀업을 인에이블 시킨다.

❷ 조이스틱의 바 조작을 입력하기 위해 AD 변환기를 128분주로 인에이블 시킨다.

❸ 조이스틱 스위치가 눌려질 때까지 대기한다. 조이스틱 스위치가 눌려지면 게임 시작 변수를 셋하고 play() 함수를 실행한다.

〈play() 함수〉

```
   // 플레이
❶  void play(void)
   {
     ~~~~~~~~~~~~~~~~~~~~~~~~~~~~~~~~~~~~~~

    while(start){
❷        while(down_cnt < t_limit) joystic_input();        // 자동 이동시간이
                                                           // 경과하지 않았으면 대기

        // 아래로 한줄 자동 이동
        ~~~~~~~~~~~~~~~~~~~~~~~~~~~~~~~~~~~~~~
     }
   }

   // 조이스틱 입력 처리
❸  void joystic_input(void)
   {
     int ad_vx, ad_vy;

❹    if(joystick_rtime < JOYSTICK_SENSE) return;
     joystick_rtime = 0;

     // 조이스틱 스위치 체크
❺    if((PINF & 0b00000100) == 0) block_rotate();      // rotate
     // 조이스틱 상하좌우 조종 레버 상태 읽기
❻    ADMUX = 0x00;                                    // PF0 : VRX
     ad_vx = ADCW;
     delay_ms(1);

     ADMUX = 0x01;                                    // PF1 : VRY
     ad_vy = ADCW;
     delay_ms(1);

❼    ADMUX = 0x00;                                    // PF0 : VRX
     ADCSRA = ADCSRA | 0x40;                          // ADSC = 1 변환 시작
     while((ADCSRA & 0x10) == 0);                     // ADIF=1이 될 때까지 대기
     ad_vx = ADCW;
     delay_ms(1);

     ADMUX = 0x01;                                    // PF1 : VRY
```

```
    ADCSRA = ADCSRA | 0x40;              // ADSC = 1 변환 시작
    while((ADCSRA & 0x10) == 0);         // ADIF=1이 될 때까지 대기
    ad_vy = ADCW;
    delay_ms(1);

    if(ad_vx < 250) block_down();
    else if(ad_vy < 250) block_left();
    else if(ad_vy > 780) block_right();
}
```

〈설명〉

❶ 게임을 시작하는 함수이며, 각종 변수 값을 초기화한다. 그리고, 자동으로 한 칸 이동할 시간이 되면 이동처리를 수행하고, 이동을 할 수 없는 경우(바닥에 닿은 경우)에는 블록을 지울 수 있는지 체크하는 함수를 호출한다.
❷ 블록을 자동 이동할 시간이 될 때까지 조이스틱의 상태를 체크하는 함수를 호출하면서 대기한다.
❸ 조이스틱의 상태를 체크하는 함수이다.
❹ 조이스틱의 상태를 체크할 시간이 안됐으면 리턴 한다.
❺ 조이스틱 스위치가 눌려져 있으면 블록을 회전하는 함수를 호출한다.
❻ 조이스틱의 상하 방향의 전압 값(VRx)과 좌우 방향의 전압 값(VRy)을 AD 변환한다.
❼ 조이스틱의 아래 방향과 좌우 방향에 대해 조작이 있어 AD 변환 값이 평형상태로부터 약 260 이상의 변화가 있으면 블록을 그쪽 방향으로 이동시킨다.

〈블록 조종 및 타이머/카운터1 인터럽트 함수〉

```
❶ // 블록 회전
void block_rotate(void)
{
    int  check;

    if(!start) return;

    block_clear();                       // 현재 블록 지우기
    turn = (turn + 1) % 4;               // 블록 90도 회전

    // 회전시킨 블록 데이터 복사
    block_copy();
```

```
    // 회전가능한지 조사
    check = block_check(0, 0);

    if(check == 0){                     // 회전 불가
        block_clear();                  // 새로운 블록 데이터 클리어
        turn = (turn + 3) % 4;          // 블록 270도 회전
        block_copy();                   // 원래 패턴 복귀
    }
}

// 블록 한 줄 내리기
❷ void block_down(void)
{
    int  check;

    if(!start) return;

    // 아래 이동 가능한지 조사(아래 한 줄 내리기)
    check = block_check(0, 1);

    if(check != 0){                     // 안 겹치면 현지블록 지우고 이동
        block_clear();                  // 현재 블록 데이터 클리어
        by = by + 1;                    // 블록 Y 좌표 +1
        block_copy();                   // 블록 데이터 복사
    }
    else line_erase();
}

// 블록 왼쪽 이동
❸ void block_left(void)
{
    int  check;

    if(!start) return;

    // 왼쪽으로 이동후 data와 table이 겹치는지 검사
    check = block_check(-1, 0);

    if(check != 0){                     // 안 겹치면 현재 블록 지우고 이동
        block_clear();                  // 현재 블록 데이터 클리어
        bx = bx - 1;                    // 블록 X 좌표 -1
        block_copy();                   // 블록 데이터 복사
```

```
        }
    }

    // 블록 오른쪽 이동
❹  void block_right(void)
    {
        int  check;

        if(!start) return;

        // 이동할 수 있는지 조사
        check = block_check(1, 0);

        if(check != 0){                    // 안 겹치면 현재 블록 지우고 이동
            block_clear();                 // 현재 블록 데이터 클리어
            bx = bx + 1;                   // 블록 X 좌표 +1
            block_copy();                  // 블록 데이터 복사
        }
    }

    // 타이머/카운터1 인터럽트 처리함수
    // 1/16us x 1024 x (65536 -65024) = 32ms
    interrupt [TIM1_OVF] void time1_ovf(void)
    {
        TCNT1 = 65024;                     // 초기값 재설정

❺      joystick_rtime++;                  // 조이스틱 상태 체크 조절변수
        down_cnt++;                        // 블록이 떨어지는 시간 카운트
        pat_cnt = (pat_cnt + 1) % 7;       // 패턴의 랜덤 추출
    }
```

〈설명〉

❶ 움직이는 블록을 회전처리 하는 함수이다. 블록을 회전시킨 상태에서 블록이 게임틀에 놓일 수 있는지를 체크하고, 놓일 수 없는 경우에는 회전 번호와 블록 저장 배열을 복원한다.

❷ 움직이는 블록을 한 줄 아래로 내리는 함수이다. 블록을 아래로 한 줄 내릴 수 있는지를 체크하고, 내릴 수 있으면 블록의 수직좌표를 1 증가시킨 후 블록을 블록 저장 배열에 한 줄 아래 위치에 저장한다. 아래로 한 줄 내릴 수 없는 경우에는 바닥에 닿은 경우이므로 line_erase()함수를 호출하여 처리하도록 한다.

❸ 움직이는 블록을 한 칸 왼쪽으로 움직이는 함수이다. 블록을 왼쪽으로 한 칸 이동할 수 있는지를 체크하고, 이동할 수 있으면 블록의 수평좌표를 1 감소시킨 후 블록을 블록 저장 배열에 한 칸 왼쪽 위치에 저장한다. 왼쪽으로 이동할 수 없는 경우에는 아무 처리 없이 리턴 한다.
❹ 움직이는 블록을 한 칸 오른쪽으로 움직이는 함수이다. 블록을 오른쪽으로 한 칸 이동할 수 있는지를 체크하고, 이동할 수 있으면 블록의 수평좌표를 1 증가시킨 후 블록을 블록 저장 배열에 한 칸 오른쪽 위치에 저장한다. 오른쪽으로 이동할 수 없는 경우에는 아무 처리 없이 리턴 한다.
❺ 조이스틱의 상태를 체크하는 시간 조절 변수 값을 1증가시킨다.

5.4.3 프로그램

```
/**********************************************/
/* tetris2.c : 테트리스 게임(조이스틱 사용)            */
/* Programmed by Donguk SHIN in 2016               */
/**********************************************/

#include <mega128.h>
#include <delay.h>

typedef unsigned char u_char;
typedef unsigned int u_int;

// 도트매트릭스(A0-A3 : PORTC.4~PORTC.7)
#define RED             PORTC.0         // Red LED Data
#define GREEN           PORTC.1         // Green LED Data
#define ENABLE          PORTC.2         // Output Enable
#define LATCH           PORTC.3         // Latch
#define CLOCK           PORTA.3         // Clock

#define JOYSTICK_SENSE    4             // 조이스틱 감도 조절 값

// 7가지의 블록을 4가지 패턴으로 블록 정의
// block[블록번호][회전번호][수직좌표][수평좌표]
flash u_char block[7][4][4][4] ={
   {{{0,0,0,0},{0,0,0,0},{1,1,1,1},{0,0,0,0}},
    {{0,1,0,0},{0,1,0,0},{0,1,0,0},{0,1,0,0}},
    {{0,0,0,0},{0,0,0,0},{1,1,1,1},{0,0,0,0}},
```

```
    {{0,1,0,0},{0,1,0,0},{0,1,0,0},{0,1,0,0}}},

    {{{0,0,0,0},{0,1,1,0},{0,1,1,0},{0,0,0,0}},
    {{0,0,0,0},{0,1,1,0},{0,1,1,0},{0,0,0,0}},
    {{0,0,0,0},{0,1,1,0},{0,1,1,0},{0,0,0,0}},
    {{0,0,0,0},{0,1,1,0},{0,1,1,0},{0,0,0,0}}},

    {{{0,0,0,0},{0,0,1,1},{0,1,1,0},{0,0,0,0}},
    {{0,0,0,0},{0,1,0,0},{0,1,1,0},{0,0,1,0}},
    {{0,0,0,0},{0,0,1,1},{0,1,1,0},{0,0,0,0}},
    {{0,0,0,0},{0,1,0,0},{0,1,1,0},{0,0,1,0}}},

    {{{0,0,0,0},{0,1,1,0},{0,0,1,1},{0,0,0,0}},
    {{0,0,0,0},{0,0,0,1},{0,0,1,1},{0,0,1,0}},
    {{0,0,0,0},{0,1,1,0},{0,0,1,1},{0,0,0,0}},
    {{0,0,0,0},{0,0,0,1},{0,0,1,1},{0,0,1,0}}},

    {{{0,0,0,0},{0,1,0,0},{0,1,1,1},{0,0,0,0}},
    {{0,0,1,1},{0,0,1,0},{0,0,1,0},{0,0,0,0}},
    {{0,0,0,0},{0,1,1,1},{0,0,0,1},{0,0,0,0}},
    {{0,0,1,0},{0,0,1,0},{0,1,1,0},{0,0,0,0}}},

    {{{0,0,0,0},{0,0,0,1},{0,1,1,1},{0,0,0,0}},
    {{0,0,1,0},{0,0,1,0},{0,0,1,1},{0,0,0,0}},
    {{0,0,0,0},{0,1,1,1},{0,1,0,0},{0,0,0,0}},
    {{0,1,1,0},{0,0,1,0},{0,0,1,0},{0,0,0,0}}},

    {{{0,0,0,0},{0,0,1,0},{0,1,1,1},{0,0,0,0}},
    {{0,0,0,0},{0,0,1,0},{0,0,1,1},{0,0,1,0}},
    {{0,0,0,0},{0,0,0,0},{0,1,1,1},{0,0,1,0}},
    {{0,0,0,0},{0,0,1,0},{0,1,1,0},{0,0,1,0}}}};

flash u_char num_pat[4][5][4] =  // 1 ~ 3 패턴(5x4)
   {{{0,0,0,0}, {0,0,0,0}, {0,0,0,0}, {0,0,0,0}, {0,0,0,0}},        // clear
    {{0,0,1,0}, {0,1,1,0}, {0,0,1,0}, {0,0,1,0}, {0,1,1,1}},        // 1
    {{1,1,1,1}, {0,0,0,1}, {1,1,1,1}, {1,0,0,0}, {1,1,1,1}},        // 2
    {{1,1,1,1}, {0,0,0,1}, {1,1,1,1}, {0,0,0,1}, {1,1,1,1}}};       // 3

// 블록이 떨어지는 테트리스 기본틀
flash u_char stage[16][12] =
   {{1,0,0,0,0,0,0,0,0,0,0,1},
    {1,0,0,0,0,0,0,0,0,0,0,1},
```

```
    {1,0,0,0,0,0,0,0,0,0,0,1},
    {1,0,0,0,0,0,0,0,0,0,0,1},
    {1,0,0,0,0,0,0,0,0,0,0,1},
    {1,0,0,0,0,0,0,0,0,0,0,1},
    {1,0,0,0,0,0,0,0,0,0,0,1},
    {1,0,0,0,0,0,0,0,0,0,0,1},
    {1,0,0,0,0,0,0,0,0,0,0,1},
    {1,0,0,0,0,0,0,0,0,0,0,1},
    {1,0,0,0,0,0,0,0,0,0,0,1},
    {1,0,0,0,0,0,0,0,0,0,0,1},
    {1,0,0,0,0,0,0,0,0,0,0,1},
    {1,0,0,0,0,0,0,0,0,0,0,1},
    {1,0,0,0,0,0,0,0,0,0,0,1},
    {1,1,1,1,1,1,1,1,1,1,1,1}};

// 스테이지 기본틀
flash u_char base_stage[3][5][10] =
   {{{0,0,0,0,0,0,0,0,0,0},
     {0,0,0,0,0,0,0,0,0,0},
     {0,0,0,0,0,0,0,0,0,0},
     {0,0,0,0,0,0,0,0,0,0},
     {0,0,0,0,0,0,0,0,0,0}},
    {{0,0,0,0,0,0,0,0,0,0},
     {0,0,0,0,0,0,0,0,0,0},
     {0,0,1,0,0,0,0,1,0,0},
     {0,1,0,1,0,0,1,0,1,0},
     {1,0,1,0,1,1,0,1,0,1}},
    {{0,1,0,1,0,1,0,1,0,1},
     {1,0,1,0,1,0,1,0,1,0},
     {0,1,0,1,0,1,0,1,0,1},
     {1,0,1,0,1,0,1,0,1,0},
     {0,1,0,1,0,1,0,1,0,1}}};

flash u_char anysw[16][16] =        // "ANYSW"
   {{0,0,0,0,0,0,0,0,0,0,0,0,0,0,0,0},
    {0,1,1,1,0,0,1,0,0,1,0,1,0,0,0,1},
    {1,0,0,0,1,0,1,0,0,1,0,1,0,0,0,1},
    {1,0,0,0,1,0,1,1,0,1,0,1,0,0,0,1},
    {1,1,1,1,1,0,1,1,0,1,0,0,1,0,1,0},
    {1,0,0,0,1,0,1,0,1,1,0,0,0,1,0,0},
    {1,0,0,0,1,0,1,0,0,1,0,0,0,1,0,0},
    {1,0,0,0,1,0,1,0,0,1,0,0,0,1,0,0},
```

```
    {0,0,0,0,0,0,0,0,0,0,0,0,0,0,0,0},
    {0,0,0,1,1,1,1,0,1,0,0,0,1,0,0,0},
    {0,0,1,0,0,0,0,0,1,0,0,0,1,0,0,0},
    {0,0,1,0,0,0,0,0,1,0,0,0,1,0,0,0},
    {0,0,0,1,1,1,0,0,1,0,1,0,1,0,0,0},
    {0,0,0,0,0,0,1,0,1,0,1,0,1,0,0,0},
    {0,0,0,0,0,0,1,0,1,0,1,0,1,0,0,0},
    {0,0,1,1,1,1,0,0,0,1,0,1,0,0,0,0}};

flash u_char clear[16][16] =        // "CLEAR"
   {{0,0,0,0,0,0,0,0,0,0,0,0,0,0,0,0},
    {0,1,1,1,0,0,1,0,0,0,0,1,1,1,1,1},
    {1,0,0,0,1,0,1,0,0,0,0,1,0,0,0,0},
    {1,0,0,0,0,0,1,0,0,0,0,1,0,0,0,0},
    {1,0,0,0,0,0,1,0,0,0,0,1,1,1,1,0},
    {1,0,0,0,0,0,1,0,0,0,0,1,0,0,0,0},
    {1,0,0,0,1,0,1,0,0,0,0,1,0,0,0,0},
    {0,1,1,1,0,0,1,1,1,1,0,1,1,1,1,1},
    {0,0,0,0,0,0,0,0,0,0,0,0,0,0,0,0},
    {0,0,0,0,1,1,1,0,0,1,1,1,1,0,0,0},
    {0,0,0,1,0,0,0,1,0,1,0,0,0,1,0,0},
    {0,0,0,1,0,0,0,1,0,1,0,0,0,1,0,0},
    {0,0,0,1,1,1,1,1,0,1,1,1,1,0,0,0},
    {0,0,0,1,0,0,0,1,0,1,0,1,0,0,0,0},
    {0,0,0,1,0,0,0,1,0,1,0,0,1,0,0,0},
    {0,0,0,1,0,0,0,1,0,1,0,0,0,1,0,0}};

flash u_char fail[16][16] =        // "FAIL"
   {{0,0,0,0,0,0,0,0,0,0,0,0,0,0,0,0},
    {0,0,0,0,0,0,0,0,0,0,0,0,0,0,0,0},
    {0,0,0,0,0,0,0,0,0,0,0,0,0,0,0,0},
    {0,0,0,0,0,0,0,0,0,0,0,0,0,0,0,0},
    {1,1,1,1,0,1,1,0,0,1,0,0,1,0,0,0},
    {1,0,0,0,1,0,0,1,0,1,0,0,1,0,0,0},
    {1,0,0,0,1,0,0,1,0,1,0,0,1,0,0,0},
    {1,0,0,0,1,0,0,1,0,1,0,0,1,0,0,0},
    {1,1,1,0,1,1,1,1,0,1,0,0,1,0,0,0},
    {1,0,0,0,1,0,0,1,0,1,0,0,1,0,0,0},
    {1,0,0,0,1,0,0,1,0,1,0,0,1,0,0,0},
    {1,0,0,0,1,0,0,1,0,1,0,0,1,1,1,1},
    {0,0,0,0,0,0,0,0,0,0,0,0,0,0,0,0},
    {0,0,0,0,0,0,0,0,0,0,0,0,0,0,0,0},
```

```
    {0,0,0,0,0,0,0,0,0,0,0,0,0,0,0,0},
    {0,0,0,0,0,0,0,0,0,0,0,0,0,0,0,0}};

u_int dot_i = 0;                  // 도트매트릭스 출력행
u_int start = 0;                  // 게임 시작(0:대기, 1:시작)
u_int stage_no = 1;               // 스테이지 번호
u_int clear_line = 0;             // 현재 스테이지에서 지운 라인수
u_int pat_cnt;                    // 블록 랜덤 발생을 위한 카운터
u_int by = 0;                     // 블록 좌상 Y좌표
u_int bx = 4;                     // 블록 좌상 X좌표
u_int turn = 0;                   // 현재 블록 패턴 회전 번호
u_int next_pat = 0;               // 다음 블록 패턴 번호
u_int pat = 0;                    // 현재 블록 패턴 번호
u_int t_limit;                    // 블록 이동 속도 조절(22부터 스테이지에 따라 감소)
u_int down_cnt;                   // 이동속도 카운터 변수
u_int joystick_rtime = 0;         // 조이스틱 체크 시간 조절 변수

u_char mov_block[16][16];         // 내려오고 있는 블록 데이터(블록 저장 배열)
u_char dsp_block[16][16];         // (기본틀 + 스테이지 번호)와 내려온 블록 데이터(표시 배열)
u_char red_data[16][16];          // (기본틀 + 스테이지 번호), 주황색 표시를 위해 저장
void init_set(void);              // "ANY SW" 출력
void play(void);                  // 플레이 함수
void stage_out(void);             // (기본틀 + 스테이지 번호) 데이터 설정
void next_block(void);            // 다음 블록 표시를 위한 설정
int  block_check(int, int);       // 내려오는 블록이 아래/좌/우 부분에 닿는지 조사
void block_clear(void);           // 블록 저장 배열 클리어
void block_copy(void);            // 내려오는 블록 데이터 설정
void line_erase(void);            // 채워진 줄 제거하기
void joystic_input(void);         // 조이스틱값 읽기
void block_rotate(void);          // 블록 회전처리
void block_down(void);            // 블록 아래 이동
void block_left(void);            // 블록 왼쪽 이동
void block_right(void);           // 블록 오른쪽 이동

void main(void)
{
   // 도트매트릭스 사용 포트 입출력 설정
   DDRA = 0xFF;                   // PORTA 출력 설정(PA3 : CLOCK 핀)
   DDRC = 0xFF;                   // PORTC 출력설정(어드레스 A0-A3)
   PORTC = 0b00001000;            // 도트매트릭스(LATCH=1, ENABLE=0, A0-A3=0000)

   // 조이스틱(PF0 : Vx,  PF1 : Vy,  PF2 : 택 스위치)
```

```
    DDRF = 0x0;                    // 포트F 입력 설정
    SFIOR = 0x0;                   // 내부 풀업저항 인에이블
    PORTF = 0b00000100;            // 내부 풀업저항 인에이블(PF2)

    ADCSRA = 0x87;                 // ADEN=1, 16MHz  128분주 -> 125kHz

    // 타이머/카운터 설정
    TIMSK = 0x01;                  // TOIE0 = 1 타/카0 오버플로우 인터럽트 인에이블
    ASSR = 0x00;                   // 타이머/카운터0 타이머 모드
    TCCR0 = 0x04;                  // 일반모드, 프리스케일 = CK/64
    TCNT0 = 0x00;                  // 1/16us x 64 x (256 -0) = 1.024ms

    TIMSK = TIMSK | 0x04;          // TOIE1 = 1 타/카1 오버플로우 인터럽트 인에이블
    TCCR1A = 0x00;                 // 타이머/카운터1 인에이블
    TCCR1B = 0x05;                 // 1024분주
    TCCR1C = 0x00;
    TCNT1 = 0xfe00;                // 1/16us x 1024 x (65536 -65024) = 32ms

    SREG = 0x80;                   // 전역 인터럽트 인에이블 비트 셋

    while(1){
        init_set();                            // "ANY SW" 표시

        while((PINF & 0b00000100)!= 0){        // 스위치 눌려질 때까지 대기
            pat = next_pat;                    // 새로 나올 블록을 계속 해서 교체
            next_pat = pat_cnt;                // 다음 블록은 다른 랜덤값을 취함
            if(pat == next_pat) next_pat = (next_pat + 1) % 7;
        }
        start = 1;

        play();                                // 플레이 시작
    }
}

// "ANY SW" 표시
void init_set(void)
{
    int     i, j;

    // "ANY SW" 표시
    for(j = 0;j < 16;j++){
        for(i = 0;i < 16;i++){
```

```
            dsp_block[j][i] = anysw[j][i];        // 표시 배열에 "ANY SW" 패턴 저장
            mov_block[j][i] = 0;                  // 블록 저장 배열 클리어
        }
    }
}

// 플레이
void play(void)
{
    int  check;

    stage_no = 1;              // 스테이지 1설정
    down_cnt = 0;              // 이동속도 카운터 변수 클리어
    stage_out();               // (기본틀 + 스테이지 번호) 데이터 dsp_block에 저장
    block_copy();              // pat 번째의 블록 mov_block에 저장
    next_block();              // 다음 블록 패턴 표시를 위한 저장
    t_limit = 22;              // 한 라인 아래로 자동 이동시간 조절(32ms * t_limit)

    while(start){
        while(down_cnt < t_limit) joystic_input();     // 자동 이동시간이
                                                       // 경과하지 않았으면 대기

        // 아래로 한줄 자동 이동
        down_cnt = 0;                                  // 이동속도 조절 변수 리셋
        check = block_check(0, 1);                     // 한 칸 아래 이동 가능한지 조사

        if(check == 1){                                // 한 칸 아래 이동 가능
            block_clear();                             // 현재 블록 지우기
            by = by + 1;                               // 블록 한줄 아래로 이동
            block_copy();                              // 현재 블록 복사
        }
        else line_erase();
    }
}

// 조이스틱 입력 처리
void joystic_input(void)
{
    int ad_vx, ad_vy;

    if(joystick_rtime < JOYSTICK_SENSE) return;
    joystick_rtime = 0;
```

```
    // 조이스틱 스위치 체크
    if((PINF & 0b00000100) == 0) block_rotate();   // rotate

    // 조이스틱 상하좌우 조종 레버 상태 읽기
    ADMUX = 0x00;                                  // PF0 : VRX
    ADCSRA = ADCSRA | 0x40;                        // ADSC = 1 변환 시작
    while((ADCSRA & 0x10) == 0);                   // ADIF=1이 될 때까지 대기
    ad_vx = ADCW;
    delay_ms(1);

    ADMUX = 0x01;                                  // PF1 : VRY
    ADCSRA = ADCSRA | 0x40;                        // ADSC = 1 변환 시작
    while((ADCSRA & 0x10) == 0);                   // ADIF=1이 될 때까지 대기
    ad_vy = ADCW;
    delay_ms(1);

    if(ad_vx < 250) block_down();
    else if(ad_vy < 250) block_left();
    else if(ad_vy > 780) block_right();
}

// 블록이 바닥에 닿아 이동 불가한 경우, 이동 블록 정지 처리
void line_erase(void)
{
    int  j, k, m, n, check;

    // 게임판 데이터와 움직이는 블록(테이블) 합성
    for(j = 0;j < 16;j++){
        for(k = 0;k < 16;k++)
            dsp_block[j][k] = dsp_block[j][k] | mov_block[j][k];
    }

    // 채워져 있는 줄 제거하기
    for(j = 0;j < 15;j++){
        // 줄이 모두 채워져 있는지 조사
        // 모두 채워져 있으면 and값(또는 곱)은 1이 되고,
        // 하나라도 비어 있으면 0이 된다.
        n = 1;
        for(k = 1;k < 11;k++) n = n & dsp_block[j][k];

        if(n == 0) continue;                       // 채워지지 않음
```

```
        // 채워진 j번째 줄 없애고 아래로 한 줄씩 이동처리
        for(m = j;m >= 1;m--){                     // 윗 줄 아래로 당기기
          for(k = 1;k < 11;k++) dsp_block[m][k] = dsp_block[m-1][k];
        }
        clear_line++;                              // 한 줄 지울때마다 증가

        // 제거 라인 수 LED 표시
        for(m = 0;m < 2;m++){
          for(k = 0;k < 4;k++){
            if((k + m * 4) < clear_line) dsp_block[m+11][k+12] = 1;
            else dsp_block[m+11][k+12] = 0;
          }
        }

        if(clear_line > 7){                        // 8줄 지우면 다음 단계로 이동
          stage_no = stage_no + 1;                 // 스테이지 번호 +1
          t_limit = t_limit - 5;                   // 속도증가

          if(stage_no > 3){                        // 3스테이지까지 클리어
            start = 0;
            // 스테이지 3 클리어시 "CLEAR" 표시
            for(m = 0;m < 16;m++){
              for(k = 0;k < 16;k++){
                dsp_block[m][k] = clear[m][k];
                mov_block[m][k] = 0;
              }
            }

            delay_ms(2000);
            start = 0;              // 종료
            return;
          }
          else {                    // 새 스테이지 화면
            stage_out();
            delay_ms(500);
          }
        }
      }

      // 다음 블록 설정
      block_clear( );               // 블록 저장 배열 클리어
      by = 0;                       // 내려오는 블록의 y좌표
```

```
    bx = 4;                                  // 내려오는 블록의 x좌표
    turn = 0;                                // 블록 기본형으로(회전 않음)
    pat = next_pat;                          // next 패턴을 현재 패턴으로
    next_pat = pat_cnt;                      // next 패턴 새로운 값
    if(pat == next_pat) next_pat = (next_pat + 1) % 7;

    block_copy( );                           // 새로운 블록 복사
    next_block();                            // 다음 블록 패턴 표시를 위한 저장

    // 새로 놓일 블록위치에 블록이 없는지 조사
    check = block_check(0, 0);
    if(check == 0){                          // 새로 놓일 블록위치에 블록이 있음
        start = 0;                           // 종료
        for(j = 0;j < 16;j++){               //블록이 상위에 닿으면 정지. 패
            for(k = 0;k < 16;k++){
                dsp_block[j][k] = fail[j][k];    // "FAIL"
                mov_block[j][k] = 0;
            }
        }
        delay_ms(2000);
        return;
    }
}

// 다음 블록 패턴 표시를 위한 저장
void next_block(void)
{
    int j, k;

    for(j = 0;j < 4;j++){
        for(k = 0;k < 4;k++)
            dsp_block[j][k+12] = block[next_pat][0][j][k];
    }
}

// 떨어진 블록과 움직이는 블록 충돌 체크
// ox : bx와의 차이값, oy : by와의 차이값
int block_check(int ox, int oy)
{
    int j, k, y, x;

    for(j = 0;j < 4;j++){
```

```
        y = j + by;
        for(k = 0;k < 4;k++){
            x = k + bx;
            // mov_block의 수평 ox 옆, 수직 oy 아랫부분의
            // data가 모두 1인 부분이 있는지 조사
            if((mov_block[y][x] & dsp_block[y + oy][x + ox]) == 1) return(0);
        }
    }

    return(1);
}

// 움직이는 블록 저장 배열 클리어
void block_clear( )
{
    int  j, k;
    for(j = 0;j < 16;j++){  // 현재 블록 지우기
        for(k = 0;k < 16;k++) mov_block[j][k] = 0;
    }
}

// 선택된(pat) 블록 -> m_block에 복사
void block_copy( )
{
    int     j, k, x, y;

    for(j = 0;j < 4;j++){
        y = j + by;
        for(k = 0;k < 4;k++){                          // 새로운 블록 불러오기
            x = k + bx;
            mov_block[y][x] = block[pat][turn][j][k];
        }
    }
}

// 새로운 스테이지 초기화면 설정
void stage_out()
{
    int i, j;

    for(j = 0;j < 16;j++){
        for(i = 0;i < 16;i++) {
```

```
            dsp_block[j][i] = 0;
            mov_block[j][i] = 0;
        }
    }

    // 기본틀 복사
    for(j = 0;j < 16;j++){
        for(i = 0;i < 12;i++) dsp_block[j][i] = stage[j][i];
    }

    // 스테이지 번호복사
    for(j = 0;j < 5;j++){
        for(i = 0;i < 4;i++) dsp_block[j + 5][i + 12] = num_pat[stage_no][j][i];
    }

    // (기본틀 + 스테이지 번호), 주황색 표시를 위해 red_data에 저장
    for(j = 0;j < 16;j++){
        for(i = 0;i < 16;i++) red_data[j][i] = dsp_block[j][i];
    }

    // 스테이지 기본
    for(j = 0;j < 5;j++){
        for(i = 0;i < 10;i++)
            dsp_block[j + 10][i + 1] |= base_stage[stage_no - 1][j][i];
    }

    clear_line = 0;
    bx = 4;
    by = 0;
    turn = 0;
}

// 블록 회전
void block_rotate(void)
{
    int  check;

    if(!start) return;

    block_clear();                  // 현재 블록 지우기
    turn = (turn + 1) % 4;          // 블록 90도 회전
```

```
    // 회전시킨 블록 데이터 복사
    block_copy();

    // 회전가능한지 조사
    check = block_check(0, 0);

    if(check == 0){                         // 회전 불가
        block_clear();                      // 새로운 블록 데이터 클리어
        turn = (turn + 3) % 4;              // 블록 270도 회전
        block_copy();                       // 원래 패턴 복귀
    }
}

// 블록 한 줄 내리기
void block_down(void)
{
   int  check;

   if(!start) return;

    // 아래 이동 가능한지 조사(아래 한 줄 내리기)
    check = block_check(0, 1);

    if(check != 0){                         // 안 겹치면 현지블록 지우고 이동
        block_clear();                      // 현재 블록 데이터 클리어
        by = by + 1;                        // 블록 Y 좌표 +1
        block_copy();                       // 블록 데이터 복사
    }
    else {
        SREG = 0x80;
        line_erase();
    }
}

// 블록 왼쪽 이동
void block_left(void)
{
    int  check;
    if(!start) return;

    // 왼쪽으로 이동후 data와 table이 겹치는지 검사
    check = block_check(-1, 0);
```

```
    if(check != 0){                        // 안 겹치면 현재 블록 지우고 이동
        block_clear();                     // 현재 블록 데이터 클리어
        bx = bx - 1;                       // 블록 X 좌표 -1
        block_copy();                      // 블록 데이터 복사
    }
}

// 블록 오른쪽 이동
void block_right(void)
{
    int  check;

    if(!start) return;

    // 이동할 수 있는지 조사
    check = block_check(1, 0);

    if(check != 0){                        // 안 겹치면 현재 블록 지우고 이동
        block_clear();                     // 현재 블록 데이터 클리어
        bx = bx + 1;                       // 블록 X 좌표 +1
        block_copy();                      // 블록 데이터 복사
    }
}

// 타이머/카운터0 인터럽트 처리함수(도트매트릭스 한 줄 출력)
// 1/16us * 64 * (256 - 0) = 1.024ms
interrupt [TIM0_OVF] void dotmat_disp(void)
{
    int    di = 0;
    for(di = 0;di < 16;di++){
        if(start == 1)  RED = red_data[dot_i][di];                // Red_data;
        else RED = 0;

        GREEN = dsp_block[dot_i][di] | mov_block[dot_i][di];      // Green_data;

        // 1비트 데이터 입력을 위한 클럭 입력
        CLOCK = 1;
        delay_us(1);
        CLOCK = 0;
        delay_us(1);
    }
```

```
    delay_us(1);
    ENABLE = 1;                                          // Output Enable
    LATCH = 0;                                           // 데이터 래치 저장
    delay_us(1);
    LATCH = 1;                                           // 데이터 입력과 표시
    PORTC = (PORTC & 0b00001111) | (dot_i << 4);         // 표시 어드레스 설정
    delay_us(1);
    ENABLE = 0;                                          // 입력된 데이터 표시

    dot_i = (dot_i + 1) % 16;                            // 출력행 +1(0~15)
}

// 타이머/카운터1 인터럽트 처리함수
// 1/16us x 1024 x (65536 -65024) = 32ms
interrupt [TIM1_OVF] void time1_ovf(void)
{
    TCNT1 = 65024;                                       // 초기값 재설정

    joystick_rtime++;                                    // 조이스틱 상태 체크 조절변수
    down_cnt++;                                          // 블록이 떨어지는 시간 카운트
    pat_cnt = (pat_cnt + 1) % 7;                         // 패턴의 랜덤 추출
}
```

6 Chapter 반응감지 블록 피하기

6.1 동작개요

반응감지 블록 피하기는 3색 도트매트릭스를 기우는 방향으로 공(녹색 LED)을 이동시켜 장애물 블록을 피하면서 점수상자를 닿게 하여 점수를 획득하는 게임이며, 기울기 센서를 많이 기울일수록 공의 이동 속도가 빨라진다. 또한 획득점수가 높아질수록 장애물 블록이 빈번하게 나타나며, 공이 장애물 블록에 닿게 되면 게임이 종료하게 된다. [그림 6-1]은 도트매트릭스에 표시되는 공, 장애물 블록, 점수상자를 보여주며, [그림 6-2]는 게임의 동작 개요를 보여준다.

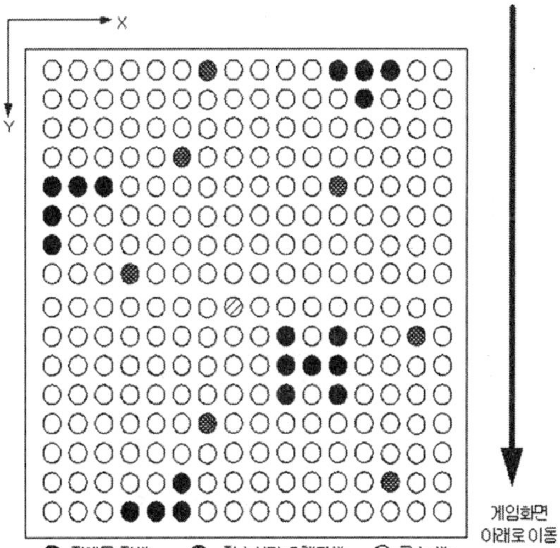

[그림 6-1] 도트매트릭스에 표시되는 패턴들

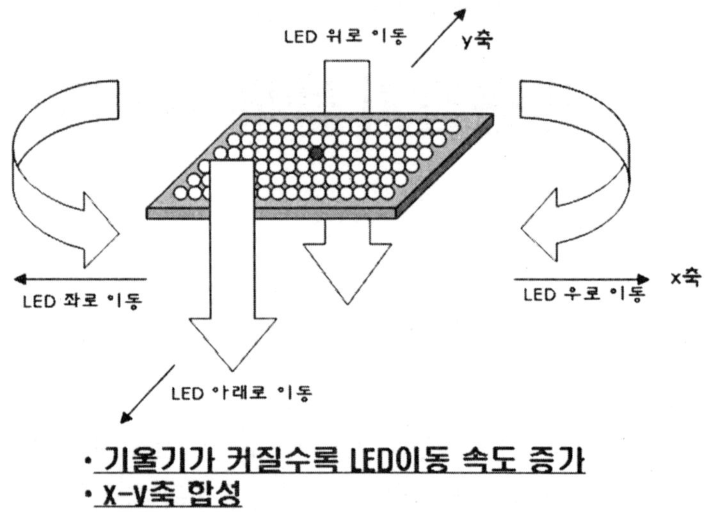

[그림 6-2] 게임 동작 개요

〈장애물 블록의 모양 정의〉

장애물은 [그림 6-3]과 같이 10가지 블록 모양을 사용하며, 게임도중에 랜덤하게 하나씩 선택하여 표시된다.

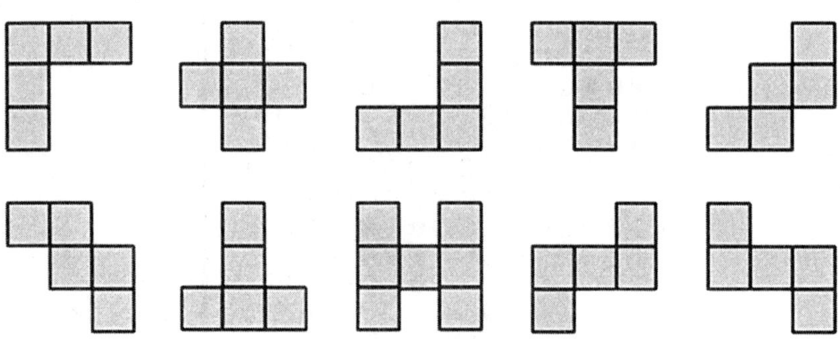

[그림 6-3] 장애물 블록 모양

장애물 블록은 [그림 6-4]와 같이 3×3 크기로 구성하며, block_shape[블록번호][행][열]에 3차원 배열로 저장한다. 여기서, 블록번호는 10가지의 블록을 나타내고, 행과 열의 좌표는 [그림 6-4]와 같다.

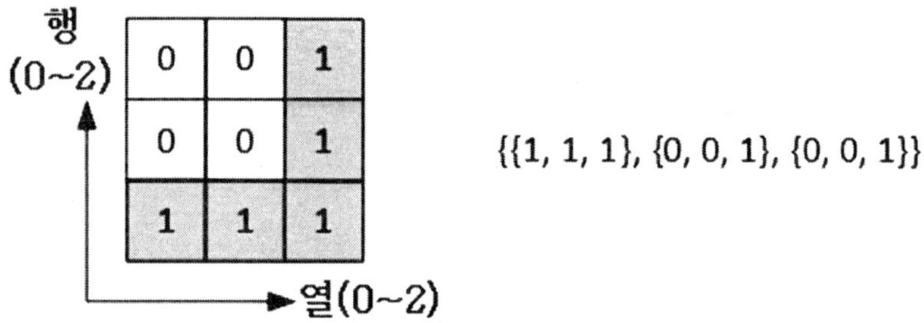

[그림 6-4] 장애물 블록 패턴 배열 저장

〈장애물 블록, 점수상자 출현〉

게임 대기상태에서 특정 변수 값을 계속 카운팅 하고 있다가 시작 버튼(외부 인터럽트 4)이 눌려지면 그 변수 값을 기준으로 srand() 함수로 새로운 난수계열을 발생한다. 그리고, rand() 함수를 이용하여 블록 출현위치, 블록 모양, 점수상자 출현위치를 랜덤하게 발생한다.

〈장애물 블록 간격〉

게임 초기에는 블록간의 간격이 6칸으로 1초에 한 칸씩 떨어지지만 점수를 많이 획득할수록 간격이 좁아지고(6~2) 내려오는 속도가 빨라진다.

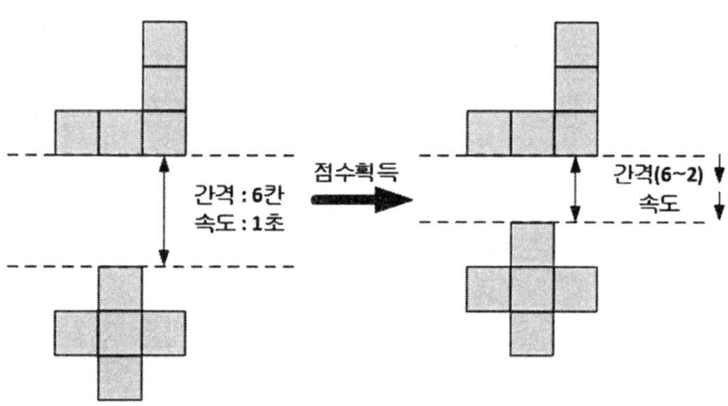

[그림 6-5] 장애물 블록 간격 제어

〈점수상자 간격〉

점수상자는 한 개씩 랜덤하게 0~7칸 간격으로 떨어지며, 적색 LED와 녹색 LED를 모두 on시켜 오렌지색으로 나타낸다. 떨어지는 속도에 대해서는 블록과 마찬가지로 초기에는 1초당 한 칸씩 떨어지지만 점수를 많이 획득할수록 점점 빨라진다.

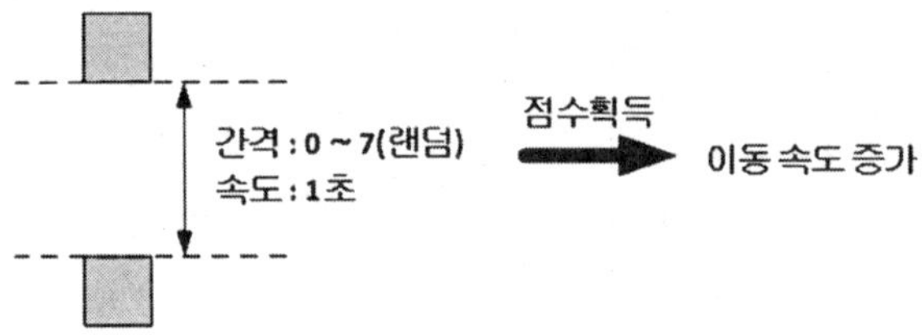

[그림 6-6] 점수상자 간격 제어

〈장애물 블록, 점수상자 좌우 위치〉

장애물 블록은 장애물의 크기 때문에 0～13의 열 위치에 랜덤으로 놓이며, 점수상자는 0～15의 열 위치에 장애물 블록이 없는 위치에 랜덤하게 놓인다.

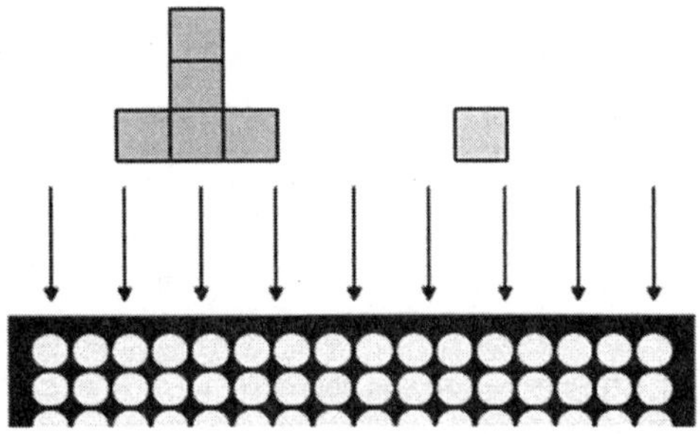

[그림 6-7] 장애물 블록, 점수상자 좌우 위치

〈게임 진행〉

게임 대기 상태에서는 LCD에 'PRESS BUTTON'이라는 메시지가, 도트매트릭스에는 'READY?'라는 문구가 각각 표시된다. 시작 버튼을 누르면 게임이 시작되면서 게임에서 획득하는 점수가 LCD에 표시된다. 일정점수에 도달하게 되면 게임이 정지되고, 도트매트릭스에 '속도 UP!'이라는 문구가 잠시(0.5초) 표시된 후 다시 정지 전의 게임으로 돌아간다. 블록에 부딪히면 LCD에는 'GAME OVER'와 점수가 표시되며, 도트매트릭스에는 '게임오버'가 표시되고 1~2초 후에 대기 상태로 돌아간다.

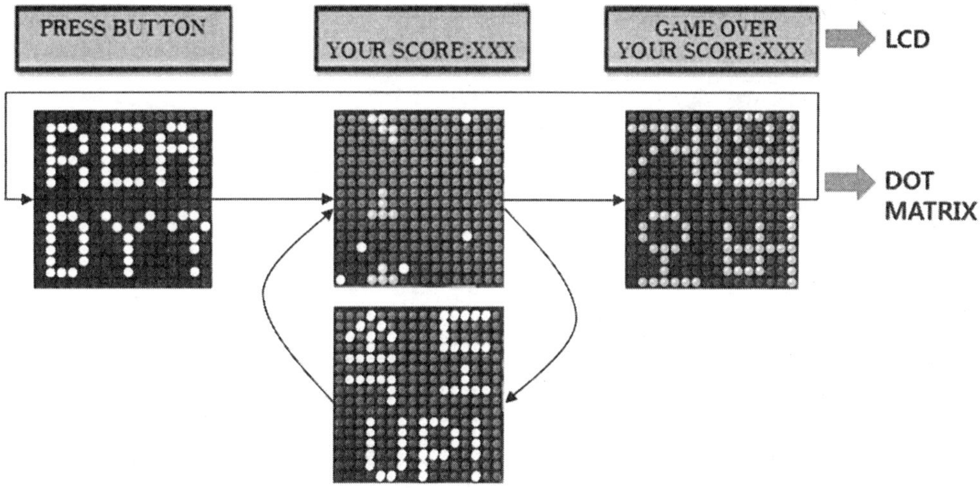

[그림 6-8] 게임 진행과정

6.2 작품 구성도

작품에는 [표 6-1]과 같이 KUT-128_COM 보드에 기본 장착된 가속도 센서, 스위치, LCD와 추가적으로 연결된 도토매트릭스를 이용한다.

[표 6-1] 입출력 인터페이스

입출력	디바이스		기능	사용포트
입력	가속도 센서	ACC_X	공 위/아래 이동	PF3(ADC3)
		ACC_Y	공 좌/우 이동	PF4(ADC4)
	스위치	SW1	시작 스위치	PE4(INT4)
출력	도트매트릭스(16 x 16)		게임판	PC0 : Red Data
				PC1 : Green Data
				PC2 : Enable
				PC3 : Latch
				PC4-PC7 : address(A0_A7)
				PA3 : Clock
출력	텍스트 LCD		메시지 및 점수 출력	PA0 : RS
				PA1 : R/-W
				PA2 : Enable
				PA4-PA7 : DB4-DB7

6.3 처리 흐름도

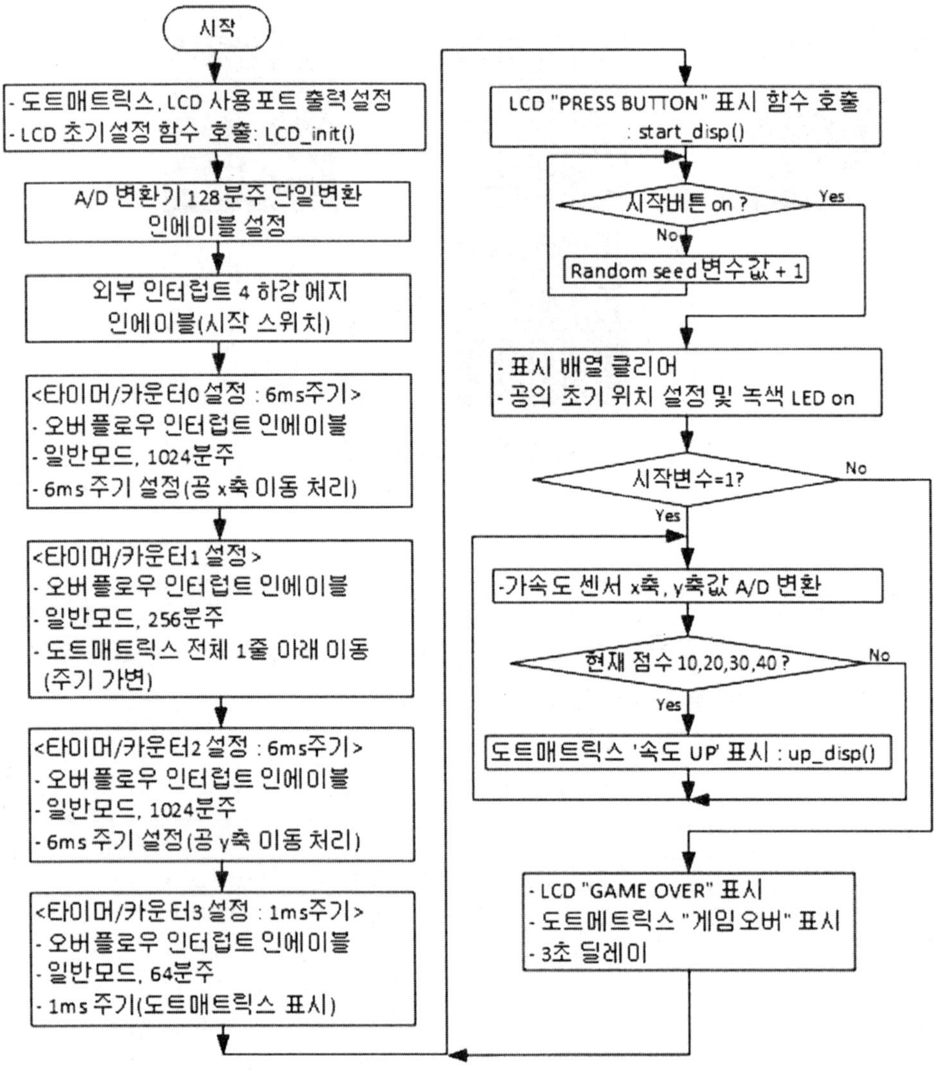

(a) main() 함수

(b) start_disp() 함수

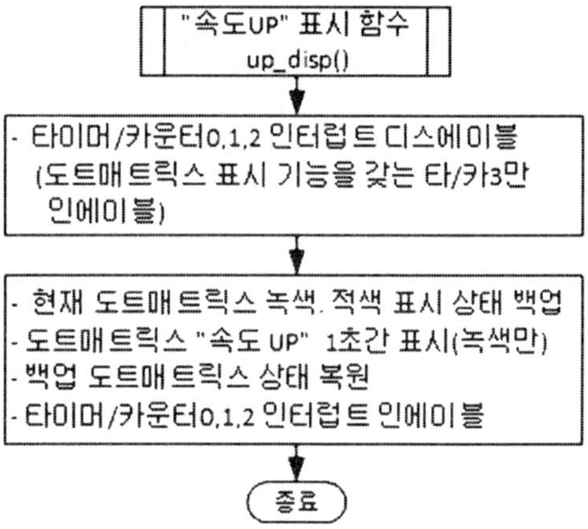

(c) up_disp() 함수

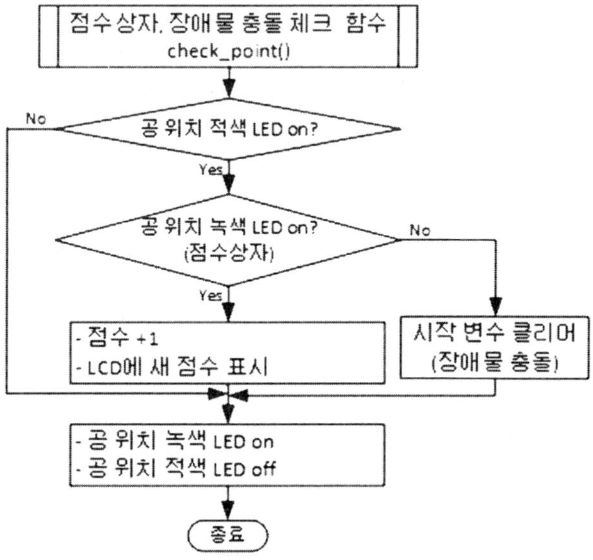

(d) check_point() 함수

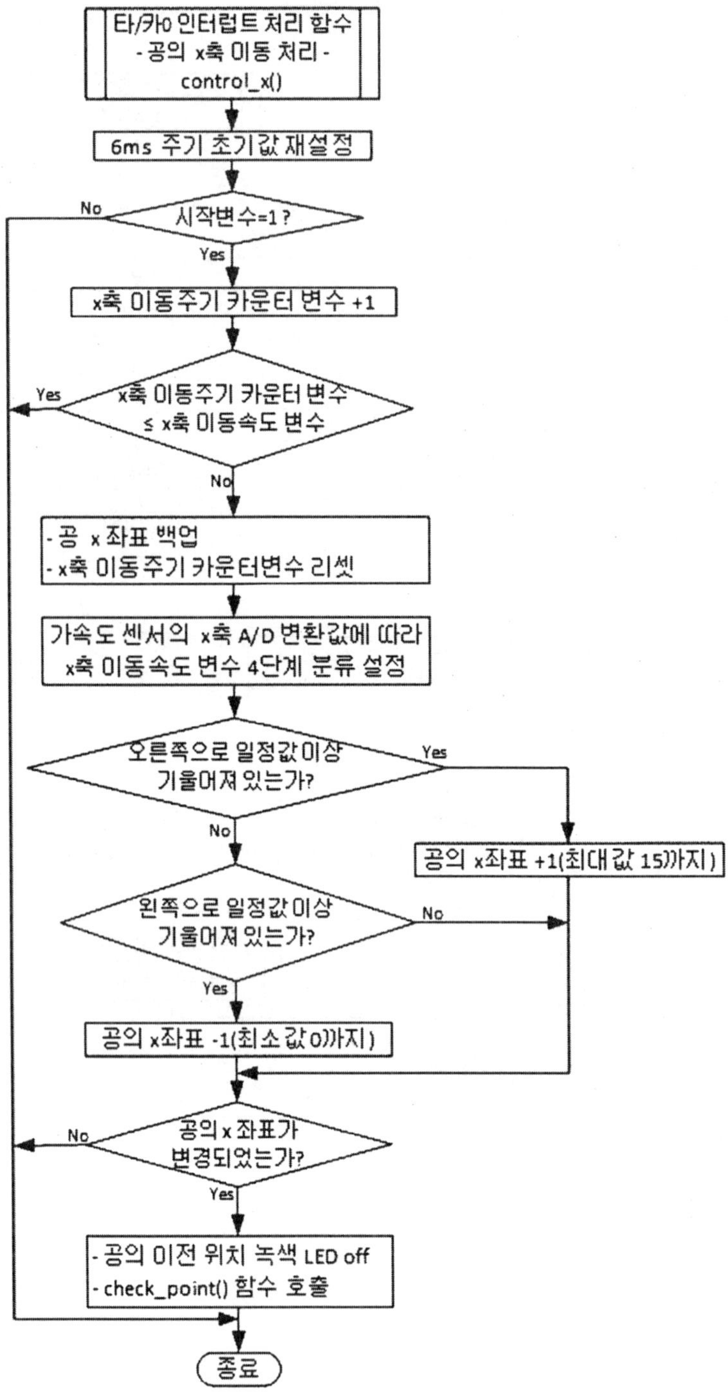

(e) 타이머/카운터0 인터럽트 처리 함수

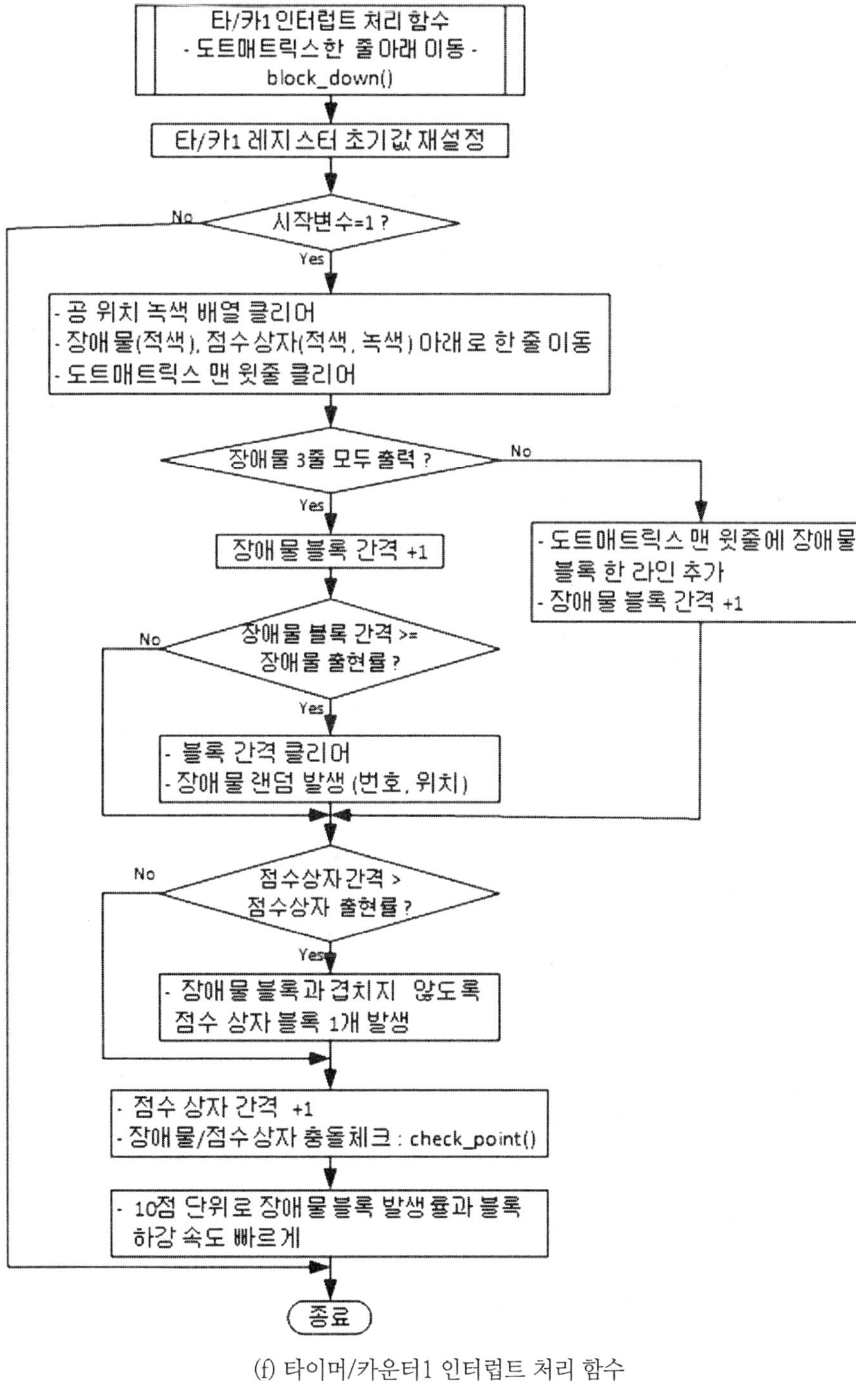

(f) 타이머/카운터1 인터럽트 처리 함수

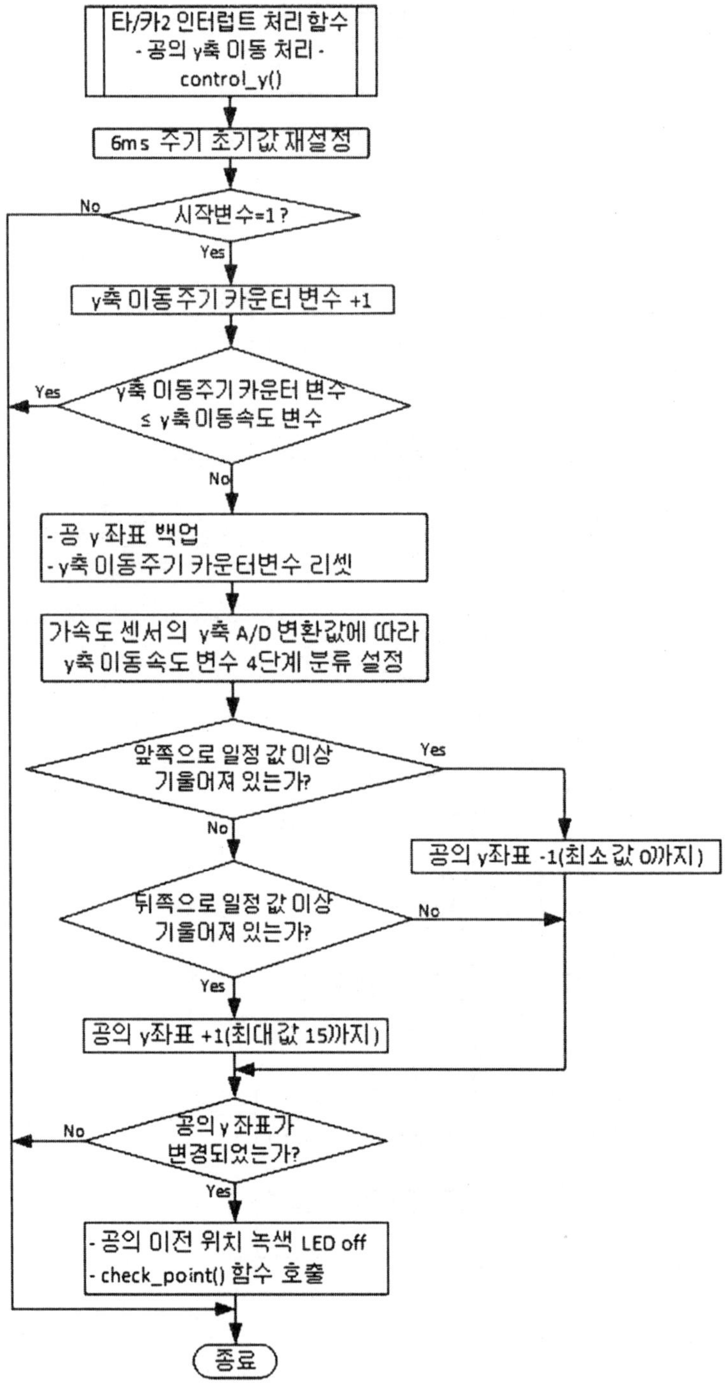

(g) 타이머/카운터2 인터럽트 처리 함수

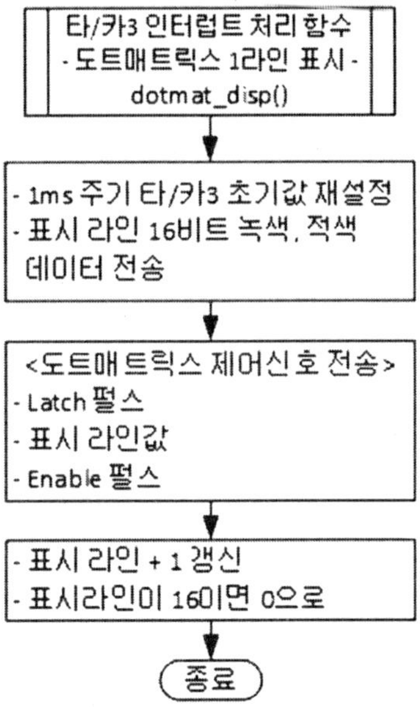

(h) 타이머/카운터3 인터럽트 처리함수

(i) 외부인터럽트4 처리함수

[그림 6-9] 처리 흐름도

6.4 프로그램 설명

〈헤더 부분〉

```
#include <mega128.h>
#include <stdlib.h>
#include <delay.h>

~~~~~~~~~~~~~~~~~~~~~~~~~~~~~~~~~~~~~~~~
❶ // LCD 관련 심볼
#define LCD_ENABLE        PORTA.2        // Enable(펄스)

// LCD 명령어
#define  FUNCSET          0x28           // Function Set
#define  ENTMODE          0x06           // Entry Mode Set
~~~~~~~~~~~~~~~~~~~~~~~~~~~~~~~~~~~~~~~~

❷ // 도트매트릭스(A0-A3 : PORTC.4~PORTC.7)
#define  RED        PORTC.0        // Red LED Data
#define  GREEN      PORTC.1        // Green LED Data
~~~~~~~~~~~~~~~~~~~~~~~~~~~~~~~~~~~~~~~~

❸ // 가속도 센서 관련 심볼
#define  ACC_Y      330            // 게임기 앞뒤 방향 가속도 센서 평형 값
                                   // (앞 기울이면 감소, 뒤 기울이면 증가)
#define  ACC_X      350            // 게임기 좌우 방향 가속도 센서 평형 값
                                   // (좌 기울이면 감소, 우 기울이면 증가)

// 공의 이동속도를 결정하기 위한
// 가속도 센서 X축 평형 값으로부터의 차이에 따른 분류
#define  ACC_XM1   ACC_X - 40
#define  ACC_XP1   ACC_X + 40
#define  ACC_XM2   ACC_X - 80
~~~~~~~~~~~~~~~~~~~~~~~~~~~~~~~~~~~~~~~~

// 공의 이동속도를 결정하기 위한
// 가속도 센서 Y축 평형 값으로부터의 차이에 따른 분류
#define  ACC_YM1   ACC_Y - 40
#define  ACC_YP1   ACC_Y + 40
#define  ACC_YM2   ACC_Y - 80
~~~~~~~~~~~~~~~~~~~~~~~~~~~~~~~~~~~~~~~~
```

```
#define  ACC_DXY     15              // 공 이동조건
                                     // 평형 값으로부터 이 값만큼의 변화가 있으면 이동

typedef unsigned char u_char;

❹ flash u_char block_shape[10][3][3]={  // 장애물 블록 모양(10가지)
      {{1,0,0},{1,0,0},{1,1,1}},
      {{0,1,0},{1,1,1},{0,1,0}},
      {{1,1,1},{0,0,1},{0,0,1}},
      ~~~~~~~~~~~~~~~~~~~~~~~~~~~~~~~~~~~~~

  flash u_char up_word[16][16] = { // 도트매트릭스 출력 문자("속도 UP!")
      {0,0,0,1,0,0,0,0,0,0,1,1,1,1,1,0},
      {0,0,1,0,1,0,0,0,0,0,1,0,0,0,0,0},
      {0,1,0,1,0,1,0,0,0,0,1,0,0,0,0,0},
      ~~~~~~~~~~~~~~~~~~~~~~~~~~~~~~~~~~~~~
      {0,0,0,1,0,0,1,0,1,1,1,0,0,1,0,0},
      {0,0,0,1,0,0,1,0,1,0,0,0,0,0,0,0},
      {0,0,0,0,1,1,0,0,1,0,0,0,0,1,0,0}};
  flash u_char ready_word[16][16] = {// 도트매트릭스 출력 문자("READY?")
    {0,0,0,0,0,0,0,0,0,0,0,0,0,0,0,0},
      {0,1,1,1,0,0,1,1,1,1,0,0,1,1,0,0},
      {0,1,0,0,1,0,1,0,0,0,0,1,0,0,1,0},
      ~~~~~~~~~~~~~~~~~~~~~~~~~~~~~~~~~~~~~
      {0,1,0,0,1,0,0,0,1,0,0,0,0,0,0,0},
      {0,1,1,1,0,0,0,0,1,0,0,0,0,0,1,0},
      {0,0,0,0,0,0,0,0,0,0,0,0,0,0,0,0}};

  flash u_char over_word[16][16] = {  // 도트매트릭스 출력 문자("게임오버")
      {0,0,0,0,0,0,0,0,0,0,0,1,1,0,0,1},
      {1,1,1,1,1,0,1,0,1,0,1,0,0,1,0,1},
      {0,0,0,1,0,0,1,0,1,0,1,0,0,1,0,1},
      ~~~~~~~~~~~~~~~~~~~~~~~~~~~~~~~~~~~~~
      {0,0,0,1,0,0,0,0,0,1,0,0,1,0,0,1},
      {0,0,0,1,0,0,0,0,0,1,1,1,1,0,0,1},
      {0,1,1,1,1,1,1,0,0,0,0,0,0,0,0,1}};

❺ int dot_i = 0;                 // 도트매트릭스 표시행 번호
   int di_x ,di_y;               // 가속도센서 출력 값(X방향,Y방향)

  int cou_x = 0, cou_y = 0;      // 공(녹색LED)의 이동주기 카운터 변수
```

```
int delay_x = 0, delay_y = 0;   // 공(녹색LED)의 이동주기 설정
int move_y, move_x;             // 공(녹색LED)의 x, y좌표

int block_dot = 8;              // 장애물 블록간의 간격라인 초기값(5라인)
int block_frequency = 8;        // 장애물 블록간의 간격 결정
int score_frequency = 0;        // 다음 점수상자 발생 간격라인
int den = 0;                    // 점수상자 간격 카운터 변수
int score_col=0;                // 점수상자 발생 열위치

int block_no;                   // 다음에 발생할 장애물 블록 모양
int block_col;                  // 다음에 발생할 장애물 블록의 열 위치
int block_speed = 0;            // 블록 이동 스피드 설정(타이머/카운터1)

int oneshot = 0;                // 이벤트 발생시 조건문 한번만 실행하기 위한 변수
int start = 0;                  // 게임 시작/정지 결정
int gen_ran;                    // srand() 사용하기 위한 변수
int point = 0;                  // 게임 점수

❻ u_char dot_red[16][16];       // 장애물 블록 저장을 위한 도트매트릭스 배열
u_char dot_green[16][16];       // 점수상자 저장을 위한 도트매트릭스 배열
u_char tmp_r[16][16], tmp_g[16][16];

❼ // LCD 관련 함수
void LCD_init(void);                  // LCD 초기화
void LCD_String(char flash *);        // LCD 문자열 출력
void Busy(void);                      // 딜레이 2ms
void Command(unsigned char);          // LCD 커맨드 출력함수
void Data(unsigned char);             // LCD 표시 데이터 출력함수

❽ // 게임 관련 함수
void start_disp(void);                // 시작 화면 표시
void up_disp(void);                   // "속도 up" 표시
void check_point(void);               // 공과 점수상자, 장애물 충돌 체크
```

〈설명〉

❶ LCD 제어핀과 명령어를 심볼로 정의한다.
❷ 도트매트릭스 제어 핀을 심볼로 정의한다.
❸ 가속도 센서의 평형상태에서의 값과 공의 속도를 분류하기 위한 심볼이다. 그리고 공이 이동하기 위한 평형상태로부터의 차이 값을 나타낸다.
❹ 10가지의 장애물을 3차원 배열로 정의하고, 도트매트릭스에 표시될 "속도 UP", "READY?", "게임오버" 패턴을 배열에 저장한다.
❺ 프로그램에서 사용하는 전역변수들이다.
❻ 도트매트릭스에 적색으로 장애물 블록을 표시하기 위한 배열과 녹색으로 점수상자를 표시하기 위한 배열을 정의한다.
❼ LCD 관련 함수에 대한 함수 선언문이다.
❽ main() 함수이외에 정의된 함수에 대한 함수 선언문이다.

〈main() 함수〉

```
    void main(void)
{
    int rr, cc;
    int oneshot1;                 // 이벤트 발생시 조건문 한번만 실행하기 위한 변수

    // 도트매트릭스, LCD 사용 포트 입출력 설정
❶  DDRA = 0xff;                   // PORTA 출력 설정
    DDRC = 0xff;                  // PORTC 출력 설정

    PORTA = 0x0;                  // LCD Enable = 0;

    LCD_init();                   // LCD 초기화

    // AD 변환기 설정
❷  ADCSRA = 0x87;                 //  ADEN=1, 단일변환 128분주(125kHz)

    // 외부 인터럽트 설정
❸  EIMSK = 0b00010000;            // 외부인터럽트4 인에이블
    EICRB = 0b00000010;           // 외부인터럽트4 하강에지 동작

❹  // 타이머/카운터 설정
    TIMSK = 0b00000001;           // 타이머/카운터0 오버플로우 인터럽트 인에이블
    TCCR0 = 0x07;                 // 일반모드, 프리스케일 = CK/1024
    TCNT0 = 0xA0;                 // 타이머/카운터0 레지스터 초기값
                                  // 1/16us * 1024 * (256 - 160) = 6.1ms

    TIMSK |= 0b00000100;          // 타이머/카운터1 오버플로우 인터럽트 인에이블
    TCCR1A = 0;
    TCCR1B = 0x04;                // 일반모드, 프리스케일 = CK/256
    TCCR1C = 0;
    TCNT1 = 0x00;                 // 타이머/카운터1 레지스터 초기값

    TIMSK |= 0b01000000;          // 타이머/카운터2 오버플로우 인터럽트 인에이블
    TCCR2 = 0x05;                 // 일반모드, 프리스케일 = CK/1024
    TCNT2 = 0xA0;                 // 타이머/카운터2 레지스터 초기값
                                  // 1/16us * 1024 * (256 - 160) = 6.1ms

    ETIMSK = 0b00000100;          // 타이머/카운터3 오버플로우 인터럽트 인에이블
    TCCR3A = 0;
    TCCR3B = 0x03;                // 일반모드, 프리스케일 = CK/64
```

```
    TCCR3C = 0;
    TCNT3H = 0xFF;                          // 타이머/카운터3 레지스터 초기값
    TCNT3L = 0x06;                          // 1/16us * 64분주 * (65536 - 65286) = 1ms

    SREG = 0x80;                            // 전역 인터럽트 인에이블 비트 I 셋.

    while(1){
❺      start_disp();

       while(start == 0) gen_ran += 1;     // srand()함수 실행을 위한 카운터 변수
                                           // 시작 버튼 입력 대기

❻      for(rr = 0;rr < 16;rr++){
          for(cc = 0;cc < 16;cc++){
             dot_red[rr][cc] = 0;
             dot_green[rr][cc] = 0;
          }
       }

       // 초기설정
       oneshot1 = 0;
       move_y = 8;                                  // y좌표
       move_x = 8;                                  // x좌표
       dot_green[move_y][move_x] = 1;               // 공 위치 녹색 LED ON

       while(start){                                // 게임 시작
          // 게임기의 y방향(센서 x 방향) 기울기 측정
❼         ADMUX = 0x03;                             // ADC3(ACC_X) 단극성 입력선택
          ADCSRA = ADCSRA | 0x40;                   // ADSC = 1 변환 시작
          while((ADCSRA & 0x10) == 0);              // ADIF=1이 될 때까지 대기
          di_y = ADCW;

          // 게임기의 x방향(센서 y 방향) 기울기 측정
          ADMUX = 0x04;                             // ADC4(ACC_Y) 단극성 입력선택
          ADCSRA = ADCSRA | 0x40;                   // ADSC = 1 변환 시작
          while((ADCSRA & 0x10) == 0);              // ADIF=1이 될 때까지 대기
          di_x = ADCW;

❽         if((point % 10 == 0) && !oneshot1 && point < 50){
                //10, 20, 30, 40점이 될 때
                if(point != 0) up_disp(); // 0점 아니면 도트메트릭스 "속도 UP!" 출력
          }
```

```
        if((point % 10) == 0) oneshot1 = 1;          // 윗부분 한번만 실행하기 위한 처리
        else oneshot1 = 0;
    }

❾   Command(HOME);                                   // 커서 1행1열에 위치
    LCD_String("GAME  OVER");                        // "GAME OVER" LCD 출력

    // 도트매트릭스 "게임 오버" 출력
    for(rr = 0;rr < 16;rr++){
        for(cc = 0;cc < 16;cc++){
            dot_red[rr][cc] = over_word[rr][cc];
            dot_green[rr][cc] = 0;
        }
    }
    delay_ms(3000);
  }
}
```

〈설명〉

❶ LCD와 도트매트릭스를 제어하는 포트A와 포트C를 출력 방향으로 설정하고, LCD를 초기화 한다.

❷ AD 변환기를 단일변환 128분주로 설정한다.

❸ 시작 스위치의 기능을 갖는 외부 인터럽트4를 인에이블 시키고 하강에지로 설정한다.

❹ 타이머/카운터 0,1,2,3에 대한 초기설정을 한다. 타이머/카운터0과 2는 공의 수평/수직 방향에 대한 이동처리를 각각 수행하고, 타이머/카운터1은 장애물과 점수상자에 대한 이동처리를 수행한다. 타이머/카운터3은 도트매트릭스를 1ms 단위로 한 줄씩 표시하는 기능을 갖는다.

❺ 게임 시작하기 전에 도트매트릭스에 "READY?"를 출력하고, 시작 스위치가 눌려질 때까지 랜덤 계열수를 발생하는 srand() 함수에서 사용할 seed 변수 값을 1증가하면서 대기한다.

❻ 도트매트릭스에 장애물과 점수상자 그리고 공을 표시할 배열을 모두 클리어 시킨다. 그리고 게임 시작에 앞서 공의 초기 좌표와 공의 위치가 녹색으로 표시되도록 녹색 표시 배열에 설정한다.

❼ 가속도 센서의 X축, Y축값을 AD 변환하여 각각 변수에 저장한다.

❽ 현재 점수가 50점보다 작고 10의 배수, 그리고 아직 "속도 UP"이 출력되지 않은 상태이면 도트매트릭스에 약 1초 정도 "속도UP"을 출력한다. 또한 현재 점수가 10의 배수이면 "속도 UP"을 출력한 상태로 하고(oneshot = 1), 10의 배수가 아닌 경우에는 "속도 UP"을 출력하지 않은 상태로 한다(oneshot = 0).

❾ 게임이 종료된 상태가 되면 LCD에 "GAME OVER"를 표시하고, 도트매트릭스에는 적색으로 "게임오버"를 표시한다.

〈start_disp() 함수〉

```
// 시작 화면 표시
❶ void start_disp(void)
{
    int     rr, cc;

❷   Command(ALLCLR);
    LCD_String("  PRESS BUTTON  ");

❸   point =0;                   // 점수 리셋
    block_frequency = 8;        // 장애물 간격 조절 변수
    block_dot = 8;              // 장애물 간격 변수
    score_frequency = 0;        // 점수상자 간격 변수
    block_speed = 0x4000;       // 장애물, 점수상자 하강 속도 조절
    oneshot = 0;                // "속도 UP" 출력 상태 변수

    // 도트매트릭스 "READY" 출력
❹   for(rr = 0;rr < 16;rr++){
        for(cc = 0;cc < 16;cc++){
            dot_green[rr][cc] = ready_word[rr][cc];
            dot_red[rr][cc] = ready_word[rr][cc];
        }
    }
}
```

〈설명〉

❶ 게임 시작에 앞서 LCD와 도트매트릭스에 메시지를 출력하는 함수이다.

❷ LCD에 "PRESS BUTTON" 메시지를 출력한다.

❸ 게임에 앞서 변수 값들을 초기화한다. 점수, 장애물 간격 조절 변수, 장애물 간격 변수 등에 대해 초기값을 설정한다.

❹ 도트매트릭스에 "READY"를 출력 표시한다.

〈up_disp() 함수〉

```
  // 문자열 도트매트릭스에 출력
❶ void up_disp(void)
  {
    int     rr, cc;

❷   TIMSK = 0x0;                    // 타이머/카운터0,1,2 오버플로우 인터럽트 디스에이블

❸   for(rr = 0;rr < 16;rr++){
      for(cc = 0;cc < 16;cc++){
        tmp_r[rr][cc] = dot_red[rr][cc];
        tmp_g[rr][cc] = dot_green[rr][cc];
      }
    }

❹   for(rr = 0;rr < 16;rr++){
      for(cc = 0;cc < 16;cc++){
        dot_green[rr][cc] = up_word[rr][cc];
        dot_red[rr][cc] = 0;
      }
    }
    delay_ms(1000);

❺   for(rr = 0;rr < 16;rr++){
      for(cc = 0;cc < 16;cc++){
        dot_green[rr][cc] = tmp_g[rr][cc];
        dot_red[rr][cc] = tmp_r[rr][cc];
      }
    }
    delay_ms(5);

❻   TIMSK = 0b01000101;       // 타이머/카운터0,1,2 오버플로우 인터럽트 인에이블
  }
```

〈설명〉

❶ 점수 10점, 20점. 30점, 40점 될 때마다 도트매트릭스에 "속도 UP"을 1초 동안 표시하는 함수이다.

❷ 타이머/카운터0,1,2 인터럽트를 디스에이블 시키고, 도트매트릭스의 표시를 담당하는 타이머/카운터3만 인에이블 시킨 상태로 도트매트릭스의 표시가 off 되지 않도록 한다. 여기서, 타이

머/카운터0과 2는 공의 수평 이동과 수직 이동에 대한 처리를 주기적으로 행하며, 타이머/카운터1은 점수상자와 장애물을 주기적으로 1줄 아래로 이동시킨다.

❸ 도트매트릭스에서 출력되고 있는 표시 배열의 녹색 데이터와 적색 데이터를 백업 저장한다.

❹ 도트매트릭스의 녹색 표시 배열에 "속도 UP" 패턴을 저장하고, 적색 표시 배열은 클리어 시켜 녹색으로 1초 동안 표시한다.

❺ 백업 저장한 데이터를 표시 배열에 저장하여 게임이 지속되도록 한다.

❻ 타이머/카운터0,1,2 인터럽트를 다시 인에이블 시켜, 게임이 정상적으로 동작하도록 한다.

〈check_point() 함수〉

```
  // 공과 점수상자, 장애물 충돌 체크
❶ void check_point(void)
  {
      int N1, N10, N100, N1000, buf;             // 점수 4자리 분할

❷     if(dot_red[move_y][move_x] != 0){
❸         if(dot_green[move_y][move_x] == 0)     // 장애물 충돌, 게임 정지
                start = 0;
❹         else {                                 // 공이 점수상자에 부딪쳤을 때
                point += 1;                      // 점수 1증가
                 N1000 = point / 1000;           // 1000자리
                buf = point % 1000;
                N100 = buf / 100;                // 100자리
                buf = buf % 100;
                N10 = buf / 10;                  // 10자리
                N1 = buf % 10;                   // 1자리

                // 각 자리 LCD 출력
                Command(0xCC);                   // LCD 커서 2행 12열로 이동
                Data(N1000 + '0');               // 1000자리 출력
                Data(N100  + '0');               // 100자리 출력
                Data(N10 + '0');                 // 10자리 출력
                Data(N1 + '0');                  // 1자리 출력
          }
      }
❺     dot_green[move_y][move_x] = 1;
      dot_red[move_y][move_x] = 0;
  }
```

〈설명〉

❶ 공, 장애물, 점수상자가 이동하게 되면 실행되는 함수이며, 공의 위치에 녹색 LED를 on 시키는 기능도 갖고 있다. 새로운 공과 점수상자 또는 장애물 상자와의 충돌을 체크하며, 점수상자와 충돌하면 점수를 1점 추가한다. 장애물 상자와 충돌하는 경우에는 시작 변수를 클리어 시킨다.

❷ 새로운 공의 위치에 적색 LED가 off 이면 ❺로 이동하고, 적색 LED가 on 이면 다음 처리를 수행한다.

❸ 새로운 공 위치의 녹색 LED가 off 이면, 적색 LED만 on 되어 있는 상태이므로 장애물이기 때문에 시작변수를 클리어 시켜 게임을 종료한다.

❹ 새로운 공 위치의 녹색 LED가 on 이면 점수 상자이므로 점수를 1증가 시킨 후 점수의 1000자리, 100자리, 10자리, 1자리를 각각 추출한다. 그리고, LCD에서 점수 표시 위치 2행 12열로 이동한 후 점수를 한 자리씩 표시한다.

❺ 새로운 공 위치의 녹색 LED를 on 시키고, 적색 LED는 off 시킨다.

〈외부인터럽트4 처리 함수〉

```
   // 외부인터럽트4(시작 스위치 입력 처리)
❶ interrupt [EXT_INT4] void start_button(void)
   {
❷     srand(gen_ran);                        // 새로운 랜덤 계열수 발생
      start = 1;                             // 시작

❸     Command(ALLCLR);
      Command(LINE2);
      LCD_String("YOUR SCORE: 0000");        // 점수 0 표시
   }
```

〈설명〉

❶ 스위치1이 눌려질 때 발생하는 외부인터럽트4 처리함수이다.

❷ 새로운 랜덤 계열수를 발생하고, 시작변수를 셋 한다.

❸ LCD 2행에 "YOUR SCORE: 0000"을 표시한다.

〈타이머/카운터0 오버플로우 인터럽트 함수〉

```
// 타이머/카운터0(공의 x좌표 이동)
// 1/16us * 1024 * (256 - 160) = 0.006144s
❶ interrupt [TIM0_OVF] void control_x(void)
{
  int    tx;

❷   TCNT0 = 0xA0;              // 6ms 초기값 재설정

    if(start == 0) return;

❸   cou_x++;                   // 공(녹색LED)의 x방향 이동주기 카운터 변수 +1

    // 센서 값에 따라 공의 x축 이동속도 조정
❹   if(cou_x <= delay_x) return;

❺   tx = move_x;
    cou_x = 0;                 // 카운터 변수 리셋

    // 센서 값에 따라 이동속도 4단계 분류
    if(di_x > ACC_XM1 && di_x < ACC_XP1) delay_x = 22;       //제일 느리게
    else if(di_x > ACC_XM2 && di_x < ACC_XP2) delay_x = 9;   // 보통
    else if(di_x > ACC_XM3 && di_x < ACC_XP3) delay_x = 4;   // 조금 빠르게
    else delay_x = 2;                                        // 아주 빠르게

❻   if(di_x > (ACC_X + ACC_DXY)) {        // 오른쪽으로 기울여졌을 때
      move_x++;                           // 공의 x좌표 +1
      if(move_x > 15) move_x = 15;
    }
❼   else if(di_x < (ACC_X - ACC_DXY)){    // 왼쪽으로 기울여졌을 때
      if(move_x == 0) move_x = 0;
      else move_x--;                      // 공의 x좌표 -1
    }

❽   if(tx != move_x){
      dot_green[move_y][tx] = 0;
      check_point();
    }
}
```

〈설명〉

❶ 가속도 센서의 기울기에 따라 공을 수평방향으로 이동 처리하는 타이머/카운터0 오버플로우 인터럽트 처리함수이며 약 6ms의 인터럽트 주기를 갖는다.
❷ 6ms 인터럽트 주기를 위해 타이머/카운터2 레지스터에 초기값을 재설정한다.
❸ 공의 수평방향 이동주기 변수를 1증가시킨다.
❹ 공의 수평방향 이동주기 변수 값이 가속도 센서의 수평방향 기울기에 따라 분류한 이동 속도 값보다 작거나 같으면 리턴한다.
❺ 현재 공의 수평좌표를 저장하고 수평방향 이동주기 카운터 변수를 클리어 시킨다. 가속도 센서 값에 따라 공의 이동속도를 4단계로 분류한다.
❻ 가속도 센서의 수평 방향 기울기 값이 평형상태의 값으로부터 ACC_DXY(15) 보다 크게 벗어나 있으면 공을 오른쪽으로 이동시킨다.
❼ 가속도 센서의 수평 방향 기울기 값이 평형상태의 값으로부터 ACC_DXY(15) 보다 작게 벗어나 있으면 공을 왼쪽으로 이동시킨다.
❽ 공의 원래 수평 위치와 새로 이동한 공의 새로운 좌표가 일치하지 않는 경우에는 공의 원래 수평 위치의 녹색 LED를 off 시키고, 공과 점수상자 또는 장애물 상자와의 충돌을 체크하는 함수 check_point() 함수를 호출한다.

〈타이머/카운터2 오버플로우 인터럽트 함수〉

```
   // 타이머/카운터2(공의 y좌표 이동)
   // (1/16us * 1024 * (256 - 160) = 0.006144s)
❶ interrupt [TIM2_OVF] void control_y(void)
   {
       int    ty;

❷     TCNT2 = 0xA0;                     // 6ms 초기값 재설정

       if(start == 0) return;
❸     cou_y++;                          // 공(녹색LED)의 y방향 이동주기 카운터 변수 +1

       // 센서 값에 따라 공의 y축 이동속도 조정
❹     if(cou_y <= delay_y) return;

❺     ty = move_y;
       cou_y = 0;                        // 카운터 변수 리셋
```

```
    // 센서 값에 따라 이동속도 4단계 분류
    if(di_y > ACC_YM1 && di_y < ACC_YP1) delay_y = 22;       // 제일 느리게
    else if(di_y > ACC_YM2 && di_y < ACC_YP2) delay_y = 9;  // 보통
    else if(di_y > ACC_YM3 && di_y < ACC_YP3) delay_y = 4;  // 조금 빠르게
    else delay_y = 2;                                        // 아주 빠르게

❻  if(di_y < (ACC_Y - ACC_DXY)){                            // 앞쪽으로 기울였을 때
      if(move_y == 0) move_y = 0;
      else move_y--;                                         // 공의 y좌표 -1
    }
❼  else if(di_y > (ACC_Y + ACC_DXY)){
      // 뒷쪽으로 기울였을 때 공 아래로 이동
      move_y++;                                              // 공의 y좌표 +1
      if(move_y > 15) move_y = 15;
    }

❽  if(ty != move_y){
      dot_green[ty][move_x] = 0;
      check_point();
    }
}
```

〈설명〉

❶ 가속도 센서의 기울기에 따라 공을 수직방향으로 이동 처리하는 타이머/카운터2 오버플로우 인터럽트 처리함수이며 약 6ms의 인터럽트 주기를 갖는다.

❷ 6ms 인터럽트 주기를 위해 타이머/카운터2 레지스터에 초기값을 설정한다.

❸ 공의 수직방향 이동주기 변수를 1증가시킨다.

❹ 공의 수직방향 이동주기 변수 값이 가속도 센서의 수직방향 기울기에 따라 분류한 이동 속도 값 보다 작거나 같으면 리턴한다.

❺ 현재 공의 수직좌표를 저장하고 수직방향 이동주기 카운터 변수를 클리어 시킨다. 그리고, 가속도 센서 값에 따라 공의 이동속도를 4단계로 분류한다.

❻ 가속도 센서의 수직 방향 기울기 값이 평형상태의 값으로부터 ACC_DXY(15) 보다 작게 벗어나 있으면 공을 위로 이동시킨다.

❼ 가속도 센서의 수직 방향 기울기 값이 평형상태의 값으로부터 ACC_DXY(15) 보다 크게 벗어나 있으면 공을 아래로 이동시킨다.

❽ 공의 원래 수직 위치와 새로 이동한 공의 새로운 좌표가 일치하지 않는 경우에는 공의 원래 수직 위치의 녹색 LED를 off 시키고, 공과 점수상자 또는 장애물 상자와의 충돌을 체크하는 함수 check_point() 함수를 호출한다.

〈타이머/카운터1 오버플로우 인터럽트 함수〉

```
   // 타이머/카운터1(장애물/점수상자 1줄 아래로 이동)
   // 1/16us * 256 * (0xFFFF - block_speed )
❶ interrupt [TIM1_OVF] void block_down(void)
   {
       int     rr, cc, rr1;

❷      TCNT1 = block_speed;                              // 초기값 설정

       if(start == 0) return;

❸      dot_green[move_y][move_x] = 0;

❹      for(rr = 15;rr > 0;rr--){
           rr1 = rr - 1;
           for(cc = 0;cc < 16;cc++){
                   dot_red[rr][cc] = dot_red[rr1][cc];           // 장애물 1칸 아래로 이동
                   dot_green[rr][cc] = dot_green[rr1][cc];       // 점수상자 1칸 아래 이동
           }
       }

❺      for(cc = 0; cc < 16;cc++){
           dot_red[0][cc] = 0;
           dot_green[0][cc] = 0;
       }

❻      if(block_dot < 3){                         // 장애물 3라인 모두 출력하지 않았으면
           for(cc = 0;cc < 3;cc++){               // 장애물 블록 1라인 추가
                   dot_red[0][block_col + cc] = block_shape[block_no][block_dot][cc];
           }
           block_dot++;                           // 장애물 블록 간격 +1
       }
❼      else {  // 장애물 블록 3라인 추가 완료(블록 3라인 + 블록간격 = block_dot
           block_dot++;                           // 장애물 블록 간격 +1
❽          if(block_dot >= block_frequency){      // 장애물 블록 간격 >= 설정 블록간격
                   block_dot = 0;                 // 장애물 블록 간격 리셋
                   block_col = rand() % 14;       // 장애물 생성위치 x좌표(0~13) 발생
                   block_no = rand() % 10;        // 장애물 블록 번호(0~9) 발생
           }
       }
```

```
❾   if(den > score_frequency){                    // 점수 상자의 간격 설정(랜덤)
        den = 0;                                   // 점수상자 간격 변수 리셋
        score_col = rand() % 16;                   // 점수상자 생성위치 랜덤 발생(0-15)
        score_frequency = rand() % 8;              // 다음 발생할 점수상자 간격(0-7)
        dot_green[0][score_col] = 1;               // score_col열 맨 윗줄에 점수상자 생성

❿       while(dot_red[0][score_col] == 1) {        // 이미 장애물이 있는지?
            // 장애물과 겹칠 시 다시 생성
            dot_green[0][score_col] = 0;           // 먼저 생성한 점수상자 클리어
            score_col = rand() % 16;               // 점수상자 위치 다시 생성
            dot_green[0][score_col] = 1;           // score_col열 맨 윗줄에 점수상자 생성
        }

⓫       dot_red[0][score_col] = 1;
    }

⓬   den++;                                         // 점수 상자 간격 카운터 변수 +1
    check_point();

    // 10, 20, 30, 40점 도달 할 때마다 장애물 블록 간격과 스피드 조정
⓭   if((point % 10) == 0 && oneshot == 0){
        if(point < 10){                    // 10점 미만
            block_frequency = 8;           // 장애물 블록 간격 5줄
            block_speed = 0x4000;          // 블록 하강속도 조절을 위한 타/카1 초기값
        }
        else if(point < 20){                       // 10점 이상 20점 미만
            block_frequency = 7;                   // 장애물 블록 간격 4줄
            block_speed = 0x8000;
        }
        else if(point < 30){                       // 20점 이상 30점 미만
            block_frequency = 6;                   // 장애물 블록 간격 3줄
            block_speed = 0xB000;
        }
        else if(point < 40){                       // 30점 이상 40점 미만
            block_frequency = 5;                   // 장애물 블록 간격 2줄
            block_speed = 0xD000;
        }
        else {                                     // 40점 이상
            block_frequency = 4;                   // 장애물 블록 간격 1줄
            block_speed = 0xE000;
        }
    }
```

```
⑭      if((point % 10) == 0) oneshot = 1;          // 윗부분 한번 실행을 위한 처리
       else oneshot = 0;
   }
```

〈설명〉

❶ 장애물과 점수상자를 하강시키는 타이머/카운터1 오버플로우 인터럽트 함수이며, 획득한 점수에 따라 인터럽트 주기가 바뀐다.

❷ 점수에 따라 분류된 block_speed 값을 타이머/카운터1의 초기값으로 재설정한다. 그리고, 게임이 종료된 상태이면 리턴한다.

❸ 우선 공의 녹색 LED를 off 시킨다. 이것은 장애물과 점수상자만을 아래로 이동시키고, 공은 이동시키지 않기 위해서이다.

❹ 장애물(적색)과 점수상자(주황색)를 아래로 한 줄 이동시키기 위해 표시 배열의 위쪽 값을 아래쪽으로 복사한다.

❺ 아래로 한 줄 이동시켰기 때문에 맨 윗줄의 표시 배열 값은 클리어 시킨다.

❻ 현재 도트매트릭스의 윗부분에서 출력되고 있는 장애물이 모두 출력되지 않은 상태이면 표시 배열의 맨 윗줄에 출력한다.

❼ 출력하고 있는 장애물을 모두 출력한 상태이면 처리되는 부분이며, 출력된 장애물과의 간격을 1증가시킨다.

❽ 새로 장애물을 출력해야할 주기가 되면 새로 출력할 장애물의 위치와 장애물 블록 번호를 랜덤하게 발생한다.

❾ 점수상자를 새로 추기해야할 주기가 되면 점수상자를 출력할 수평 위치와 다음에 다시 출력해야 할 간격을 랜덤하게 발생한다. 점수상자의 새로운 위치 녹색 표시 배열 값을 1로 한다.

❿ 점수상자가 놓이는 위치에 장애물이 이미 있으면 장애물이 없는 위치에 점수상자가 위치하도록 반복하여 새로운 수평 위치를 랜덤하게 발생한다. 점수상자의 새로운 위치에서의 녹색 표시 배열 값을 1로 한다.

⓫ 점수상자를 주황색으로 표시하기 위해 점수상자의 새로운 위치에서의 적색 표시 배열값을 1로 한다.

⓬ 점수상자의 간격을 나타내는 카운터 변수를 1증가시키고, 장애물과 점수상자의 이동이 있었기 때문에 공과 점수상자 또는 장애물 상자와의 충돌을 체크하는 함수 check_point() 함수를 호출한다.

⓭ 점수가 10, 20, 30, 40점에 도달 할 때마다 장애물 블록 간격은 작게, 장애물과 점수상자의 하강속도는 빠르게 조정한다. 이 부분은 변수 oneshot 값이 0일 때만 한 번 실행되도록 처리한다.

⓮ 점수가 10의 배수이면 oneshot 값을 1로 하여 ⓭ 부분이 한 번만 실행되도록 하고, 점수가 10의 배수가 아닌 순간 oneshot 값을 0으로 하여 다음에 점수가 10의 배수가 되는 순간 ⓭ 부분이 다시 실행되게끔 한다.

〈타이머/카운터3 오버플로우 인터럽트 함수〉

```
  // 타이머/카운터 3 : 도트매트릭스 표시
  // 주기 : 1/16us * 64 * (65536 - 65286) =  1ms
❶ interrupt [TIM3_OVF] void dotmat_disp(void)
  {
      unsigned int i;

❷     TCNT3H = 0xFF;
      TCNT3L = 0x06;

❸     for(i = 0; i < 16; i++){
          RED = dot_red[dot_i][i];        // RED에 Red LED Data값 출력
          GREEN = dot_green[dot_i][i];    // GREEN에 Green LED Data값 출력

          CLOCK = 1;                      // CK에 1출력
          delay_us(1);                    // 1us 딜레이
          CLOCK = 0;                      // CK에 0출력
          delay_us(1);                    // 1us 딜레이
      }

❹     delay_us(2);
      ENABLE = 1;                         // ENABLE 1
      LATCH = 0;                          // LATCH 0
      delay_us(2);
      LATCH = 1;                          // LATCH 1
      PORTC = (PORTC & 0b00001111) | (dot_i << 4); // 표시 라인 설정
      delay_us(2);
      ENABLE = 0;                         // ENABLE 0

❺     dot_i++;                            // 다음에 표시할 라인 번호 증가
      if(dot_i >= 16) dot_i = 0;          // 표시 라인 갱신(0~15)
  }
```

〈설명〉

❶ 1ms마다 처리되는 타이머/카운터3 오버플로우 인터럽트 함수이며, 도트매트릭스를 1줄씩 표시한다.
❷ 1ms 인터럽트 주기를 위해 초기값을 재설정한다.
❸ 적색 16비트, 녹색 16비트의 데이터를 클럭과 함께 출력한다.
❹ 클럭과 함께 입력된 적색과 녹색 데이터를 쉬프트 레지스터에 저장하도록 LATCH 펄스를 출력하고, 쉬프트 레지스터에 저장된 데이터가 표시될 라인 어드레스를 출력한 후 ENABLE 신호를 클리어 시킨다.
❺ 다음에 표시할 라인 어드레스를 1증가시키고, 0~15의 값을 갖도록 한다.

6.5 프로그램

```
/***************************************************/
/* block.c : 반응감지 블록피하기                          */
/* Programmed by Donguk SHIN in 2016                */
/***************************************************/

#include <mega128.h>
#include <stdlib.h>
#include <delay.h>

// 텍스트 LCD
// RS          - PA0
// R/W         - PA1
// ENABLE      - PA2
// DB4         - PA4
// DB5         - PA5
// DB6         - PA6
// DB7         - PA7

// LCD 관련 심볼
#define LCD_ENABLE  PORTA.2          // Enable(펄스)

// LCD 명령어
#define  FUNCSET     0x28            // Function Set
#define  ENTMODE     0x06            // Entry Mode Set
#define  ALLCLR      0x01            // All Clear
```

```
#define  DISPON      0x0c         // Display On
#define  LINE2       0xC0         // 2nd Line Move
#define  HOME        0x02         // Cursor Home
#define  CURON       0x0F         // Cursor On

// 도트매트릭스(A0-A3 : PORTC.4~PORTC.7)
#define  RED         PORTC.0      // Red LED Data
#define  GREEN       PORTC.1      // Green LED Data
#define  ENABLE      PORTC.2      // Output Enable
#define  LATCH       PORTC.3      // Latch
#define  CLOCK       PORTA.3      // Clock

// 가속도 센서 관련 심볼
#define  ACC_Y       330          // 게임기 앞뒤 방향 가속도 센서 평형 값
                                  // (앞 기울이면 감소, 뒤 기울이면 증가)
#define  ACC_X       350          // 게임기 좌우 방향 가속도 센서 평형 값
                                  // (좌 기울이면 감소, 우 기울이면 증가)

// 공의 이동속도를 결정하기 위한
// 가속도 센서 X축 평형 값으로부터의 차이에 따른 분류
#define  ACC_XM1     ACC_X - 40
#define  ACC_XP1     ACC_X + 40
#define  ACC_XM2     ACC_X - 80
#define  ACC_XP2     ACC_X + 80
#define  ACC_XM3     ACC_X - 110
#define  ACC_XP3     ACC_X + 110

// 공의 이동속도를 결정하기 위한
// 가속도 센서 Y축 평형 값으로부터의 차이에 따른 분류
#define  ACC_YM1     ACC_Y - 40
#define  ACC_YP1     ACC_Y + 40
#define  ACC_YM2     ACC_Y - 80
#define  ACC_YP2     ACC_Y + 80
#define  ACC_YM3     ACC_Y - 110
#define  ACC_YP3     ACC_Y + 110

#define  ACC_DXY     15      // 공 이동조건
                             // 평형 값으로부터 이 값만큼의 변화가 있으면 이동

typedef unsigned char u_char;

flash u_char block_shape[10][3][3]={ // 장애물 블록 모양(10가지)
```

```
        {{1,0,0},{1,0,0},{1,1,1}},
        {{0,1,0},{1,1,1},{0,1,0}},
        {{1,1,1},{0,0,1},{0,0,1}},
        {{0,1,0},{0,1,0},{1,1,1}},
        {{1,1,0},{0,1,1},{0,0,1}},
        {{0,0,1},{0,1,1},{1,1,0}},
        {{1,1,1},{0,1,0},{0,1,0}},
        {{1,0,1},{1,1,1},{1,0,1}},
        {{1,0,0},{1,1,1},{0,0,1}},
        {{0,0,1},{1,1,1},{1,0,0}}};

flash u_char up_word[16][16] = {  // 도트매트릭스 출력 문자("속도 UP!")
        {0,0,0,1,0,0,0,0,0,0,1,1,1,1,1,0},
        {0,0,1,0,1,0,0,0,0,0,1,0,0,0,0,0},
        {0,1,0,1,0,1,0,0,0,0,1,0,0,0,0,0},
        {0,0,0,1,0,0,0,0,0,0,1,1,1,1,1,0},
        {0,1,1,1,1,1,0,0,0,0,0,0,0,0,0,0},
        {0,0,0,0,0,0,0,0,0,0,0,0,1,0,0,0},
        {0,1,1,1,1,1,0,0,0,0,0,0,1,0,0,0},
        {0,0,0,0,0,1,0,0,0,0,1,1,1,1,1,0},
        {0,0,0,0,0,1,0,0,0,0,0,0,0,0,0,0},
        {0,0,0,0,0,0,0,0,0,0,0,0,0,0,0,0},
        {0,0,0,1,0,0,1,0,1,1,1,0,0,1,0,0},
        {0,0,0,1,0,0,1,0,1,0,0,1,0,1,0,0},
        {0,0,0,1,0,0,1,0,1,0,0,1,0,1,0,0},
        {0,0,0,1,0,0,1,0,1,1,1,0,0,1,0,0},
        {0,0,0,1,0,0,1,0,1,0,0,0,0,0,0,0},
        {0,0,0,0,1,1,0,0,1,0,0,0,0,1,0,0}};

flash u_char ready_word[16][16] = { // 도트매트릭스 출력 문자("READY?")
       {0,0,0,0,0,0,0,0,0,0,0,0,0,0,0,0},
        {0,1,1,1,0,0,1,1,1,1,0,0,1,1,0,0},
        {0,1,0,0,1,0,1,0,0,0,0,1,0,0,1,0},
        {0,1,0,0,1,0,1,1,1,1,0,1,1,1,1,0},
        {0,1,1,1,0,0,1,0,0,0,0,1,0,0,1,0},
        {0,1,0,0,1,0,1,0,0,0,0,1,0,0,1,0},
        {0,1,0,0,1,0,1,1,1,1,0,1,0,0,1,0},
        {0,0,0,0,0,0,0,0,0,0,0,0,0,0,0,0},
        {0,0,0,0,0,0,0,0,0,0,0,0,0,0,0,0},
        {0,1,1,1,0,0,1,0,0,0,1,0,0,1,1,0},
        {0,1,0,0,1,0,0,1,0,1,0,0,1,0,0,1},
        {0,1,0,0,1,0,0,0,1,0,0,0,0,0,1,0},
```

```
        {0,1,0,0,1,0,0,0,1,0,0,0,0,0,1,0},
        {0,1,0,0,1,0,0,0,1,0,0,0,0,0,0,0},
        {0,1,1,1,0,0,0,0,1,0,0,0,0,0,1,0},
        {0,0,0,0,0,0,0,0,0,0,0,0,0,0,0,0}};

flash u_char over_word[16][16] = {  // 도트매트릭스 출력 문자("게임오버")
        {0,0,0,0,0,0,0,0,0,0,0,1,1,0,0,1},
        {1,1,1,1,1,0,1,0,1,0,1,0,0,1,0,1},
        {0,0,0,1,0,0,1,0,1,0,1,0,0,1,0,1},
        {0,0,1,0,1,1,1,0,1,0,0,1,1,0,0,1},
        {0,1,0,0,0,0,1,0,1,0,1,1,1,1,1,1},
        {1,0,0,0,0,0,1,0,1,0,1,0,0,0,0,1},
        {0,0,0,0,0,0,1,0,1,0,1,1,1,1,1,1},
        {0,0,0,0,0,0,0,0,0,0,0,0,0,0,0,0},

        {0,0,0,0,0,0,0,0,0,0,0,0,0,0,0,0},
        {0,0,1,1,1,0,0,0,0,0,0,0,0,0,0,1},
        {0,1,0,0,0,1,0,0,0,1,0,0,1,0,0,1},
        {0,1,0,0,0,1,0,0,0,1,0,0,1,0,0,1},
        {0,0,1,1,1,0,0,0,0,1,1,1,1,1,1,1},
        {0,0,0,1,0,0,0,0,0,1,0,0,1,0,0,1},
        {0,0,0,1,0,0,0,0,0,1,1,1,1,0,0,1},
        {0,1,1,1,1,1,1,0,0,0,0,0,0,0,0,1}};

int dot_i = 0;                  // 도트매트릭스 표시행 번호
int di_x ,di_y;                 // 가속도센서 출력 값(X방향,Y방향)

int cou_x = 0, cou_y = 0;       // 공(녹색LED)의 이동주기 카운터 변수
int delay_x = 0, delay_y = 0;   // 공(녹색LED)의 이동주기 설정
int move_y, move_x;             // 공(녹색LED)의 x, y좌표

int block_dot = 8;              // 장애물 블록간의 간격라인 초기값(5라인)
int block_frequency = 8;        // 장애물 블록간의 간격 결정
int score_frequency = 0;        // 다음 점수상자 발생 간격라인
int den = 0;                    // 점수상자 간격 카운터 변수
int score_col=0;                // 점수상자 발생 열위치

int block_no;                   // 다음에 발생할 장애물 블록 모양
int block_col;                  // 다음에 발생할 장애물 블록의 열 위치
int block_speed = 0;            // 블록 이동 스피드 설정(타이머/카운터1)

int oneshot = 0;                // 이벤트 발생시 조건문 한번만 실행하기 위한 변수
```

```
int start = 0;                    // 게임 시작/정지 결정
int gen_ran;                      // srand() 사용하기 위한 변수
int point = 0;                    // 게임 점수

u_char dot_red[16][16];           // 장애물블록 저장을 위한 도트매트릭스 배열
u_char dot_green[16][16];         // 점수상자 저장을 위한 도트매트릭스 배열
u_char tmp_r[16][16], tmp_g[16][16];

// LCD 관련 함수
void LCD_init(void);              // LCD 초기화
void LCD_String(char flash *);    // LCD 문자열 출력
void Busy(void);                  // 딜레이 2ms
void Command(unsigned char);      // LCD 커맨드 출력함수
void Data(unsigned char);         // LCD 표시 데이터 출력함수

// 게임 관련 함수
void start_disp(void);            // 시작 화면 표시
void up_disp(void);               // "속도 up" 표시
void check_point(void);           // 공과 점수상자, 장애물 충돌 체크

void main(void)
{
   int rr, cc;
   int oneshot1;                  // 이벤트 발생시 조건문 한번만 실행하기 위한 변수

   // 도트매트릭스, LCD 사용 포트 입출력 설정
   DDRA = 0xff;                   // PORTA 출력 설정
   DDRC = 0xff;                   // PORTC 출력 설정

   PORTA = 0x0;                   // LCD Enable = 0;

   LCD_init();                    // LCD 초기화

   // AD 변환기 설정
   ADCSRA = 0x87;                 //  ADEN=1, 단일변환 128분주(125kHz)

   // 외부 인터럽트 설정
   EIMSK = 0b00010000;            // 외부인터럽트4 인에이블
   EICRB = 0b00000010;            // 외부인터럽트4 하강에지 동작

   // 타이머/카운터 설정
   TIMSK = 0b00000001;            // 타이머/카운터0 오버플로우 인터럽트 인에이블
```

```
TCCR0 = 0x07;                 // 일반모드, 프리스케일 = CK/1024
TCNT0 = 0xA0;                 // 타이머/카운터0 레지스터 초기값
                              // 1/16us * 1024 * (256 - 160) = 6.1ms

TIMSK |= 0b00000100;          // 타이머/카운터1 오버플로우 인터럽트 인에이블
TCCR1A = 0;
TCCR1B = 0x04;                // 일반모드, 프리스케일 = CK/256
TCCR1C = 0;
TCNT1 = 0x00;                 // 타이머/카운터1 레지스터 초기값

TIMSK |= 0b01000000;          // 타이머/카운터2 오버플로우 인터럽트 인에이블
TCCR2 = 0x05;                 // 일반모드, 프리스케일 = CK/1024
TCNT2 = 0xA0;                 // 타이머/카운터2 레지스터 초기값
                              // 1/16us * 1024 * (256 - 160) = 6.1ms
ETIMSK = 0b00000100;          // 타이머/카운터3 오버플로우 인터럽트 인에이블
TCCR3A = 0;
TCCR3B = 0x03;                // 일반모드, 프리스케일 = CK/64
TCCR3C = 0;
TCNT3H = 0xFF;                // 타이머/카운터3 레지스터 초기값
TCNT3L = 0x06;                // 1/16us * 64분주 * (65536 - 65286) = 1ms

SREG = 0x80;                  // 전역 인터럽트 인에이블 비트 I 셋.

while(1){
  start_disp();

  while(start == 0) gen_ran += 1;      // srand()함수 실행을 위한 카운터 변수
                                       // 시작 버튼 입력 대기

  for(rr = 0;rr < 16;rr++){
    for(cc = 0;cc < 16;cc++){
      dot_red[rr][cc] = 0;
      dot_green[rr][cc] = 0;
    }
  }

  // 초기설정
  oneshot1 = 0;
  move_y = 8;                          // y좌표
  move_x = 8;                          // x좌표
  dot_green[move_y][move_x] = 1;       // 공 위치 녹색 LED ON
```

```
    while(start){                                    // 게임 시작
        // 게임기의 y방향(센서 x 방향) 기울기 측정
        ADMUX = 0x03;                                // ADC3(ACC_X) 단극성 입력선택
        ADCSRA = ADCSRA | 0x40;                      // ADSC = 1 변환 시작
        while((ADCSRA & 0x10) == 0);                 // ADIF=1이 될 때까지 대기
        di_y = ADCW;

        // 게임기의 x방향(센서 y 방향) 기울기 측정
        ADMUX = 0x04;                                // ADC4(ACC_Y) 단극성 입력선택
        ADCSRA = ADCSRA | 0x40;                      // ADSC = 1 변환 시작
        while((ADCSRA & 0x10) == 0);                 // ADIF=1이 될 때까지 대기
        di_x = ADCW;

        if((point % 10 == 0) && !oneshot1 && point < 50){
            //10, 20, 30, 40점이 될 때
            if(point != 0) up_disp();                // 0점 아니면 도트매트릭스 "속도 UP!" 출력
        }

        if((point % 10) == 0) oneshot1 = 1;          //윗부분 한번만 실행하기 위한 처리
        else oneshot1 = 0;
    }

    Command(HOME);                                   // 커서 1행1열에 위치
    LCD_String("GAME  OVER");                        // "GAME OVER" LCD 출력

    // 도트매트릭스 "게임 오버" 출력
    for(rr = 0;rr < 16;rr++){
        for(cc = 0;cc < 16;cc++){
            dot_red[rr][cc] = over_word[rr][cc];
            dot_green[rr][cc] = 0;
        }
    }
    delay_ms(3000);
  }
}

// 시작 화면 표시
void start_disp(void)
{
    int    rr, cc;

    Command(ALLCLR);
```

```
	LCD_String("PRESS BUTTON");

	point =0;                          // 점수 리셋
	block_frequency = 8;               // 장애물 간격 조절 변수
	block_dot = 8;                     // 장애물 간격 변수
	score_frequency = 0;
	block_speed = 0x4000;
	oneshot = 0;

	// 도트매트릭스 "READY" 출력
	for(rr = 0;rr < 16;rr++){
		for(cc = 0;cc < 16;cc++){
			dot_green[rr][cc] = ready_word[rr][cc];
			dot_red[rr][cc] = ready_word[rr][cc];
		}
	}
}

// 문자열 도트매트릭스에 출력
void up_disp(void)
{
	int   rr, cc;

	TIMSK = 0x0;              // 타이머/카운터0,1,2 오버플로우 인터럽트 디스에이블

	for(rr = 0;rr < 16;rr++){
		for(cc = 0;cc < 16;cc++){
			tmp_r[rr][cc] = dot_red[rr][cc];
			tmp_g[rr][cc] = dot_green[rr][cc];
		}
	}

	for(rr = 0;rr < 16;rr++){
		for(cc = 0;cc < 16;cc++){
			dot_green[rr][cc] = up_word[rr][cc];
			 dot_red[rr][cc] = 0;
		}
	}
	delay_ms(1000);

	for(rr = 0;rr < 16;rr++){
		for(cc = 0;cc < 16;cc++){
```

```
                dot_green[rr][cc] = tmp_g[rr][cc];
                dot_red[rr][cc] = tmp_r[rr][cc];
            }
        }
        delay_ms(5);

        TIMSK = 0b01000101;       // 타이머/카운터0,1,2 오버플로우 인터럽트 인에이블
}

// 공과 점수상자, 장애물 충돌 체크
void check_point(void)
{
        int N1, N10, N100, N1000, buf;                  // 점수 4자리 분할

        if(dot_red[move_y][move_x] != 0){
            if(dot_green[move_y][move_x] == 0)          // 장애물 충돌, 게임 정지
                start = 0;
            else {                                      // 공이 점수상자에 부딪쳤을 때
                point += 1;                             // 점수 1증가
                N1000 = point / 1000;                   // 1000자리
                buf = point % 1000;
                N100 = buf / 100;                       // 100자리
                buf = buf % 100;
                N10 = buf / 10;                         // 10자리
                N1 = buf % 10;                          // 1자리

                // 각 자리 LCD 출력
                Command(0xCC);                          // LCD 커서 2행 12열로 이동
                Data(N1000 + '0');                      // 1000자리 출력
                Data(N100  + '0');                      // 100자리 출력
                Data(N10 + '0');                        // 10자리 출력
                Data(N1 + '0');                         // 1자리 출력
            }
        }
        dot_green[move_y][move_x] = 1;
        dot_red[move_y][move_x] = 0;
}

// 외부인터럽트4(시작 스위치 입력 처리)
interrupt [EXT_INT4] void start_button(void)
{
        srand(gen_ran);                                 // 새로운 랜덤 계열수 발생
```

```
        start = 1;                                  // 시작

        Command(ALLCLR);
        Command(LINE2);
        LCD_String("YOUR SCORE: 0000");             // 점수 0 표시
}

// 타이머/카운터1(장애물/점수상자 1줄 아래로 이동)
// 1/16us * 256 * (0xFFFF - block_speed )
interrupt [TIM1_OVF] void block_down(void)
{
        int     rr, cc, rr1;

        TCNT1 = block_speed;                        // 초기값 설정

        if(start == 0) return;

        dot_green[move_y][move_x] = 0;
        for(rr = 15;rr > 0;rr--){
                rr1 = rr - 1;
                for(cc = 0;cc < 16;cc++){
                        dot_red[rr][cc] = dot_red[rr1][cc];         // 장애물 1칸 아래로 이동
                        dot_green[rr][cc] = dot_green[rr1][cc];     // 점수상자 1칸 아래로 이동
                }
        }

        for(cc = 0; cc < 16;cc++){
                dot_red[0][cc] = 0;
                dot_green[0][cc] = 0;
        }
        if(block_dot < 3){                          // 장애물 3라인 모두 출력하지 않았으면
                for(cc = 0;cc < 3;cc++){            // 장애물 블록 1라인 추가
                        dot_red[0][block_col + cc] = block_shape[block_no][block_dot][cc];
                }
                block_dot++;                        // 장애물 블록 간격 +1
        }

        else {  // 장애물 블록 3라인 추가 완료(블록 3라인 + 블록간격 = block_dot
                block_dot++;                        // 장애물 블록 간격 +1
                if(block_dot >= block_frequency){   // 장애물 블록 간격 >= 설정 블록간격
                        block_dot = 0;              // 장애물 블록 간격 리셋
                        block_col = rand() % 14;    // 장애물 생성위치 x좌표(0~13) 발생
```

```
            block_no = rand() % 10;          // 장애물 블록 번호(0~9) 발생
        }
    }

    if(den > score_frequency){               // 점수 상자의 간격 설정(랜덤)
        den = 0;                              // 점수상자 간격 변수 리셋
        score_col = rand() % 16;              // 점수상자 생성위치 랜덤 발생(0-15)
        score_frequency = rand() % 8;         // 다음 발생할 점수상자 간격(0-7)
        dot_green[0][score_col] = 1;          // score_col열 맨 윗줄에 점수상자 생성

        while(dot_red[0][score_col] == 1) {   // 이미 장애물이 있는지?
            // 장애물과 겹칠 시 다시 생성
            dot_green[0][score_col] = 0;      // 먼저 생성한 점수상자 클리어
            score_col = rand() % 16;          // 점수상자 위치 다시 생성
            dot_green[0][score_col] = 1;      // score_col열 맨 윗줄에 점수상자 생성
        }

        dot_red[0][score_col] = 1;
    }
    den++;                                    // 점수 상자 간격 카운터 변수 +1

    check_point();

    // 10, 20, 30, 40점 도달 할 때마다 장애물 블록 간격과 스피드 조정
    if((point % 10) == 0 && oneshot == 0){
        if(point < 10){                 // 10점 미만
            block_frequency = 8;        // 장애물 블록 간격 5줄
            block_speed = 0x4000;       // 블록 하강 속도 조절을 위한 타/카1 초기값
        }
        else if(point < 20){            // 10점 이상 20점 미만
            block_frequency = 7;        // 장애물 블록 간격 4줄
            block_speed = 0x8000;
        }
        else if(point < 30){            // 20점 이상 30점 미만
            block_frequency = 6;        // 장애물 블록 간격 3줄
            block_speed = 0xB000;
        }
        else if(point < 40){            // 30점 이상 40점 미만
            block_frequency = 5;        // 장애물 블록 간격 2줄
            block_speed = 0xD000;
        }
        else {                          // 40점 이상
```

```
                block_frequency = 4;        // 장애물 블록 간격 1줄
                block_speed = 0xE000;
            }
    }

    if((point % 10) == 0) oneshot = 1;    // 윗부분 한번 실행을 위한 처리
    else oneshot = 0;
}

// 타이머/카운터0(공의 x좌표 이동)
// 1/16us * 1024 * (256 - 160) = 0.006144s
interrupt [TIM0_OVF] void control_x(void)
{
    int    tx;

    TCNT0 = 0xA0;                        // 6ms 초기값 재설정

    if(start == 0) return;

    cou_x++;                             // 공(녹색LED)의 x방향 이동주기 카운터 변수 +1

    // 센서 값에 따라 공의 x축 이동속도 조정
    if(cou_x <= delay_x) return;

    tx = move_x;
    cou_x = 0;                                                    // 카운터 변수 리셋

    // 센서 값에 따라 이동속도 4단계 분류
    if(di_x > ACC_XM1 && di_x < ACC_XP1) delay_x = 22;        //제일 느리게
    else if(di_x > ACC_XM2 && di_x < ACC_XP2) delay_x = 9;    // 보통
    else if(di_x > ACC_XM3 && di_x < ACC_XP3) delay_x = 4;    // 조금 빠르게
    else delay_x = 2;                                          // 아주 빠르게

    if(di_x > (ACC_X + ACC_DXY)) {            // 오른쪽으로 기울여졌을 때
        move_x++;                             // 공의 x좌표 +1
        if(move_x > 15) move_x = 15;
    }
    else if(di_x < (ACC_X - ACC_DXY)){        // 왼쪽으로 기울여졌을 때
        if(move_x == 0) move_x = 0;
        else move_x--;                        // 공의 x좌표 -1
    }
```

```
	if(tx != move_x){
		dot_green[move_y][tx] = 0;
		check_point();
	}
}

// 타이머/카운터2(공의 y좌표 이동)
// (1/16us * 1024 * (256 - 160) = 0.006144s)
interrupt [TIM2_OVF] void control_y(void)
{
	int	ty;

	TCNT2 = 0xA0;				// 6ms 초기값 재설정

	if(start == 0) return;

	cou_y++;				// 공(녹색LED)의 y방향 이동주기 카운터 변수 +1

	// 센서 값에 따라 공의 y축 이동속도 조정
	if(cou_y <= delay_y) return;

	ty = move_y;
	cou_y = 0;				// 카운터 변수 리셋

	// 센서 값에 따라 이동속도 4단계 분류
	if(di_y > ACC_YM1 && di_y < ACC_YP1) delay_y = 22;		// 제일 느리게
	else if(di_y > ACC_YM2 && di_y < ACC_YP2) delay_y = 9;	// 보통
	else if(di_y > ACC_YM3 && di_y < ACC_YP3) delay_y = 4;	//조금 빠르게
	else delay_y = 2;						// 아주 빠르게

	if(di_y < (ACC_Y - ACC_DXY)){			// 앞쪽으로 기울였을 때 공 앞으로 이동
		if(move_y == 0) move_y = 0;
		else move_y--;				// 공의 y좌표 -1
	}
	else if(di_y > (ACC_Y + ACC_DXY)){
		// 뒷쪽으로 기울였을 때 공 아래로 이동
		move_y++;				// 공의 y좌표 +1
		if(move_y > 15) move_y = 15;
	}

	if(ty != move_y){
		dot_green[ty][move_x] = 0;
```

```
            check_point();
        }
}

// 타이머/카운터 3 : 도트매트릭스 표시
// 주기 : 1/16us * 64 * (65536 - 65286) =  1ms
interrupt [TIM3_OVF] void dotmat_disp(void)
{
        unsigned int i;

        TCNT3H = 0xFF;
        TCNT3L = 0x06;

        for(i = 0; i < 16; i++){
            RED = dot_red[dot_i][i];                 // RED에 Red LED Data값 출력
            GREEN = dot_green[dot_i][i];             // GREEN에 Green LED Data값 출력

            CLOCK = 1;                                    // CK에 1출력
            delay_us(1);                                  // 1us 딜레이
            CLOCK = 0;                                    // CK에 0출력
            delay_us(1);                                  // 1us 딜레이
        }

        delay_us(2);
        ENABLE = 1;                                       // ENABLE 1
        LATCH = 0;                                        // LATCH 0
        delay_us(2);
        LATCH = 1;                                        // LATCH 1
        PORTC = (PORTC & 0b00001111) | (dot_i << 4);     // 표시 라인 설정
        delay_us(2);
        ENABLE = 0;                                       // ENABLE 0

        dot_i++;                                          // 다음에 표시할 라인 번호 증가
        if(dot_i >= 16) dot_i = 0;                        // 표시 라인 갱신(0~15)
}

// LCD 초기화
void LCD_init(void)
{
        delay_ms(15);
        Command(0x20);
        delay_ms(5);
```

```
	Command(0x20);
	delay_us(100);
	Command(0x20);
	Command(FUNCSET);
	Command(DISPON);
	Command(ALLCLR);
	Command(ENTMODE);
}

// 문자열 출력 함수
void LCD_String(char flash * str)
{
	char flash * pStr=0;

	pStr = str;
	while(* pStr) Data(* pStr++);
}

// 인스트럭션 쓰기 함수
void Command(u_char byte)
{
	Busy();

	// 인스트럭션 상위 바이트
	PORTA = (PORTA & 0x08) | 0x00;		// RS=RW=0
	PORTA |= (byte & 0xF0);			// 명령어 상위 4비트
	delay_us(1);
	LCD_ENABLE = 1;				// E = 1
	delay_us(1);
	LCD_ENABLE = 0;				// E = 0

	// 인스트럭션 하위 바이트
	PORTA = (PORTA & 0x08) | 0x00;		// RS=RW=0
	PORTA |= (byte << 4);			// 명령어 하위 4비트
	delay_us(1);
	LCD_ENABLE = 1;				// E = 1
	delay_us(1);
	LCD_ENABLE = 0;				// E = 0
}

//데이터 쓰기 함수
void Data(u_char byte)
```

```
{
    Busy();

    // 데이터 상위 바이트
    PORTA = (PORTA & 0x08) | 0x01;          // RS=1, RW=0
    PORTA |= (byte & 0xF0);                 // 데이터 상위 4비트
    delay_us(1);
    LCD_ENABLE = 1;                         // E = 1
    delay_us(1);
    LCD_ENABLE = 0;                         // E = 0

    // 데이터 하위 바이트
    PORTA = (PORTA & 0x08) | 0x01;          // RS=1, RW=0
    PORTA |= (byte << 4);                   // 데이터 하위 4비트
    delay_us(1);
    LCD_ENABLE = 1;                         // E = 1
    delay_us(1);
    LCD_ENABLE = 0;                         // E = 0
}

// Busy Flag Check -> 일반적인 BF를 체크하는 것이 아니라
// 일정한 시간 지연을 이용한다.
void Busy(void)
{
    delay_ms(2);
}
```

7 Chapter Dot Watch

7.1 동작개요

이 장에서 소개하는 시계는 [그림 7-1]과 같이 도트매트릭스에 시간과 분을 표시하고, 초값은 도트매트릭스의 맨 바깥쪽 녹색 LED 60개를 on 시켜서 표시한다. 시간과 분은 [그림 7-2]와 같은 3x10 숫자 패턴을 사용하여, 시간의 10자리와 분의 1자리는 적색으로 표시하고 시간의 1자리와 분의 10자리는 주황으로 표시한다. 그리고 시간과 분 사이에는 4점의 녹색 LED를 [그림 7-1]과 같이 on 시켜 표시한다. [표 7-1]은 사용하는 디바이스와 연결되는 포트 및 기능을 보여준다.

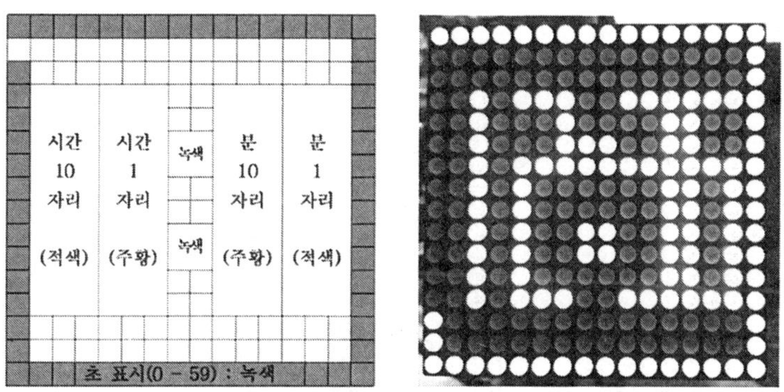

[그림 7-1] 시계

[표 7-1] 입출력 인터페이스

입출력	디바이스		사용포트	기능
입력	스위치	SW1	PE4(INT4)	시간 +1 조정(0~23, 23 다음 0)
		SW2	PE5(INT5)	분 +1 조정(0~59, 59 다음 0)
		SW3	PE6(INT6)	분 + 5 조정(0~59, 59 다음 0)
출력	도트매트릭스(16 x 16)		PC0 : Red Data PC1 : Green Data PC2 : Enable PC3 : Latch PC4-PC7 : address(A0_A7) PA3 : Clock	시간 표시

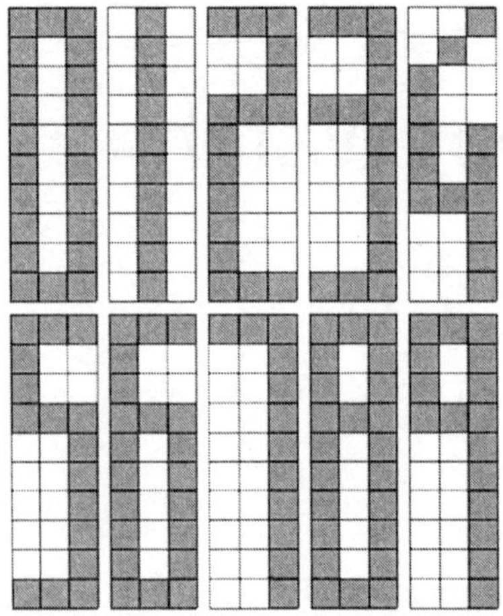

[그림 7-2] 시간 표시 숫자 패턴(3×10)

〈시간/분 표시〉

[그림 7-1]과 같이 시간과 분을 표시하기 위해서는 3×10의 숫자 패턴을 각 자리 표시 위치까지 왼쪽으로 쉬프트 해야 하며, [그림 7-3]과 같이 각 자리를 쉬프트 해야 한다.

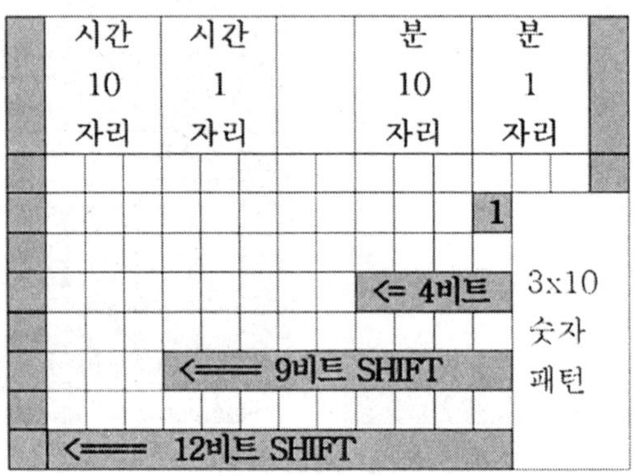

[그림 7-3] 시간 표시

〈초 표시 알고리즘〉

초 표시는 도트매트릭스의 외곽 60개 녹색 LED를 이용하여 [그림 7-4]와 같이 표시하며, 이를 위한 알고리즘은 다음과 같다. 여기서 초 표시 배열에는 sec_dsp[n] (n = 0 ~15)을 이용하기로 한다.

① sec = 0

초 표시 LED를 모두 off 시켜야 하므로, sec_dsp[n] = 0 으로 한다.(n = 0~15)

② sec = 1 ~ 16

도트매트릭스 상단부분의 LED를 하나씩 순차적으로 on 시켜야 하고, 1초일 때 맨 왼쪽의 LED가 on 되어야 하므로 다음과 같은 식을 이용한다.

```
sec_dsp[0] = sec_dsp[0] | (0x0001 << (16 - sec));
```

③ sec = 17 ~ 31

도트매트릭스 맨 오른쪽 부분의 LED를 하나씩 순차적으로 on 시켜야 하고, 17초일 때 둘째 줄의 LED가 on 되어야 하므로 다음과 같은 식을 이용한다.

```
n = sec % 17 + 1;
sec_dsp[n] = sec_dsp[n] | 0x01;
```

④ sec = 32 ~ 46

도트매트릭스 하단부분의 LED를 하나씩 순차적으로 on 시켜야 하고, 32초일 때 맨 오른쪽 둘째 칸의 LED가 on 되어야 하므로 다음과 같은 식을 이용한다.

```
sec_dsp[15] = sec_dsp[15] | (0x0001 << (sec - 31));
```

⑤ sec = 47 ~ 59

도트매트릭스 맨 왼쪽 부분의 LED를 하나씩 순차적으로 on 시켜야 하고, 47초일 때 맨 아래쪽으로부터 둘째 줄의 LED가 on 되어야 하므로 다음과 같은 식을 이용한다.

```
n = 61 - sec;
sec_dsp[n] = sec_dsp[n] | 0x08000;
```

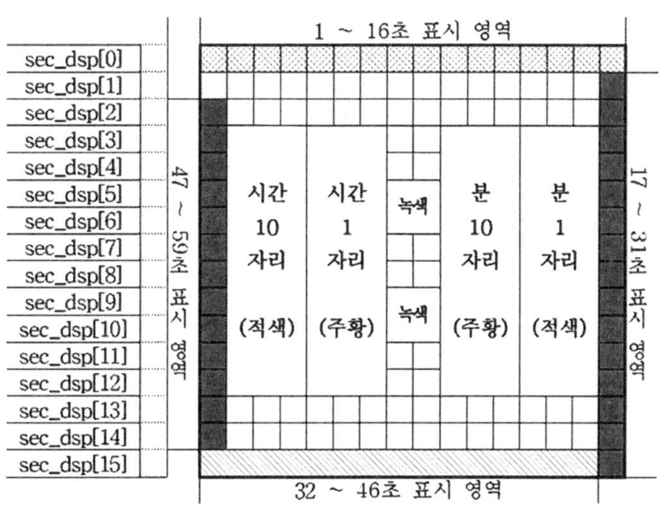

[그림 7-4] 초 표시를 위한 영역

7.2 처리 흐름도

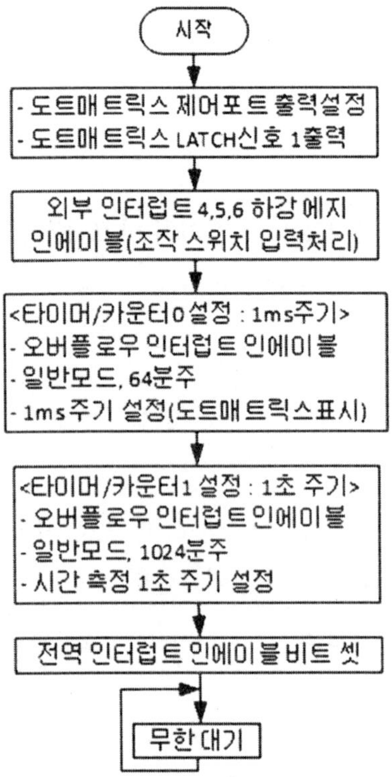

(a) main() 함수

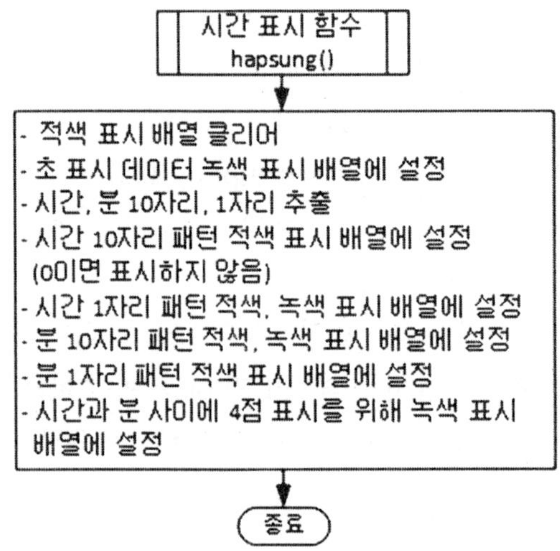

(b) hapsung() 함수

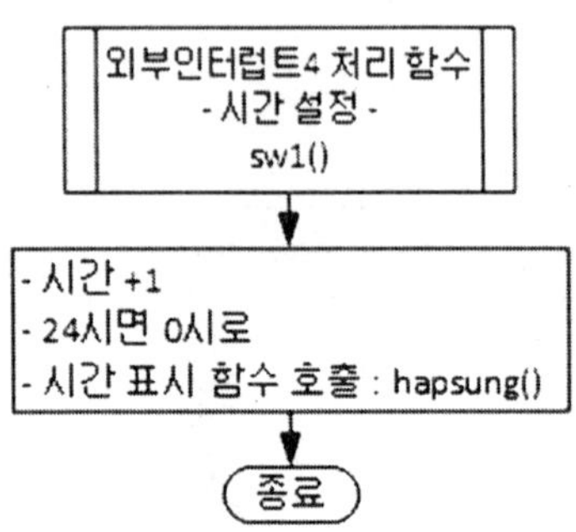

(c) 외부인터럽트4 처리 함수

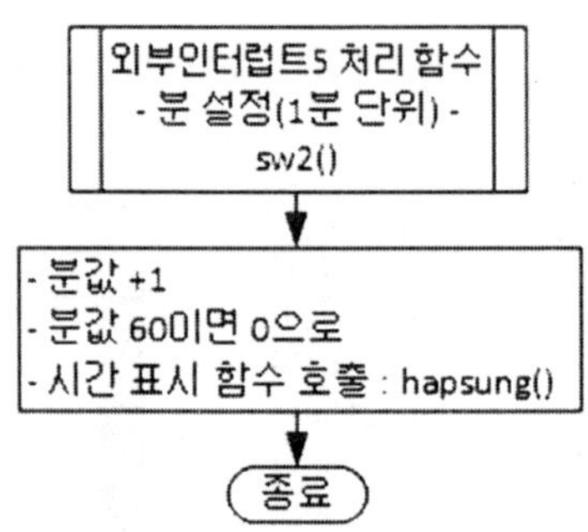

(d) 외부인터럽트5 처리 함수

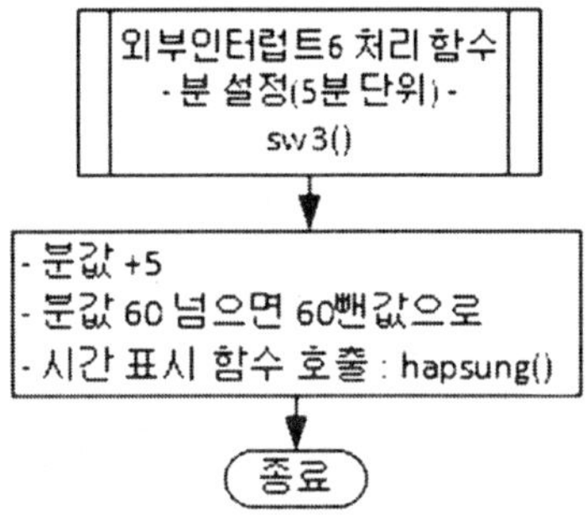

(e) 외부인터럽트6 처리 함수

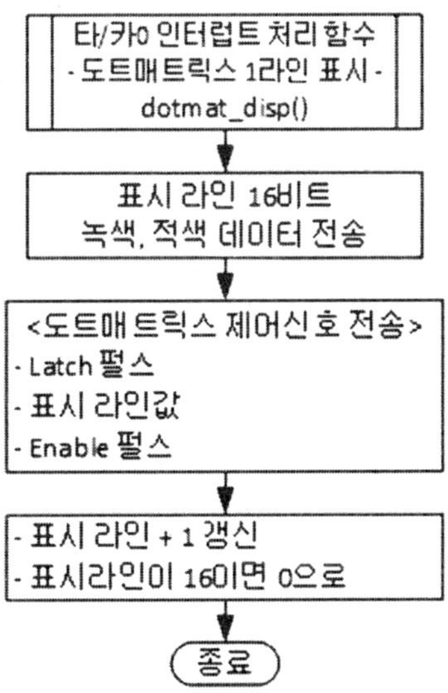

(f) 타이머/카운터0 인터럽트 처리 함수

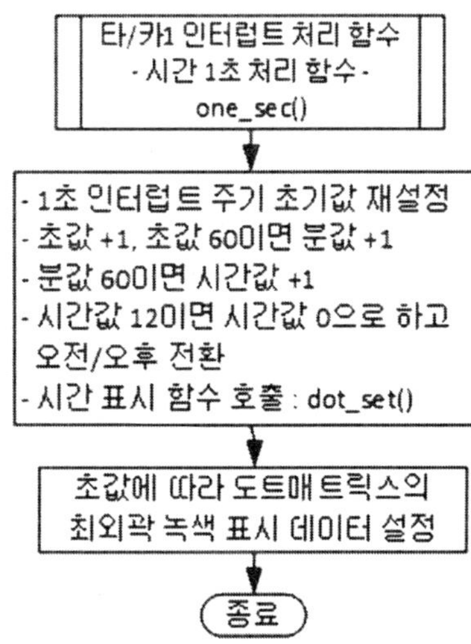

(g) 타이머/카운터1 인터럽트 처리 함수

[그림 7-5] 처리 흐름도

7.3 프로그램 설명

〈헤더 부분〉

```
#include <mega128.h>
#include <delay.h>

typedef unsigned char u_char;
typedef unsigned int u_int;

❶ // 도트 매트릭스(A0-A3 : PORTC.4~PORTC.7)
#define RED        PORTC.0        // Red LED Data
#define GREEN      PORTC.1        // Green LED Data
#define ENABLE     PORTC.2        // Output Enable
#define LATCH      PORTC.3        // Latch
#define CLOCK      PORTA.3        // Clock

// '0' ~ '9' 패턴(3x10 크기)
❷ flash u_char num_pat[10][10] ={
   {0x07,0x05,0x05,0x05,0x05,0x05,0x05,0x05,0x05,0x07},     // 0
   {0x02,0x02,0x02,0x02,0x02,0x02,0x02,0x02,0x02,0x02},     // 1
 ~~~~~~~~~~~~~~~~~~~~~~~~~~~~~~~~~~~~~~~~~~~~~~~~~~~~~~~
   {0x07,0x05,0x05,0x07,0x05,0x05,0x05,0x05,0x05,0x07},     // 8
   {0x07,0x05,0x05,0x07,0x01,0x01,0x01,0x01,0x01,0x01}};    // 9

❸ // 사용 변수
int        dot_i = 0;            // 도트매트릭스 표시 라인 번호
int        dot_rval[16];         // 표시 패턴 저장을 위한 배열
int        dot_gval[16];         // 표시 패턴 저장을 위한 배열
int        sec_dsp[16];          // 초 표시를 위한 데이터 저장 배열
u_char     hour = 12, min = 34, sec = 0;

❹ void hapsung(void);            // 시간(시/분) + 초 표시 => 합성
```

〈설명〉

❶ 도트매트릭스 제어 핀 및 데이터 핀에 연결된 포트에 대한 심볼을 정의한다.
❷ '0'~'9'의 3x10 패턴을 정의한다.
❸ 전역변수와 프로그램 시작할 때의 시간을 정의 한다.
❹ 시간과 초에 대한 두 배열을 합성하여 도트매트릭스에 표시하도록 하는 함수에 대한 선언문이다.

〈main() 함수〉

```
void main(void)
{
❶      // 도트매트릭스 사용 포트 초기화
       DDRA = 0xFF;                  // 포트A 출력 설정
       DDRC = 0xFF;                  // 포트C  출력 설정

       PORTC = 0b00001000;           //도트매트릭스(LATCH=1, ENABLE=0, A0-A3=1111)

❷      // 외부 인터럽트 초기화
       EIMSK = 0b01110000;           // 외부 인터럽트 4,5,6 인에이블
       EICRB = 0b00101010;           // 외부 인터럽트 4,5,6 : 하강 에지

❸      // 타이머/카운터0 초기화 '; 도트매트릭스 표시
       // 1/16us * 64분주 * (256 - 0) = 1.024ms
       TIMSK = 0x01;                 // TOIE0 = 1, 타이머/카운터0 인터럽트 인에이블
       ASSR = 0x00;                  // 타이머/카운터0 타이머 모드
       TCCR0 = 0x04;                 // 일반모드, 프리스케일 = CK/64
       TCNT0 = 0x00;                 // 타이머/카운터0 레지스터 초기값

❹      // 타이머 카운터 1 : 시계 1초 측정
       // 1/16us * 1024 * (65536 - 49911) = 1 sec
       TIMSK |= 0b01000100;          // TOIE1=1, TOIE2=1
                                     // (타/카1, 타/카2 오버플로우 인터럽트 인에이블)
       TCCR1A = 0x0;
       TCCR1B = 0x05;                // 일반모드, 1024분주
       TCNT1 = 49911;                // 타이머/카운터1 레지스터 초기값

       SREG = 0x80;                  // 전역 인터럽트 인에이블 비트 I 셋

❺      while(1);
}
```

〈설명〉

❶ 도트매트릭스에 사용할 포트A와 포트C를 출력방향으로 설정한다.
❷ 시간을 설정하기 위해 사용하는 3개의 스위치 처리를 외부인터럽트로 수행하기 위해 외부인터럽트 4,5,6을 하강에지로 인에이블 시킨다.
❸ 도트매트릭스 표시를 위해 타이머/카운터0을 일반모드, 오버플로우 인터럽트 주기 1.024ms로 설정한다.
❹ 시간 측정을 위해 타이머/카운터1을 일반모드, 오버플로우 인터럽트 주기 1sec로 설정한다. 그리고 전역 인터럽트 인에이블 비트를 셋 한다.
❺ 무한 대기상태에 들어간다.(인터럽트 처리만 수행)

〈hapsung() 함수〉

```
   // 시간(시/분) + 초 표시 => 합성
❶ void hapsung(void)
   {
       int  m, m10, m1, h10, h1;

❷      // 녹색 : 초 표시,  적색 : 클리어
       for(m = 0;m < 16;m++) {
           dot_gval[m] = sec_dsp[m];
           dot_rval[m] = 0;
       }

❸      // 시간/분 자리 추출
       h10 = hour / 10;            // 시간 10자리
       h1 = hour % 10;             // 시간 1자리
       m10 = min / 10;             // 분 10자리
       m1 = min % 10;              // 분 1자리

❹      // 시간/분 패턴 설정
       for(m = 0;m < 10;m++){
❺          if(h10 != 0) { // 시간 10자리 0이 아닐 때만 적색 표시
               // 시간 10자리 (3행, 1열)부터 3x10 크기로 표시
               dot_rval[m + 3] |= num_pat[h10][m] << 12;
           }
❻          // 시간 1자리 주황색 표시
           // (3행, 4열)부터 3x10 크기로 표시
           dot_gval[m + 3] |= num_pat[h1][m] << 9;
```

```
            dot_rval[m + 3] |= num_pat[h1][m] << 9;

❼           // 분 10자리 주황색 표시
            // (3행, 9열)부터 3x10 크기로 표시
            dot_gval[m + 3] |= num_pat[m10][m] << 4;
            dot_rval[m + 3] |= num_pat[m10][m] << 4;

❽           // 분 1자리 적색 표시
            // (3행, 12열)부터 3x10 크기로 표시
            dot_rval[m + 3] |= num_pat[m1][m] << 1;
        }

❾       // 시간과 분 사이에 8개점 표시
        dot_gval[5] |= 0x180;
        dot_gval[6] |= 0x180;
        dot_gval[9] |= 0x180;
        dot_gval[10] |= 0x180;
    }
```

<설명>

❶ 시간(시, 분)과 초 표시 LED를 합성하는 함수이다.

❷ 도트매트릭스에 표시할 때 사용하는 녹색 표시 배열에 초 표시 배열 값을 복사하고, 적색 표시 배열은 클리어 시킨다.

❸ 시간 10자리, 1자리 그리고 분 10자리, 1자리를 각각 추출한다.

❹ 시간과 분 패턴을 표시 배열에 설정하는 부분이다.

❺ 시간 10자리가 0이 아닐 때만 적색 표시 배열에 표시 패턴을 12비트 왼쪽 쉬프트 처리하여 저장한다.

❻ 시간 1자리는 주황색으로 표시하므로 적색 표시 배열과 녹색 표시 배열에 표시 패턴을 9비트 왼쪽 쉬프트 처리한 후 or 연산에 의해 저장한다.

❼ 분 10자리도 주황색으로 표시하므로 적색 표시 배열과 녹색 표시 배열에 표시 패턴을 4비트 왼쪽 쉬프트 처리한 후 or 연산에 의해 저장한다.

❽ 분 1자리는 적색 표시 배열에 표시 패턴을 1비트 왼쪽 쉬프트 처리한 후 or 연산에 의해 저장한다.

❾ 시간과 분 사이에 4개의 점을 2개 표시한다.

〈외부 인터럽트 처리 함수〉

```
  // 외부 인터럽트 요구4 서비스 루틴(SW1 처리)
  // 시간 +1
❶ interrupt [EXT_INT4] void sw1(void)
  {
      hour = (hour + 1) % 24;          // 시간 +1(0~23)
      hapsung();                       // 시간 표시
  }

  // 외부 인터럽트 요구5 서비스 루틴(SW2 처리)
  // 분 +1
❷ interrupt [EXT_INT5] void sw2(void)
  {
      min = (min + 1) % 60;            // 분 +1(0~59)
      hapsung();                       // 시간 표시
  }

  // 외부 인터럽트 요구6 서비스 루틴(SW3 처리)
  // 분 +5
❸ interrupt [EXT_INT6] void sw3(void)
  {
      min = (min + 5) % 60;            // 분 +5(0~59)
      hapsung();                       // 시간 표시
  }
```

〈설명〉

❶ SW1이 눌려졌을 때 처리되는 외부인터럽트4 처리함수이며, 시간의 값을 0~23의 범위에서 1 증가시킨다. 변경된 새로운 시간을 표시할 함수 hapsung() 함수를 호출한다.

❷ SW2가 눌려졌을 때 처리되는 외부인터럽트5 처리함수이며, 분의 값을 0~59의 범위에서 1증가시킨다. 변경된 새로운 시간을 표시할 함수 hapsung() 함수를 호출한다.

❸ SW3이 눌려졌을 때 처리되는 외부인터럽트6 처리함수이며, 분의 값을 0~59의 범위에서 5증가시킨다. 변경된 새로운 시간을 표시할 함수 hapsung() 함수를 호출한다.

<타이머/카운터0 오버플로우 인터럽트 처리 함수>

```
   // 도트매트릭스 1.024ms마다 한 라인씩 순차 표시
   // 타이머/카운터0 (256 - 0) * 64 / 16 us = 1.024ms
❶ interrupt [TIM0_OVF] void dotmat_disp(void)
   {
       int     di;

       // 한 라인 데이터 출력(맨 좌측 표시값부터 하나씩 추출하여 출력)
❷     for(di = 0;di < 16;di++){
           RED = 0;
           GREEN = 0;
           if(((dot_rval[dot_i] << di) & 0x8000) != 0) RED = 1;      // 적색 표시
           if(((dot_gval[dot_i] << di) & 0x8000) != 0) GREEN = 1;    // 녹색 표시

           CLOCK = 1;                                                 // 클럭 ON
           delay_us(1);
           CLOCK = 0;                                                 // 클럭 OFF
           delay_us(1);
       }

❸     delay_us(2);
       ENABLE = 1;                                                    // Enable 비트 셋
       LATCH = 0;                                                     // Latch 비트 리셋
       delay_us(2);
       LATCH = 1;                                                     // Latch 비트 셋
       PORTC = (PORTC & 0b00001111) | (dot_i << 4);                   // 표시 라인 설정
       delay_us(2);
       ENABLE = 0;                                                    // 인에이블 비트 리셋

❹     dot_i = (dot_i + 1) % 16;                                      // 표시라인 1증가
   }
```

<설명>

❶ 도트매트릭스 표시를 위해 1.024ms 마다 실행되는 타이머/카운터0 오버플로우 인터럽트 처리 함수이며, 표시할 줄의 데이터를 제어신호와 함께 도트매트릭스에 출력한다.

❷ 표시할 줄의 적색과 녹색 16비트 데이터를 클럭과 함께 도트매트릭스에 출력한다.

❸ ❷에서 출력한 데이터를 LATCH 신호와 ENABLE 신호를 이용하여 도트매트릭스 표시 레지스터에 입력하고, 표시할 어드레스를 출력한다.

❹ 다음에 도트매트릭스에 표시할 줄 어드레스를 1증가 시킨다.(0~15)

〈타이머/카운터1 오버플로우 인터럽트 처리 함수〉

```
   // 타이머/카운터1 오버플로우 인터럽트 처리
   // 주기 = 1/16us * 1024 * (65536 - 49911) = 1sec
❶ interrupt [TIM1_OVF] void one_sec(void)
   {
      int  n;

❷     TCNT1 = 49911;                    // 타이머/카운터1 초기값 재설정

❸     sec = sec + 1;                    // 초값 +1

      if(sec >= 60){
         sec = 0;
         min = min + 1;

         if(min == 60){
            min = 0;
            hour = (hour + 1) % 24;
         }
      }

❹     // 초 표시를 위한 표시 배열 설정
      if(sec == 0){                     // 0 sec 처리
         for(n = 0;n < 16;n++) sec_dsp[n] = 0;
      }
      else if(sec <= 16){               // 1 - 16 sec 처리
         sec_dsp[0] = sec_dsp[0] | (0x0001 << (16 - sec));
      }
      else if(sec <= 31){               // 17 - 31 sec 처리
         n = sec % 17 + 1;
         sec_dsp[n] = sec_dsp[n] | 0x01;
      }
      else if(sec <= 46){               // 32 - 46 sec 처리
         sec_dsp[15] = sec_dsp[15] | (0x0001 << (sec - 31));
      }
      else {                            // 47 - 59 sec 처리
         n = 61 - sec;
         sec_dsp[n] = sec_dsp[n] | 0x08000;
      }

❺     hapsung();
   }
```

〈설명〉

❶ 1초 인터럽트 주기를 갖는 타이머/카운터1 오버플로우 인터럽트 처리함수이며, 시간을 1초 증가시킨다. 그리고, 도트매트릭스 가장자리 LED를 이용하여 초 값을 표시할 패턴을 생성한다.
❷ 1초 인터럽트 주기를 위해 초기값을 재설정한다.
❸ 우선 초 값을 1증가시킨 후 분과 시간의 값도 증가시켜야 할지 체크하고 처리한다.(시간 0~23, 분 0~59, 초 0~59의 범위를 갖는다.)
❹ 도트매트릭스 가장자리 LED를 이용하여 초 값을 표시할 패턴을 생성한다.
❺ 도트매트릭스에 시간(시, 분)과 초를 같이 표시하기 위해 hapsung() 함수를 호출한다.

7.4 프로그램

```
/***********************************************/
/* dot_watch.c : 도트매트릭스 시계                  */
/* Programmed by Donguk SHIN in 2016             */
/*                                               */
/* SW1 : 시간 조정                                 */
/* SW2 : 분 조정(+1)                               */
/* SW3 : 분 조정(+5)                               */
/***********************************************/

#include <mega128.h>
#include <delay.h>

typedef unsigned char u_char;
typedef unsigned int u_int;

// 도트매트릭스(A0-A3 : PORTC.4~PORTC.7)
#define RED         PORTC.0         // Red LED Data
#define GREEN       PORTC.1         // Green LED Data
#define ENABLE      PORTC.2         // Output Enable
#define LATCH       PORTC.3         // Latch
#define CLOCK       PORTA.3         // Clock

// '0' ~ '9' 패턴(3 x 10 크기)
flash u_char num_pat[10][10] ={
    {0x07,0x05,0x05,0x05,0x05,0x05,0x05,0x05,0x05,0x07}, // 0
    {0x02,0x02,0x02,0x02,0x02,0x02,0x02,0x02,0x02,0x02}, // 1
```

```
    {0x07,0x01,0x01,0x07,0x04,0x04,0x04,0x04,0x04,0x07}, // 2
    {0x07,0x01,0x01,0x07,0x01,0x01,0x01,0x01,0x01,0x07}, // 3
    {0x01,0x02,0x04,0x04,0x05,0x05,0x07,0x01,0x01,0x01}, // 4
    {0x07,0x04,0x04,0x07,0x01,0x01,0x01,0x01,0x01,0x07}, // 5
    {0x07,0x04,0x04,0x07,0x05,0x05,0x05,0x05,0x05,0x07}, // 6
    {0x07,0x01,0x01,0x01,0x01,0x01,0x01,0x01,0x01,0x01}, // 7
    {0x07,0x05,0x05,0x07,0x05,0x05,0x05,0x05,0x05,0x07}, // 8
    {0x07,0x05,0x05,0x07,0x01,0x01,0x01,0x01,0x01,0x01}};// 9

// 사용 변수
int     dot_i = 0;                  // 도트매트릭스 표시 라인 번호
int     dot_rval[16];               // 표시 패턴 저장을 위한 배열
int     dot_gval[16];               // 표시 패턴 저장을 위한 배열
int     sec_dsp[16];
u_char  hour = 12, min = 34, sec = 0;

void hapsung(void);                 // 시간(시/분) + 초 표시 => 합성

void main(void)
{
    // 도트매트릭스 사용 포트 초기화
    DDRA = 0xFF;                    // 포트A 출력 설정
    DDRC = 0xFF;                    // 포트C  출력 설정

    PORTC = 0b00001000;             // 도트매트릭스(LATCH=1, ENABLE=0, A0-A3=1111)

    // 외부 인터럽트 초기화
    EIMSK = 0b01110000;             // 외부 인터럽트 4,5,6 인에이블
    EICRB = 0b00101010;             // 외부 인터럽트 4,5,6 : 하강 에지

    // 타이머/카운터0 초기화 ; 도트매트릭스 표시
    // 1/16us * 64분주 * (256 - 0) = 1.024ms
    TIMSK = 0x01;                   // TOIE0 = 1, 타이머/카운터0 인터럽트 인에이블
    ASSR = 0x00;                    // 타이머/카운터0 타이머 모드
    TCCR0 = 0x04;                   // 일반모드, 프리스케일 = CK/64
    TCNT0 = 0x00;                   // 타이머/카운터0 레지스터 초기값

    // 타이머 카운터 1 : 시계 1초 측정
    // 1/16us * 1024 * (65536 - 49911) = 1 sec
    TIMSK |= 0b01000100;            // TOIE1=1, TOIE2=1
                                    // (타/카1, 타/카2 오버플로우 인터럽트 인에이블)
    TCCR1A = 0x0;
```

```
  TCCR1B = 0x05;              // 일반모드, 1024분주
  TCNT1 = 49911;              // 타이머/카운터1 레지스터 초기값
  SREG = 0x80;                // 전역 인터럽트 인에이블 비트 I 셋
  while(1);
}

// 시간(시/분) + 초 표시 => 합성
void hapsung(void)
{
  int  m, m10, m1, h10, h1;

  // 녹색 : 초 표시,  적색 : 클리어
  for(m = 0;m < 16;m++) {
    dot_gval[m] = sec_dsp[m];
    dot_rval[m] = 0;
  }

  // 시간/분 자리 추출
  h10 = hour / 10;            // 시간 10자리
  h1 = hour % 10;             // 시간 1자리
  m10 = min / 10;             // 분 10자리
  m1 = min % 10;              // 분 1자리

  // 시간/분 패턴 설정
  for(m = 0;m < 10;m++){
    if(h10 != 0) { // 시간 10자리 0이 아닐 때만 적색 표시
      // 시간 10자리 (3행, 1열)부터 3x10 크기로 표시
      dot_rval[m + 3] |= num_pat[h10][m] << 12;
    }

    // 시간 1자리 주황색 표시
    // (3행, 4열)부터 3x10 크기로 표시
    dot_gval[m + 3] |= num_pat[h1][m] << 9;
    dot_rval[m + 3] |= num_pat[h1][m] << 9;

    // 분 10자리 주황색 표시
    // (3행, 9열)부터 3x10 크기로 표시
    dot_gval[m + 3] |= num_pat[m10][m] << 4;
    dot_rval[m + 3] |= num_pat[m10][m] << 4;

    // 분 1자리 적색 표시
    // (3행, 12열)부터 3x10 크기로 표시
```

```
        dot_rval[m + 3] |= num_pat[m1][m] << 1;
    }

    // 시간과 분사이에 8개점 표시
    dot_gval[5] |= 0x180;
    dot_gval[6] |= 0x180;
    dot_gval[9] |= 0x180;
    dot_gval[10] |= 0x180;
}

// 외부 인터럽트 요구4 서비스 루틴(SW1 처리)
// 시간 +1
interrupt [EXT_INT4] void sw1(void)
{
    hour = (hour + 1) % 24;                 // 시간 +1(0~23)
    hapsung();                              // 시간 표시
}

// 외부 인터럽트 요구5 서비스 루틴(SW2 처리)
// 분 +1
interrupt [EXT_INT5] void sw2(void)
{
    min = (min + 1) % 60;                   // 분 +1(0~59)
    hapsung();                              // 시간 표시
}

// 외부 인터럽트 요구6 서비스 루틴(SW3 처리)
// 분 +5
interrupt [EXT_INT6] void sw3(void)
{
    min = (min + 5) % 60;                   // 분 +5(0~59)
    hapsung();                              // 시간 표시
}

// 도트매트릭스 1.024ms마다 한 라인씩 순차 표시
// 타이머/카운터0 (256 - 0) * 64 / 16 us = 1.024ms
interrupt [TIM0_OVF] void dotmat_disp(void)
{
    int    di;

    // 한 라인 데이터 출력(맨 좌측 표시값부터 하나씩 추출하여 출력)
    for(di = 0;di < 16;di++){
```

```
        RED = 0;
        GREEN = 0;
        if(((dot_rval[dot_i] << di) & 0x8000) != 0) RED = 1;          // 적색 표시
        if(((dot_gval[dot_i] << di) & 0x8000) != 0) GREEN = 1;        // 녹색 표시

        CLOCK = 1;                                              // 클럭 ON
        delay_us(1);
        CLOCK = 0;                                              // 클럭 OFF
        delay_us(1);
    }

    delay_us(2);
    ENABLE = 1;                                                 // Enable 비트 셋
    LATCH = 0;                                                  // Latch 비트 리셋
    delay_us(2);
    LATCH = 1;                                                  // Latch 비트 셋
    PORTC = (PORTC & 0b00001111) | (dot_i << 4);                // 표시 라인 설정
    delay_us(2);
    ENABLE = 0;                                                 // 인에이블 비트 리셋
    dot_i = (dot_i + 1) % 16;                                   // 표시라인 1증가
}

// 타이머/카운터1 오버플로우 인터럽트 처리
// 주기 = 1/16us * 1024 * (65536 - 49911) = 1sec
interrupt [TIM1_OVF] void one_sec(void)
{
    int  n;
    TCNT1 = 49911;                                              // 타이머/카운터1 초기값 재설정

    sec = sec + 1;                                              // 초값 +1

    if(sec >= 60){
        sec = 0;
        min = min + 1;

        if(min == 60){
            min = 0;
            hour = (hour + 1) % 24;
        }
    }

    // 초 표시를 위한 표시 배열 설정
```

```
    if(sec == 0){                              // 0 sec 처리
        for(n = 0;n < 16;n++) sec_dsp[n] = 0;
    }
    else if(sec <= 16){                        // 1 - 16 sec 처리
        sec_dsp[0] = sec_dsp[0] | (0x0001 << (16 - sec));
    }
    else if(sec <= 31){                        // 17 - 31 sec 처리
        n = sec % 17 + 1;
        sec_dsp[n] = sec_dsp[n] | 0x01;
    }
    else if(sec <= 46){                        // 32 - 46 sec 처리
        sec_dsp[15] = sec_dsp[15] | (0x0001 << (sec - 31));
    }
    else {                                     // 47 - 59 sec 처리
        n = 61 - sec;
        sec_dsp[n] = sec_dsp[n] | 0x08000;
    }

    hapsung();
}
```

8 Chapter 한글 시계

8.1 동작개요

한글 시계는 [그림 8-1]과 같이 한글 문자 패턴을 도트매트릭스 위에 붙여 시간에 맞춰 LED를 on/off 시켜 표시한다. 도트매트릭스의 가장자리에는 7장에서와 같이 초를 표시하며, 0~59초까지 표시한다. [그림 8-1c]는 오전 7시 38분 21초를 표시한 예이다.

(a) 한글 시계 문자 패턴

(b) 도트매트릭스 위 한글 패턴 장착

(c) 오전 7시 38분 21초 표시

[그림 8-1] 한글 시계

[표 8-1]은 한글시계에서 사용할 디바이스와 연결 포트를 보여준다.

[표 8-1] 입출력 인터페이스

입출력	디바이스		사용포트	기능
입력	스위치	SW1	PE4(INT4)	시간 +1 조정(0~23, 23 다음 0)
		SW2	PE5(INT5)	분 +1 조정(0~59, 59 다음 0)
		SW3	PE6(INT6)	알람 설정 및 해제
		SW4	PE7(INT7)	동작모드 설정 (시계/시계시간설정/알람시간설정)
출력	도트매트릭스 (16 x 16)		PC0 : Red Data	시간 표시
			PC1 : Green Data	
			PC2 : Enable	
			PC3 : Latch	
			PC4-PC7 : address(A0_A7)	
			PA3 : Clock	
출력	스피커		PE3(OC3A)	알람

[그림 8-2]는 한글 시계 부분별 표시영역을 보여주며, [표 8-2]는 오전, 오후 영역의 도트 매트릭스 LED를 on 시키기 위한 3줄에 출력할 값을 나타낸다. 각 패턴에는 2줄씩 같은 값이 출력된다. [표 8-3]은 시간(1시~12시) 표시를 위해 도트매트릭스 LED를 on 시키기 위한 출력할 값을 보여주며, [표 8-4]는 분의 10자리 그리고 [표 8-5]는 분의 1자리 표시를 위한 출력값을 나타낸다. [표 8-6]은 알람, 설정, 시간설정, 알람설정에 대한 출력값을 나타낸다.

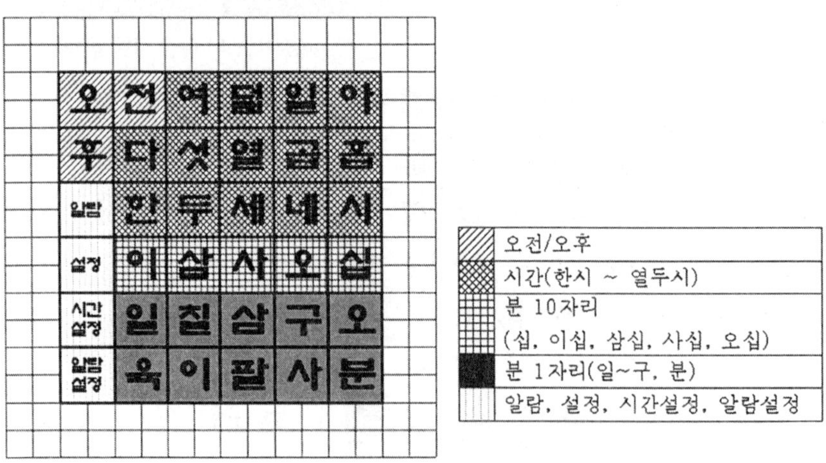

[그림 8-2] 한글 시계 부분별 표시 영역

[표 8-2] 오전/오후 LED on 값

표시 영역	2진 설정값	16진 설정값	출력행
오전	0b0011 1100 0000 0000 0b0000 0000 0000 0000 0b0000 0000 0000 0000	0x3c00 0x0000 0x0000	3~8행
오후	0b0011 0000 0000 0000 0b0011 0000 0000 0000 0b0000 0000 0000 0000	0x3000 0x3000 0x0000	

[표 8-3] 시간 LED on 값

표시 영역	2진 설정값	16진 설정값	출력행
열두시	0b0000 0000 0000 0000 0b0000 0000 1100 0000 0b0000 0011 0000 1100	0x0000 0x00c0 0x030c	3~8행
한시	0b0000 0000 0000 0000 0b0000 0000 0000 0000 0b0000 1100 0000 1100	0x0000 0x0000 0x0c0c	
두시	0b0000 0000 0000 0000 0b0000 0000 0000 0000 0b0000 0011 0000 1100	0x0000 0x0000 0x030c	
세시	0b0000 0000 0000 0000 0b0000 0000 0000 0000 0b0000 0000 1100 1100	0x0000 0x0000 0x00cc	
네시	0b0000 0000 0000 0000 0b0000 0000 0000 0000 0b0000 0000 0011 1100	0x0000 0x0000 0x003c	
다섯시	0b0000 0000 0000 0000 0b0000 1111 0000 0000 0b0000 0000 0000 1100	0x0000 0x0f00 0x000c	
여섯시	0b0000 0011 0000 0000 0b0000 0011 0000 0000 0b0000 0000 0000 1100	0x0300 0x0300 0x000c	
일곱시	0b0000 0000 0011 0000 0b0000 0000 0011 0000 0b0000 0000 0000 1100	0x0030 0x0030 0x000c	
여덟시	0b0000 0011 1100 0000 0b0000 0000 0000 0000 0b0000 0000 0000 1100	0x03c0 0x0000 0x000c	
아홉시	0b0000 0000 0000 1100 0b0000 0000 0000 1100 0b0000 0000 0000 1100	0x000c 0x000c 0x000c	
열시	0b0000 0000 0000 0000 0b0000 0000 1100 0000 0b0000 0000 0000 1100	0x0000 0x00c0 0x000c	
열한시	0b0000 0000 0000 0000 0b0000 0000 1100 0000 0b0000 1100 0000 1100	0x0000 0x00c0 0x0c0c	

[표 8-4] 분 10자리 LED on 값

표시 영역	2진 설정값	16진 설정값	출력행
분	0b0000 0000 0000 0000 0b0000 0000 0000 0000 0b0000 0000 0000 1100	0x0000 0x0000 0x000c	9~14행
십분	0b0000 0000 0000 1100 0b0000 0000 0000 0000 0b0000 0000 0000 1100	0x000c 0x0000 0x000c	
이십분	0b0000 1100 0000 1100 0b0000 0000 0000 0000 0b0000 0000 0000 1100	0x0c0c 0x0000 0x000c	
삼십분	0b0000 0011 0000 1100 0b0000 0000 0000 0000 0b0000 0000 0000 1100	0x030c 0x0000 0x000c	
사십분	0b0000 0000 1100 1100 0b0000 0000 0000 0000 0b0000 0000 0000 1100	0x00cc 0x0000 0x000c	
오십분	0b0000 0000 0011 1100 0b0000 0000 0000 0000 0b0000 0000 0000 1100	0x003c 0x0000 0x000c	

[표 8-5] 분 1자리 LED on 값

표시 영역	2진 설정값	16진 설정값	출력행
0분 (표시안함)	0b0000 0000 0000 0000 0b0000 0000 0000 0000 0b0000 0000 0000 0000	0x0000 0x0000 0x0000	9~14행
일분	0b0000 0000 0000 0000 0b0000 1100 0000 0000 0b0000 0000 0000 1100	0x0000 0x0c00 0x000c	
이분	0b0000 0000 0000 0000 0b0000 0000 0000 0000 0b0000 0011 0000 1100	0x0000 0x0000 0x030c	
삼분	0b0000 0000 0000 0000 0b0000 0000 1100 0000 0b0000 0000 0000 1100	0x0000 0x00c0 0x000c	
사분	0b0000 0000 0000 0000 0b0000 0000 0000 0000 0b0000 0000 0011 1100	0x0000 0x0000 0x003c	
오분	0b0000 0000 0000 0000 0b0000 0000 0000 1100 0b0000 0000 0000 1100	0x0000 0x000c 0x000c	
육분	0b0000 0000 0000 0000 0b0000 0000 0000 0000 0b0000 1100 0000 1100	0x0000 0x0000 0x0c0c	

표시 영역	2진 설정값	16진 설정값	출력행
칠분	0b0000 0000 0000 0000 0b0000 0011 0000 0000 0b0000 0000 0000 1100	0x0000 0x0300 0x000c	9~14행
팔분	0b0000 0000 0000 0000 0b0000 0000 0000 0000 0b0000 0000 1100 1100	0x0000 0x0000 0x00cc	
구분	0b0000 0000 0000 0000 0b0000 0000 0011 0000 0b0000 0000 0000 1100	0x0000 0x0030 0x000c	

[표 8-6] 알람/설정/시간설정/알람설정 LED on 값

표시 영역	2진 설정값	16진 설정값	출력행
알람	0b0011 0000 0000 0000	0x3000	7, 8행
설정	0b0011 0000 0000 0000	0x3000	9, 10행
시간설정	0b0011 0000 0000 0000	0x3000	11, 12행
알람설정	0b0011 0000 0000 0000	0x3000	13, 14행

8.2 처리 흐름도

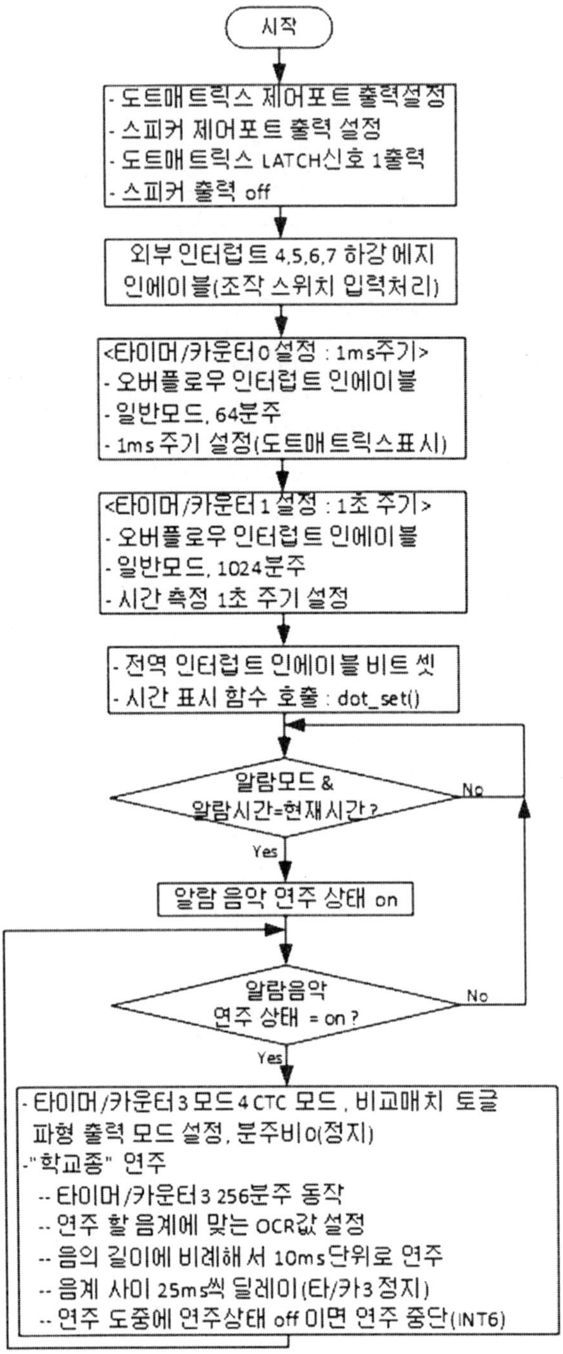

(a) main() 함수

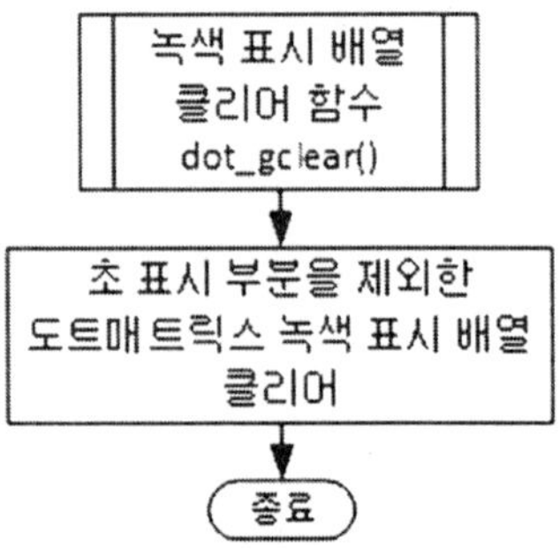

(b) dot_gclear() 함수

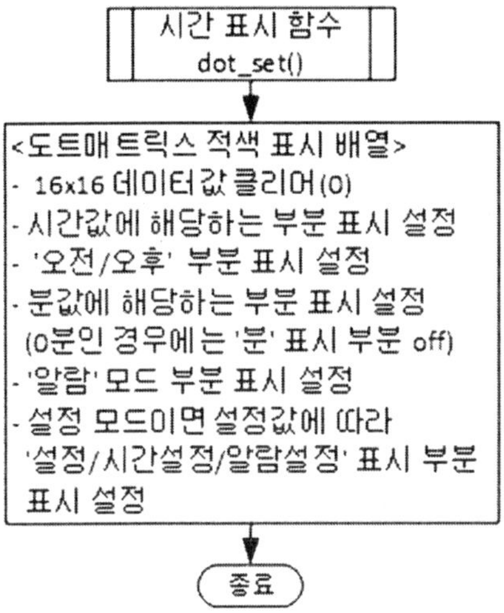

(c) dot_set() 함수

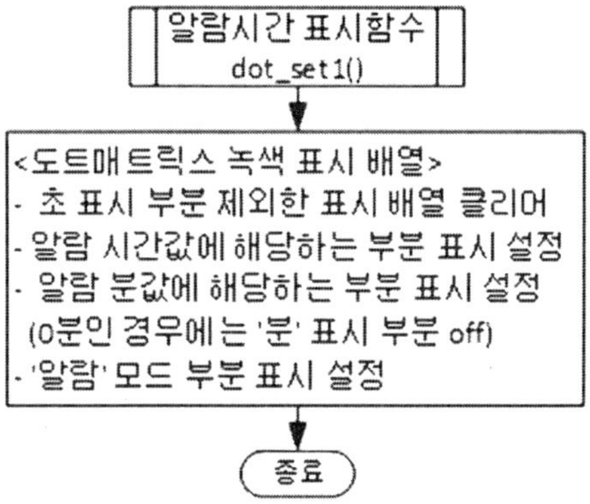

(d) dot_set1() 함수

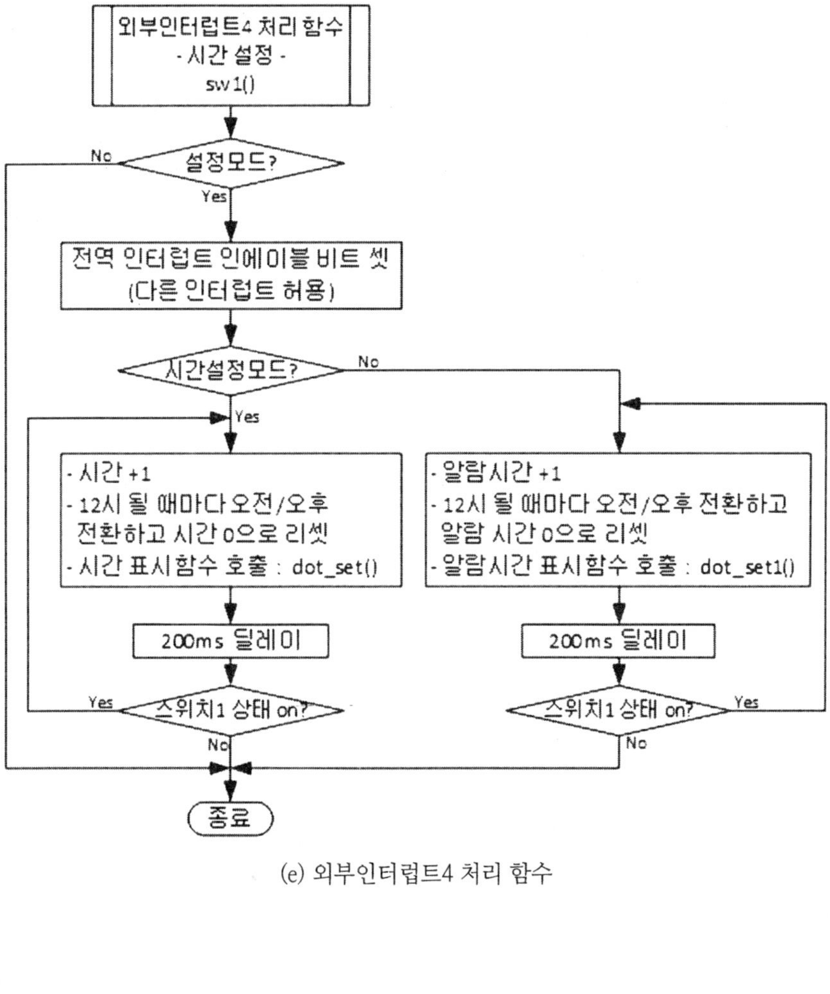

(e) 외부인터럽트4 처리 함수

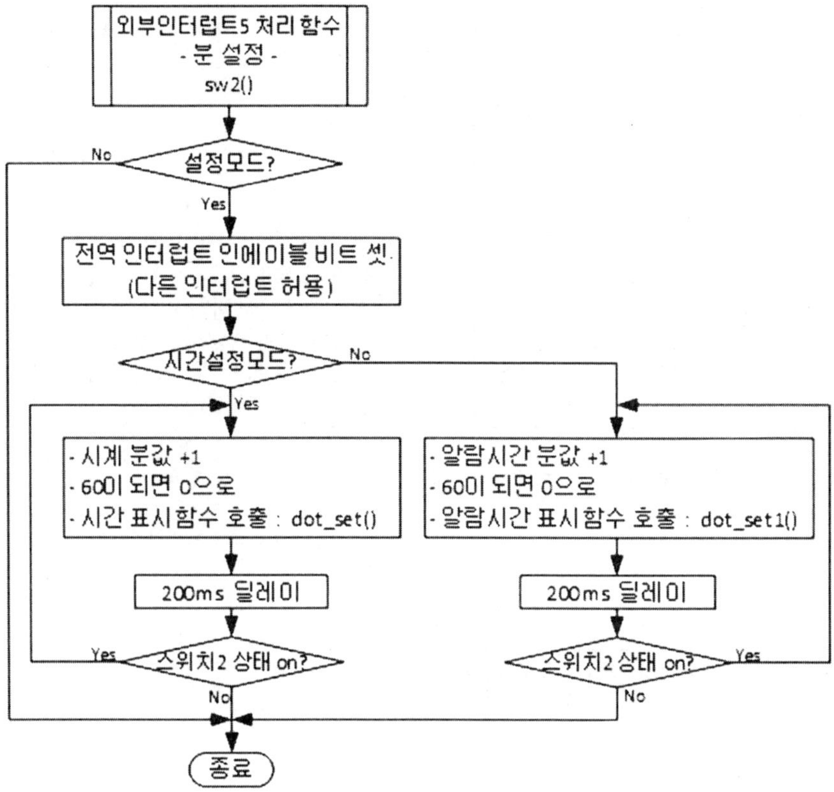

(f) 외부인터럽트5 처리 함수

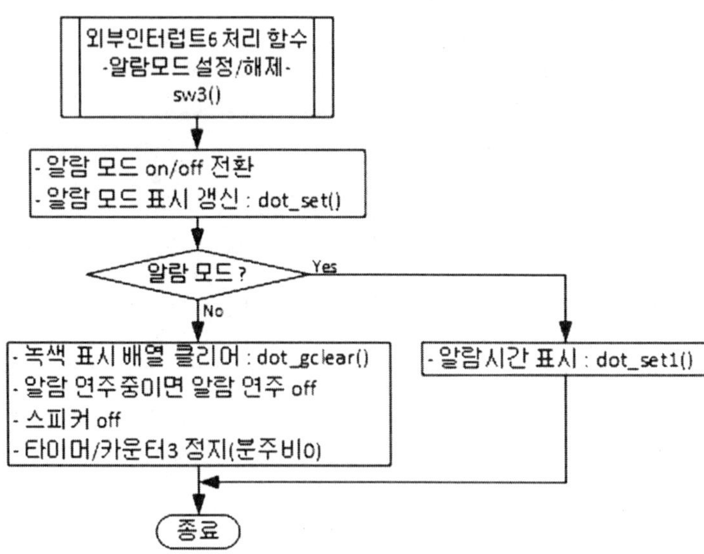

(g) 외부인터럽트6 처리 함수

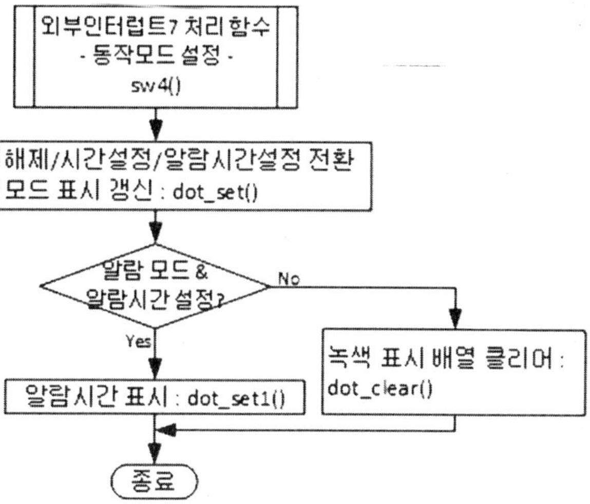

(h) 외부인터럽트7 처리 함수

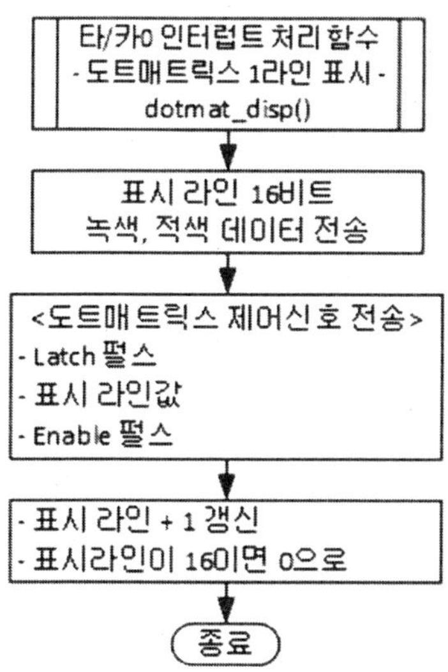

(i) 타이머/카운터0 인터럽트 처리 함수

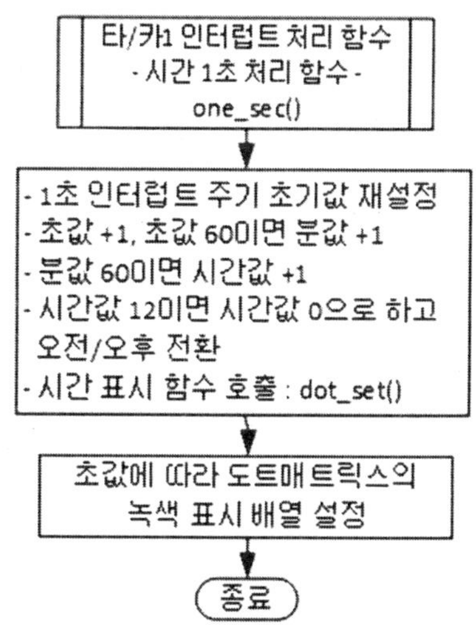

(j) 타이머/카운터1 인터럽트 처리 함수

[그림 8-3] 처리 흐름도

8.3 프로그램 설명

〈헤더 부분〉

```
#include <mega128.h>
#include <stdlib.h>
#include <delay.h>

typedef unsigned char  u_char;
typedef unsigned int   u_int;

❶ // 도트매트릭스(A0-A3 : PORTC.4~PORTC.7)
#define RED        PORTC.0       // Red LED Data
#define GREEN      PORTC.1       // Green LED Data
#define ENABLE     PORTC.2       // Output Enable
~~~~~~~~~~~~~~~~~~~~~~~~~~~~~~~~~~~~~~~

❷ // (4옥타브 도 ~ 6옥타브 도)까지의 OCR3A 설정값
#define OCT4_DO   118           // 261.6256Hz
#define OCT4_RE   105           // 293.6648Hz
#define OCT4_MI    94           // 323.6276Hz
~~~~~~~~~~~~~~~~~~~~~~~~~~~~~~~~~~~~~~~
#define OCT5_RA    35           // 880.0000Hz
#define OCT5_SI    31           // 987.7666Hz
#define OCT6_DO   29            // 2046.502Hz

// 오전/오후 표시
❸ flash u_int s_apm[2][3] = {{0x3c00, 0x0000, 0x0000}, {0x3000, 0x3000, 0x0000}};

// 시간 표시 데이터
❹ flash u_int s_hour[12][3] =
  {{0x0000, 0x00c0, 0x030c}, {0x0000, 0x0000, 0x0c0c}, {0x0000, 0x0000, 0x030c},
  {0x0000, 0x0000, 0x00cc}, {0x0000, 0x0000, 0x003c}, {0x0000, 0x0f00, 0x000c},
  {0x0300, 0x0300, 0x000c}, {0x0030, 0x0030, 0x000c}, {0x03c0, 0x0000, 0x000c},
  {0x000c, 0x000c, 0x000c}, {0x0000, 0x00c0, 0x000c}, {0x0000, 0x00c0, 0x0c0c}};

// 분 10단위 표시 데이터
❺ flash u_int s_min10[6][3]=
  {{0x0000, 0x0000, 0x000c}, {0x000c, 0x0000, 0x000c},
   {0x0c0c, 0x0000, 0x000c}, {0x030c, 0x0000, 0x000c},
   {0x00cc, 0x0000, 0x000c}, {0x003c, 0x0000, 0x000c}};
```

```
// 분 1단위 표시 데이터
❻ flash u_int s_min1[10][3] =
   {{0x0000, 0x0000, 0x0000}, {0x0000, 0x0c00, 0x000c}, {0x0000, 0x0000, 0x030c},
    {0x0000, 0x00c0, 0x000c}, {0x0000, 0x0000, 0x003c}, {0x0000, 0x000c, 0x000c},
    {0x0000, 0x0000, 0x0c0c}, {0x0000, 0x0300, 0x000c}, {0x0000, 0x0000, 0x00cc},
    {0x0000, 0x0030, 0x000c}};

❼ flash u_int tone_table[24] = {
        //학교종
        OCT5_SO, OCT5_SO, OCT5_RA, OCT5_RA,
        OCT5_SO, OCT5_SO, OCT5_MI,
        ~~~~~~~~~~~~~~~~~~~~~~~~~~~~~~~~~~~~~~~~
        OCT5_SO, OCT5_SO, OCT5_MI,
        OCT5_SO, OCT5_MI, OCT5_RE, OCT5_MI, OCT5_DO};

❽ flash u_int time_table[24] = {
        //학교종
        32, 32, 32, 32,
        32, 32, 64,
        ~~~~~~~~~~~~~~~~~~~~~~~~~~~~~~~~~~~~~~~~
        32, 32, 64,
        32, 32, 32, 32, 128};

❾ // 사용 변수(시계 관련)
   u_int   dot_i = 0;                        // 도트매트릭스 표시 라인 번호
   u_int   dot_rval[16];                     // 표시 패턴 저장을 위한 배열
   u_int   dot_gval[16];                     // 표시 패턴 저장을 위한 배열
   u_int   sec_dsp[16];                      // 초 표시 패턴 저장 배열

   u_char  hour = 0, minn = 0, sec = 0;      // 시계 시간
   u_char  al_hour = 0, al_min = 0;          // 알람 시간
   u_char  apm = 0;                          // 0 : AM, 1 : PM(시계)
   u_char  al_apm = 0;                       // 0 : AM, 1 : PM(알람)
   u_char  alarm = 0;                        // 1 : 알람모드, 0 : 알람해제
   u_char  setting = 0;                      // 0 : 비설정모드, 1 : 시간설정, 2 : 알람시간설정

   // 사용 변수(연주관련)
   u_int   play = 0;                         // 1: 알람연주, 0:연주정지

❿ void dot_set(void);                        // 시계시간 배열 설정(적색)
   void dot_set1(void);                       // 알람시간 배열 설정(녹색)
   void dot_gclear(void);
```

〈설명〉

❶ 도트매트릭스 제어 핀 및 데이터 핀에 연결된 포트에 대한 심볼을 정의한다.

❷ 알람 음악 연주 시 사용할 음계에 대해 타이머/카운터3의 CTC 모드에서 OCR3A에 설정할 값을 정의한다. 알람 음악으로 "학교종"을 연주하기 위해 4옥타브 '도'부터 6옥타브 '도'까지에 대해 심볼을 정의한다.

❸ 오전, 오후 표시를 위해 도트매트릭스에 출력할 값을 배열에 저장한다.

❹ 시간(1시~12시) 표시를 위해 도트매트릭스에 출력할 값을 배열에 저장한다.

❺ 분 10단위(분, 십분, 이십분, 삼십분, 사십분, 오십분) 표시를 위해 도트매트릭스에 출력할 값을 배열에 저장한다.

❻ 분 1단위(0분~9분) 표시를 위해 도트매트릭스에 출력할 값을 배열에 저장한다.

❼ 알람 음악 "학교종"에 대한 음계 데이터를 배열에 저장한다.

❽ 알람 음악 "학교종"에 대한 음의 길이 데이터를 배열에 저장한다.

❾ 전역변수를 정의한다.

❿ main() 함수이외에 사용할 3개의 함수를 선언한다.

〈main() 함수〉

```
   void main(void)
   {
       u_int    i, j;

       // I/O 포트 초기화
❶     DDRA = 0xFF;                    // 포트A 출력 설정
       DDRC = 0xFF;                    // 포트C 출력 설정
       DDRE = 0x08;                    // 포트E 상위 4비트 스위치 입력설정
                                       // PE3(OC3A) 출력 설정(스피커)
       PORTC = 0b00001000;             // 도트매트릭스 신호 초기화

       // 외부 인터럽트 초기화
❷     EIMSK = 0b11110000;             // 외부 인터럽트 4,5,6,7 인에이블
       EICRB = 0b10101010;             // 외부 인터럽트 4,5,6,7 : 하강 에지

       // 타이머/카운터0 초기화(도트매트릭스 제어)
❸     TIMSK = 0x01;                   // TOIE0 = 1, 타이머/카운터0 인터럽트 인에이블
       ASSR = 0x00;                    // 타이머/카운터0 타이머 모드
       TCCR0 = 0x04;                   // 일반모드, 프리스케일 = CK/64
       TCNT0 = 0x00;                   // (256 - 0) * 64 / 16 us = 1.024ms
```

```
    // 타이머 카운터1(시계)  1/16us * 1024 * (65536 - 49911) = 1 sec
❹   TIMSK |= 0x04;                  // TOIE1 = 1(오버플로우 인터럽트 인에이블)
    TCCR1A = 0x0;
    TCCR1B = 0x05;                  // 일반모드, 1024분주
    TCNT1 = 49911;                  // 타이머/카운터1 레지스터 초기값

    SREG = 0x80;                    // 전역 인터럽트 인에이블 I비트 셋

    dot_set();                      // 시계 시간 표시(적색)

    while(1) {
❺       if(alarm == 1 && al_apm == apm &&
            al_hour == hour && al_min == minn){      // 알람모드 알람시간 일치
            play = 1;                                // 알람 음악 연주 시작

❻           while(play){                        // 알람 음악 연주
                TCCR3A = 0b01000000;            // 모드4(CTC), 비교매치 토글, 정지
                TCCR3B = 0b00001000;            // 타/카3 정지

❼               for(i = 0;i < 24;i++){
                    TCCR3B = 0b00001100;  // 타/카3 256분주 동작
                    OCR3AH = 0x0;
                    OCR3AL = (unsigned char)tone_table[i];
                    TCNT3H = 0;
                    TCNT3L= 0;

❽                   for(j = 0;j < time_table[i];j++) delay_ms(10);  // 10ms 기본 템포

❾                   TCCR3B = 0b00001000;  // 타/카3 정지
                    delay_ms(25);          // 음과 음사이의 약간의 딜레이

                    if(play == 0) break;
                }
            }
        }
    }
}
```

〈설명〉

❶ 도트매트릭스에 사용할 포트A와 포트C를 출력방향으로 설정한다. 그리고, 알람 음악이 출력되는 PE3(OC3A)은 출력으로 설정하고, 스위치가 연결된 상위 4비트는 외부인터럽트 처리 함수에서 폴링 방식으로 연속 처리를 위해 입력 방향으로 설정한다.

❷ 시간을 설정하기 위해 사용하는 4개의 스위치 처리를 외부인터럽트로 수행하기 위해 외부인터럽트 4,5,6,7을 하강에지로 인에이블 시킨다.

❸ 도트매트릭스 표시를 위해 타이머/카운터0을 일반모드, 오버플로우 인터럽트 주기 1.024ms로 설정한다.

❹ 시간 측정을 위해 타이머/카운터1을 일반모드, 오버플로우 인터럽트 주기 1sec로 설정한다.

❺ 알람모드가 설정되어 있고, 현재의 시간과 알람 설정 시간이 같은지 체크한다. 알람시간이 되었으면 알람 음악 연주 변수(play)를 셋 한다.

❻ 알람 연주 변수가 셋 되어 있으면 알람 음악을 연주하기 위해 타이머/카운터3을 동작모드 4(CTC), 비교매치 토글, 동작 정지 상태로 설정한다.

❼ "학교종"의 24개 음계 연주를 위해 타이머/카운터3을 256분주로 동작시키고, OCR3A 레지스터에 연주 번호의 배열 값을 설정한다.

❽ 음의 길이 * 10ms 만큼 기다린다.(출력되고 있는 음계 연주를 위해)

❾ 타이머/카운터3의 분주비를 0으로 하여 동작을 정지시키고, 25ms 대기한 후 알람 연주 변수가 셋 되어 있으면 계속 연주한다. 알람은 SW3에 의해 발생되는 외부인터럽트6에서 해제된다.

〈dot_set() 함수〉

```
    // 시계 시간/알람/설정/시간설정/알람설정/ 부분 LED ON(적색)
❶  void dot_set(void)
    {
        u_int  n, i, m10, m1;

❷      for(n = 0;n < 16;n++) dot_rval[n] = 0;

        // 시간 표시 설정
❸      for(n = 0;n < 3;n++){
            i = n * 2 + 2;
            dot_rval[i] = s_hour[hour][n] | s_apm[apm][n];   // 시간, "오전/오후" 부분 설정
            dot_rval[i + 1] = dot_rval[i];                     // 바로 아래줄 LED도 함께 ON
        }
```

```
    // 분 표시 설정
❹   m10 = minn / 10;
    m1 = minn % 10;
    for(n = 0;n < 3;n++){
        i = n * 2 + 8;
        dot_rval[i] = s_min1[m1][n] | s_min10[m10][n];  // 분10자리/분1자리 부분설정
        dot_rval[i + 1] = dot_rval[i];
    }

❺   if(m10 == 0 && m1 == 0){                            // 0분 -> 분 표시 삭제
      dot_rval[12] = dot_rval[12] & 0xFFF3;
      dot_rval[13] = dot_rval[12];
    }

❻   if(alarm == 1){                    // 알람 동작 모드이면 "알람" 부분 LED ON
        dot_rval[6] |= 0x3000;
        dot_rval[7] = dot_rval[6];
    }

❼   if(setting != 0){                  // 설정모드이면 "설정" 부분 LED ON
        dot_rval[8] |= 0x3000;
        dot_rval[9] = dot_rval[8];

❽       if(setting == 1){              // 시간설정이면 "시간설정" 부분 LED ON
            dot_rval[10] |= 0x3000;
            dot_rval[11] = dot_rval[10];
        }
❾       else {                         // 알람설정이면 "알람설정" 부분 LED ON
            dot_rval[12] |= 0x3000;
            dot_rval[13] = dot_rval[12];
        }
    }
}
```

〈설명〉

❶ 시간, 알람, 설정, 시간설정, 알람설정 부분의 적색 LED를 on 시키기 위해 실행되는 함수이다.
❷ 도트매트릭스의 적색 LED 표시를 담당하는 배열(dot_rval[])을 클리어 시킨다.
❸ 시간과 오전/오후의 표시를 위해 해당하는 각각의 출력값을 OR 연산을 통해 적색 LED 표시 배열에 설정한다.
❹ 분의 10자리와 분의 1자리의 표시를 위해 해당하는 각각의 출력값을 OR 연산을 통해 적색 LED 표시 배열에 설정한다.
❺ 0분인 경우에는 '분' 위치의 LED를 off 시킨다.
❻ 알람 모드이면 '알람' 위치의 LED를 on 시킨다.
❼ 설정 모드이면 '설정' 위치의 LED를 on 시킨다.,
❽ 시간 설정이면 '시간 설정' 위치의 LED를 on 시킨다.
❾ 알람 시간 설정이면 '알람 설정' 위치의 LED를 on 시킨다.

〈dot_set1() 함수〉

```
   // 알람시간 LED ON(녹색)
❶  void dot_set1(void)
   {
       u_int  n, i, m10, m1;

❷      for(n = 1;n < 15;n++) dot_gval[n] = dot_gval[n] & 0x8001;

       // 시간 표시 설정
❸      for(n = 0;n < 3;n++){
           i = n * 2 + 2;
           dot_gval[i] = s_hour[al_hour][n] | s_apm[al_apm][n];
           dot_gval[i + 1] = dot_gval[i];
       }

❹      // 분 표시 설정
       m10 = al_min / 10;
       m1 = al_min % 10;
       for(n = 0;n < 3;n++){
           i = n * 2 + 8;
           dot_gval[i] = s_min1[m1][n] | s_min10[m10][n];
           dot_gval[i + 1] = dot_gval[i];
       }
```

```
❺     if(m10 == 0 && m1 == 0){            // 0분 -> 분 표시 삭제
          dot_gval[12] = dot_gval[12] & 0xFFF3;
          dot_gval[13] = dot_gval[12];
      }

❻     if(alarm == 1){                      // 알람 동작 모드이면 "알람" 부분 LED ON
          dot_gval[6] |= 0x3000;
          dot_gval[7] = dot_gval[6];
      }
  }

  // 녹색 LED 클리어(초 표시부 제외)
❼ void dot_gclear(void)
  {
      u_char  m;

      for(m = 1;m < 15;m++) dot_gval[m] = dot_gval[m] & 0x8001;
  }
```

〈설명〉

❶ 알람시간을 표시하기 위해 녹색 LED를 on 시키는 함수이다.

❷ 도트매트릭스의 녹색 LED 표시를 담당하는 배열(dot_gval[])에 대해 초(sec)의 상태를 나타내는 가장자리 부분을 제외한 영역을 클리어 시킨다.

❸ 알람 시간과 오전/오후의 표시를 위해 해당하는 각각의 출력값을 OR 연산을 통해 녹색 LED 표시 배열에 설정한다.

❹ 알람 시간에서 분의 10자리와 분의 1자리의 표시를 위해 해당하는 각각의 출력값을 OR 연산을 통해 녹색 LED 표시 배열에 설정한다.

❺ 알람 시간에서 분의 값이 0인 경우에는 '분' 위치의 LED를 off 시킨다.

❻ 알람 모드이면 '알람' 위치의 녹색 LED를 on 시킨다.

❼ 도트매트릭스의 녹색 LED 표시 배열에서 초 값을 나타내는 LED(도트매트릭스 가장자리) 이외의 부분은 모두 클리어 시킨다.

〈외부인터럽트4 처리 함수〉

```
   // SW1 처리 : 시간값 + 1
❶ interrupt [EXT_INT4] void sw1(void)
   {
❷     if(setting == 0) return;                  // 설정모드에서만 동작

      SREG = 0x80;

❸     if(setting == 1){                         // 시계시간설정
          while(1){
❹             hour++;
              if(hour == 12){
                  apm = (apm + 1) % 2;          // 오전/오후 전환
                  hour = 0;
              }

❺             dot_set();                        // 시간 표시 갱신
              delay_ms(200);
              if((PINE & 0b00010000) != 0) break;
          }
      }
❻     else {                                    // 알람시간설정
          while(1){
❼             al_hour++;
              if(al_hour == 12){
                  al_apm = (al_apm + 1) % 2;    // 오전/오후 전환
                  al_hour = 0;
              }

❽             dot_set1();                       // 알람 시간 표시 갱신
              delay_ms(200);
              if((PINE & 0b00010000) != 0) break;
          }
      }
   }
```

〈설명〉

❶ SW1이 눌려졌을 때 처리되는 외부인터럽트4 처리함수이며, 시간의 값을 0~11의 범위에서 1 증가시킨다.

❷ 설정 모드가 아니면 아무 처리 없이 리턴 한다.

❸ 시간 설정 모드이면 실행되는 부분이다.

❹ 시간의 값을 1증가시키고, 12가 되면 오전/오후를 바꾼 후 시간 값을 0으로 한다.

❺ 바뀐 시간을 새로 표시하기 위해 시간 표시 함수 dot_set()를 호출한다. 그리고, 0.2초 지난 후 SW1이 off 이면 리턴 하고, SW1이 계속 on 이면 시간의 값을 연속적으로 증가시킨다.

❻ 알람 시간 설정 모드이면 실행되는 부분이다.

❼ 알람 설정 시간의 값을 1증가시키고, 12가 되면 오전/오후를 바꾼 후 시간 값을 0으로 한다.

❽ 바뀐 알람 설정 시간을 새로 표시하기 위해 알람 시간 표시 함수 dot_set1()를 호출한다. 그리고, 0.2초 지난 후 SW1이 off 이면 리턴 하고, SW1 계속 on 이면 알람 설정 시간의 값을 연속적으로 증가시킨다.

〈외부인터럽트5 처리 함수〉

```
   // SW2 처리 : 분값 + 1
❶  interrupt [EXT_INT5] void sw2(void)
   {
❷      if(setting == 0) return;                  // 설정모드에서만 동작

       SREG = 0x80;

❸      if(setting == 1){                         // 시계시간설정
❹          while(1){
               minn = (minn + 1) % 60;           // 시계 분값 + 1
               dot_set();                        // 시간 표시 갱신
               delay_ms(150);
               if((PINE & 0b00100000) != 0) break;
           }
       }
❺      else {                                    // 알람시간설정
❻          while(1){
               al_min = (al_min + 1) % 60;       // 알람 분값 + 1
               dot_set1();                       // 알람 시간 표시 갱신
               delay_ms(150);
               if((PINE & 0b00100000) != 0) break;
           }
       }
   }
```

〈설명〉

❶ SW2가 눌려졌을 때 처리되는 외부인터럽트5 처리함수이며, 분의 값을 0~59의 범위에서 1증가시킨다.
❷ 설정 모드가 아니면 아무 처리 없이 리턴 한다.
❸ 시간 설정 모드이면 실행되는 부분이다.
❹ 분의 값을 1증가시키고 60이 되면 0으로 한다.
❺ 바뀐 시간을 새로 표시하기 위해 시간 표시 함수 dot_set()를 호출한다. 그리고, 0.15초 지난 후 SW2가 off 이면 리턴 하고, SW2가 계속 on 이면 분의 값을 연속적으로 증가시킨다.
❻ 알람 시간 설정 모드이면 실행되는 부분이다.
❼ 알람 설정 시간의 분의 값을 1증가시키고 60이 되면 0으로 한다.
❽ 바뀐 알람 설정 시간을 새로 표시하기 위해 알람 시간 표시 함수 dot_set1()를 호출한다. 그리고, 0.15초 지난 후 SW2가 off 이면 리턴 하고, SW2가 계속 on 이면 분의 값을 연속적으로 증가시킨다.

〈외부인터럽트 6, 7 처리 함수〉

```
   // SW3 처리 : 알람 모드 설정/해제 (알람 연주 off)
❶ interrupt [EXT_INT6] void sw3(void)
   {
❷     alarm = (alarm + 1) % 2;                // 알람 모드 토글

       dot_set();                              // 알람 모드 표시 겡신

❸     if(alarm == 1) dot_set1();              // 알람 모드이면 주황으로 표시
❹     else {                                  // 알람 모드가 아니면
           dot_gclear();                       // 녹색 부분 클리어
           if(play == 1){                      // 알람 음악 연주중이면 정
               play = 0;                       // 연주 끝
               TCCR3A = 0x0;                   // 타/카3 모드4(CTC), 정지
               TCCR3B = 0b00001000;            // PE3 일반포트
               PORTE = 0x0;                    // PE3(스피커) off
           }
       }
   }

   // SW4 처리 : 동작모드 설정
   // 시계(0)/시계시간설정(1)/알람시간설정(2)
```

```
❺ interrupt [EXT_INT7] void sw4(void)
  {
❻     setting = (setting + 1) % 3;

❼     dot_set();     // 해당 설정 모드 표시
      if(setting == 2 || alarm == 1) dot_set1();     // 알람 시간설정모드 주황 표시
      else dot_gclear();                             // 시계/시간설정 모드이면 녹색 클리어
  }
```

〈설명〉

❶ SW3이 눌려졌을 때 처리되는 외부인터럽트6 처리함수이며, 알람 모드를 설정하거나 해제한다.

❷ 알람 모드를 반전시킨다. 즉 알람 모드가 아니면 알람 모드로 하고, 알람 모드이면 알람 해제 모드로 변경한다. 알람 모드의 새로운 상태를 표시하기 위해 알람 및 시간을 표시하는 함수 dot_set() 함수를 호출한다.

❸ 새로운 상태가 알람 모드이면 현재의 알람 시간을 표시함과 동시에 '알람' 위치를 주황색으로 표시하기 위해 dot_set1() 함수를 호출한다.

❹ 새로운 상태가 알람 해제 모드이면 녹색 LED의 초 상태만 남기고 나머지 부분의 LED를 off 시키기 위해 dot_gclear() 함수를 호출한다. 그리고, 현재 알람 연주 상태이면 알람 연주 변수(play)가 1이면 이 변수를 클리어 시킨 후 타이머/카운터3의 동작을 정지 시킴과 동시에 연주(PE3) 출력을 off 시킨다.

❺ SW4가 눌려졌을 때 처리되는 외부인터럽트7 처리함수이며, 동작모드를 시계 -> 시간 설정 -> 알람 시간 설정 순서로 바꾸는 처리를 수행한다.

❻ 바뀐 설정 모드 표시를 위해 dot_set() 함수를 호출하고, 알람설정모드 또는 알람모드이면 '알람' 위치를 주황색으로 표시하기 위해 dot_set1() 함수를 호출한다. 그리고, 시계 모드 또는 시간설정 모드이면 도트매트릭스의 녹색 LED(초 표시 부분 제외)를 클리어 시키기 위해 dot_gclear() 함수를 호출한다.

〈타이머/카운터0 오버플로우 인터럽트 처리 함수〉

```
   // 도트매트릭스 1.024ms마다 한 라인씩 순차 표시
   // 타이머/카운터0 (256 - 0) * 64 / 16 us = 1.024ms
❶ interrupt [TIM0_OVF] void dotmat_disp(void)
   {
       int    di;

       // 한 라인 데이터 출력(맨 좌측 표시값부터 하나씩 추출하여 출력)
❷      for(di = 0;di < 16;di++){
           RED = 0;
           GREEN = 0;
           if(((dot_rval[dot_i] << di) & 0x8000) != 0) RED = 1;      // 적색 표시
           if(((dot_gval[dot_i] << di) & 0x8000) != 0) GREEN = 1;    // 녹색 표시

           CLOCK = 1;                                                // 클럭 ON
           delay_us(1);
           CLOCK = 0;                                                // 클럭 OFF
           delay_us(1);
       }

❸      delay_us(2);
       ENABLE = 1;                                         // Enable 비트 셋
       LATCH = 0;                                          // Latch 비트 리셋
       delay_us(2);
       LATCH = 1;                                          // Latch 비트 셋
       PORTC = (PORTC & 0b00001111) | (dot_i << 4);        // 라인값 설정
       delay_us(2);
       ENABLE = 0;                                         // 인에이블 비트 리셋

❹      dot_i = (dot_i + 1) % 16;                           // 표시라인 1증가
   }
```

〈설명〉

❶ 도트매트릭스 표시를 위해 1.024ms 마다 실행되는 타이머/카운터0 오버플로우 인터럽트 처리 함수이며, 표시할 줄의 데이터를 제어신호와 함께 도트매트릭스에 출력한다.

❷ 표시할 줄의 적색과 녹색 16비트 데이터를 클럭과 함께 도트매트릭스에 출력한다.

❸ ❷에서 입력한 데이터를 LATCH 신호와 ENABLE 신호를 이용하여 도트매트릭스 표시 레지스터에 입력하고, 표시할 어드레스를 출력한다.

❹ 다음에 도트매트릭스에 표시할 줄 어드레스를 1증가 시킨다.(0~15)

〈타이머/카운터1 오버플로우 인터럽트 처리 함수〉

```
   // 타이머/카운터1 오버플로우 인터럽트 처리(1초 측정)
   // 주기 = 1/16us * 1024 * (65536 - 49911) = 1 sec
❶  interrupt [TIM1_OVF] void one_sec(void)
   {
       u_char  m, n;

❷      TCNT1 = 49911;                      // 타이머/카운터1 초기값 재설정

❸      sec = sec + 1;                      // 초값 +1

       if(sec == 60){
           sec = 0;
           minn = minn + 1;

           if(minn == 60){
               minn = 0;
               hour = hour + 1;
               if(hour == 12){
                   hour = 0;
                   apm = (apm + 1) % 2;    // 12시에 오전/오후 전환
               }
           }
           dot_set();
       }

       // 초 표시를 위한 표시 배열 설정
❹      if(sec == 0){                       // 0 sec 처리
           for(n = 0;n < 16;n++) sec_dsp[n] = 0;
           dot_gval[0] = 0x0;
           dot_gval[15] = 0x0;
           for(n = 1;n < 15;n++) dot_gval[n] = dot_gval[n] & 0x7FFE;
       }
       else if(sec <= 16){                 // 1 - 16 sec 처리
           sec_dsp[0] = sec_dsp[0] | (0x0001 << (16 - sec));
       }
       else if(sec <= 31){                 // 17 - 31 sec 처리
           n = sec % 17 + 1;
           sec_dsp[n] = sec_dsp[n] | 0x01;
       }
       else if(sec <= 46){                 // 32 - 46 sec 처리
```

```
            sec_dsp[15] = sec_dsp[15] | (0x0001 << (sec - 31));
        }
        else {                                      // 47 - 59 sec 처리
            n = 61 - sec;
            sec_dsp[n] = sec_dsp[n] | 0x08000;
        }

❺      for(m = 0;m < 16;m++) dot_gval[m] = dot_gval[m] | sec_dsp[m];
    }
```

〈설명〉

❶ 1초 인터럽트 주기를 갖는 타이머/카운터1 오버플로우 인터럽트 처리함수이며, 시간을 1초 증가시킨다. 그리고, 도트매트릭스 가장자리 LED를 이용하여 초 값을 표시할 패턴을 생성한다.

❷ 1초 인터럽트 주기를 위해 초기값 재설정을 실행한다.

❸ 우선 초 값을 1증가시킨 후 분과 시간의 값도 증가시켜야 할지 체크하고 처리한다.(시간 0~23, 분 0~ 59, 초 0~ 59의 범위를 갖는다.)

❹ 도트매트릭스 가장자리 LED를 이용하여 초 값을 표시할 패턴을 생성한다.

❺ 초값을 표시할 패턴을 녹색으로 표시하기 위해 도트매트릭스 녹색 LED 표시 배열에 or 연산을 통해 추가한다.

8.4 프로그램

```
/***************************************************************/
/* h_clock.c 한글 시계                                           */
/* Programmed by Donguk SHIN in 2016                            */
/*                                                              */
/*        <한글 시계판>                                          */
/*    오  전  여  덟  일  아                                     */
/*    후  다  섯  열  곱  홉                                     */
/*   알람  한  두  세  네  시                                    */
/*   설정  이  삼  사  오  십                                    */
/* 시간설정 일  칠  삼  구  오                                    */
/* 알람설정 육  이  팔  사  분                                    */
/***************************************************************/
// SW1 : 시간 조정, SW2 : 분 조정, SW3 : 알람 on/off
// SW4 : 시간설정/알람설정/설정해제
/***************************************************************/
// 알람(알람모드 적색 : 설정, off : 해제)
// 설정
// 시계설정(시계시간 적색, off : 설정 해제)
// 알람설정(알람시간 적색, off : 설정 해제)
/***************************************************************/


#include <mega128.h>
#include <stdlib.h>
#include <delay.h>

typedef unsigned char  u_char;
typedef unsigned int   u_int;

// 도트매트릭스(A0-A3 : PORTC.4~PORTC.7)
#define RED          PORTC.0        // Red LED Data
#define GREEN        PORTC.1        // Green LED Data
#define ENABLE       PORTC.2        // Output Enable
#define LATCH        PORTC.3        // Latch
#define CLOCK        PORTA.3        // Clock

// (4옥타브 도 ~ 6옥타브 도)까지의 OCR3A 설정값
#define OCT4_DO      118            // 261.6256Hz
#define OCT4_RE      105            // 293.6648Hz
#define OCT4_MI       94            // 323.6276Hz
#define OCT4_PA       88            // 349.2282Hz
```

```
#define OCT4_SO      79              // 391.9954Hz
#define OCT4_RA      70              // 440.0000Hz
#define OCT4_SI      62              // 493.8833Hz

#define OCT5_DO      59              // 523.2511Hz
#define OCT5_RE      52              // 587.3295Hz
#define OCT5_MI      46              // 659.255Hz
#define OCT5_PA      44              // 698.4565Hz
#define OCT5_SO      39              // 783.9909Hz
#define OCT5_RA      35              // 880.0000Hz
#define OCT5_SI      31              // 987.7666Hz
#define OCT6_DO      29              // 2046.502Hz

// 오전/오후 표시
flash u_int s_apm[2][3] = {{0x3c00, 0x0000, 0x0000}, {0x3000, 0x3000, 0x0000}};

// 시간 표시 데이터
flash u_int s_hour[12][3] =
   {{0x0000, 0x00c0, 0x030c}, {0x0000, 0x0000, 0x0c0c}, {0x0000, 0x0000, 0x030c},
   {0x0000, 0x0000, 0x00cc}, {0x0000, 0x0000, 0x003c}, {0x0000, 0x0f00, 0x000c},
   {0x0300, 0x0300, 0x000c}, {0x0030, 0x0030, 0x000c}, {0x03c0, 0x0000, 0x000c},
   {0x000c, 0x000c, 0x000c}, {0x0000, 0x00c0, 0x000c}, {0x0000, 0x00c0, 0x0c0c}};

// 분 10단위 표시 데이터
flash u_int s_min10[6][3]=
   {{0x0000, 0x0000, 0x000c}, {0x000c, 0x0000, 0x000c},
    {0x0c0c, 0x0000, 0x000c}, {0x030c, 0x0000, 0x000c},
    {0x00cc, 0x0000, 0x000c}, {0x003c, 0x0000, 0x000c}};

// 분 1단위 표시 데이터
flash u_int s_min1[10][3] =
   {{0x0000, 0x0000, 0x0000}, {0x0000, 0x0c00, 0x000c}, {0x0000, 0x0000, 0x030c},
    {0x0000, 0x00c0, 0x000c}, {0x0000, 0x0000, 0x003c}, {0x0000, 0x000c, 0x000c},
    {0x0000, 0x0000, 0x0c0c}, {0x0000, 0x0300, 0x000c}, {0x0000, 0x0000, 0x00cc},
    {0x0000, 0x0030, 0x000c}};

flash u_int tone_table[24] = {
      //학교종
      OCT5_SO, OCT5_SO, OCT5_RA, OCT5_RA,
      OCT5_SO, OCT5_SO, OCT5_MI,
      OCT5_SO, OCT5_SO, OCT5_MI, OCT5_MI, OCT5_RE,
```

```
        OCT5_SO, OCT5_SO, OCT5_RA, OCT5_RA,
        OCT5_SO, OCT5_SO, OCT5_MI,
        OCT5_SO, OCT5_MI, OCT5_RE, OCT5_MI, OCT5_DO};

flash u_int time_table[24] = {
                //학교종
                32, 32, 32, 32,
                32, 32, 64,
                32, 32, 32, 32, 128,

                32, 32, 32, 32,
                32, 32, 64,
                32, 32, 32, 32, 128};

// 사용 변수(시계 관련)
u_int  dot_i = 0;                    // 도트매트릭스 표시 라인 번호
u_int  dot_rval[16];                 // 표시 패턴 저장을 위한 배열
u_int  dot_gval[16];                 // 표시 패턴 저장을 위한 배열
u_int  sec_dsp[16];                  // 초 표시 패턴 저장 배열

u_char  hour = 0, minn = 0, sec = 0;  // 시계 시간
u_char  al_hour = 0, al_min = 0;      // 알람 시간
u_char  apm = 0;                      // 0 : AM, 1 : PM(시계)
u_char  al_apm = 0;                   // 0 : AM, 1 : PM(알람)
u_char  alarm = 0;                    // 1 : 알람모드, 0 : 알람해제
u_char  setting = 0;                  // 0 : 비설정모드, 1 : 시간설정, 2 : 알람시간설정
// 사용 변수(연주관련)
u_int  play = 0;                      // 1: 알람연주, 0:연주정지

void dot_set(void);                   // 시계시간 배열 설정(적색)
void dot_set1(void);                  // 알람시간 배열 설정(녹색)
void dot_gclear(void);

void main(void)
{
   u_int          i, j;

   // 도트매트릭스 사용 포트 초기화
   DDRA = 0xFF;                       // 포트A 출력 설정
   DDRC = 0xFF;                       // 포트C 출력 설정
   DDRE = 0x08;                       // 포트E 상위 4비트 스위치 입력설정
                                      // PE3(OC3A) 출력 설정(스피커)
```

```
PORTC = 0b00001000;                    // 도트매트릭스 신호 초기화

// 외부 인터럽트 초기화
EIMSK = 0b11110000;                    // 외부 인터럽트 4,5,6,7 인에이블
EICRB = 0b10101010;                    // 외부 인터럽트 4,5,6,7 : 하강 에지

// 타이머/카운터0 초기화(도트매트릭스 제어)
TIMSK = 0x01;                          // TOIE0 = 1(타/카0 오버플로우 인터럽트 인에이블)
ASSR = 0x00;                           // 타이머/카운터0 타이머 모드
TCCR0 = 0x04;                          // 일반모드, 프리스케일 = CK/64
TCNT0 = 0x00;                          // (256 - 0) * 64 / 16 us = 1.024ms

// 타이머 카운터1(시계)  1/16us * 1024 * (65536 - 49911) = 1 sec
TIMSK |= 0x04;                         // TOIE1 = 1(타/카1 오버플로우 인터럽트 인에이블)
TCCR1A = 0x0;
TCCR1B = 0x05;                         // 일반모드, 1024분주
TCNT1 = 49911;                         // 타이머/카운터1 레지스터 초기값

SREG = 0x80;                           // 전역 인터럽트 인에이블 I비트 셋

dot_set();                             // 시계 시간 표시(적색)
while(1) {
  if(alarm == 1 && al_apm == apm &&
    al_hour == hour && al_min == minn){     // 알람모드 알람시간 일치
    play = 1;                               // 알람 음악 연주 시작

    while(play){                            // 알람 음악 연주
      TCCR3A = 0b01000000;                  // 모드4(CTC), 비교매치 토글, 정지
      TCCR3B = 0b00001000;                  // 타/카3 정지

      for(i = 0;i < 24;i++){
        TCCR3B = 0b00001100;                // 타/카3 256분주 동작
        OCR3AH = 0x0;
        OCR3AL = (unsigned char)tone_table[i];
        TCNT3H = 0;
        TCNT3L= 0;

        for(j = 0;j < time_table[i];j++) delay_ms(10);   // 10ms 기본 템포값
        TCCR3B = 0b00001000;                             // 타/카3 정지
        delay_ms(25);                                    // 음과 음사이의 약간의 딜레이

        if(play == 0) break;
```

```
            }
        }
    }
  }
}

// 시계 시간/알람/설정/시간설정/알람설정/ 부분 LED ON(적색)
void dot_set(void)
{
  u_int  n, i, m10, m1;

  for(n = 0;n < 16;n++) dot_rval[n] = 0;

  //  시간 표시 설정
  for(n = 0;n < 3;n++){
    i = n * 2 + 2;
    dot_rval[i] = s_hour[hour][n] | s_apm[apm][n];          // 시간, "오전/오후" 부분 설정
    dot_rval[i + 1] = dot_rval[i];                          // 바로 아래줄 LED도 함께 ON
  }

  // 분 표시 설정
  m10 = minn / 10;
  m1 = minn % 10;
  for(n = 0;n < 3;n++){
    i = n * 2 + 8;
    dot_rval[i] = s_min1[m1][n] | s_min10[m10][n];          // 분10자리/분1자리 부분설정
    dot_rval[i + 1] = dot_rval[i];
  }

  if(m10 == 0 && m1 == 0){                                  // 0분 -> 분 표시 삭제
    dot_rval[12] = dot_rval[12] & 0xFFF3;
    dot_rval[13] = dot_rval[12];
  }

  if(alarm == 1){                            // 알람 동작 모드이면 "알람" 부분 LED ON
    dot_rval[6] |= 0x3000;
    dot_rval[7] = dot_rval[6];
  }
  if(setting != 0){                          // 설정모드이면 "설정" 부분 LED ON
    dot_rval[8] |= 0x3000;
    dot_rval[9] = dot_rval[8];
```

```
    if(setting == 1){                          // 시간설정이면 "시간설정" 부분 LED ON
        dot_rval[10] |= 0x3000;
        dot_rval[11] = dot_rval[10];
    }
    else {                                     // 알람설정이면 "알람설정" 부분 LED ON
        dot_rval[12] |= 0x3000;
        dot_rval[13] = dot_rval[12];
    }
  }
}

// 알람시간 LED ON(녹색)
void dot_set1(void)
{
  u_int  n, i, m10, m1;

  for(n = 1;n < 15;n++) dot_gval[n] = dot_gval[n] & 0x8001;

  //  시간 표시 설정
  for(n = 0;n < 3;n++){
    i = n * 2 + 2;
    dot_gval[i] = s_hour[al_hour][n] | s_apm[al_apm][n];
    dot_gval[i + 1] = dot_gval[i];
  }

  // 분 표시 설정
  m10 = al_min / 10;
  m1 = al_min % 10;
  for(n = 0;n < 3;n++){
    i = n * 2 + 8;
    dot_gval[i] = s_min1[m1][n] | s_min10[m10][n];
    dot_gval[i + 1] = dot_gval[i];
  }

  if(m10 == 0 && m1 == 0){                     // 0분 -> 분 표시 삭제
    dot_gval[12] = dot_gval[12] & 0xFFF3;
    dot_gval[13] = dot_gval[12];
  }

  if(alarm == 1){                              // 알람 동작 모드이면 "알람" 부분 LED ON
    dot_gval[6] |= 0x3000;
    dot_gval[7] = dot_gval[6];
```

```
    }
}

// 녹색 LED 클리어(초 표시부 제외)
void dot_gclear(void)
{
    u_char  m;

    for(m = 1;m < 15;m++) dot_gval[m] = dot_gval[m] & 0x8001;
}

// SW1 처리 : 시간값 + 1
interrupt [EXT_INT4] void sw1(void)
{
    if(setting == 0) return;                    // 설정모드에서만 동작

    SREG = 0x80;

    if(setting == 1){                           // 시계시간설정
        while(1){
            hour++;
            if(hour == 12){
                apm = (apm + 1) % 2;            // 오전/오후 전환

                hour = 0;
            }

            dot_set();                          // 시간 표시 갱신
            delay_ms(200);
            if((PINE & 0b00010000) != 0) break;
        }
    }
    else {                                      // 알람시간설정
        while(1){
            al_hour++;
            if(al_hour == 12){
                al_apm = (al_apm + 1) % 2;      // 오전/오후 전환
                al_hour = 0;
            }

            dot_set1();                         // 알람 시간 표시 갱신
            delay_ms(200);
```

```
            if((PINE & 0b00010000) != 0) break;
        }
    }
}

// SW2 처리 : 분값 + 1
interrupt [EXT_INT5] void sw2(void)
{
    if(setting == 0) return;                    // 설정모드에서만 동작

    SREG = 0x80;

    if(setting == 1){                           // 시계시간설정
        while(1){
            minn = (minn + 1) % 60;             // 시계 분값 + 1
            dot_set();                          // 시간 표시 갱신
            delay_ms(150);
            if((PINE & 0b00100000) != 0) break;
        }
    }
    else {                                      // 알람시간설정
        while(1){
            al_min = (al_min + 1) % 60;         // 알람 분값 + 1
            dot_set1();                         // 알람 시간 표시 갱신
            delay_ms(150);
            if((PINE & 0b00100000) != 0) break;
        }
    }
}

// SW3 처리 : 알람 모드 설정/해제 (알람 연주 off)
interrupt [EXT_INT6] void sw3(void)
{
    alarm = (alarm + 1) % 2;                    // 알람 모드 토글

    dot_set();                                  // 알람 모드 표시 겡신

    if(alarm == 1) dot_set1();                  // 알람 모드이면 주황으로 표시
    else {                                      // 알람 모드가 아니면
        dot_gclear();                           // 녹색 부분 클리어
        if(play == 1){                          // 알람 음악 연주중이면 정지처리
            play = 0;                           // 연주 끝
```

```
            TCCR3A = 0x0;                   // 타/카3 모드4(CTC), 정지
            TCCR3B = 0b00001000;            // PE3 일반포트
            PORTE = 0x0;                    // PE3(스피커) off
        }
    }
}

// SW4 처리 : 동작모드 설정
// 시계(0)/시계시간설정(1)/알람시간설정(2)
interrupt [EXT_INT7] void sw4(void)
{
    setting = (setting + 1) % 3;

    dot_set();                                      // 해당 설정 모드 표시
    if(setting == 2 || alarm == 1) dot_set1();      // 알람 시간설정모드 주황 표시
    else dot_gclear();                              // 시계/시간설정 모드이면 녹색 클리어
}

// 도트매트릭스 1.024ms마다 한 라인씩 순차 표시
// 타이머/카운터0 (256 - 0) * 64 / 16 us = 1.024ms
interrupt [TIM0_OVF] void dotmat_disp(void)
{
    int     di;

    // 한 라인 데이터 출력(맨 좌측 표시값부터 하나씩 추출하여 출력)
    for(di = 0;di < 16;di++){
        RED = 0;
        GREEN = 0;
        if(((dot_rval[dot_i] << di) & 0x8000) != 0) RED = 1;        // 적색 표시
        if(((dot_gval[dot_i] << di) & 0x8000) != 0) GREEN = 1;      // 녹색 표시

        CLOCK = 1;                                                  // 클럭 ON
        delay_us(1);
        CLOCK = 0;                                                  // 클럭 OFF
        delay_us(1);
    }

    delay_us(2);
    ENABLE = 1;                                                     // Enable 비트 셋
    LATCH = 0;                                                      // Latch 비트 리셋
    delay_us(2);
    LATCH = 1;                                                      // Latch 비트 셋
```

```
    PORTC = (PORTC & 0b00001111) | (dot_i << 4);          // 라인값 설정
    delay_us(2);
    ENABLE = 0;                                            // 인에이블 비트 리셋

    dot_i = (dot_i + 1) % 16;                              // 표시라인 1증가
}

// 타이머/카운터1 오버플로우 인터럽트 처리(1초 측정)
// 주기 = 1/16us * 1024 * (65536 - 49911) = 1 sec
interrupt [TIM1_OVF] void one_sec(void)
{
    u_char  m, n;

    TCNT1 = 49911;                                         // 타이머/카운터1 초기값 재설정

    sec = sec + 1;                                         // 초값 +1

    if(sec == 60){
            sec = 0;
        minn = minn + 1;

        if(minn == 60){
            minn = 0;
            hour = hour + 1;
            if(hour == 12){
                hour = 0;
                apm = (apm + 1) % 2;                       // 12시에 오전/오후 전환
            }
        }
        dot_set();
    }

    // 초 표시를 위한 표시 배열 설정
    if(sec == 0){                                  // 0 sec 처리
        for(n = 0;n < 16;n++) sec_dsp[n] = 0;
        dot_gval[0] = 0x0;
        dot_gval[15] = 0x0;
        for(n = 1;n < 15;n++) dot_gval[n] = dot_gval[n] & 0x7FFE;
    }
    else if(sec <= 16){                            // 1 - 16 sec 처리
        sec_dsp[0] = sec_dsp[0] | (0x0001 << (16 - sec));
    }
```

```
    else if(sec <= 31){                          // 17 - 31 sec 처리
        n = sec % 17 + 1;
        sec_dsp[n] = sec_dsp[n] | 0x01;
    }
    else if(sec <= 46){                          // 32 - 46 sec 처리
        sec_dsp[15] = sec_dsp[15] | (0x0001 << (sec - 31));
    }
    else {                                       // 47 - 59 sec 처리
        n = 61 - sec;
        sec_dsp[n] = sec_dsp[n] | 0x08000;
    }

    for(m = 0;m < 16;m++) dot_gval[m] = dot_gval[m] | sec_dsp[m];
}
```

9 Chapter 부록(AVR STUDIO 4.18 버전 프로그램)

[표 9-1]은 CodeVisionAVR C 컴파일러와 WinAVR C 컴파일러 변환을 위한 간단한 호환표를 보여준다. 따라서, 2장~8장에서 설명된 프로그램을 WinAVR C 컴파일러에서 이용하기 위해서는 [표 9-1]과 같은 기본적인 변환을 해 주어야 제대로 실행파일(헥사 파일)을 생성할 수 있다. 그리고, 2장~8장에서 설명된 프로그램을 WinAVR C 컴파일러에서 쉽게 사용할 수 있도록 변환한 소스 파일을 첨부하니 참조하기 바란다.

[표 9-1] CodeVisionAVR C 컴파일러와 WinAVR C 컴파일러 호환표

	CodeVisionAVR C 컴파일러	WinAVR C 컴파일러(AVR Studio4.18)
레지스터 및 인터럽트 관련 헤더 파일	〈mega128.h〉	〈avr/io.h〉 〈avr/pgmspace.h〉 - flash memory Read 〈avr/interrupt.h〉 - Interrupt handling
딜레이 함수 헤더파일	〈delay.h〉	#define F_CPU 16000000UL - CPU 클럭 정의 〈util/delay.h〉
Flash 형 데이터 선언	flash char flash unsigned char flash int flash unsigned int	prog_int8_t prog_uint8_t prog_int16_t prog_int16_t
Flash 형 데이터 읽기	별도 형식 없이 일반 변수처럼 사용	pgm_read_bye(address short) pgm_read_word(address short)
비트 단위 출력 제어	레지스터명. 비트번호= 0 또는 1	#define BV(bit) (1 〈〈 bit) - bit(0~7)번째 비트 셋 #define CBI(reg, bit) reg &= ~(BV(bit)) - reg의 bit번째 비트 클리어 #define SBI(reg, bit) reg |= (BV(bit)) - reg의 bit번째 비트 셋
딜레이 함수	delay_ms(unsigned int) delay_us(unsigned int)	_delay_ms(unsigned int) _delay_us(unsigned int)
인터럽트 함수	interrupt [인터럽트 소스명] void 함수명(void)	ISR(vector)

〈ascii_dsp.c〉

```
/********************************************/
/* 8x8(반각) ASCII 패턴 순차 표시                      */
/* ascii_dsp.c                                          */
/* Programmed by Donguk SHIN in 2016                    */
/*******************************(***********/

#include <avr/io.h>
#include <avr/pgmspace.h>
#include <avr/interrupt.h>

#define F_CPU 16000000UL
#include <util/delay.h>

#define BV(bit)          (1 << bit)              // bit(0~7)번째 비트 셋
#define CBI(reg, bit)    reg &= ~(BV(bit))       // reg의 bit번째 비트 클리어
#define SBI(reg, bit)    reg |= (BV(bit))        // reg의 bit번째 비트 셋

// 도트 매트릭스(A0-A3 : PORTC.4~PORTC.7)
#define RED              PC0                     // Red LED Data
#define GREEN            PC1                     // Green LED Data
#define ENABLE           PC2                     // Output Enable
#define LATCH            PC3                     // Latch
#define CLOCK            PA3                     // Clock

// 사용 변수
volatile uint16_t   dot_i = 0;                   // 도트매트릭스 표시 라인 번호
volatile uint16_t   dot_val[16];                 // 표시 패턴 저장을 위한 배열

// 8 x 8 ASCII 문자 패턴
prog_uint8_t ascii_table[96][8] = {
        {0x00, 0x00, 0x00, 0x00, 0x00, 0x00, 0x00, 0x00},    // 0x20 space
        {0x00, 0x08, 0x08, 0x08, 0x08, 0x00, 0x00, 0x08},    // 0x21 !
        {0x00, 0x14, 0x14, 0x14, 0x00, 0x00, 0x00, 0x00},    // 0x22 "
        {0x00, 0x14, 0x14, 0x3e, 0x14, 0x3e, 0x14, 0x14},    // 0x23 #
        {0x00, 0x08, 0x1e, 0x28, 0x1c, 0x0a, 0x3c, 0x08},    // 0x24 $
        {0x00, 0x30, 0x32, 0x04, 0x08, 0x10, 0x26, 0x06},    // 0x25 %
        {0x00, 0x18, 0x24, 0x28, 0x10, 0x2a, 0x24, 0x1a},    // 0x26 &
        {0x00, 0x18, 0x08, 0x10, 0x00, 0x00, 0x00, 0x00},    // 0x27 '
        {0x00, 0x04, 0x08, 0x10, 0x10, 0x10, 0x08, 0x04},    // 0x28 (
        {0x00, 0x10, 0x08, 0x04, 0x04, 0x04, 0x08, 0x10},    // 0x29 )
        {0x00, 0x00, 0x08, 0x2a, 0x1c, 0x2a, 0x08, 0x00},    // 0x2a *
        {0x00, 0x00, 0x08, 0x08, 0x3e, 0x08, 0x08, 0x00},    // 0x2b +
        {0x00, 0x00, 0x00, 0x00, 0x00, 0x18, 0x08, 0x10},    // 0x2c ,
        {0x00, 0x00, 0x00, 0x00, 0x3e, 0x00, 0x00, 0x00},    // 0x2d -
        {0x00, 0x00, 0x00, 0x00, 0x00, 0x00, 0x18, 0x18},    // 0x2e .
        {0x00, 0x00, 0x02, 0x04, 0x08, 0x10, 0x20, 0x00},    // 0x2f /
        {0x00, 0x1c, 0x22, 0x26, 0x2a, 0x32, 0x22, 0x1c},    // 0x30 0
```

```
{0x00, 0x08, 0x18, 0x08, 0x08, 0x08, 0x08, 0x1c},        // 0x31 1
{0x00, 0x1c, 0x22, 0x02, 0x04, 0x08, 0x10, 0x3e},        // 0x32 2
{0x00, 0x3e, 0x04, 0x08, 0x04, 0x02, 0x22, 0x1c},        // 0x33 3
{0x00, 0x04, 0x0c, 0x14, 0x24, 0x3e, 0x04, 0x04},        // 0x34 4
{0x00, 0x3e, 0x20, 0x3c, 0x02, 0x02, 0x22, 0x1c},        // 0x35 5
{0x00, 0x0c, 0x10, 0x20, 0x3c, 0x22, 0x22, 0x1c},        // 0x36 6
{0x00, 0x3e, 0x02, 0x04, 0x08, 0x10, 0x10, 0x10},        // 0x37 7
{0x00, 0x1c, 0x22, 0x22, 0x1c, 0x22, 0x22, 0x1c},        // 0x38 8
{0x00, 0x1c, 0x22, 0x22, 0x1e, 0x02, 0x04, 0x18},        // 0x39 9
{0x00, 0x00, 0x18, 0x18, 0x00, 0x18, 0x18, 0x00},        // 0x3a :
{0x00, 0x00, 0x18, 0x18, 0x00, 0x18, 0x08, 0x10},        // 0x3b ;
{0x00, 0x04, 0x08, 0x10, 0x20, 0x10, 0x08, 0x04},        // 0x3c <
{0x00, 0x00, 0x00, 0x3e, 0x00, 0x3e, 0x00, 0x00},        // 0x3d =
{0x00, 0x10, 0x08, 0x04, 0x02, 0x04, 0x08, 0x10},        // 0x3e >
{0x00, 0x1c, 0x22, 0x02, 0x04, 0x08, 0x00, 0x08},        // 0x3f ?
{0x00, 0x1c, 0x22, 0x02, 0x1a, 0x2a, 0x2a, 0x1c},        // 0x40 @
{0x00, 0x1c, 0x22, 0x22, 0x22, 0x3e, 0x22, 0x22},        // 0x41 A
{0x00, 0x3c, 0x22, 0x22, 0x3c, 0x22, 0x22, 0x3c},        // 0x42 B
{0x00, 0x1c, 0x22, 0x20, 0x20, 0x20, 0x22, 0x1c},        // 0x43 C
{0x00, 0x38, 0x24, 0x22, 0x22, 0x22, 0x24, 0x38},        // 0x44 D
{0x00, 0x3e, 0x20, 0x20, 0x3c, 0x20, 0x20, 0x3e},        // 0x45 E
{0x00, 0x3e, 0x20, 0x20, 0x3c, 0x20, 0x20, 0x20},        // 0x46 F
{0x00, 0x1c, 0x22, 0x20, 0x2e, 0x22, 0x22, 0x1e},        // 0x47 G
{0x00, 0x22, 0x22, 0x22, 0x3e, 0x22, 0x22, 0x22},        // 0x48 H
{0x00, 0x1c, 0x08, 0x08, 0x08, 0x08, 0x08, 0x1c},        // 0x49 I
{0x00, 0x0e, 0x04, 0x04, 0x04, 0x04, 0x24, 0x18},        // 0x4a J
{0x00, 0x22, 0x24, 0x28, 0x30, 0x28, 0x24, 0x22},        // 0x4b K
{0x00, 0x20, 0x20, 0x20, 0x20, 0x20, 0x20, 0x3e},        // 0x4c L
{0x00, 0x22, 0x36, 0x2a, 0x2a, 0x22, 0x22, 0x22},        // 0x4d M
{0x00, 0x22, 0x22, 0x32, 0x2a, 0x26, 0x22, 0x22},        // 0x4e N
{0x00, 0x1c, 0x22, 0x22, 0x22, 0x22, 0x22, 0x1c},        // 0x4f O
{0x00, 0x3c, 0x22, 0x22, 0x3c, 0x20, 0x20, 0x20},        // 0x50 P
{0x00, 0x1c, 0x22, 0x22, 0x22, 0x2a, 0x24, 0x1a},        // 0x51 Q
{0x00, 0x3c, 0x22, 0x22, 0x3c, 0x28, 0x24, 0x22},        // 0x52 R
{0x00, 0x1e, 0x20, 0x20, 0x1c, 0x02, 0x02, 0x3c},        // 0x53 S
{0x00, 0x3e, 0x08, 0x08, 0x08, 0x08, 0x08, 0x08},        // 0x54 T
{0x00, 0x22, 0x22, 0x22, 0x22, 0x22, 0x22, 0x1c},        // 0x55 U
{0x00, 0x22, 0x22, 0x22, 0x22, 0x22, 0x14, 0x08},        // 0x56 V
{0x00, 0x22, 0x22, 0x22, 0x2a, 0x2a, 0x2a, 0x14},        // 0x57 W
{0x00, 0x22, 0x22, 0x14, 0x08, 0x14, 0x22, 0x22},        // 0x58 X
{0x00, 0x22, 0x22, 0x22, 0x14, 0x08, 0x08, 0x08},        // 0x59 Y
{0x00, 0x3e, 0x02, 0x04, 0x08, 0x10, 0x20, 0x3e},        // 0x5a Z
{0x00, 0x1c, 0x10, 0x10, 0x10, 0x10, 0x10, 0x1c},        // 0x5b [
{0x00, 0x22, 0x14, 0x3e, 0x08, 0x3e, 0x08, 0x08},        // 0x5c '₩'
{0x00, 0x1c, 0x04, 0x04, 0x04, 0x04, 0x04, 0x1c},        // 0x5d ]
{0x00, 0x08, 0x14, 0x22, 0x00, 0x00, 0x00, 0x00},        // 0x5e ^
{0x00, 0x00, 0x00, 0x00, 0x00, 0x00, 0x00, 0x3e},        // 0x5f _
{0x00, 0x10, 0x08, 0x04, 0x00, 0x00, 0x00, 0x00},        // 0x60 `
{0x00, 0x00, 0x00, 0x1c, 0x02, 0x1e, 0x22, 0x1e},        // 0x61 a
```

```
        {0x00, 0x20, 0x20, 0x2c, 0x32, 0x22, 0x22, 0x3c},         // 0x62 b
        {0x00, 0x00, 0x00, 0x1c, 0x20, 0x20, 0x22, 0x1c},         // 0x63 c
        {0x00, 0x02, 0x02, 0x1a, 0x26, 0x22, 0x22, 0x1e},         // 0x64 d
        {0x00, 0x00, 0x00, 0x1c, 0x22, 0x3e, 0x20, 0x1c},         // 0x65 e
        {0x00, 0x0c, 0x12, 0x10, 0x38, 0x10, 0x10, 0x10},         // 0x66 f
        {0x00, 0x00, 0x1e, 0x22, 0x22, 0x1e, 0x02, 0x1c},         // 0x67 g
        {0x00, 0x20, 0x20, 0x2c, 0x32, 0x22, 0x22, 0x22},         // 0x68 h
        {0x00, 0x08, 0x00, 0x18, 0x08, 0x08, 0x08, 0x1c},         // 0x69 i
        {0x00, 0x04, 0x00, 0x0c, 0x04, 0x04, 0x24, 0x18},         // 0x6a j
        {0x00, 0x20, 0x20, 0x24, 0x28, 0x30, 0x28, 0x24},         // 0x6b k
        {0x00, 0x18, 0x08, 0x08, 0x08, 0x08, 0x08, 0x1c},         // 0x6c l
        {0x00, 0x00, 0x00, 0x34, 0x2a, 0x2a, 0x22, 0x22},         // 0x6d m
        {0x00, 0x00, 0x00, 0x2c, 0x32, 0x22, 0x22, 0x22},         // 0x6e n
        {0x00, 0x00, 0x00, 0x1c, 0x22, 0x22, 0x22, 0x1c},         // 0x6f o
        {0x00, 0x00, 0x00, 0x3c, 0x22, 0x3c, 0x20, 0x20},         // 0x70 p
        {0x00, 0x00, 0x00, 0x1a, 0x26, 0x1e, 0x02, 0x02},         // 0x71 q
        {0x00, 0x00, 0x00, 0x2c, 0x32, 0x20, 0x20, 0x20},         // 0x72 r
        {0x00, 0x00, 0x00, 0x1c, 0x20, 0x1c, 0x02, 0x3c},         // 0x73 s
        {0x00, 0x10, 0x38, 0x10, 0x10, 0x10, 0x12, 0x0c},         // 0x74 t
        {0x00, 0x00, 0x00, 0x22, 0x22, 0x22, 0x26, 0x1a},         // 0x75 u
        {0x00, 0x00, 0x00, 0x22, 0x22, 0x22, 0x14, 0x08},         // 0x76 v
        {0x00, 0x00, 0x00, 0x22, 0x22, 0x2a, 0x2a, 0x14},         // 0x77 w
        {0x00, 0x00, 0x00, 0x22, 0x14, 0x08, 0x14, 0x22},         // 0x78 x
        {0x00, 0x00, 0x00, 0x22, 0x22, 0x1e, 0x02, 0x1c},         // 0x79 y
        {0x00, 0x00, 0x00, 0x3e, 0x04, 0x08, 0x10, 0x3e},         // 0x7a z
        {0x00, 0x04, 0x08, 0x08, 0x10, 0x08, 0x08, 0x04},         // 0x7b {
        {0x00, 0x08, 0x08, 0x08, 0x08, 0x08, 0x08, 0x08},         // 0x7c |
        {0x00, 0x10, 0x08, 0x08, 0x04, 0x08, 0x08, 0x10},         // 0x7d }
        {0x00, 0x00, 0x08, 0x04, 0x3e, 0x04, 0x08, 0x00},         // 0x7e ->
        {0x00, 0x00, 0x08, 0x10, 0x3e, 0x10, 0x08, 0x00}};        // 0x7f <-

int main(void)
{
   int  cc, i;

   // 도트매트릭스 제어포트 출력 설정
   DDRA = 0xFF;                    // 포트A 출력 설정
   DDRC = 0xFF;                    // 포트C 출력 설정
   PORTC = 0b00001000;             // 도트매트릭스(LATCH=1, ENABLE=0, A0-A3=0000)

   // 타이머/카운터0 초기 설정
   TIMSK = 0x01;                   // TOIE0 = 1, 타이머/카운터0 인터럽트 인에이블
   ASSR = 0x00;                    // 타이머/카운터0 타이머 모드
   TCCR0 = 0x04;                   // 일반모드, 프리스케일 = CK/64
   TCNT0 = 0x00;                   // 타이머/카운터0 레지스터 초기값
                                   // 1/16us * 64분주 * (256 - 0) = 1.024ms
   SREG = 0x80;                    // 전역 인터럽트 인에이블 비트 I 셋

   // 도트매트릭스 상하 4라인 0값 추가
   for(i = 0;i < 4;i++){
```

```
        dot_val[i] = 0;
        dot_val[12 + i] = 0;
    }

    while(1) {
        // ASCII 문자 순차 표시
        for(cc = 0;cc < 96; cc++) {
          // 4-12행에 표시할 cc번째 ASCII 패턴 저장(좌우 4칸은 0값 저장)
          for(i = 0;i < 8;i++){
                    dot_val[i + 4] = pgm_read_byte(&ascii_table[cc][i]) << 4;
          }
          _delay_ms(500);
        }
    }
}

// 도트매트릭스 1.024ms마다 한 라인씩 순차 표시
// 타이머/카운터0 (256 - 0) * 64 / 16 us = 1.024ms
ISR(TIMER0_OVF_vect)
{
    int     di;

    // 한 라인 데이터 출력(맨 좌측 표시값부터 하나씩 추출하여 출력)
    for(di = 0;di < 16;di++){
        if(((dot_val[dot_i] << di) & 0x8000) != 0){        // 적색+녹색으로 표시
            SBI(PORTC, RED);
            SBI(PORTC, GREEN);
        }
        else {
            CBI(PORTC, RED);
            CBI(PORTC, GREEN);
        }

        SBI(PORTA, CLOCK);                                 // 클럭 ON
        _delay_us(1);
        CBI(PORTA, CLOCK);                                 // 클럭 OFF
        _delay_us(1);
    }

    _delay_us(2);
    SBI(PORTC, ENABLE);                                    // Enable 비트 셋
    CBI(PORTC, LATCH);                                     // Latch 비트 리셋
    _delay_us(2);
    SBI(PORTC, LATCH);                                     // Latch 비트 셋
    PORTC = (PORTC & 0b00001111) | (dot_i << 4);           // 표시 라인 설정
    _delay_us(2);
    CBI(PORTC, ENABLE);                                    // 인에이블 비트 리셋

    dot_i = (dot_i + 1) % 16;                              // 표시라인 1증가
}
```

<bitman.c>

```
/****************************************/
/* bitman.c : 비트맨 프로그램                          */
/* Programmed by Donguk SHIN in 2016          */
/****************************************/

#include <avr/io.h>
#include <avr/pgmspace.h>
#include <avr/interrupt.h>

#define F_CPU 16000000UL
#include <util/delay.h>

#define BV(bit)          (1 << bit)             // bit(0~7)번째 비트 셋
#define CBI(reg, bit)    reg &= ~(BV(bit))      // reg의 bit번째 비트 클리어
#define SBI(reg, bit)    reg |= (BV(bit))       // reg의 bit번째 비트 셋

// 도트매트릭스(A0-A3 : PORTC.4~PORTC.7)
#define RED              PC0                    // Red LED Data
#define GREEN            PC1                    // Green LED Data
#define ENABLE           PC2                    // Output Enable
#define LATCH            PC3                    // Latch
#define CLOCK            PA3                    // Clock

#define PAT_NO           43

// 사용 변수
volatile uint8_t    dot_i = 0;                  // 도트매트릭스 표시 라인 번호
volatile uint16_t   dot_val[16];                // 표시 패턴 저장을 위한 배열

// Bitman 패턴 8x8
prog_uint8_t bitman[PAT_NO][8]={
      {0x18,0x18,0x3c,0x5a,0x5a,0x24,0x24,0x66},
      {0x18,0x18,0x3C,0x5A,0x5A,0x24,0x24,0x66},
      {0x18,0x18,0x3C,0xDA,0x1A,0x24,0x24,0x66},
      {0x0C,0xCC,0x3C,0x1A,0x1A,0x24,0x26,0x62},
      {0x8C,0x4C,0x3C,0x1A,0x1A,0x24,0x27,0x60},
      {0x4C,0x4C,0x3C,0x1A,0x1A,0x24,0x27,0x60},
      {0x2C,0x4C,0x3C,0x1A,0x1A,0x24,0x27,0x60},
      {0x18,0x18,0x3C,0x5B,0x58,0x24,0x24,0x66},
      {0x30,0x33,0x3C,0x58,0x58,0x24,0x24,0x66},
      {0x31,0x32,0x3C,0x58,0x58,0x24,0xE4,0x06},

      {0x32,0x32,0x3C,0x58,0x58,0x24,0xE4,0x06},
      {0x34,0x32,0x3C,0x58,0x58,0x24,0xE4,0x06},
      {0x18,0x18,0x3C,0x5A,0x5A,0x24,0x24,0x66},
      {0x00,0x18,0x7E,0x99,0x18,0x3C,0x24,0x66},
      {0x00,0x00,0xDB,0x3C,0x18,0x3C,0x3C,0x66},
      {0x18,0x18,0x3C,0x5A,0x5A,0x24,0x24,0x66},
```

```
    {0x18,0x18,0x3C,0xDA,0x1A,0x24,0x64,0x06},
    {0x30,0x30,0x9C,0x7A,0x19,0x24,0x64,0x06},
    {0x18,0x18,0x3C,0x5B,0x58,0x24,0x26,0x60},
    {0x0C,0x0C,0x39,0x5E,0x98,0x24,0x26,0x60},

    {0x18,0x18,0x3C,0x5A,0x5A,0x24,0x24,0x66},
    {0x0C,0x0C,0x7C,0x9A,0x1A,0x24,0x26,0x60},
    {0x00,0x06,0xFE,0x1C,0x1A,0x2A,0x28,0x6C},
    {0x30,0x30,0x3E,0x59,0x58,0x24,0x64,0x06},
    {0x00,0x60,0x7F,0x38,0x58,0x54,0x14,0x36},
    {0x18,0x18,0x3C,0x5A,0x5A,0x24,0x24,0x66},
    {0x18,0x18,0x3E,0x59,0x58,0x24,0x26,0x60},
    {0x0C,0x0C,0x18,0x3C,0x38,0x14,0x36,0x20},
    {0x0C,0x0C,0x38,0x5E,0x58,0x14,0x74,0x46},
    {0x0C,0x0C,0x38,0x3E,0x18,0x78,0x50,0x18},

    {0x00,0x0C,0x3C,0x58,0x5C,0x16,0x30,0x20},
    {0x0C,0x0C,0x78,0x9E,0x1C,0x14,0x76,0x40},
    {0x0C,0x0C,0x3F,0x58,0x18,0x34,0x24,0x06},
    {0x18,0x18,0x3C,0x5A,0x5A,0x24,0x24,0x66},
    {0x18,0x18,0x7C,0x9A,0x1A,0x24,0x64,0x06},
    {0x30,0x30,0x18,0x3C,0x1C,0x28,0x6C,0x04},
    {0x30,0x30,0x1C,0x7A,0x1A,0x28,0x2E,0x62},
    {0x30,0x30,0x7C,0x1A,0x18,0x16,0x12,0x30},
    {0x30,0x30,0x1C,0x7C,0x18,0x1E,0x0A,0x18},
    {0x00,0x30,0x3C,0x1A,0x3A,0x68,0x0C,0x04},

    {0x30,0x30,0x1E,0x79,0x38,0x28,0x6E,0x02},
    {0x30,0x30,0xFC,0x1A,0x18,0x2C,0x24,0x60},
    {0x30,0x30,0x3E,0x58,0x1C,0x24,0x26,0x60}};

int main(void)
{
  int cc, i;

  // 도트매트릭스 제어포트 출력 설정
  DDRA = 0xFF;                  // 포트A 출력 설정
  DDRC = 0xFF;                  // 포트C 출력 설정
  PORTC = 0b00001000;           // 도트매트릭스(LATCH=1, ENABLE=0, A0-A3=0000)

  // 타이머/카운터0 초기 설정
  TIMSK = 0x01;                 // TOIE0 = 1, 타이머/카운터0 인터럽트 인에이블
  ASSR = 0x00;                  // 타이머/카운터0 타이머 모드
  TCCR0 = 0x04;                 // 일반모드, 프리스케일 = CK/64
  TCNT0 = 0x00;                 // 타이머/카운터0 레지스터 초기값
                                // 1/16us * 64분주 * (256 - 0) = 1.024ms

  SREG = 0x80;                  // 전역 인터럽트 인에이블 비트 I 셋

  // 도트매트릭스 상하 4라인 0값 추가
```

```
    for(i = 0;i < 4;i++){
        dot_val[i] = 0;
        dot_val[12 + i] = 0;
    }

    while(1) {
        // 비트맨 순차 표시
        for(cc = 0;cc < PAT_NO; cc++) {
            // 4-12행에 표시할 cc번째 bitman 패턴 저장(좌우 4칸은 0값 저장)
            for(i = 0;i < 8;i++){
                dot_val[i + 4] = pgm_read_byte(&bitman[cc][i]) << 4;
            }
            _delay_ms(400);
        }
    }
}

// 도트매트릭스 1.024ms마다 한 라인씩 순차 표시
// 타이머/카운터0 (256 - 0) * 64 / 16 us = 1.024ms
ISR(TIMER0_OVF_vect)
{
    int    di;

    // 한 라인 데이터 출력(맨 좌측 표시값부터 하나씩 추출하여 출력)
    for(di = 0;di < 16;di++){
        if(((dot_val[dot_i] << di) & 0x8000) != 0){            // 적색+녹색으로 표시
                SBI(PORTC, RED);
                SBI(PORTC, GREEN);
        }
        else {
                CBI(PORTC, RED);
                CBI(PORTC, GREEN);
        }

        SBI(PORTA, CLOCK);                                     // 클럭 ON
        _delay_us(1);
        CBI(PORTA, CLOCK);                                     // 클럭 OFF
        _delay_us(1);
    }

    _delay_us(2);
    SBI(PORTC, ENABLE);                                        // Enable 비트 셋
    CBI(PORTC, LATCH);                                         // Latch 비트 리셋
    _delay_us(2);
    SBI(PORTC, LATCH);                                         // Latch 비트 셋
    PORTC = (PORTC & 0b00001111) | (dot_i << 4);               // 표시 라인 설정
    _delay_us(2);
    CBI(PORTC, ENABLE);                                        // 인에이블 비트 리셋

    dot_i = (dot_i + 1) % 16;                                  // 표시라인 1증가
}
```

<bitman1.c>

```
/**********************************************************/
/* bitman1.c : 비트맨 프로그램                                  */
/* Programmed by Donguk SHIN in 2016                        */
/*                                                          */
/* 녹색 dot에는 0번째 비트맨만을 표시하고                         */
/* 적색 dot에는 (0,0)에 한 개만 ON시킨 상태에서                    */
/* 네 개의 스위치입력에 따라 상하좌우로 이동시키며 표시하기            */
/* SW1 : 상, SW2 : 하, SW3 : 좌,  SW4 : 우                     */
/**********************************************************/

#include <avr/io.h>
#include <avr/pgmspace.h>
#include <avr/interrupt.h>

#define  F_CPU 16000000UL
#include <util/delay.h>

#define  BV(bit)            (1 << bit)              // bit(0~7)번째 비트 셋
#define  CBI(reg, bit)      reg &= ~(BV(bit))       // reg의 bit번째 비트 클리어
#define  SBI(reg, bit)      reg |= (BV(bit))        // reg의 bit번째 비트 셋

// 도트매트릭스(A0-A3 : PORTC.4~PORTC.7)
#define  RED                PC0                     // Red LED Data
#define  GREEN              PC1                     // Green LED Data
#define  ENABLE             PC2                     // Output Enable
#define  LATCH              PC3                     // Latch
#define  CLOCK              PA3                     // Clock

// 사용 변수
volatile uint16_t dot_i = 0;                        // 도트매트릭스 표시 라인 번호
volatile uint16_t   dot_rval[16];                   // 표시 패턴 녹색 데이터 저장을 위한 배열
volatile uint16_t   dot_gval[16];                   // 표시 패턴 적색 데이터 저장을 위한 배열
volatile int     rx = 0, ry = 0;                    // 적색 dot x, y 좌표(0~15)

// Bitman 패턴 8x8
prog_uint8_t bitman[8]= {0x18,0x18,0x3c,0x5a,0x5a,0x24,0x24,0x66};

int main(void)
{
   int  i;

   // 도트매트릭스 제어포트 출력 설정
   DDRA = 0xFF;                   // 포트A 출력 설정
   DDRC = 0xFF;                   // 포트C 출력 설정

   PORTC = 0b00001000;            // 도트매트릭스(LATCH=1, ENABLE=0, A0-A3=0000)

   // 외부 인터럽트 설정
   EIMSK = 0b11110000;            // 외부 인터럽트 4,5,6,7인에이블
```

```
    EICRB = 0b10101010;            // 모두 하강에지

    // 타이머/카운터0 초기 설정
    TIMSK = 0x01;                  // TOIE0 = 1, 타이머/카운터0 인터럽트 인에이블
    ASSR = 0x00;                   // 타이머/카운터0 타이머 모드
    TCCR0 = 0x04;                  // 일반모드, 프리스케일 = CK/64
    TCNT0 = 0x00;                  // 타이머/카운터0 레지스터 초기값
                                   // 1/16us * 64분주 * (256 - 0) = 1.024ms

    SREG = 0x80;                   // 전역 인터럽트 인에이블 비트 I 셋

    // 도트매트릭스 상하 4라인 0값 추가
    for(i = 0;i < 16;i++){
        dot_gval[i] = 0;
        dot_rval[i] = 0;
    }

    // 녹색, 적색 패턴 초기 설정
    for(i = 0;i < 8;i++)
            dot_gval[i + 4] = pgm_read_byte(&bitman[i]) << 4;        // 녹색

    dot_rval[ry] = 1 << (15 - rx);                                    // 적색

    while(1);
}

// 도트매트릭스 1.024ms마다 한 라인씩 순차 표시
// 타이머/카운터0 (256 - 0) * 64 / 16 us = 1.024ms
ISR(TIMER0_OVF_vect)
{
    int     di;

    // 한 라인 데이터 출력(맨 좌측 표시값부터 하나씩 추출하여 출력)
    for(di = 0;di < 16;di++){
        if(((dot_gval[dot_i] << di) & 0x8000) != 0) SBI(PORTC, GREEN);  // 녹색
        else CBI(PORTC, GREEN);

        if(((dot_rval[dot_i] << di) & 0x8000) != 0) SBI(PORTC, RED);    // 적색
        else CBI(PORTC, RED);

        SBI(PORTA, CLOCK);                                    // 클럭 ON
        _delay_us(1);
        CBI(PORTA, CLOCK);                                    // 클럭 OFF
        _delay_us(1);
    }
    _delay_us(2);
    SBI(PORTC, ENABLE);                                       // Enable 비트 셋
    CBI(PORTC, LATCH);                                        // Latch 비트 리셋
    _delay_us(2);
    SBI(PORTC, LATCH);                                        // Latch 비트 셋
```

```
    PORTC = (PORTC & 0b00001111) | (dot_i << 4);              // 표시 라인 설정
    _delay_us(2);
    CBI(PORTC, ENABLE);                                       // 인에이블 비트 리셋

    dot_i = (dot_i + 1) % 16;                                 // 표시라인 1증가
}

// 위쪽으로 이동
ISR(INT4_vect)
{
    int  tmp;

    if(ry > 0) {
        tmp = dot_rval[ry];
        dot_rval[ry] = 0;
        ry--;
        dot_rval[ry] = tmp;
    }
}

// 아래쪽으로 이동
ISR(INT5_vect)
{
    int  tmp;

    if(ry < 15) {
        tmp = dot_rval[ry];
        dot_rval[ry] = 0;
        ry++;
        dot_rval[ry] = tmp;
    }
}

// 왼쪽으로 이동
ISR(INT6_vect)
{
    if(rx > 0){
        rx--;
        dot_rval[ry] <<= 1;
    }
}

// 오른쪽으로 이동
ISR(INT7_vect)
{
    if(rx < 15){
        rx++;
        dot_rval[ry] >>= 1;
    }
}
```

〈bitman2.c〉

```
/**********************************************************/
/* bitman2.c : 비트맨 프로그램                                */
/* Programmed by Donguk SHIN in 2016                        */
/*                                                          */
/* 녹색 dot에는 0번째 비트맨만을 표시하고                       */
/* 적색 dot에는 (0,0)에 한 개만 ON시킨 상태에서                  */
/* 네 개의 스위치입력에 따라 상하좌우로 이동시키면서               */
/* 녹색점 지우기                                              */
/* SW1 : 상, SW2 : 하, SW3 : 좌,  SW4 : 우                   */
/**********************************************************/

#include <avr/io.h>
#include <avr/pgmspace.h>
#include <avr/interrupt.h>

#define  F_CPU 16000000UL
#include <util/delay.h>

#define  BV(bit)          (1 << bit)          // bit(0~7)번째 비트 셋
#define  CBI(reg, bit)    reg &= ~(BV(bit)) // reg의 bit번째 비트 클리어
#define  SBI(reg, bit)    reg |= (BV(bit))    // reg의 bit번째 비트 셋

// 도트매트릭스(A0-A3 : PORTC.4~PORTC.7)
#define  RED              PC0                 // Red LED Data
#define  GREEN            PC1                 // Green LED Data
#define  ENABLE           PC2                 // Output Enable
#define  LATCH            PC3                 // Latch
#define  CLOCK            PA3                 // Clock

// 사용 변수
volatile uint16_t dot_i = 0;                  // 도트매트릭스 표시 라인 번호
volatile uint16_t  dot_rval[16];              // 표시 패턴 녹색 데이터 저장을 위한 배열
volatile uint16_t  dot_gval[16];              // 표시 패턴 적색 데이터 저장을 위한 배열
volatile int    rx = 0, ry = 0;               // 적색 dot x, y 좌표(0~15)

// Bitman 패턴 8x8
prog_uint8_t bitman[8]= {0x18,0x18,0x3c,0x5a,0x5a,0x24,0x24,0x66};

int main(void)
{
  int  i;

   // 도트매트릭스 제어포트 출력 설정
   DDRA = 0xFF;                  // 포트A 출력 설정
   DDRC = 0xFF;                  // 포트C 출력 설정

   PORTC = 0b00001000;           // 도트매트릭스(LATCH=1, ENABLE=0, A0-A3=0000)
```

```
    // 외부 인터럽트 설정
    EIMSK = 0b11110000;             // 외부 인터럽트 4,5,6,7인에이블
    EICRB = 0b10101010;             // 모두 하강에지

    // 타이머/카운터0 초기 설정
    TIMSK = 0x01;                   // TOIE0 = 1, 타이머/카운터0 인터럽트 인에이블
    ASSR = 0x00;                    // 타이머/카운터0 타이머 모드
    TCCR0 = 0x04;                   // 일반모드, 프리스케일 = CK/64
    TCNT0 = 0x00;                   // 타이머/카운터0 레지스터 초기값
                                    // 1/16us * 64분주 * (256 - 0) = 1.024ms

    SREG = 0x80;                    // 전역 인터럽트 인에이블 비트 I 셋

    // 도트매트릭스 상하 4라인 0값 추가
    for(i = 0;i < 16;i++){
        dot_gval[i] = 0;
        dot_rval[i] = 0;
    }

    // 녹색, 적색 패턴 초기 설정
    for(i = 0;i < 8;i++)
        dot_gval[i + 4] = pgm_read_byte(&bitman[i]) << 4;       // 녹색

    dot_rval[ry] = 1 << (15 - rx);                              // 적색

    while(1);
}

// 도트매트릭스 1.024ms마다 한 라인씩 순차 표시
// 타이머/카운터0 (256 - 0) * 64 / 16 us = 1.024ms
ISR(TIMER0_OVF_vect)
{
    int    di;

    // 한 라인 데이터 출력(맨 좌측 표시값부터 하나씩 추출하여 출력)
    for(di = 0;di < 16;di++){
        if(((dot_gval[dot_i] << di) & 0x8000) != 0) SBI(PORTC, GREEN);  // 녹색
        else CBI(PORTC, GREEN);

        if(((dot_rval[dot_i] << di) & 0x8000) != 0) SBI(PORTC, RED);    // 적색
        else CBI(PORTC, RED);

        SBI(PORTA, CLOCK);                                          // 클럭 ON
        _delay_us(1);
        CBI(PORTA, CLOCK);                                          // 클럭 OFF
        _delay_us(1);
    }

    _delay_us(2);
```

```
    SBI(PORTC, ENABLE);                                     // Enable 비트 셋
    CBI(PORTC, LATCH);                                      // Latch 비트 리셋
    _delay_us(2);
    SBI(PORTC, LATCH);                                      // Latch 비트 셋
    PORTC = (PORTC & 0b00001111) | (dot_i << 4);            // 표시 라인 설정
    _delay_us(2);
    CBI(PORTC, ENABLE);                                     // 인에이블 비트 리셋

    dot_i = (dot_i + 1) % 16;                               // 표시라인 1증가
}

// 위로 이동
ISR(INT4_vect)
{
    int tmp;

    if(ry > 0) {
        tmp = dot_rval[ry];
        dot_rval[ry] = 0;
        ry--;
        dot_rval[ry] = tmp;

        dot_gval[ry] = dot_gval[ry] & (~dot_rval[ry]);
    }
}

// 아래로 이동
ISR(INT5_vect)
{
    int tmp;

    if(ry < 15) {
        tmp = dot_rval[ry];
        dot_rval[ry] = 0;
        ry++;
        dot_rval[ry] = tmp;

        dot_gval[ry] = dot_gval[ry] & (~dot_rval[ry]);
    }
}

// 왼쪽으로 이동
ISR(INT6_vect)
{

    if(rx > 0){
        rx--;
        dot_rval[ry] <<= 1;
```

```
        dot_gval[ry] = dot_gval[ry] & (~dot_rval[ry]);
    }
}

// 오른쪽으로 이동
ISR(INT7_vect)
{

    if(rx < 15){
        rx++;
        dot_rval[ry] >>= 1;

        dot_gval[ry] = dot_gval[ry] & (~dot_rval[ry]);
    }
}
```

<bitman3.c>

```
// bitman3.c
// Programmed by Donguk SHIN in 2016
//
// 가속도 센서(X : ADC3, Y : ADC4, Z : ADC5)
// 가속도 센서 X, Y 두 축 이용하여
// 도트매트릭스 적색 점 이동시키면서 녹색 LED 지우기
// 평형상태 X(앞) : 328, Y(옆) : 348, Z(위) : 444
//    앞으로 기울이면 X값 작아짐
//    뒤로 기울이면 X값 커짐
//    오른쪽으로 기울이면 Y값 커짐
//    왼쪽으로 기울이면 Y값 작아짐
// 평형상태로부터 40이상 차이가 나면 그쪽 방향으로
// 적색 LED 이동

#include <avr/io.h>
#include <avr/pgmspace.h>
#include <avr/interrupt.h>
#include <stdio.h>

#define F_CPU 16000000UL
#include <util/delay.h>

#define  BV(bit)          (1 << bit)          // bit(0~7)번째 비트 셋
#define  CBI(reg, bit)    reg &= ~(BV(bit))   // reg의 bit번째 비트 클리어
#define  SBI(reg, bit)    reg |= (BV(bit))    // reg의 bit번째 비트 셋

// 도트매트릭스(A0-A3 : PORTC.4~PORTC.7)
#define  RED              PC0                 // Red LED Data
#define  GREEN            PC1                 // Green LED Data
#define  ENABLE           PC2                 // Output Enable
#define  LATCH            PC3                 // Latch
#define  CLOCK            PA3                 // Clock

// Text LCD 제어신호
#define RS                PA0                 // RS
#define RW                PA1                 // Read/Write
#define EN                PA2                 // Enable

// LCD 명령어 코드값
#define FUNCSET           0x28                // Function Set
#define ENTMODE           0x06                // Entry Mode Set
#define ALLCLR            0x01                // All Clear
#define HOME              0x02                // HOME
#define DISPON            0x0c                // Display On
#define LINE2             0xC0                // 2nd Line Move

// 가속도 센서
#define  X_ST             338                 // 평형상태에서의 X축 가속도 센서값
```

```
#define  Y_ST              360        // 평형상태에서의 Y축 가속도 센서값
#define  DXY               40         // 감도 조절값

// 사용 변수
volatile uint16_t dot_i = 0;          // 도트매트릭스 표시 라인 번호
volatile uint16_t  dot_rval[16];      // 표시 패턴 녹색 데이터 저장을 위한 배열
volatile uint16_t  dot_gval[16];      // 표시 패턴 적색 데이터 저장을 위한 배열
volatile int    rx = 0, ry = 0;       // 적색 dot x, y 좌표(0~15)

// Bitman 패턴 8x8
prog_uint8_t bitman[8]= {0x18,0x18,0x3c,0x5a,0x5a,0x24,0x24,0x66};

// LCD 관련함수
void LCD_init(void);
void LCD_String1(char *);
void Busy(void);
void Command(unsigned char);
void Data(unsigned char);

// 가속도센서 움직임 관련함수
void up_move(void);                   // 적색 점 위로 이동
void down_move(void);                 // 적색 점 아래로 이동
void left_move(void);                 // 적색 점 왼쪽으로 이동
void right_move(void);                // 적색점 오른쪽으로 이동

int main(void)
{
   int  i, acc_x = 0, acc_y = 0;
   char  buf[20];

   // 도트매트릭스 제어포트 출력 설정
   DDRA = 0xFF;                       // 포트A 출력 설정(LDM 제어핀)
   DDRC = 0xFF;                       // 포트C 출력 설정(LDM 제어)

   PORTC = 0b00001000;                // 도트매트릭스(LATCH=1, ENABLE=0, A0-A3=0000)

   LCD_init();

  // 타이머/카운터0 초기 설정
   TIMSK = 0x01;                      // TOIE0 = 1, 타이머/카운터0 인터럽트 인에이블
   ASSR = 0x00;                       // 타이머/카운터0 타이머 모드
   TCCR0 = 0x04;                      // 일반모드, 프리스케일 = CK/64
   TCNT0 = 0x00;                      // 타이머/카운터0 레지스터 초기값
                                      // 1/16us * 64분주 * (256 - 0) = 1.024ms
   SREG = 0x80;                       // 전역 인터럽트 인에이블 비트 I 셋

   // 도트매트릭스 상하 4라인 0값 추가
   for(i = 0;i < 16;i++){
      dot_gval[i] = 0;
      dot_rval[i] = 0;
```

```
  }

  // 녹색, 적색 패턴 초기 설정
  for(i = 0;i < 8;i++)
      dot_gval[i + 4] = pgm_read_byte(&bitman[i]) << 4;        // 녹색

  dot_rval[ry] = 1 << (15 - rx);                                // 적색

  ADCSRA = 0x87;                        // ADEN=1, 16MHz 128분주 -> 125kHz

  while(1){
    ADMUX = 0x03;                       // 가속 X성분( ADC3) 단극성 입력 선택
    ADCSRA = ADCSRA | 0x40;             // ADSC = 1 변환 시작
    while((ADCSRA & 0x10) == 0);        // ADIF=1이 될때까지 대기
    acc_x = ADCW;

    ADMUX = 0x04;                       // 가속 Y성분( ADC4) 단극성 입력 선택
    ADCSRA = ADCSRA | 0x40;             // ADSC = 1 변환 시작
    while((ADCSRA & 0x10) == 0);        // ADIF=1이 될때까지 대기
    acc_y = ADCW;

    // 결과 출력
    sprintf(buf, "X:%4d  Y:%4d", acc_x, acc_y);
    Command(HOME);
    LCD_String1(buf);

    if((acc_x - X_ST) > DXY) down_move();
    else if((X_ST- acc_x) > DXY) up_move();

    if((acc_y - Y_ST) > DXY) right_move();
    else if((Y_ST- acc_y) > DXY) left_move();

    _delay_ms(200);
  }
}

// 도트매트릭스 1.024ms마다 한 라인씩 순차 표시
// 타이머/카운터0 (256 - 0) * 64 / 16 us = 1.024ms
ISR(TIMER0_OVF_vect)
{
  int   di;

  // 한 라인 데이터 출력(맨 좌측 표시값부터 하나씩 추출하여 출력)
  for(di = 0;di < 16;di++){
    if(((dot_gval[dot_i] << di) & 0x8000) != 0) SBI(PORTC, GREEN);  // 녹색
    else CBI(PORTC, GREEN);

    if(((dot_rval[dot_i] << di) & 0x8000) != 0) SBI(PORTC, RED);            // 적색
    else CBI(PORTC, RED);
```

```
        SBI(PORTA, CLOCK);                            // 클럭 ON
        _delay_us(1);
        CBI(PORTA, CLOCK);                            // 클럭 OFF
        _delay_us(1);
    }

    _delay_us(2);
    SBI(PORTC, ENABLE);                               // Enable 비트 셋
    CBI(PORTC, LATCH);                                // Latch 비트 리셋
    _delay_us(2);
    SBI(PORTC, LATCH);                                // Latch 비트 셋
    PORTC = (PORTC & 0b00001111) | (dot_i << 4);  // 표시 라인 설정
    _delay_us(2);
    CBI(PORTC, ENABLE);                               // 인에이블 비트 리셋

    dot_i = (dot_i + 1) % 16;                         // 표시라인 1증가
}

// 위로 이동
void up_move(void)
{
    int tmp;

    if(ry > 0) {
        tmp = dot_rval[ry];
        dot_rval[ry] = 0;
        ry--;
        dot_rval[ry] = tmp;

        dot_gval[ry] = dot_gval[ry] & (~dot_rval[ry]);
    }
}

// 아래로 이동
void down_move(void)
{
    int tmp;

    if(ry < 15) {
        tmp = dot_rval[ry];
        dot_rval[ry] = 0;
        ry++;
        dot_rval[ry] = tmp;

        dot_gval[ry] = dot_gval[ry] & (~dot_rval[ry]);
    }
}

// 왼쪽으로 이동
```

```
void left_move(void)
{
   if(rx > 0){
      rx--;
      dot_rval[ry] <<= 1;

      dot_gval[ry] = dot_gval[ry] & (~dot_rval[ry]);
   }
}

// 오른쪽으로 이동
void right_move(void)
{
   if(rx < 15){
      rx++;
      dot_rval[ry] >>= 1;

      dot_gval[ry] = dot_gval[ry] & (~dot_rval[ry]);
   }
}

// LCD 초기화
void LCD_init(void)
{
   _delay_ms(15);
   Command(0x20);
   _delay_ms(5);
   Command(0x20);
   _delay_us(100);
   Command(0x20);
   Command(FUNCSET);
   Command(DISPON);
   Command(ALLCLR);
   Command(ENTMODE);
}

// 문자열 출력 함수
void LCD_String1(char *str)
{
   char *pStr=0;

   pStr = str;
   while(*pStr) Data(*pStr++);
}

// 인스트럭션 쓰기 함수
void Command(unsigned char byte)
{
   Busy();
```

```
    // 인스트럭션 상위 바이트
    PORTA = (byte & 0xF0);                    // 데이터
    CBI(PORTA, RS);                           // RS = 0
    CBI(PORTA, RW);                           // RW = 0
    _delay_us(1);
    SBI(PORTA, EN);                           // E = 1
    _delay_us(1);
    CBI(PORTA, EN);                           // E = 0

    // 인스트럭션 하위 바이트
    PORTA = ((byte<<4) & 0xF0);               // 데이터
    CBI(PORTA, RS);                           // RS = 0
    CBI(PORTA, RW);                           // RW = 0
    _delay_us(1);
    SBI(PORTA, EN);                           // E = 1
    _delay_us(1);
    CBI(PORTA, EN);                           // E = 0
}

//데이터 쓰기 함수
void Data(unsigned char byte)
{
    Busy();

    // 데이터 상위 바이트
    PORTA = (byte & 0xF0);                    // 데이터
    SBI(PORTA, RS);                           // RS = 1
    CBI(PORTA, RW);                           // RW = 0
    _delay_us(1);
    SBI(PORTA, EN);                           // E = 1
    _delay_us(1);
    CBI(PORTA, EN);                           // E = 0

    // 데이터 하위 바이트
    PORTA = ((byte<<4) & 0xF0);               // 데이터
    SBI(PORTA, RS);                           // RS = 1
    CBI(PORTA, RW);                           // RW = 0
    _delay_us(1);
    SBI(PORTA, EN);                           // E = 1
    _delay_us(1);
    CBI(PORTA, EN);                           // E = 0
}

// Busy Flag Check -> 일반적인 BF를 체크하는 것이 아니라
// 일정한 시간 지연을 이용한다.
void Busy(void)
{
    _delay_ms(2);
}
```

〈bitman4c〉

```
// bitman4.c
// Programmed by Donguk SHIN in 2016
//
// 조이스틱(X축 : ADC0, Y축 : ADC1)
// 조이스틱을 이용하여
// 도트매트릭스 적색 점 이동시키면서 녹색 LED 지우기
// 평형상태 X축(앞/뒤) : 518, Y축(좌/우) : 512
//    앞으로 기울이면 X값 커짐
//    뒤로 기울이면 X값 작아짐
//    오른쪽으로 기울이면 Y값 커짐
//    왼쪽으로 기울이면 Y값 작아짐
// 평형상태로부터 200이상 차이가 나면 그쪽 방향으로
// 적색 LED 이동

#include <avr/io.h>
#include <avr/pgmspace.h>
#include <avr/interrupt.h>
#include <stdio.h>

#define F_CPU 16000000UL
#include <util/delay.h>

#define BV(bit)          (1 << bit)           // bit(0~7)번째 비트 셋
#define CBI(reg, bit)    reg &= ~(BV(bit))    // reg의 bit번째 비트 클리어
#define SBI(reg, bit)    reg |= (BV(bit))     // reg의 bit번째 비트 셋

// 도트매트릭스(A0-A3 : PORTC.4~PORTC.7)
#define RED          PC0              // Red LED Data
#define GREEN        PC1              // Green LED Data
#define ENABLE       PC2              // Output Enable
#define LATCH        PC3              // Latch
#define CLOCK        PA3              // Clock

/// Text LCD 제어신호
#define RS           PA0              // RS
#define RW           PA1              // Read/Write
#define EN           PA2              // Enable

// LCD 명령어 코드값
#define FUNCSET      0x28             // Function Set
#define ENTMODE      0x06             // Entry Mode Set
#define ALLCLR       0x01             // All Clear
#define HOME         0x02             // HOME
#define DISPON       0x0C             // Display On
#define LINE2        0xC0             // 2nd Line Move

// 조이스틱
#define X_ST         512              // 평형상태에서의 X축 조이스틱 값
```

```
#define  Y_ST              512                  // 평형상태에서의 Y축 조이스틱 값
#define  DXY               200                  // 감도 조절값

// 사용 변수
volatile uint16_t   dot_i = 0;                  // 도트매트릭스 표시 라인 번호
volatile uint16_t   dot_rval[16];               // 표시 패턴 녹색 데이터 저장을 위한 배열
volatile uint16_t   dot_gval[16];               // 표시 패턴 적색 데이터 저장을 위한 배열
volatile int        rx = 0, ry = 0;             // 적색 dot x, y 좌표(0~15)

// Bitman 패턴 8x8
prog_uint8_t bitman[8]= {0x18,0x18,0x3c,0x5a,0x5a,0x24,0x24,0x66};

// LCD 관련함수
void LCD_init(void);
void LCD_String1(char *);
void Busy(void);
void Command(unsigned char);
void Data(unsigned char);

// 조이스틱 제어 관련함수
void up_move(void);                 // 적색 점 위로 이동
void down_move(void);               // 적색 점 아래로 이동
void left_move(void);               // 적색 점 왼쪽으로 이동
void right_move(void);              // 적색점 오른쪽으로 이동

int main(void)
{
   int   i, joy_x = 0, joy_y = 0;
   char  buf[20];

  // 도트매트릭스 제어포트 출력 설정
   DDRA = 0xFF;                     // 포트A 출력 설정
   DDRC = 0xFF;                     // 포트C 출력 설정

   PORTC = 0b00001000;              // 도트매트릭스(LATCH=1, ENABLE=0, A0-A3=0000)

   LCD_init();

  // 타이머/카운터0 초기 설정
   TIMSK = 0x01;                    // TOIE0 = 1, 타이머/카운터0 인터럽트 인에이블
   ASSR = 0x00;                     // 타이머/카운터0 타이머 모드
   TCCR0 = 0x04;                    // 일반모드, 프리스케일 = CK/64
   TCNT0 = 0x00;                    // 타이머/카운터0 레지스터 초기값
                                    // 1/16us * 64분주 * (256 - 0) = 1.024ms
   SREG = 0x80;                     // 전역 인터럽트 인에이블 비트 I 셋

  // 도트매트릭스 상하 4라인 0값 추가
   for(i = 0;i < 16;i++){
      dot_gval[i] = 0;
      dot_rval[i] = 0;
```

```
    }

    // 녹색, 적색 패턴 초기 설정
    for(i = 0;i < 8;i++)
        dot_gval[i + 4] = pgm_read_byte(&bitman[i]) << 4;        // 녹색

    dot_rval[ry] = 1 << (15 - rx);                               // 적색

    ADCSRA = 0x87;                        // ADEN=1, 16MHz  128분주 -> 125kHz

    while(1){
      ADMUX = 0x0;                        // 조이스틱 X성분(ADC0) 단극성 입력 선택
      ADCSRA = ADCSRA | 0x40;             // ADSC = 1 변환 시작
      while((ADCSRA & 0x10) == 0);        // ADIF=1이 될때까지 대기
      joy_x = ADCW;

      ADMUX = 0x01;                       // 조이스틱 Y성분(ADC1) 단극성 입력 선택
      ADCSRA = ADCSRA | 0x40;             // ADSC = 1 변환 시작
      while((ADCSRA & 0x10) == 0);        // ADIF=1이 될때까지 대기
      joy_y = ADCW;

      // 결과 출력
      sprintf(buf, "X:%4d  Y:%4d", joy_x, joy_y);
      Command(HOME);
      LCD_String1(buf);

      if((joy_x - X_ST) > DXY) up_move();
      else if((X_ST - joy_x) > DXY) down_move();

      if((joy_y - Y_ST) > DXY) right_move();
      else if((Y_ST- joy_y) > DXY) left_move();

      _delay_ms(200);
    }
}

// 도트매트릭스 1.024ms마다 한 라인씩 순차 표시
// 타이머/카운터0 (256 - 0) * 64 / 16 us = 1.024ms
ISR(TIMER0_OVF_vect)
{
    int    di;

    // 한 라인 데이터 출력(맨 좌측 표시값부터 하나씩 추출하여 출력)
    for(di = 0;di < 16;di++){
      if(((dot_gval[dot_i] << di) & 0x8000) != 0) SBI(PORTC, GREEN);  // 녹색
      else CBI(PORTC, GREEN);

      if(((dot_rval[dot_i] << di) & 0x8000) != 0) SBI(PORTC, RED);        // 적색
      else CBI(PORTC, RED);
```

```
        SBI(PORTA, CLOCK);                              // 클럭 ON
        _delay_us(1);
        CBI(PORTA, CLOCK);                              // 클럭 OFF
        _delay_us(1);
    }

    _delay_us(2);
    SBI(PORTC, ENABLE);                                 // Enable 비트 셋
    CBI(PORTC, LATCH);                                  // Latch 비트 리셋
    _delay_us(2);
    SBI(PORTC, LATCH);                                  // Latch 비트 셋
    PORTC = (PORTC & 0b00001111) | (dot_i << 4);        // 표시 라인 설정
    _delay_us(2);
    CBI(PORTC, ENABLE);                                 // 인에이블 비트 리셋

    dot_i = (dot_i + 1) % 16;                           // 표시라인 1증가
}

// 위로 이동
void up_move(void)
{
    int  tmp;

    if(ry > 0) {
        tmp = dot_rval[ry];
        dot_rval[ry] = 0;
        ry--;
        dot_rval[ry] = tmp;

        dot_gval[ry] = dot_gval[ry] & (~dot_rval[ry]);
    }
}

// 아래로 이동
void down_move(void)
{
    int  tmp;

    if(ry < 15) {
        tmp = dot_rval[ry];
        dot_rval[ry] = 0;
        ry++;
        dot_rval[ry] = tmp;

        dot_gval[ry] = dot_gval[ry] & (~dot_rval[ry]);
    }
}
// 왼쪽으로 이동
void left_move(void)
{
```

```
    if(rx > 0){
        rx--;
        dot_rval[ry] <<= 1;

        dot_gval[ry] = dot_gval[ry] & (~dot_rval[ry]);
    }
}

// 오른쪽으로 이동
void right_move(void)
{
    if(rx < 15){
        rx++;
        dot_rval[ry] >>= 1;

        dot_gval[ry] = dot_gval[ry] & (~dot_rval[ry]);
    }
}


// LCD 초기화
void LCD_init(void)
{
    _delay_ms(15);
    Command(0x20);
    _delay_ms(5);
    Command(0x20);
    _delay_us(100);
    Command(0x20);
    Command(FUNCSET);
    Command(DISPON);
    Command(ALLCLR);
    Command(ENTMODE);
}

// 문자열 출력 함수
void LCD_String1(char *str)
{
    char *pStr=0;

    pStr = str;
    while(*pStr) Data(*pStr++);
}

// 인스트럭션 쓰기 함수
void Command(unsigned char byte)
{
    Busy();

    // 인스트럭션 상위 바이트
```

```
    PORTA = (byte & 0xF0);           // 데이터
    CBI(PORTA, RS);                  // RS = 0
    CBI(PORTA, RW);                  // RW = 0
    _delay_us(1);
    SBI(PORTA, EN);                  // E = 1
    _delay_us(1);
    CBI(PORTA, EN);                  // E = 0

    // 인스트럭션 하위 바이트
    PORTA = ((byte<<4) & 0xF0);      // 데이터
    CBI(PORTA, RS);                  // RS = 0
    CBI(PORTA, RW);                  // RW = 0
    _delay_us(1);
    SBI(PORTA, EN);                  // E = 1
    _delay_us(1);
    CBI(PORTA, EN);                  // E = 0
}

//데이터 쓰기 함수
void Data(unsigned char byte)
{
    Busy();

    // 데이터 상위 바이트
    PORTA = (byte & 0xF0);           // 데이터
    SBI(PORTA, RS);                  // RS = 1
    CBI(PORTA, RW);                  // RW = 0
    _delay_us(1);
    SBI(PORTA, EN);                  // E = 1
    _delay_us(1);
    CBI(PORTA, EN);                  // E = 0

    // 데이터 하위 바이트
    PORTA = ((byte<<4) & 0xF0);      // 데이터
    SBI(PORTA, RS);                  // RS = 1
    CBI(PORTA, RW);                  // RW = 0
    _delay_us(1);
    SBI(PORTA, EN);                  // E = 1
    _delay_us(1);
    CBI(PORTA, EN);                  // E = 0
}

// Busy Flag Check -> 일반적인 BF를 체크하는 것이 아니라
// 일정한 시간 지연을 이용한다.
void Busy(void)
{
    _delay_ms(2);
}
```

<block.c>

```
/*****************************************/
/* block.c : 반응감지 블록피하기           */
/* Programmed by Donguk SHIN in 2016     */
/*****************************************/

#include <avr/io.h>
#include <avr/pgmspace.h>
#include <avr/interrupt.h>
#include <stdlib.h>

#define F_CPU 16000000UL
#include <util/delay.h>

#define BV(bit)          (1 << bit)          // bit(0~7)번째 비트 셋
#define CBI(reg, bit)    reg &= ~(BV(bit))   // reg의 bit번째 비트 클리어
#define SBI(reg, bit)    reg |= (BV(bit))    // reg의 bit번째 비트 셋

// 텍스트 LCD
// RS     - PA0
// R/W    - PA1
// ENABLE - PA2
// DB4    - PA4
// DB5    - PA5
// DB6    - PA6
// DB7    - PA7

// LCD 관련 심볼
#define LCD_ENABLE   PA2          // Enable(펄스)

// LCD 명령어
#define FUNCSET      0x28         // Function Set
#define ENTMODE      0x06         // Entry Mode Set
#define ALLCLR       0x01         // All Clear
#define DISPON       0x0C         // Display On
#define LINE2        0xC0         // 2nd Line Move
#define HOME         0x02         // Cursor Home
#define CURON        0x0F         // Cursor On

// 도트 매트릭스(A0-A3 : PORTC.4~PORTC.7)
#define RED          PC0          // Red LED Data
#define GREEN        PC1          // Green LED Data
#define ENABLE       PC2          // Output Enable
#define LATCH        PC3          // Latch
#define CLOCK        PA3

// 가속도 센서 관련 심볼
#define ACC_Y        330          // 게임기 앞뒤 방향 가속도 센서 평형 값
                                  // (앞 기울이면 감소, 뒤 기울이면 증가)
```

```
#define  ACC_X          350                 // 게임기 좌우 방향 가속도 센서 평형 값
                                            // (좌 기울이면 감소, 우 기울이면 증가)

// 공의 이동속도를 결정하기 위한
// 가속도 센서 X축 평형 값으로부터의 차이에 따른 분류
#define ACC_XM1         ACC_X - 40
#define ACC_XP1         ACC_X + 40
#define ACC_XM2         ACC_X - 80
#define ACC_XP2         ACC_X + 80
#define ACC_XM3         ACC_X - 110
#define ACC_XP3         ACC_X + 110

// 공의 이동속도를 결정하기 위한
// 가속도 센서 Y축 평형 값으로부터의 차이에 따른 분류
#define ACC_YM1         ACC_Y - 40
#define ACC_YP1         ACC_Y + 40
#define ACC_YM2         ACC_Y - 80
#define ACC_YP2         ACC_Y + 80
#define ACC_YM3         ACC_Y - 110
#define ACC_YP3         ACC_Y + 110

#define  ACC_DXY        15                  // 공 이동조건
                                            // 평형 값으로부터 이 값만큼의 변화가 있으면 이동

prog_uint8_t block_shape[10][3][3]={        // 장애물 블록 모양(10가지)
        {{1,0,0},{1,0,0},{1,1,1}},
        {{0,1,0},{1,1,1},{0,1,0}},
        {{1,1,1},{0,0,1},{0,0,1}},
        {{0,1,0},{0,1,0},{1,1,1}},
        {{1,1,0},{0,1,1},{0,0,1}},
        {{0,0,1},{0,1,1},{1,1,0}},
        {{1,1,1},{0,1,0},{0,1,0}},
        {{1,0,1},{1,1,1},{1,0,1}},
        {{1,0,0},{1,1,1},{0,0,1}},
        {{0,0,1},{1,1,1},{1,0,0}}};

prog_uint8_t up_word[16][16] = {            // 도트매트릭스 출력 문자("속도 UP!")
        {0,0,0,1,0,0,0,0,0,0,1,1,1,1,1,0},
        {0,0,1,0,1,0,0,0,0,0,1,0,0,0,0,0},
        {0,1,0,1,0,1,0,0,0,0,1,0,0,0,0,0},
        {0,0,0,1,0,0,0,0,0,0,1,1,1,1,1,0},
        {0,1,1,1,1,1,0,0,0,0,0,0,0,0,0,0},
        {0,0,0,0,0,0,0,0,0,0,0,0,1,0,0,0},
        {0,1,1,1,1,1,0,0,0,0,0,0,1,0,0,0},
        {0,0,0,0,0,1,0,0,0,0,1,1,1,1,1,0},
        {0,0,0,0,0,1,0,0,0,0,0,0,0,0,0,0},
        {0,0,0,0,0,0,0,0,0,0,0,0,0,0,0,0},
        {0,0,0,1,0,0,1,0,1,1,1,0,0,1,0,0},
        {0,0,0,1,0,0,1,0,1,0,0,1,0,1,0,0},
        {0,0,0,1,0,0,1,0,1,0,0,1,0,1,0,0},
```

```
        {0,0,0,1,0,0,1,0,1,1,1,0,0,1,0,0},
        {0,0,0,1,0,0,1,0,1,0,0,0,0,0,0,0},
        {0,0,0,0,1,1,0,0,1,0,0,0,0,1,0,0}};

prog_uint8_t ready_word[16][16] = {           // 도트매트릭스 출력 문자("READY?")
      {0,0,0,0,0,0,0,0,0,0,0,0,0,0,0,0},
        {0,1,1,1,0,0,1,1,1,1,0,0,1,1,0,0},
        {0,1,0,0,1,0,1,0,0,0,0,1,0,0,1,0},
        {0,1,0,0,1,0,1,1,1,1,0,1,1,1,1,0},
        {0,1,1,1,0,0,1,0,0,0,0,1,0,0,1,0},
        {0,1,0,0,1,0,1,0,0,0,0,1,0,0,1,0},
        {0,1,0,0,1,0,1,1,1,1,0,1,0,0,1,0},
        {0,0,0,0,0,0,0,0,0,0,0,0,0,0,0,0},
        {0,0,0,0,0,0,0,0,0,0,0,0,0,0,0,0},
        {0,1,1,1,0,0,1,0,0,0,1,0,0,1,1,0},
        {0,1,0,0,1,0,0,1,0,1,0,0,1,0,0,1},
        {0,1,0,0,1,0,0,0,1,0,0,0,0,0,1,0},
        {0,1,0,0,1,0,0,0,1,0,0,0,0,0,1,0},
        {0,1,0,0,1,0,0,0,1,0,0,0,0,0,0,0},
        {0,1,1,1,0,0,0,0,1,0,0,0,0,0,1,0},
        {0,0,0,0,0,0,0,0,0,0,0,0,0,0,0,0}};

prog_uint8_t over_word[16][16] = {            // 도트매트릭스 출력 문자("게임오버")
        {0,0,0,0,0,0,0,0,0,0,0,1,1,0,0,1},
        {1,1,1,1,1,0,1,0,1,0,1,0,0,1,0,1},
        {0,0,0,1,0,0,1,0,1,0,1,0,0,1,0,1},
        {0,0,1,0,1,1,1,0,1,0,0,1,1,0,0,1},
        {0,1,0,0,0,0,1,0,1,0,1,1,1,1,1,1},
        {1,0,0,0,0,0,1,0,1,0,1,0,0,0,0,1},
        {0,0,0,0,0,0,1,0,1,0,1,1,1,1,1,1},
        {0,0,0,0,0,0,0,0,0,0,0,0,0,0,0,0},

        {0,0,0,0,0,0,0,0,0,0,0,0,0,0,0,0},
        {0,0,1,1,1,0,0,0,0,0,0,0,0,0,0,1},
        {0,1,0,0,0,1,0,0,0,1,0,0,1,0,0,1},
        {0,1,0,0,0,1,0,0,0,1,0,0,1,0,0,1},
        {0,0,1,1,1,0,0,0,0,1,1,1,1,1,1,1},
        {0,0,0,1,0,0,0,0,0,1,0,0,1,0,0,1},
        {0,0,0,1,0,0,0,0,0,1,1,1,1,0,0,1},
        {0,1,1,1,1,1,1,0,0,0,0,0,0,0,0,1}};

volatile int dot_i = 0;                       // 도트매트릭스 표시행 번호
volatile int di_x ,di_y;                      // 가속도센서 출력 값(X방향,Y방향)

volatile int cou_x = 0, cou_y = 0;            // 공(녹색LED)의 이동주기 카운터 변수
volatile int delay_x = 0, delay_y = 0;        // 공(녹색LED)의 이동주기 설정
volatile int move_y, move_x;                  // 공(녹색LED)의 x, y좌표

volatile int block_dot = 8;                   // 장애물 블록간의 간격라인 초기값(5라인)
volatile int block_frequency = 8;             // 장애물 블록간의 간격 결정
```

```
volatile int score_frequency = 0;     // 다음 점수상자 발생 간격라인
volatile int den = 0;                 // 점수상자 간격 카운터 변수
volatile int score_col=0;             // 점수상자 발생 열위치

volatile int block_no;                // 다음에 발생할 장애물 블록 모양
volatile int block_col;               // 다음에 발생할 장애물 블록의 열 위치
volatile int block_speed = 0;         // 블록 이동 스피드 설정(타이머/카운터1)

volatile int oneshot = 0;             // 이벤트 발생시 조건문 한번만 실행하기 위한 변수
volatile int start = 0;               // 게임 시작/정지 결정
volatile int gen_ran;                 // srand() 사용하기 위한 변수
volatile int point = 0;               // 게임 점수

volatile uint8_t dot_red[16][16];     // 장애물 블록 저장을 위한 도트매트릭스 배열
volatile uint8_t dot_green[16][16];   // 점수상자 저장을 위한 도트매트릭스 배열
volatile uint8_t tmp_r[16][16], tmp_g[16][16];

// LCD 관련 함수
void LCD_init(void);                  // LCD 초기화
void LCD_String(char *);              // LCD 문자열 출력
void Busy(void);                      // 딜레이 2ms
void Command(char);                   // LCD 커맨드 출력함수
void Data(char);                      // LCD 표시 데이터 출력함수

// 게임 관련 함수
void start_disp(void);                // 시작 화면 표시
void up_disp(void);                   // "속도 up" 표시
void check_point(void);               // 공과 점수상자, 장애물 충돌 체크

int main(void)
{
   int rr, cc;
   int oneshot1;                      // 이벤트 발생시 조건문 한번만 실행하기 위한 변수

   // 도트매트릭스, LCD 사용 포트 입출력 설정
   DDRA = 0xff;                       // PORTA 출력 설정
   DDRC = 0xff;                       // PORTC 출력 설정

   PORTA = 0x0;                       // LCD Enable = 0;

   LCD_init();                        // LCD 초기화

   // AD 변환기 설정
   ADCSRA = 0x87;                     // ADEN=1, 단일변환 128분주(125kHz)

   // 외부 인터럽트 설정
   EIMSK = 0b00010000;                // 외부인터럽트4 인에이블
   EICRB = 0b00000010;                // 외부인터럽트4 하강에지 동작

   // 타이머/카운터 설정
```

```
TIMSK = 0b00000001;                // 타/카0 오버플로우 인터럽트 인에이블
TCCR0 = 0x07;                      // 일반모드, 프리스케일 = CK/1024
TCNT0 = 0xA0;                      // 타이머/카운터0 레지스터 초기값
                                   // 1/16us * 1024 * (256 &#8211;160) = 6.1ms

TIMSK |= 0b00000100;               // 타/카1 오버플로우 인터럽트 인에이블
TCCR1A = 0;
TCCR1B = 0x04;                     // 일반모드, 프리스케일 = CK/256
TCCR1C = 0;
TCNT1 = 0x00;                      // 타이머/카운터1 레지스터 초기값

TIMSK |= 0b01000000;               // 타/카2 오버플로우 인터럽트 인에이블
TCCR2 = 0x05;                      // 일반모드, 프리스케일 = CK/1024
TCNT2 = 0xA0;                      // 타이머/카운터2 레지스터 초기값
                                   // 1/16us * 1024 * (256 &#8211;160) = 6.1ms

ETIMSK = 0b00000100;               // 타/카3 오버플로우 인터럽트 인에이블
TCCR3A = 0;
TCCR3B = 0x03;                     // 일반모드, 프리스케일 = CK/64
TCCR3C = 0;
TCNT3H = 0xFF;                     // 타이머/카운터3 레지스터 초기값
TCNT3L = 0x06;                     // 1/16us * 64분주 * (65536 - 65286) = 1ms

SREG = 0x80;                       // 전역 인터럽트 인에이블 비트 I 셋.

while(1){
  start_disp();

  while(start == 0) gen_ran += 1;  // srand()함수 실행을 위한 카운터 변수
                                   // 시작 버튼 입력 대기

  for(rr = 0;rr < 16;rr++){
    for(cc = 0;cc < 16;cc++){
      dot_red[rr][cc] = 0;
      dot_green[rr][cc] = 0;
    }
  }

  // 초기설정
  oneshot1 = 0;
  move_y = 8;                      // y좌표
  move_x = 8;                      // x좌표
  dot_green[move_y][move_x] = 1;   // 공 위치 녹색 LED ON

  while(start){                    // 게임 시작
    // 게임기의 y방향(센서 x 방향) 기울기 측정
    ADMUX = 0x03;                  // ADC3(ACC_X) 단극성 입력선택
    ADCSRA = ADCSRA | 0x40;        // ADSC = 1 변환 시작
    while((ADCSRA & 0x10) == 0);   // ADIF=1이 될 때까지 대기
    di_y = ADCW;
```

```
        // 게임기의 x방향(센서 y 방향) 기울기 측정
        ADMUX = 0x04;                    // ADC4(ACC_Y) 단극성 입력선택
        ADCSRA = ADCSRA | 0x40;          // ADSC = 1 변환 시작
        while((ADCSRA & 0x10) == 0);     // ADIF=1이 될 때까지 대기
        di_x = ADCW;


        if((point % 10 == 0) && !oneshot1 && point < 50){
          //10, 20, 30, 40점이 될 때
          if(point != 0) up_disp();      // 0점이 아니면
                                         // 도트매트릭스 "속도 UP!" 출력
        }

        // 윗부분 한번만 실행하기 위한 처리
        if((point % 10) == 0) oneshot1 = 1;
        else oneshot1 = 0;
      }

      Command(HOME);                     // 커서 1행1열에 위치
      LCD_String("  GAME  OVER  ");      // "GAME OVER" LCD 출력

      // 도트매트릭스 "게임 오버" 출력
      for(rr = 0;rr < 16;rr++){
        for(cc = 0;cc < 16;cc++){
          dot_red[rr][cc] = pgm_read_byte(&over_word[rr][cc]);
          dot_green[rr][cc] = 0;
        }
      }
      _delay_ms(3000);
    }
}

// 시작 화면 표시
void start_disp(void)
{
  int    rr, cc;

  Command(ALLCLR);
  LCD_String("  PRESS BUTTON  ");

  point =0;                         // 점수 리셋
  block_frequency = 8;              // 장애물 간격 조절 변수
  block_dot = 8;                    // 장애물 간격 변수
  score_frequency = 0;
  block_speed = 0x4000;
  oneshot = 0;

  // 도트매트릭스 "READY" 출력
  for(rr = 0;rr < 16;rr++){
    for(cc = 0;cc < 16;cc++){
```

```
            dot_green[rr][cc] = pgm_read_byte(&ready_word[rr][cc]);
            dot_red[rr][cc] = pgm_read_byte(&ready_word[rr][cc]);
        }
    }
}

// 문자열 도트매트릭스에 출력
void up_disp(void)
{
    int     rr, cc;

    TIMSK = 0x0;                        // 타이머/카운터0,1,2 오버플로우 인터럽트 디스에이블

    for(rr = 0;rr < 16;rr++){
        for(cc = 0;cc < 16;cc++){
            tmp_r[rr][cc] = dot_red[rr][cc];
            tmp_g[rr][cc] = dot_green[rr][cc];
        }
    }

    for(rr = 0;rr < 16;rr++){
        for(cc = 0;cc < 16;cc++){
            dot_green[rr][cc] = pgm_read_byte(&up_word[rr][cc]);
            dot_red[rr][cc] = 0;
        }
    }
    _delay_ms(1000);

    for(rr = 0;rr < 16;rr++){
        for(cc = 0;cc < 16;cc++){
            dot_green[rr][cc] = tmp_g[rr][cc];
            dot_red[rr][cc] = tmp_r[rr][cc];
        }
    }
    _delay_ms(5);

    TIMSK = 0b01000101;                 // 타이머/카운터0,1,2 오버플로우 인터럽트 인에이블
}

// 공과 점수상자, 장애물 충돌 체크
void check_point(void)
{
    int N1, N10, N100, N1000, buf;              // 점수 4자리 분할

    if(dot_red[move_y][move_x] != 0){
        if(dot_green[move_y][move_x] == 0)      // 장애물 충돌, 게임 정지
            start = 0;
        else {                                  // 공이 점수상자에 부딪쳤을 때
            point += 1;                         // 점수 1증가
            N1000 = point / 1000;               // 1000자리
```

```
        buf = point % 1000;
        N100 = buf / 100;                    // 100자리
        buf = buf % 100;
        N10 = buf / 10;                      // 10자리
        N1 = buf % 10;                       // 1자리

        // 각 자리 LCD 출력
        Command(0xCC);                       // LCD 커서 2행 12열로 이동
        Data(N1000 + '0');                   // 1000자리 출력
        Data(N100  + '0');                   // 100자리 출력
        Data(N10 + '0');                     // 10자리 출력
        Data(N1 + '0');                      // 1자리 출력
      }
  }
  dot_green[move_y][move_x] = 1;
  dot_red[move_y][move_x] = 0;
}

// 외부인터럽트4(시작 스위치 입력 처리)
ISR(INT4_vect)
{
  srand(gen_ran);                            // 새로운 랜덤 계열수 발생
  start = 1;                                 // 시작

  Command(ALLCLR);
  Command(LINE2);
  LCD_String("YOUR SCORE: 0000");            // 점수 0 표시
}

// 타이머/카운터1(장애물/점수상자 1줄 아래로 이동)
// 1/16us * 256 * (0xFFFF - block_speed )
ISR(TIMER1_OVF_vect)
{
  int    rr, cc, rr1;

  TCNT1 = block_speed;                       // 초기값 설정

  if(start == 0) return;

  dot_green[move_y][move_x] = 0;
  for(rr = 15;rr > 0;rr--){
     rr1 = rr - 1;
     for(cc = 0;cc < 16;cc++){
        dot_red[rr][cc] = dot_red[rr1][cc];          // 장애물 1칸 아래로 이동
        dot_green[rr][cc] = dot_green[rr1][cc];      // 점수상자 1칸 아래로 이동
     }
  }

  for(cc = 0; cc < 16;cc++){
     dot_red[0][cc] = 0;
```

```
    dot_green[0][cc] = 0;
}

if(block_dot < 3){                          // 장애물 3라인 모두 출력 안했으면
    for(cc = 0;cc < 3;cc++){                // 장애물 블록 1라인 추가
        dot_red[0][block_col + cc] =
            pgm_read_byte(&block_shape[block_no][block_dot][cc]);
    }
    block_dot++;                            // 장애물 블록 간격 +1
}
else { // 장애물 블록 3라인 추가 완료(블록 3라인 + 블록간격 = block_dot
    block_dot++;                            // 장애물 블록 간격 +1
    if(block_dot >= block_frequency){       // 장애물 블록간격 >= 설정 블록간격
        block_dot = 0;                      // 장애물 블록 간격 리셋
        block_col = rand() % 14;            // 장애물 생성위치 x좌표(0~13) 발생
        block_no = rand() % 10;             // 장애물 블록 번호(0~9) 발생
    }
}

if(den > score_frequency){                  // 점수 상자의 간격 설정(랜덤)
    den = 0;                                // 점수상자 간격 변수 리셋
    score_col = rand() % 16;                // 점수상자 생성위치 랜덤 발생(0-15)
    score_frequency = rand() % 8;           // 다음 발생할 점수상자 간격(0-7)
    dot_green[0][score_col] = 1;            // score_col열 맨 윗줄 점수상자 생성

    while(dot_red[0][score_col] == 1) {     // 이미 장애물이 있는지?
        // 장애물과 겹칠 시 다시 생성
        dot_green[0][score_col] = 0;        // 먼저 생성한 점수상자 클리어
        score_col = rand() % 16;            // 점수상자 위치 다시 생성
        dot_green[0][score_col] = 1;        // score_col열 맨 윗줄 점수상자 생성
    }

    dot_red[0][score_col] = 1;
}
den++;                                      // 점수 상자 간격 카운터 변수 +1

check_point();

// 10, 20, 30, 40점 도달 할 때마다 장애물 블록 간격과 스피드 조정
if((point % 10) == 0 && oneshot == 0){
    if(point < 10){                 // 10점 미만
        block_frequency = 8;        // 장애물 블록 간격 5줄
        block_speed = 0x4000;       // 블록 하강 속도 조절을 위한  타/카1 초기값
    }
    else if(point < 20){            // 10점 이상 20점 미만
        block_frequency = 7;        // 장애물 블록 간격 4줄
        block_speed = 0x8000;
    }
    else if(point < 30){            // 20점 이상 30점 미만
        block_frequency = 6;        // 장애물 블록 간격 3줄
```

```
        block_speed = 0xB000;
    }
    else if(point < 40){                    // 30점 이상 40점 미만
        block_frequency = 5;                // 장애물 블록 간격 2줄
        block_speed = 0xD000;
    }
    else {                                  // 40점 이상
        block_frequency = 4;                // 장애물 블록 간격 1줄
        block_speed = 0xE000;
    }
  }

  if((point % 10) == 0) oneshot = 1;        // 윗부분 한번 실행을 위한 처리
  else oneshot = 0;
}

// 타이머/카운터0(공의 x좌표 이동)
// 1/16us * 1024 * (256 - 160) = 0.006144s
ISR(TIMER0_OVF_vect)
{
  int    tx;

  TCNT0 = 0xA0;                             // 6ms 초기값 재설정

  if(start == 0) return;

  cou_x++;                                  // 공(녹색LED)의 x방향 이동주기 카운터 변수 +1

  // 센서 값에 따라 공의 x축 이동속도 조정
  if(cou_x <= delay_x) return;

  tx = move_x;
  cou_x = 0;                                // 카운터 변수 리셋

  // 센서 값에 따라 이동속도 4단계 분류
  if(di_x > ACC_XM1 && di_x < ACC_XP1) delay_x = 22;       // 제일 느리게
  else if(di_x > ACC_XM2 && di_x < ACC_XP2) delay_x = 9;   // 보통
  else if(di_x > ACC_XM3 && di_x < ACC_XP3) delay_x = 4;   // 조금 빠르게
  else delay_x = 2;                                        // 아주 빠르게

  if(di_x > (ACC_X + ACC_DXY)) {            // 오른쪽으로 기울여졌을 때
    move_x++;                               // 공의 x좌표 +1
    if(move_x > 15) move_x = 15;
  }
  else if(di_x < (ACC_X - ACC_DXY)){        // 왼쪽으로 기울여졌을 때
    if(move_x == 0) move_x = 0;
    else move_x--;                          // 공의 x좌표 -1
  }

  if(tx != move_x){
```

```
        dot_green[move_y][tx] = 0;
        check_point();
    }
}

// 타이머/카운터2(공의 y좌표 이동)
// (1/16us * 1024 * (256 - 160) = 0.006144s)
ISR(TIMER2_OVF_vect)
{
    int    ty;

    TCNT2 = 0xA0;          // 6ms 초기값 재설정

    if(start == 0) return;

    cou_y++;               // 공(녹색LED)의 y방향 이동주기 카운터 변수 +1

    // 센서 값에 따라 공의 y축 이동속도 조정
    if(cou_y <= delay_y) return;

    ty = move_y;
    cou_y = 0;             // 카운터 변수 리셋

    // 센서 값에 따라 이동속도 4단계 분류
    if(di_y > ACC_YM1 && di_y < ACC_YP1) delay_y = 22;          // 제일 느리게
    else if(di_y > ACC_YM2 && di_y < ACC_YP2) delay_y = 9;      // 보통
    else if(di_y > ACC_YM3 && di_y < ACC_YP3) delay_y = 4;      // 조금 빠르게
    else delay_y = 2;                                           // 아주 빠르게

    if(di_y < (ACC_Y - ACC_DXY)){           // 앞쪽으로 기울였을 때
        if(move_y == 0) move_y = 0;
        else move_y--;                      // 공의 y좌표 -1
    }
    else if(di_y > (ACC_Y + ACC_DXY)){      // 뒷쪽으로 기울였을 때
        move_y++;                           // 공의 y좌표 +1
        if(move_y > 15) move_y = 15;
    }

    if(ty != move_y){
        dot_green[ty][move_x] = 0;
        check_point();
    }
}

// 타이머/카운터 3 : 도트매트릭스 표시
// 주기 : 1/16us * 64 * (65536 - 65286) =  1ms
ISR(TIMER3_OVF_vect)
{
    unsigned int i;

    TCNT3H = 0xFF;
```

```
  TCNT3L = 0x06;

  for(i = 0; i < 16; i++){
      if(dot_red[dot_i][i] == 1) SBI(PORTC, RED);               // Red_data
      else CBI(PORTC, RED);

      if(dot_green[dot_i][i] == 1) SBI(PORTC, GREEN);      // Green data
      else CBI(PORTC, GREEN);

      SBI(PORTA, CLOCK);                                    // 클럭 ON
      _delay_us(1);
      CBI(PORTA, CLOCK);                                    // 클럭 OFF
      _delay_us(1);
  }

  _delay_us(1);
  SBI(PORTC, ENABLE);                                       // Enable 비트 셋
  CBI(PORTC, LATCH);                                        // Latch 비트 리셋
  _delay_us(1);
  SBI(PORTC, LATCH);                                        // Latch 비트 셋
  PORTC = (PORTC & 0b00001111) | (dot_i << 4);              // 표시 라인 설정
  _delay_us(1);
  CBI(PORTC, ENABLE);

  dot_i++;                            // 다음에 표시할 라인 번호 증가
  if(dot_i >= 16) dot_i = 0;          // dot_i가 16보다 같거나 크면 0으로 초기화
}

// LCD 초기화
void LCD_init(void)
{
  _delay_ms(15);
  Command(0x20);
  _delay_ms(5);
  Command(0x20);
  _delay_us(100);
  Command(0x20);
  Command(FUNCSET);
  Command(DISPON);
  Command(ALLCLR);
  Command(ENTMODE);
}

// 문자열 출력 함수
void LCD_String(char *str)
{
  char *pStr=0;

  pStr = str;
  while(*pStr) Data(*pStr++);
}
```

```
// 인스트럭션 쓰기 함수
void Command(char byte)
{
   Busy();

   // 인스트럭션 상위 바이트
   PORTA = (PORTA & 0x08) | 0x00;          // RS=RW=0
   PORTA |= (byte & 0xF0);                 // 명령어 상위 4비트
   _delay_us(1);
   SBI(PORTA, LCD_ENABLE);                 // E = 1
   _delay_us(1);
   CBI(PORTA, LCD_ENABLE);                 // E = 0

   // 인스트럭션 하위 바이트
   PORTA = (PORTA & 0x08) | 0x00;          // RS=RW=0
   PORTA |= (byte << 4);                   // 명령어 하위 4비트
   _delay_us(1);
   SBI(PORTA, LCD_ENABLE);                 // E = 1
   _delay_us(1);
   CBI(PORTA, LCD_ENABLE);                 // E = 0
}

//데이터 쓰기 함수
void Data(char byte)
{
   Busy();

   // 데이터 상위 바이트
   PORTA = (PORTA & 0x08) | 0x01;          // RS=1, RW=0
   PORTA |= (byte & 0xF0);                 // 데이터 상위 4비트
   _delay_us(1);
   SBI(PORTA, LCD_ENABLE);                 // E = 1
   _delay_us(1);
   CBI(PORTA, LCD_ENABLE);                 // E = 0

   // 데이터 하위 바이트
   PORTA = (PORTA & 0x08) | 0x01;          // RS=1, RW=0
   PORTA |= (byte << 4);                   // 데이터 하위 4비트
   _delay_us(1);
   SBI(PORTA, LCD_ENABLE);                 // E = 1
   _delay_us(1);
   CBI(PORTA, LCD_ENABLE);                 // E = 0
}

// Busy Flag Check -> 일반적인 BF를 체크하는 것이 아니라
// 일정한 시간 지연을 이용한다.
void Busy(void)
{
   _delay_ms(2);
}
```

〈dot_watch.c〉

```
/****************************************/
/* dot_watch.c : 도트매트릭스 시계              */
/* Programmed by Donguk SHIN in 2016         */
/*                                          */
/* SW1 : 시간 조정                             */
/* SW2 : 분 조정(+1)                           */
/* SW3 : 분 조정(+5)                           */
/****************************************/

#include <avr/io.h>
#include <avr/pgmspace.h>
#include <avr/interrupt.h>

#define F_CPU 16000000UL
#include <util/delay.h>

#define BV(bit)            (1 << bit)             // bit(0~7)번째 비트 셋
#define CBI(reg, bit)      reg &= ~(BV(bit))      // reg의 bit번째 비트 클리어
#define SBI(reg, bit)      reg |= (BV(bit))       // reg의 bit번째 비트 셋

// 도트매트릭스(A0-A3 : PORTC.4~PORTC.7)
#define RED                PC0                    // Red LED Data
#define GREEN              PC1                    // Green LED Data
#define ENABLE             PC2                    // Output Enable
#define LATCH              PC3                    // Latch
#define CLOCK              PA3                    // Clock

// '0' ~ '9' 패턴(3 x 10 크기)
prog_uint8_t num_pat[10][10] ={
    {0x07,0x05,0x05,0x05,0x05,0x05,0x05,0x05,0x05,0x07},    // 0
    {0x02,0x02,0x02,0x02,0x02,0x02,0x02,0x02,0x02,0x02},    // 1
    {0x07,0x01,0x01,0x07,0x04,0x04,0x04,0x04,0x04,0x07},    // 2
    {0x07,0x01,0x01,0x07,0x01,0x01,0x01,0x01,0x01,0x07},    // 3
    {0x01,0x02,0x04,0x04,0x05,0x05,0x07,0x01,0x01,0x01},    // 4
    {0x07,0x04,0x04,0x07,0x01,0x01,0x01,0x01,0x01,0x07},    // 5
    {0x07,0x04,0x04,0x07,0x05,0x05,0x05,0x05,0x05,0x07},    // 6
    {0x07,0x01,0x01,0x01,0x01,0x01,0x01,0x01,0x01,0x01},    // 7
    {0x07,0x05,0x05,0x07,0x05,0x05,0x05,0x05,0x05,0x07},    // 8
    {0x07,0x05,0x05,0x07,0x01,0x01,0x01,0x01,0x01,0x01}};   // 9

// 사용 변수
volatile uint16_t  dot_i = 0;              // 도트매트릭스 표시 라인 번호
volatile uint16_t  dot_rval[16];           // 표시 패턴 저장을 위한 배열
volatile uint16_t  dot_gval[16];           // 표시 패턴 저장을 위한 배열
volatile uint16_t  sec_dsp[16];
volatile uint8_t  hour = 12, min = 34, sec = 0;
void hapsung(void);                        // 시간(시/분) + 초 표시 => 합성
```

```
int main(void)
{
   // 도트매트릭스 사용 포트 초기화
   DDRA = 0xFF;                  // 포트A 출력 설정
   DDRC = 0xFF;                  // 포트C 출력 설정

   PORTC = 0b00001000;           // 도트매트릭스(LATCH=1, ENABLE=0, A0-A3=1111)

   // 외부 인터럽트 초기화
   EIMSK = 0b01110000;           // 외부 인터럽트 4,5,6 인에이블
   EICRB = 0b00101010;           // 외부 인터럽트 4,5,6 : 하강 에지

   // 타이머/카운터0 초기화 '; 도트매트릭스 표시
   // 1/16us * 64분주 * (256 - 0) = 1.024ms
   TIMSK = 0x01;                 // TOIE0 = 1, 타이머/카운터0 인터럽트 인에이블
   ASSR = 0x00;                  // 타이머/카운터0 타이머 모드
   TCCR0 = 0x04;                 // 일반모드, 프리스케일 = CK/64
   TCNT0 = 0x00;                 // 타이머/카운터0 레지스터 초기값

   // 타이머 카운터 1 : 시계 1초 측정
   // 1/16us * 1024 * (65536 - 49911) = 1 sec
   TIMSK |= 0b01000100;          // TOIE1=1, TOIE2=1
                                 // (타/카1, 타/카2 오버플로우 인터럽트 인에이블)
   TCCR1A = 0x0;
   TCCR1B = 0x05;                // 일반모드, 1024분주
   TCNT1 = 49911;                // 타이머/카운터1 레지스터 초기값

   SREG = 0x80;                  // 전역 인터럽트 인에이블 비트 I 셋

   while(1);
}

// 시간(시/분) + 초 표시 => 합성
void hapsung(void)
{
   int  m, m10, m1, h10, h1;

   // 녹색 : 초 표시,  적색 : 클리어
   for(m = 0;m < 16;m++) {
      dot_gval[m] = sec_dsp[m];
      dot_rval[m] = 0;
   }

   // 시간/분 자리 추출
   h10 = hour / 10;        // 시간 10자리
   h1 = hour % 10;         // 시간 1자리
   m10 = min / 10;         // 분 10자리
   m1 = min % 10;          // 분 1자리
```

```
    // 시간/분 패턴 설정
    for(m = 0;m < 10;m++){
        if(h10 != 0) { // 시간 10자리 0이 아닐 때만 적색 표시
            // 시간 10자리 (3행, 1열)부터 3x10 크기로 표시
            dot_rval[m + 3] |= num_pat[h10][m] << 12;
        }

        // 시간 1자리 주황색 표시
        // (3행, 4열)부터 3x10 크기로 표시
        dot_gval[m + 3] |= num_pat[h1][m] << 9;
        dot_rval[m + 3] |= num_pat[h1][m] << 9;

        // 분 10자리 주황색 표시
        // (3행, 9열)부터 3x10 크기로 표시
        dot_gval[m + 3] |= num_pat[m10][m] << 4;
        dot_rval[m + 3] |= num_pat[m10][m] << 4;

        // 분 1자리 적색 표시
        // (3행, 12열)부터 3x10 크기로 표시
        dot_rval[m + 3] |= num_pat[m1][m] << 1;
    }

    // 시간과 분사이에 8개점 표시
    dot_gval[5] |= 0x180;
    dot_gval[6] |= 0x180;
    dot_gval[9] |= 0x180;
    dot_gval[10] |= 0x180;
}

// 외부 인터럽트 요구4 서비스 루틴(SW1 처리)
// 시간 +1
ISR(INT4_vect)
{
    hour = (hour + 1) % 24;             // 시간 +1(0~23)
    hapsung();                          // 시간 표시
}

// 외부 인터럽트 요구5 서비스 루틴(SW2 처리)
// 분 +1
ISR(INT5_vect)
{
    min = (min + 1) % 60;               // 분 +1(0~59)
    hapsung();                          // 시간 표시
}

// 외부 인터럽트 요구6 서비스 루틴(SW3 처리)
// 분 +5
ISR(INT6_vect)
{
```

```
    min = (min + 5) % 60;                    // 분 +5(0~59)
    hapsung();                               // 시간 표시
}

// 도트매트릭스 1.024ms마다 한 라인씩 순차 표시
// 타이머/카운터0 (256 - 0) * 64 / 16 us = 1.024ms
ISR(TIMER0_OVF_vect)
{
    int    di;

    // 한 라인 데이터 출력(맨 좌측 표시값부터 하나씩 추출하여 출력)
    for(di = 0;di < 16;di++){
        CBI(PORTC, RED);
        CBI(PORTC, GREEN);

        if(((dot_rval[dot_i] << di) & 0x8000) != 0) SBI(PORTC, RED);          // 적색
        if(((dot_gval[dot_i] << di) & 0x8000) != 0) SBI(PORTC, GREEN);        // 녹색

      SBI(PORTA, CLOCK);                                  // 클럭 ON
      _delay_us(1);
      CBI(PORTA, CLOCK);                                  // 클럭 OFF
      _delay_us(1);
    }

    _delay_us(2);
    SBI(PORTC, ENABLE);                                   // Enable 비트 셋
    CBI(PORTC, LATCH);                                    // Latch 비트 리셋
    _delay_us(2);
    SBI(PORTC, LATCH);                                    // Latch 비트 셋
    PORTC = (PORTC & 0b00001111) | (dot_i << 4);          // 표시 라인 설정
    _delay_us(2);
    CBI(PORTC, ENABLE);                                   // 인에이블 비트 리셋

    dot_i = (dot_i + 1) % 16;                             // 표시라인 1증가
}

// 타이머/카운터1 오버플로우 인터럽트 처리
// 주기 = 1/16us * 1024 * (65536 - 49911) = 1sec
ISR(TIMER1_OVF_vect)
{
    int n;

    TCNT1 = 49911;                           // 타이머/카운터1 초기값 재설정

    sec = sec + 1;                           // 초값 +1

    if(sec >= 60){
      sec = 0;
      min = min + 1;
```

```
        if(min == 60){
            min = 0;
            hour = (hour + 1) % 24;
        }
    }

    // 초 표시를 위한 표시 배열 설정
    if(sec == 0){
        for(n = 0;n < 16;n++) sec_dsp[n] = 0;
    }
    else if(sec <= 16){
        sec_dsp[0] = sec_dsp[0] | (0x0001 << (16 - sec));
    }
    else if(sec <= 31){
        n = sec % 17 + 1;
        sec_dsp[n] = sec_dsp[n] | 0x01;
    }
    else if(sec <= 46){
        sec_dsp[15] = sec_dsp[15] | (0x0001 << (sec - 31));
    }
    else {
        n = 61 - sec;
        sec_dsp[n] = sec_dsp[n] | 0x08000;
    }

    hapsung();
}
```

〈dsp_a.c〉

```
/*****************************************/
/* dsp_a.c : 도트매트릭스                  */
/* Programmed by Donguk SHIN in 2016     */
/* 16x16 'A' 문자 표시                      */
/*****************************************/

#include <avr/io.h>
#include <avr/pgmspace.h>
#include <avr/interrupt.h>

#define F_CPU 16000000UL
#include <util/delay.h>

#define BV(bit)          (1 << bit)          // bit(0~7)번째 비트 셋
#define CBI(reg, bit)    reg &= ~(BV(bit))   // reg의 bit번째 비트 클리어
#define SBI(reg, bit)    reg |= (BV(bit))    // reg의 bit번째 비트 셋

// 도트매트릭스(A0-A3 : PORTC.4~PORTC.7)
#define RED          PC0               // Red LED Data
#define GREEN        PC1               // Green LED Data
#define ENABLE       PC2               // Output Enable
#define LATCH        PC3               // Latch
#define CLOCK        PA3               // Clock

// 사용 변수
volatile uint16_t  dot_i = 0;          // 도트매트릭스 표시 라인 번호
volatile uint16_t  dot_val[16];        // 표시 패턴 저장을 위한 배열

// 'A' 문자 패턴 16x16
prog_uint16_t A_pat[16] ={
      0x0000, 0x0000, 0x0000, 0x0000, 0x0000, 0x01c0, 0x0220, 0x0220,
      0x0220, 0x03e0, 0x0220, 0x0220, 0x0000, 0x0000, 0x0000, 0x0000};

int main(void)
{
   int i;

   // 도트매트릭스 제어포트 출력 설정
   DDRA = 0xFF;                 // 포트A 출력 설정
   DDRC = 0xFF;                 // 포트C 출력 설정

   PORTC = 0b00001000;          // 도트매트릭스(LATCH=1, ENABLE=0, A0-A3=0000)

   // 타이머/카운터0 초기 설정
   TIMSK = 0x01;                // TOIE0 = 1, 타이머/카운터0 인터럽트 인에이블
   ASSR = 0x00;                 // 타이머/카운터0 타이머 모드
   TCCR0 = 0x04;                // 일반모드, 프리스케일 = CK/64
```

```
    TCNT0 = 0x00;                     // 타이머/카운터0 레지스터 초기값
                                      // 1/16us * 64분주 * (256 - 0) = 1.024ms

    SREG = 0x80;                      // 전역 인터럽트 인에이블 비트 I 셋

    // 표시 패턴 저장
    for(i = 0;i < 16;i++) dot_val[i] = pgm_read_word_near(&A_pat[i]);

    while(1);
}

// 도트매트릭스 1.024ms마다 한 라인씩 순차 표시
// 타이머/카운터0 (256 - 0) * 64 / 16 us = 1.024ms
ISR(TIMER0_OVF_vect)
{
    int   di;

    // 한 라인 데이터 출력(맨 좌측 표시값부터 하나씩 추출하여 출력)
    for(di = 0;di < 16;di++){
        if(((dot_val[dot_i] << di) & 0x8000) != 0){            // 적색+녹색으로 표시
            SBI(PORTC, RED);
            SBI(PORTC, GREEN);
        }
        else {
            CBI(PORTC, RED);
            CBI(PORTC, GREEN);
        }

        SBI(PORTA, CLOCK);                                      // 클럭 ON
        _delay_us(1);
        CBI(PORTA, CLOCK);                                      // 클럭 OFF
        _delay_us(1);
    }

    _delay_us(2);
    SBI(PORTC, ENABLE);                                         // Enable 비트 셋
    CBI(PORTC, LATCH);                                          // Latch 비트 리셋
    _delay_us(2);
    SBI(PORTC, LATCH);                                          // Latch 비트 셋
    PORTC = (PORTC & 0b00001111) | (dot_i << 4);                // 표시 라인 설정
    _delay_us(2);
    CBI(PORTC, ENABLE);                                         // 인에이블 비트 리셋

    dot_i = (dot_i + 1) % 16;                                   // 표시라인 1증가
}
```

〈h_clock.c〉

```
/*********************************************************/
/* h_clock.c  한글 시계                                   */
/* Programmed by Donguk SHIN in 2016                     */
/*                                                       */
/*      〈한글 시계판〉                                   */
/*   오  전  여  덟  일  아                               */
/*   후  다  섯  열  곱  홉                               */
/*  알람  한  두  세  네  시                              */
/*  설정  이  삼  사  오  십                              */
/* 시간설정 일  칠  삼  구  오                            */
/* 알람설정 육  이  팔  사  분                            */
/*********************************************************/
// SW1 : 시간 조정, SW2 : 분 조정, SW3 : 알람 on/off
// SW4 : 시간설정/알람설정/설정해제
/*********************************************************/
// 알람(알람모드 적색 : 설정, off : 해제)
// 설정
// 시계설정(시계시간 적색, off : 설정 해제)
// 알람설정(알람시간 적색, off : 설정 해제)
/*********************************************************/

#include <avr/io.h>
#include <avr/pgmspace.h>
#include <avr/interrupt.h>
#include <stdio.h>
#include <stdlib.h>

#define  F_CPU 16000000UL
#include <util/delay.h>

#define  BV(bit)          (1 << bit)          // bit(0~7)번째 비트 셋
#define  CBI(reg, bit)    reg &= ~(BV(bit))   // reg의 bit번째 비트 클리어
#define  SBI(reg, bit)    reg |= (BV(bit))    // reg의 bit번째 비트 셋

// 도트 매트릭스(A0-A3 : PORTC.4~PORTC.7)
#define RED              PC0                  // Red LED Data
#define GREEN            PC1                  // Green LED Data
#define ENABLE           PC2                  // Output Enable
#define LATCH            PC3                  // Latch
#define CLOCK            PA3                  // Clock

// (4옥타브 도 ~ 6옥타브 도)까지의 OCR3A 설정값
#define OCT4_DO          118                  // 261.6256Hz
#define OCT4_RE          105                  // 293.6648Hz
#define OCT4_MI          94                   // 323.6276Hz
#define OCT4_PA          88                   // 349.2282Hz
#define OCT4_SO          79                   // 391.9954Hz
```

```
#define OCT4_RA         70              // 440.0000Hz
#define OCT4_SI         62              // 493.8833Hz

#define OCT5_DO         59              // 523.2511Hz
#define OCT5_RE         52              // 587.3295Hz
#define OCT5_MI         46              // 659.255Hz
#define OCT5_PA         44              // 698.4565Hz
#define OCT5_SO         39              // 783.9909Hz
#define OCT5_RA         35              // 880.0000Hz
#define OCT5_SI         31              // 987.7666Hz
#define OCT6_DO         29              // 2046.502Hz

// 오전/오후 표시
prog_uint16_t s_apm[2][3] = {{0x3c00, 0x0000, 0x0000}, {0x3000, 0x3000, 0x0000}};

// 시간 표시 데이터
prog_uint16_t s_hour[12][3] =
   {{0x0000, 0x00c0, 0x030c}, {0x0000, 0x0000, 0x0c0c}, {0x0000, 0x0000, 0x030c},
    {0x0000, 0x0000, 0x00cc}, {0x0000, 0x0000, 0x003c}, {0x0000, 0x0f00, 0x000c},
    {0x0300, 0x0300, 0x000c}, {0x0030, 0x0030, 0x000c}, {0x03c0, 0x0000, 0x000c},
    {0x000c, 0x000c, 0x000c}, {0x0000, 0x00c0, 0x000c}, {0x0000, 0x00c0, 0x0c0c}};

// 분 10단위 표시 데이터
prog_uint16_t s_min10[6][3]=
   {{0x0000, 0x0000, 0x000c}, {0x000c, 0x0000, 0x000c},
    {0x0c0c, 0x0000, 0x000c}, {0x030c, 0x0000, 0x000c},
    {0x00cc, 0x0000, 0x000c}, {0x003c, 0x0000, 0x000c}};

// 분 1단위 표시 데이터
prog_uint16_t s_min1[10][3] =
   {{0x0000, 0x0000, 0x0000}, {0x0000, 0x0c00, 0x000c}, {0x0000, 0x0000, 0x030c},
    {0x0000, 0x00c0, 0x000c}, {0x0000, 0x0000, 0x003c}, {0x0000, 0x000c, 0x000c},
    {0x0000, 0x0000, 0x0c0c}, {0x0000, 0x0300, 0x000c}, {0x0000, 0x0000, 0x00cc},
    {0x0000, 0x0030, 0x000c}};

prog_uint16_t tone_table[24] = {
        //학교종
        OCT5_SO, OCT5_SO, OCT5_RA, OCT5_RA,
        OCT5_SO, OCT5_SO, OCT5_MI,
        OCT5_SO, OCT5_SO, OCT5_MI, OCT5_MI, OCT5_RE,

        OCT5_SO, OCT5_SO, OCT5_RA, OCT5_RA,
        OCT5_SO, OCT5_SO, OCT5_MI,
        OCT5_SO, OCT5_MI, OCT5_RE, OCT5_MI, OCT5_DO};

prog_uint16_t time_table[24] = {
                //학교종
                32, 32, 32, 32,
                32, 32, 64,
                32, 32, 32, 32, 128,
```

```
                32, 32, 32, 32,
                32, 32, 64,
                32, 32, 32, 32, 128};

// 사용 변수(시계 관련)
volatile uint16_t  dot_i = 0;                  // 도트매트릭스 표시 라인 번호
volatile uint16_t  dot_rval[16];               // 표시 패턴 저장을 위한 배열
volatile uint16_t  dot_gval[16];               // 표시 패턴 저장을 위한 배열
volatile uint16_t  sec_dsp[16];                // 초 표시 패턴 저장 배열

volatile uint8_t     hour = 0, minn = 0, sec = 0; // 시계 시간
volatile uint8_t     al_hour = 0, al_min = 0;  // 알람 시간
volatile uint8_t     apm = 0;                  // 0 : AM, 1 : PM(시계)
volatile uint8_t     al_apm = 0;               // 0 : AM, 1 : PM(알람)
volatile uint8_t     alarm = 0;                // 1 : 알람모드, 0 : 알람해제
volatile uint8_t     setting = 0;              // 0: 비설정모드, 1: 시간설정, 2: 알람시간설정

// 사용 변수(연주관련)
volatile uint16_t  play = 0;                   // 1: 알람연주, 0:연주정지

void dot_set(void);                            // 시계시간 배열 설정(적색)
void dot_set1(void);                           // 알람시간 배열 설정(녹색)
void dot_gclear(void);

int main(void)
{
   uint16_t       i, j;

   // 도트매트릭스 사용 포트 초기화
   DDRA = 0xFF;                                // 포트A 출력 설정
   DDRC = 0xFF;                                // 포트C 출력 설정
   DDRE = 0x08;                                // 포트E 상위 4비트 스위치 입력설정
                                               // PE3(OC3A) 출력 설정
   PORTC = 0b00001000;                         // 도트매트릭스 신호 초기화

   // 외부 인터럽트 초기화
   EIMSK = 0b11110000;                         // 외부 인터럽트 4,5,6,7 인에이블
   EICRB = 0b10101010;                         // 외부 인터럽트 4,5,6,7 : 하강 에지

   // 타이머/카운터0 초기화(도트매트릭스 제어)
   TIMSK = 0x01;                               // TOIE0 = 1, 타/카0 인터럽트 인에이블
   ASSR = 0x00;                                // 타이머/카운터0 타이머 모드
   TCCR0 = 0x04;                               // 일반모드, 프리스케일 = CK/64
   TCNT0 = 0x00;                               // (256 - 0) * 64 / 16 us = 1.024ms

   // 타이머 카운터1(시계)  1/16us * 1024 * (65536 - 49911) = 1 sec
   TIMSK |= 0x04;                              // TOIE=1(타/카1 오버플로우 인터럽트 인에이블)
   TCCR1A = 0x0;
   TCCR1B = 0x05;                              // 일반모드, 1024분주
   TCNT1 = 49911;                              // 타이머/카운터1 레지스터 초기값
```

```
    SREG = 0x80;                                    // 전역 인터럽트 인에이블 I비트 셋

    dot_set();                                      // 시계 시간 표시(적색)

    while(1) {
        if(alarm == 1 && al_apm == apm &&
            al_hour == hour && al_min == minn){ // 알람모드 알람시간 일치
            play = 1; // 알람 음악 연주 시작

            while(play){ // 알람 음악 연주
                TCCR3A = 0b01000000; // 모드4(CTC), 비교매치 토글, 정지
                TCCR3B = 0b00001000; // 타/카3 정지

                for(i = 0;i < 24;i++){
                    TCCR3B = 0b00001100; // 타/카3 256분주 동작
                    OCR3AH = 0x0;
                    OCR3AL = (unsigned char)tone_table[i];
                    TCNT3H = 0;
                    TCNT3L= 0;

                    for(j = 0;j < time_table[i];j++) delay_ms(10); // 10ms 기본 템포값
                    TCCR3B = 0b00001000; // 타/카3 정지
                    delay_ms(25); // 음과 음사이의 약간의 딜레이

                    if(play == 0) break;
                }
            }
        }
    }
}

// 시계 시간/알람/설정/시간설정/알람설정/ 부분 LED ON(적색)
void dot_set(void)
{
    uint16_t  n, i, m10, m1;

    for(n = 0;n < 16;n++) dot_rval[n] = 0;

    // 시간 표시 설정
    for(n = 0;n < 3;n++){
        i = n * 2 + 2;
          // 시간, "오전/오후" 부분 설정
        dot_rval[i] = pgm_read_word(&s_hour[hour][n]) |
                                pgm_read_word(&s_apm[apm][n]);
        dot_rval[i + 1] = dot_rval[i];                  // 바로 아래줄 LED도 함께 ON
    }

    // 분 표시 설정
    m10 = minn / 10;
    m1 = minn % 10;
```

```
    for(n = 0;n < 3;n++){
        i = n * 2 + 8;
        // 분10자리/분1자리 부분 설정
        dot_rval[i] = pgm_read_word(&s_min1[m1][n]) |
                              pgm_read_word(&s_min10[m10][n]);
        dot_rval[i + 1] = dot_rval[i];
    }

    if(m10 == 0 && m1 == 0){       // 0분 -> 분 표시 삭제
        dot_rval[12] = dot_rval[12] & 0xFFF3;
        dot_rval[13] = dot_rval[12];
    }

    if(alarm == 1){                 // 알람 동작 모드이면 "알람" 부분 LED ON
        dot_rval[6] |= 0x3000;
        dot_rval[7] = dot_rval[6];
    }
    if(setting != 0){               // 설정모드이면 "설정" 부분 LED ON
        dot_rval[8] |= 0x3000;
        dot_rval[9] = dot_rval[8];

        if(setting == 1){           // 시간설정이면 "시간설정" 부분 LED ON
            dot_rval[10] |= 0x3000;
            dot_rval[11] = dot_rval[10];
        }
        else {                      // 알람설정이면 "알람설정" 부분 LED ON
            dot_rval[12] |= 0x3000;
            dot_rval[13] = dot_rval[12];
        }
    }
}

// 알람시간 LED ON(녹색)
void dot_set1(void)
{
    uint16_t  n, i, m10, m1;

    for(n = 1;n < 15;n++) dot_gval[n] = dot_gval[n] & 0x8001;

    //  시간 표시 설정
    for(n = 0;n < 3;n++){
        i = n * 2 + 2;
        dot_gval[i] = pgm_read_word(&s_hour[al_hour][n]) |
                           pgm_read_word(&s_apm[al_apm][n]);
        dot_gval[i + 1] = dot_gval[i];
    }

    // 분 표시 설정
    m10 = al_min / 10;
    m1 = al_min % 10;
```

```
    for(n = 0;n < 3;n++){
        i = n * 2 + 8;
        dot_gval[i] = pgm_read_word(&s_min1[m1][n]) |
                                    pgm_read_word(&s_min10[m10][n]);
        dot_gval[i + 1] = dot_gval[i];
    }

    if(m10 == 0 && m1 == 0){                    // 0분 -> 분 표시 삭제
        dot_gval[12] = dot_gval[12] & 0xFFF3;
        dot_gval[13] = dot_gval[12];
    }

    if(alarm == 1){                             // 알람 동작 모드이면 "알람" 부분 LED ON
        dot_gval[6] |= 0x3000;
        dot_gval[7] = dot_gval[6];
    }
}

// 녹색 LED 클리어(초 표시부 제외)
void dot_gclear(void)
{
    uint16_t  m;

    for(m = 1;m < 15;m++) dot_gval[m] = dot_gval[m] & 0x8001;
}

// SW1 처리 : 시간값 + 1
ISR(INT4_vect)
{
    if(setting == 0) return;                    // 설정모드에서만 동작

    SREG = 0x80;

    if(setting == 1){   // 시계시간설정
        while(1){
            hour++;
            if(hour == 12){
                apm = (apm + 1) % 2;            // 오전/오후 전환

                hour = 0;
            }

            dot_set();                          // 시간 표시 갱신
            _delay_ms(200);
            if((PINE & 0b00010000) != 0) break;
        }
    }
    else {          // 알람시간설정
        while(1){
            al_hour++;
```

```
            if(al_hour == 12){
                al_apm = (al_apm + 1) % 2;        // 오전/오후 전환
                al_hour = 0;
            }

            dot_set1();                          // 알람 시간 표시 갱신
            _delay_ms(200);
            if((PINE & 0b00010000) != 0) break;
        }
    }
}

// SW2 처리 : 분값 + 1
ISR(INT5_vect)
{
    if(setting == 0) return;                     // 설정모드에서만 동작

    SREG = 0x80;

    if(setting == 1){ // 시계시간설정
        while(1){
            minn = (minn + 1) % 60;              // 시계 분값 + 1
            dot_set();                           // 시간 표시 갱신
            _delay_ms(150);
            if((PINE & 0b00100000) != 0) break;
        }
    }
    else { // 알람시간설정
        while(1){
            al_min = (al_min + 1) % 60;          // 알람 분값 + 1
            dot_set1();                          // 알람 시간 표시 갱신
            _delay_ms(150);
            if((PINE & 0b00100000) != 0) break;
        }
    }
}

// SW3 처리 : 알람 모드 설정/해제 (알람 연주 off)
ISR(INT6_vect)
{
    alarm = (alarm + 1) % 2;                     // 알람 모드 토글

    dot_set();                                   // 알람 모드 표시 갱신

    if(alarm == 1) dot_set1();                   // 알람 모드이면 주황으로 표시
    else {                                       // 알람 모드가 아니면
        dot_gclear();                            // 녹색 부분 클리어
        if(play == 1){                           // 알람 음악 연주중이면 정
            play = 0;                            // 연주 끝
            TCCR3A = 0x0;                        // 타/카3 모드4(CTC), 정지
```

```
        TCCR3B = 0b00001000;              // PE3 일반포트
        PORTE = 0x0;                      // PE3(스피커) off
      }
   }
}

// SW4 처리 : 동작모드 설정
// 설정해제(0)/시계시간설정(1)/알람시간설정(2)
ISR(INT7_vect)
{
   setting = (setting + 1) % 3;

   dot_set();                             // 해당 설정 모드 표시
   if(setting == 2 || alarm == 1) dot_set1(); // 알람 시간설정모드 주황 표시
   else dot_gclear();                     // 시계/시간설정 모드이면 녹색 클리어
}

// 도트매트릭스 1.024ms마다 한 라인씩 순차 표시
// 타이머/카운터0 (256 - 0) * 64 / 16 us = 1.024ms
ISR(TIMER0_OVF_vect)
{
   int   di;

   // 한 라인 데이터 출력(맨 좌측 표시값부터 하나씩 추출하여 출력)
   for(di = 0;di < 16;di++){
      CBI(PORTC, RED);
      CBI(PORTC, GREEN);
      if(((dot_rval[dot_i] << di) & 0x8000) != 0) SBI(PORTC, RED);     // 적색
      if(((dot_gval[dot_i] << di) & 0x8000) != 0) SBI(PORTC, GREEN); // 녹색

      // 1비트 데이터 입력을 위한 클럭 입력
      SBI(PORTA, CLOCK);                              // 클럭 ON
      _delay_us(1);
      CBI(PORTA, CLOCK);                              // 클럭 OFF
      _delay_us(1);
   }

   _delay_us(1);
   SBI(PORTC, ENABLE);                                // Enable 비트 셋
   CBI(PORTC, LATCH);                                 // Latch 비트 리셋
   _delay_us(1);
   SBI(PORTC, LATCH);                                 // Latch 비트 셋
   PORTC = (PORTC & 0b00001111) | (dot_i << 4);       // 표시 라인 설정
   _delay_us(1);
   CBI(PORTC, ENABLE);                                // 인에이블 비트 리셋

   dot_i = (dot_i + 1) % 16;                          // 표시라인 1증가
}

// 타이머/카운터1 오버플로우 인터럽트 처리(1초 측정)
```

```
// 주기 = 1/16us * 1024 * (65536 - 49911) = 1 sec
ISR(TIMER1_OVF_vect)
{
  uint8_t  m, n;

  TCNT1 = 49911;                    // 타이머/카운터1 초기값 재설정

  sec = sec + 1;                    // 초값 +1

  if(sec == 60){
    sec = 0;
    minn = minn + 1;

    if(minn == 60){
      minn = 0;
      hour = hour + 1;
      if(hour == 12){
        hour = 0;
        apm = (apm + 1) % 2;   // 12시에 오전/오후 전환
      }
    }
    dot_set();
  }

  // 초 표시를 위한 표시 배열 설정
  if(sec == 0){                          // 0 sec 처리
    for(n = 0;n < 16;n++) sec_dsp[n] = 0;
    dot_gval[0] = 0x0;
    dot_gval[15] = 0x0;
    for(n = 1;n < 15;n++) dot_gval[n] = dot_gval[n] & 0x7FFE;
  }
  else if(sec <= 16){                    // 1 - 16 sec 처리
    sec_dsp[0] = sec_dsp[0] | (0x0001 << (16 - sec));
  }
  else if(sec <= 31){                    // 17 - 31 sec 처리
    n = sec % 17 + 1;
    sec_dsp[n] = sec_dsp[n] | 0x01;
  }
  else if(sec <= 46){                    // 32 - 46 sec 처리
    sec_dsp[15] = sec_dsp[15] | (0x0001 << (sec - 31));
  }
  else {                                 // 47 - 59 sec 처리
    n = 61 - sec;
    sec_dsp[n] = sec_dsp[n] | 0x08000;
  }

  for(m = 0;m < 16;m++) dot_gval[m] = dot_gval[m] | sec_dsp[m];
}
```

<stop1.c>

```
// stop1.c
// Programmed by Donguk SHIN in 2016
// 폴링 방식에 의한 스톱워치

#include <avr/io.h>
#include <avr/pgmspace.h>


#define  F_CPU 16000000UL
#include <util/delay.h>

prog_uint8_t seg_pat[10]= {0x3f, 0x06, 0x5b, 0x4f, 0x66, 0x6d, 0x7d, 0x07, 0x7f, 0x6f};

volatile uint8_t  sec = 0, ms10 =0;          // sec : 초값,  ms10 : 10msec 단위의 값
volatile uint8_t  run = 0;                   // 0 : 정지,  1 : 동작

void time_out(void);                         // 스톱워치 시간 7-Segment 출력 함수
void sw_key1(void);                          // SW1 입력 처리 함수(동작/정지 토글)
void sw_key2(void);                          // SW2 입력 처리 함수(클리어)

int main(void)
{
   uint8_t old_sw, sw;

   DDRB = 0xF0;                 // 포트 B 상위 4비트 출력 설정
   DDRD = 0xF0;                 // 포트 D 상위 4비트 출력 설정
   DDRG = 0x0F;                 // 포트 G 하위 4비트 출력 설정
   DDRE = 0x0;                  // 포트 E 입력 설정

   PORTB = 0x0;                 // 7-세그먼트 e, f, g, dp off
   PORTD = 0x0;                 // 7=세그먼트 a, b, c, d off

   old_sw = PINE & 0b00110000;  // PE4(SW1), PE5(SW2) 스위치 상태 추출

   while(1) {
      time_out();               // 시간 표시

      if(run == 1){             // 동작 중이면
         ms10++;                // 10ms 단위값 +1
         if(ms10 == 100){       // 10ms * 100 = 1초 경과
            ms10 = 0;           // 10ms 단위값 리셋
            sec++;              // 초값 +1
            if(sec == 60) sec = 0;   // 60초이면 초값 리셋
         }
      }
   }
```

```
        sw = PINE & 0b00110000;                  // PE4(SW1), PE5(SW2) 스위치 상태 추출
        if(sw == old_sw) continue;               // 스위치 상태 변화 없으면 처음으로

        if(old_sw == 0b00110000 &&
           sw == 0b00100000) sw_key1();          // SW1 눌려지는 순간
        else if(old_sw == 0b00110000 &&
           sw == 0b00010000) sw_key2();          // SW2 눌려지는 순간

        old_sw = sw;
    }
}

// 스톱워치 시간 표시 함수(7-세그먼트)
// 실행시간 10ms(10ms 측정 이용)
// delay_us(val) : 함수의 실행시간이 10ms가 되도록 val 조정
void time_out(void)
{
    uint8_t  m1, m10, s1, s10;

    m1 = ms10 % 10;        // 10ms 1자리
    m10 = ms10 / 10;       // 10ms 10자리
    s1 = sec % 10;         // sec 1자리
    s10 = sec / 10;        // sec 10자리

    PORTG = 0b00001000;              // 10ms 1자리 ON(PG3=1)
    PORTD = ((pgm_read_byte(&seg_pat[m1]) & 0x0F) << 4) |
                        (PORTD & 0x0F);                       // A~D 표시
    PORTB = (pgm_read_byte(&seg_pat[m1]) & 0x70 ) |
                        (PORTB & 0x0F);                       // E~G 표시
    _delay_us(2480);

    PORTG = 0b00000100;              // 10ms 10자리 ON(PG2=1)
    PORTD = ((pgm_read_byte(&seg_pat[m10]) & 0x0F) << 4) |
                        (PORTD & 0x0F);                       // A~D 표시
    PORTB = (pgm_read_byte(&seg_pat[m10]) & 0x70 ) |
                        (PORTB & 0x0F);                       // E~G 표시
    _delay_us(2480);

    PORTG = 0b00000010;              // sec 1자리 ON(PG1=1)
    PORTD = ((pgm_read_byte(&seg_pat[s1]) & 0x0F) << 4) |
                        (PORTD & 0x0F);                       // A~D 표시
    PORTB = (pgm_read_byte(&seg_pat[s1]) & 0x70 ) |
                        (PORTB & 0x0F);                       // E~G 표시
    PORTB = PORTB | 0x80;                                     // DP ON
    _delay_us(2480);

    PORTG = 0b00000001;              // sec 10자리 ON(PG0=1)
    PORTD = ((pgm_read_byte(&seg_pat[s10]) & 0x0F) << 4) |
                        (PORTD & 0x0F);                       // A~D 표시
```

```
    PORTB = (pgm_read_byte(&seg_pat[s10]) & 0x70 ) |
                        (PORTB & 0x0F);             // E~G 표시
    _delay_us(2480);
}

// SW1 입력 처리 함수(동작/정지)
void sw_key1(void)
{
    if(run == 0) run = 1;                            // 정지 -> 동작
    else run = 0;                                    // 동작 -> 정지
}

// SW2 입력 처리 함수(클리어)
void sw_key2(void)
{
    sec = 0;
    ms10 = 0;
}
```

<stop2.c>

```
// stop2.c
// Programmed by Donguk SHIN in 2016
// 외부인터럽트 방식에 의한 스톱워치

#include <avr/io.h>
#include <avr/pgmspace.h>
#include <avr/interrupt.h>


#define  F_CPU 16000000UL
#include <util/delay.h>

prog_uint8_t seg_pat[10]= {0x3f, 0x06, 0x5b, 0x4f, 0x66, 0x6d, 0x7d, 0x07, 0x7f, 0x6f};

volatile uint8_t  sec = 0, ms10 =0;  // sec : 초값,  ms10 : 10msec 단위의 값
volatile uint8_t  run = 0;           // 0 : 정지,  1 : 동작

void time_out(void);                 // 스톱워치 시간 7-Segment 출력 함수

int main(void)
{
   DDRB = 0xF0;                      // 포트 B 상위 4비트 출력 설정
   DDRD = 0xF0;                      // 포트 D 상위 4비트 출력 설정
   DDRG = 0x0F;                      // 포트 G 하위 4비트 출력 설정

   PORTB = 0x0;                      // 7-세그먼트 e, f, g, dp off
   PORTD = 0x0;                      // 7=세그먼트 a, b, c, d off

   // 외부 인터럽트 초기화
   EIMSK = 0b00110000;               // INT4, 5 Enable
   EICRB = 0b00001010;               // INT4, 5 하강에지

   SREG = 0x80;                      // 전역 인터럽트 인에이블 비트 셋

   while(1) {
      time_out();                    // 시간 표시

      if(run == 1){                  // 동작 중이면
         ms10++;                     // 10ms 단위값 +1
         if(ms10 == 100){            // 10ms * 100 = 1초 경과
            ms10 = 0;                // 10ms 단위값 리셋
            sec++;                   // 초값 +1
            if(sec == 60) sec = 0;   // 60초이면 초값 리셋
         }
      }
   }

// 스톱워치 시간 표시 함수(7-세그먼트)
// 실행시간 10ms(10ms 측정 이용)
// delay_us(val) : 함수의 실행시간이 10ms가 되도록 val 조정
```

```
void time_out(void)
{
    uint8_t  m1, m10, s1, s10;

    m1 = ms10 % 10;         // 10ms 1자리
    m10 = ms10 / 10;        // 10ms 10자리
    s1 = sec % 10;          // sec 1자리
    s10 = sec / 10;         // sec 10자리

    PORTG = 0b00001000;             // 10ms 1자리 ON(PG3=1)
    PORTD = ((pgm_read_byte(&seg_pat[m1]) & 0x0F) << 4) |
                        (PORTD & 0x0F);                         // A~D 표시
    PORTB = (pgm_read_byte(&seg_pat[m1]) & 0x70 ) |
                        (PORTB & 0x0F);                         // E~G 표시
    _delay_us(2480);

    PORTG = 0b00000100;             // 10ms 10자리 ON(PG2=1)
    PORTD = ((pgm_read_byte(&seg_pat[m10]) & 0x0F) << 4) |
                        (PORTD & 0x0F);                         // A~D 표시
    PORTB = (pgm_read_byte(&seg_pat[m10]) & 0x70 ) |
                        (PORTB & 0x0F);                         // E~G 표시
    _delay_us(2480);

    PORTG = 0b00000010;             // sec 1자리 ON(PG1=1)
    PORTD = ((pgm_read_byte(&seg_pat[s1]) & 0x0F) << 4) |
                        (PORTD & 0x0F);                         // A~D 표시
    PORTB = (pgm_read_byte(&seg_pat[s1]) & 0x70 ) |
                        (PORTB & 0x0F);                         // E~G 표시
    PORTB = PORTB | 0x80;                                       // DP ON
    _delay_us(2480);

    PORTG = 0b00000001;             // sec 10자리 ON(PG0=1)
    PORTD = ((pgm_read_byte(&seg_pat[s10]) & 0x0F) << 4) |
                        (PORTD & 0x0F);                         // A~D 표시
    PORTB = (pgm_read_byte(&seg_pat[s10]) & 0x70 ) |
                        (PORTB & 0x0F);                         // E~G 표시
    _delay_us(2480);
}

// SW1 입력 처리 함수(동작/정지)
ISR(INT4_vect)
{
    if(run == 0) run = 1;           // 정지 -> 동작
    else run = 0;                   // 동작 -> 정지
}

// SW2 입력 처리 함수(클리어)
ISR(INT5_vect)
{
    sec = 0;
    ms10 = 0;
}
```

〈stop3.c〉

```
// stop3.c
// Programmed by Donguk SHIN in 2016
// 외부 인터럽트 방식에 의한 스톱워치
// 10ms 측정 : 타/카1 일반모드 오버플로우 인터럽트 이용

#include 〈avr/io.h〉
#include 〈avr/pgmspace.h〉
#include 〈avr/interrupt.h〉


#define  F_CPU 16000000UL
#include 〈util/delay.h〉

prog_uint8_t seg_pat[10]= {0x3f, 0x06, 0x5b, 0x4f, 0x66, 0x6d, 0x7d, 0x07, 0x7f, 0x6f};

volatile uint8_t  sec = 0, ms10 =0;  // sec : 초값,  ms10 : 10msec 단위의 값
volatile uint8_t  run = 0;           // 0 : 정지,  1 : 동작

void time_out(void);                 // 스톱워치 시간 7-Segment 출력 함수

int main(void)
{
   DDRB = 0xF0;                      // 포트 B 상위 4비트 출력 설정
   DDRD = 0xF0;                      // 포트 D 상위 4비트 출력 설정
   DDRG = 0x0F;                      // 포트 G 하위 4비트 출력 설정

   PORTB = 0x0;                      // 7-세그먼트 e, f, g, dp off
   PORTD = 0x0;                      // 7=세그먼트 a, b, c, d off

   // 외부 인터럽트 초기화
   EIMSK = 0b00110000;               // INT4, 5 Enable
   EICRB = 0b00001010;               // INT4, 5 하강에지

   // 타/카1 초기화(동작중 10ms 측정)
   TIMSK = 0b00000100;               // TOIE1=1(오버플로우)
   TCCR1A = 0x0;                     // 타/카1 일반모드
   TCCR1B = 0x0;                     // 분주비0 정지(동작 0x03 : 64분주)
   TCCR1C = 0x0;
   TCNT1 = 63036;                    // 1/16us * 64분주 * (65536-63036)= 10ms

   SREG = 0x80;

   while(1) time_out();              // 시간 표시
}

// 스톱워치 시간 표시 함수(7-세그먼트)
void time_out(void)
```

```
{
  uint8_t  m1, m10, s1, s10;

  m1 = ms10 % 10;                    // 10ms 1자리
  m10 = ms10 / 10;                   // 10ms 10자리
  s1 = sec % 10;                     // sec 1자리
  s10 = sec / 10;                    // sec 10자리

  PORTG = 0b00001000;                // 10ms 1자리 ON(PG3=1)
  PORTD = ((pgm_read_byte(&seg_pat[m1]) & 0x0F) << 4) |
                    (PORTD & 0x0F);                        // A~D 표시
  PORTB = (pgm_read_byte(&seg_pat[m1]) & 0x70 ) |
                    (PORTB & 0x0F);                        // E~G 표시
  _delay_us(2480);

  PORTG = 0b00000100;                // 10ms 10자리 ON(PG2=1)
  PORTD = ((pgm_read_byte(&seg_pat[m10]) & 0x0F) << 4) |
                    (PORTD & 0x0F);                        // A~D 표시
  PORTB = (pgm_read_byte(&seg_pat[m10]) & 0x70 ) |
                    (PORTB & 0x0F);                        // E~G 표시
  _delay_us(2480);

  PORTG = 0b00000010;                // sec 1자리 ON(PG1=1)
  PORTD = ((pgm_read_byte(&seg_pat[s1]) & 0x0F) << 4) |
                    (PORTD & 0x0F);                        // A~D 표시
  PORTB = (pgm_read_byte(&seg_pat[s1]) & 0x70 ) |
                    (PORTB & 0x0F);                        // E~G 표시
  PORTB = PORTB | 0x80;                                    // DP ON
  _delay_us(2480);

  PORTG = 0b00000001;                // sec 10자리 ON(PG0=1)
  PORTD = ((pgm_read_byte(&seg_pat[s10]) & 0x0F) << 4) |
                    (PORTD & 0x0F);                        // A~D 표시
  PORTB = (pgm_read_byte(&seg_pat[s10]) & 0x70 ) |
                    (PORTB & 0x0F);                        // E~G 표시
  _delay_us(2480);
}

// 1/16us * 1024분주 * (65536-63036) = 10ms
ISR(TIMER1_OVF_vect)
{
  TCNT1 = 63036;                          // 10ms 주기 재설정

  ms10++;                                 // 10ms 단위값 +1
  if(ms10 == 100){                        // 10ms * 100 = 1초 경과
    ms10 = 0;                             // 10ms 단위값 리셋
    sec++;                                // 초값 +1
    if(sec == 60) sec = 0;                // 60초이면 초값 리셋
  }
```

```
}

// SW1 입력 처리 함수(동작/정지)
ISR(INT4_vect)
{
   // TCCR1B = TCCR1B ^ 0b00000011;   // 아래 부분 이 구문으로 대체 가능

   if(run == 0) {
      run = 1;                          // 정지 -> 동작
      TCCR1B = 0b00000011;              // 타/카1 분주비 64 동작
   }
   else {
      run = 0;                          // 동작 -> 정지
      TCCR1B = 0x0;                     // 타/카1 정지
   }
}

// SW2 입력 처리 함수(클리어)
ISR(INT5_vect)
{
   sec = 0;
   ms10 = 0;
}
```

〈stop4.c〉

```
// stop4.c
// Programmed by Donguk SHIN in 2016
// 외부 인터럽트 방식에 의한 스톱워치
// 타/카1 : 일반모드 오버플로우 인터럽트 이용 10ms 측정
// 타/카2 이용 7-세그먼트 한개씩 순차 표시하기(일반모드)

#include <avr/io.h>
#include <avr/pgmspace.h>
#include <avr/interrupt.h>


#define  F_CPU 16000000UL
#include <util/delay.h>

prog_uint8_t seg_pat[10]= {0x3f, 0x06, 0x5b, 0x4f, 0x66, 0x6d, 0x7d, 0x07, 0x7f, 0x6f};
prog_uint8_t seg_on[4] = {0x08, 0x04, 0x02, 0x01};  // SEG ON 값

volatile uint8_t  sec = 0, ms10 =0;          // sec : 초값, ms10 : 10msec 단위의 값
volatile uint8_t  dsp_no = 0;                // 표시 세그먼트 번호
                                             // 0:1자리, 1:10자리, 2:100자리, 3:1000자리

int main(void)
{
   DDRB = 0xF0;                              // 포트 B 상위 4비트 출력 설정
   DDRD = 0xF0;                              // 포트 D 상위 4비트 출력 설정
   DDRG = 0x0F;                              // 포트 G 하위 4비트 출력 설정

   PORTB = 0x0;                              // 7-세그먼트 e, f, g, dp off
   PORTD = 0x0;                              // 7=세그먼트 a, b, c, d off

   // 외부 인터럽트 초기화
   EIMSK = 0b00110000;                       // INT4, 5 Enable
   EICRB = 0b00001010;                       // INT4, 5 하강에지

   // 타/카1 초기화(동작중 10ms 측정)
   TIMSK = 0b00000100;                       // TOIE1=1(오버플로우)
   TCCR1A = 0x0;                             // 타/카1 일반모드
   TCCR1B = 0x0;                             // 분주비0 정지(동작 0x03 : 64분주)
   TCCR1C = 0x0;
   TCNT1 = 63036;                            // 1/16us * 64분주 * (65536-63036)= 10ms

   // 타/카2 초기화(7세그먼트 표시)
   TIMSK = TIMSK | 0b01000000;               // TOIE2=1(오버플로우)
   TCCR2 = 0b00000100;                       // 256분주
   TCNT2 = 0;                                // 1/16us * 256분주 * (256-0)=4.9ms

   SREG = 0x80;

   while(1);                                 // 무한 대기
}
```

```
// 1/16us * 1024분주 * (65536-63036) = 10ms
ISR(TIMER1_OVF_vect)
{
  TCNT1 = 63036;                    // 10ms 주기 재설정

  ms10++;                           // 10ms 단위값 +1
  if(ms10 == 100){                  // 10ms * 100 = 1초 경과
    ms10 = 0;                       // 10ms 단위값 리셋
    sec++;                          // 초값 +1
    if(sec == 60) sec = 0;          // 60초이면 초값 리셋
  }
}

// 7-Segment 표시 함수(4.9ms마다 한 개씩)
// 1/16us * 256분주 * (256-0) = 4.9ms
ISR(TIMER2_OVF_vect)
{
  uint8_t  val;

  PORTG = pgm_read_byte(&seg_on[dsp_no]);                  // dsp_no 세그먼트 ON

  // 표시값 구하기
  if(dsp_no == 0) val = ms10 % 10;                         // 10ms 1자리
  else if(dsp_no == 1) val = ms10 / 10;                    // 10ms 10자리
  else if(dsp_no == 2) val = sec % 10;                     // sec 1자리
  else val = sec / 10;                                     // sec 10자리

  // 표시값 표시하기
  PORTD = ((pgm_read_byte(&seg_pat[val]) & 0x0F) << 4) |
              (PORTD & 0x0F);                              // A~D 표시
  PORTB = (pgm_read_byte(&seg_pat[val]) & 0x70 ) |
              (PORTB & 0x0F);                              // E~G 표시
  if(dsp_no == 2) PORTB = PORTB | 0x80;                    // DP ON

  dsp_no = (dsp_no + 1) % 4;                               // 표시 세그먼트 번호 갱신
}

// SW1 입력 처리 함수(동작/정지)
ISR(INT4_vect)
{
  TCCR1B = TCCR1B ^ 0b00000011;                            // 타/카1 동작/정지 토글
}

// SW2 입력 처리 함수(클리어)
ISR(INT5_vect)
{
  sec = 0;
  ms10 = 0;
}
```

〈stop5.c〉

```
// stop5.c
// Programmed by Donguk SHIN in 2016
// 외부 인터럽트 방식에 의한 스톱워치(INT4, INT5)
// 타/카1 일반모드 오버플로우 인터럽트 이용
// 타/카2 이용 7-세그먼트 한개씩 순차 표시하기(일반모드)
// 랩타임 저장 및 표시(INT6, INT7)

#include <avr/io.h>
#include <avr/pgmspace.h>
#include <avr/interrupt.h>


#define  F_CPU 16000000UL
#include <util/delay.h>

prog_uint8_t seg_pat[10]= {0x3f, 0x06, 0x5b, 0x4f, 0x66, 0x6d, 0x7d, 0x07, 0x7f, 0x6f};
prog_uint8_t seg_on[4] = {0x08, 0x04, 0x02, 0x01};   // SEG ON 값

volatile uint8_t  sec = 0, ms10 =0;                    // sec : 초값,  ms10 : 10msec 단위의 값
volatile uint8_t  dsp_no = 0;                          // 표시 세그먼트 번호
                                                       // 0:1자리, 1:10자리, 2:100자리, 3:1000자리
volatile uint8_t  t_sec[10], t_ms10[10];               // 랩타임 저장소
volatile uint8_t  lap_save_no = 0, lap_dsp_no = 0;     // 랩타임 저장/표시 번호

int main(void)
{
   DDRB = 0xF0;                        // 포트 B 상위 4비트 출력 설정
   DDRD = 0xF0;                        // 포트 D 상위 4비트 출력 설정
   DDRG = 0x0F;                        // 포트 G 하위 4비트 출력 설정

   PORTB = 0x0;                        // 7-세그먼트 e, f, g, dp off
   PORTD = 0x0;                        // 7=세그먼트 a, b, c, d off

   // 외부 인터럽트 초기화
   EIMSK = 0b11110000;                 // INT4,5,6,7 Enable
   EICRB = 0b10101010;                 // INT4,5,6,7 하강에지

   // 타/카1 초기화(동작중 10ms 측정)
   TIMSK = 0b00000100;                 // TOIE1=1(오버플로우)
   TCCR1A = 0x0;                       // 타/카1 일반모드
   TCCR1B = 0x0;                       // 분주비0 정지(동작 0x03 : 64분주)
   TCCR1C = 0x0;
   TCNT1 = 63036;                      // 1/16us * 64분주 * (65536-63036)= 10ms

   // 타/카2 초기화(7세그먼트 표시)
   TIMSK = TIMSK | 0b01000000;         // TOIE2=1(오버플로우)
   TCCR2 = 0b00000100;                 // 256분주
```

```
    TCNT2 = 0;                                   // 1/16us * 256분주 * (256-0)=4.9ms

    SREG = 0x80;

    while(1);                                    // 무한 대기
}

// 1/16us * 1024분주 * (65536-63036) = 10ms
ISR(TIMER1_OVF_vect)
{
    TCNT1 = 63036;                               // 10ms 주기 재설정

    ms10++;                                      // 10ms 단위값 +1
    if(ms10 == 100){                             // 10ms * 100 = 1초 경과
        ms10 = 0;                                // 10ms 단위값 리셋
        sec++;                                   // 초값 +1
        if(sec == 60) sec = 0;                   // 60초이면 초값 리셋
    }
}

// 7-Segment 표시 함수(4.9ms마다 한 개씩)
// 1/16us * 256분주 * (256-0) = 4.9ms
ISR(TIMER2_OVF_vect)
{
    uint8_t val;

    PORTG = pgm_read_byte(&seg_on[dsp_no]);          // dsp_no 세그먼트 ON

    // 표시값 구하기
    if(dsp_no == 0) val = ms10 % 10;                 // 10ms 1자리
    else if(dsp_no == 1) val = ms10 / 10;            // 10ms 10자리
    else if(dsp_no == 2) val = sec % 10;             // sec 1자리
    else val = sec / 10;                             // sec 10자리

    // 표시값 표시하기
    PORTD = ((pgm_read_byte(&seg_pat[val]) & 0x0F) << 4) |
                        (PORTD & 0x0F);                  // A~D 표시
    PORTB = (pgm_read_byte(&seg_pat[val]) & 0x70 ) |
                        (PORTB & 0x0F);                  // E~G 표시
    if(dsp_no == 2) PORTB = PORTB | 0x80;                // DP ON

    dsp_no = (dsp_no + 1) % 4;                           // 표시 세그먼트 번호 갱신
}

// SW1 입력 처리 함수(동작/정지)
ISR(INT4_vect)
{
    TCCR1B = TCCR1B ^ 0b00000011;          // 타/카1 동작/정지 토글
    if(TCCR1B != 0){                       // 동작 중이면(정지->동작이면 랩타임 저장 수 리셋)
```

```
    lap_save_no = 0;
    lap_dsp_no = 0;
  }
}

// SW2 입력 처리 함수(클리어)
ISR(INT5_vect)
{
  sec = 0;
  ms10 = 0;
}

// SW3 입력 처리 함수(랩타임 저장)
ISR(INT6_vect)
{
  if(lap_save_no == 10) return;
  t_sec[lap_save_no] = sec;
  t_ms10[lap_save_no] = ms10;
  lap_save_no++;
}

// SW4 입력 처리 함수(랩타임 표시)
ISR(INT7_vect)
{
  TCCR1B = 0x0;                                   // 스톱워치 강제 정지

  if(lap_save_no == 0) return;                    // 저장 랩타임 없으면 리턴

  // 표시 랩타임값 읽어 ms10, sec에 설정
  sec = t_sec[lap_dsp_no];
  ms10 = t_ms10[lap_dsp_no];

  lap_dsp_no++;                                   // 표시할 랩타임 번호 +1

  if(lap_dsp_no == lap_save_no) lap_dsp_no = 0;   // 마지막 표시했으면 처음으로
}
```

⟨tetris1.c⟩

```
/*********************************************/
/* tetris1.c : 테트리스 게임                    */
/* Programmed by Donguk SHIN in 2016          */
/*********************************************/

#include <avr/io.h>
#include <avr/pgmspace.h>
#include <avr/interrupt.h>
#include <stdio.h>
#include <stdlib.h>

#define F_CPU 16000000UL
#include <util/delay.h>

#define BV(bit)          (1 << bit)          // bit(0~7)번째 비트 셋
#define CBI(reg, bit)    reg &= ~(BV(bit))  // reg의 bit번째 비트 클리어
#define SBI(reg, bit)    reg |= (BV(bit))   // reg의 bit번째 비트 셋

// 도트매트릭스(A0-A3 : PORTC.4~PORTC.7)
#define RED              PC0                 // Red LED Data
#define GREEN            PC1                 // Green LED Data
#define ENABLE           PC2                 // Output Enable
#define LATCH            PC3                 // Latch
#define CLOCK            PA3                 // Clock

// 7가지의 블록을 4가지 패턴으로 블록 정의
// block[블록번호][회전번호][수직좌표][수평좌표]
prog_uint8_t block[7][4][4][4] ={
   {{{0,0,0,0},{0,0,0,0},{1,1,1,1},{0,0,0,0}},
    {{0,1,0,0},{0,1,0,0},{0,1,0,0},{0,1,0,0}},
    {{0,0,0,0},{0,0,0,0},{1,1,1,1},{0,0,0,0}},
    {{0,1,0,0},{0,1,0,0},{0,1,0,0},{0,1,0,0}}},

    {{{0,0,0,0},{0,1,1,0},{0,1,1,0},{0,0,0,0}},
    {{0,0,0,0},{0,1,1,0},{0,1,1,0},{0,0,0,0}},
    {{0,0,0,0},{0,1,1,0},{0,1,1,0},{0,0,0,0}},
    {{0,0,0,0},{0,1,1,0},{0,1,1,0},{0,0,0,0}}},

    {{{0,0,0,0},{0,0,1,1},{0,1,1,0},{0,0,0,0}},
    {{0,0,0,0},{0,1,0,0},{0,1,1,0},{0,0,1,0}},
    {{0,0,0,0},{0,0,1,1},{0,1,1,0},{0,0,0,0}},
    {{0,0,0,0},{0,1,0,0},{0,1,1,0},{0,0,1,0}}},

    {{{0,0,0,0},{0,1,1,0},{0,0,1,1},{0,0,0,0}},
    {{0,0,0,0},{0,0,0,1},{0,0,1,1},{0,0,1,0}},
    {{0,0,0,0},{0,1,1,0},{0,0,1,1},{0,0,0,0}},
    {{0,0,0,0},{0,0,0,1},{0,0,1,1},{0,0,1,0}}},
```

```
  {{{0,0,0,0},{0,1,0,0},{0,1,1,1},{0,0,0,0}},
  {{0,0,1,1},{0,0,1,0},{0,0,1,0},{0,0,0,0}},
  {{0,0,0,0},{0,1,1,1},{0,0,0,1},{0,0,0,0}},
  {{0,0,1,0},{0,0,1,0},{0,1,1,0},{0,0,0,0}}},

  {{{0,0,0,0},{0,0,0,1},{0,1,1,1},{0,0,0,0}},
  {{0,0,1,0},{0,0,1,0},{0,0,1,1},{0,0,0,0}},
  {{0,0,0,0},{0,1,1,1},{0,1,0,0},{0,0,0,0}},
  {{0,1,1,0},{0,0,1,0},{0,0,1,0},{0,0,0,0}}},

  {{{0,0,0,0},{0,0,1,0},{0,1,1,1},{0,0,0,0}},
  {{0,0,0,0},{0,0,1,0},{0,0,1,1},{0,0,1,0}},
  {{0,0,0,0},{0,0,0,0},{0,1,1,1},{0,0,1,0}},
  {{0,0,0,0},{0,0,1,0},{0,1,1,0},{0,0,1,0}}}};

prog_uint8_t num_pat[4][5][4] = // 1 ~ 3 패턴(5 x 4)
 {{{0,0,0,0}, {0,0,0,0}, {0,0,0,0}, {0,0,0,0}, {0,0,0,0}},   // clear
  {{0,0,1,0}, {0,1,1,0}, {0,0,1,0}, {0,0,1,0}, {0,1,1,1}},   // 1
  {{1,1,1,1}, {0,0,0,1}, {1,1,1,1}, {1,0,0,0}, {1,1,1,1}},   // 2
  {{1,1,1,1}, {0,0,0,1}, {1,1,1,1}, {0,0,0,1}, {1,1,1,1}}}; // 3

// 블록이 떨어지는 테트리스 기본틀
prog_uint8_t stage[16][12] =
 {{1,0,0,0,0,0,0,0,0,0,0,1},
  {1,0,0,0,0,0,0,0,0,0,0,1},
  {1,0,0,0,0,0,0,0,0,0,0,1},
  {1,0,0,0,0,0,0,0,0,0,0,1},
  {1,0,0,0,0,0,0,0,0,0,0,1},
  {1,0,0,0,0,0,0,0,0,0,0,1},
  {1,0,0,0,0,0,0,0,0,0,0,1},
  {1,0,0,0,0,0,0,0,0,0,0,1},
  {1,0,0,0,0,0,0,0,0,0,0,1},
  {1,0,0,0,0,0,0,0,0,0,0,1},
  {1,0,0,0,0,0,0,0,0,0,0,1},
  {1,0,0,0,0,0,0,0,0,0,0,1},
  {1,0,0,0,0,0,0,0,0,0,0,1},
  {1,0,0,0,0,0,0,0,0,0,0,1},
  {1,0,0,0,0,0,0,0,0,0,0,1},
  {1,1,1,1,1,1,1,1,1,1,1,1}};

// 스테이지 기본틀
prog_uint8_t base_stage[3][5][10] =
 {{{0,0,0,0,0,0,0,0,0,0},
   {0,0,0,0,0,0,0,0,0,0},
   {0,0,0,0,0,0,0,0,0,0},
   {0,0,0,0,0,0,0,0,0,0},
   {0,0,0,0,0,0,0,0,0,0}},
  {{0,0,0,0,0,0,0,0,0,0},
   {0,0,0,0,0,0,0,0,0,0},
```

```
    {0,0,1,0,0,0,0,1,0,0},
    {0,1,0,1,0,0,1,0,1,0},
    {1,0,1,0,1,1,0,1,0,1}},
   {{0,1,0,1,0,1,0,1,0,1},
    {1,0,1,0,1,0,1,0,1,0},
    {0,1,0,1,0,1,0,1,0,1},
    {1,0,1,0,1,0,1,0,1,0},
    {0,1,0,1,0,1,0,1,0,1}}};

prog_uint8_t anysw[16][16] =        // "ANYSW"
  {{0,0,0,0,0,0,0,0,0,0,0,0,0,0,0,0},
   {0,1,1,1,0,0,1,0,0,1,0,1,0,0,0,1},
   {1,0,0,0,1,0,1,0,0,1,0,1,0,0,0,1},
   {1,0,0,0,1,0,1,1,0,1,0,1,0,0,0,1},
   {1,1,1,1,1,0,1,1,0,1,0,0,1,0,1,0},
   {1,0,0,0,1,0,1,0,1,1,0,0,0,1,0,0},
   {1,0,0,0,1,0,1,0,0,1,0,0,0,1,0,0},
   {1,0,0,0,1,0,1,0,0,1,0,0,0,1,0,0},
   {0,0,0,0,0,0,0,0,0,0,0,0,0,0,0,0},
   {0,0,0,1,1,1,1,0,1,0,0,0,1,0,0,0},
   {0,0,1,0,0,0,0,0,1,0,0,0,1,0,0,0},
   {0,0,1,0,0,0,0,0,1,0,0,0,1,0,0,0},
   {0,0,0,1,1,1,0,0,1,0,1,0,1,0,0,0},
   {0,0,0,0,0,0,1,0,1,0,1,0,1,0,0,0},
   {0,0,0,0,0,0,1,0,1,0,1,0,1,0,0,0},
   {0,0,1,1,1,1,0,0,0,1,0,1,0,0,0,0}};

prog_uint8_t clear[16][16] =        // "CLEAR"
  {{0,0,0,0,0,0,0,0,0,0,0,0,0,0,0,0},
   {0,1,1,1,0,0,1,0,0,0,0,1,1,1,1,1},
   {1,0,0,0,1,0,1,0,0,0,0,1,0,0,0,0},
   {1,0,0,0,0,0,1,0,0,0,0,1,0,0,0,0},
   {1,0,0,0,0,0,1,0,0,0,0,1,1,1,1,0},
   {1,0,0,0,0,0,1,0,0,0,0,1,0,0,0,0},
   {1,0,0,0,1,0,1,0,0,0,0,1,0,0,0,0},
   {0,1,1,1,0,0,1,1,1,1,0,1,1,1,1,1},
   {0,0,0,0,0,0,0,0,0,0,0,0,0,0,0,0},
   {0,0,0,0,1,1,1,0,0,1,1,1,1,0,0,0},
   {0,0,0,1,0,0,0,1,0,1,0,0,0,1,0,0},
   {0,0,0,1,0,0,0,1,0,1,0,0,0,1,0,0},
   {0,0,0,1,1,1,1,1,0,1,1,1,1,0,0,0},
   {0,0,0,1,0,0,0,1,0,1,0,1,0,0,0,0},
   {0,0,0,1,0,0,0,1,0,1,0,0,1,0,0,0},
   {0,0,0,1,0,0,0,1,0,1,0,0,0,1,0,0}};

prog_uint8_t fail[16][16] =         // "FAIL"
  {{0,0,0,0,0,0,0,0,0,0,0,0,0,0,0,0},
   {0,0,0,0,0,0,0,0,0,0,0,0,0,0,0,0},
   {0,0,0,0,0,0,0,0,0,0,0,0,0,0,0,0},
```

```
    {0,0,0,0,0,0,0,0,0,0,0,0,0,0,0,0},
    {1,1,1,1,0,1,1,0,0,1,0,0,1,0,0,0},
    {1,0,0,0,1,0,0,1,0,1,0,0,1,0,0,0},
    {1,0,0,0,1,0,0,1,0,1,0,0,1,0,0,0},
    {1,0,0,0,1,0,0,1,0,1,0,0,1,0,0,0},
    {1,1,1,0,1,1,1,1,0,1,0,0,1,0,0,0},
    {1,0,0,0,1,0,0,1,0,1,0,0,1,0,0,0},
    {1,0,0,0,1,0,0,1,0,1,0,0,1,0,0,0},
    {1,0,0,0,1,0,0,1,0,1,0,0,1,1,1,1},
    {0,0,0,0,0,0,0,0,0,0,0,0,0,0,0,0},
    {0,0,0,0,0,0,0,0,0,0,0,0,0,0,0,0},
    {0,0,0,0,0,0,0,0,0,0,0,0,0,0,0,0},
    {0,0,0,0,0,0,0,0,0,0,0,0,0,0,0,0}};

volatile uint16_t dot_i = 0;          // 도트매트릭스 출력행
volatile uint16_t start = 0;          // 게임 시작(0:대기, 1:시작)
volatile uint16_t stage_no = 1;       // 스테이지 번호
volatile uint16_t clear_line = 0;     // 현재 스테이지에서 지운 라인수
volatile uint16_t pat_cnt;            // 블록 랜덤 발생을 위한 카운터
volatile uint16_t by = 0;             // 블록 좌상 Y좌표
volatile uint16_t bx = 4;             // 블록 좌상 X좌표
volatile uint16_t turn = 0;           // 현재 블록 패턴 회전 번호
volatile uint16_t next_pat = 0;       // 다음 블록 패턴 번호
volatile uint16_t pat = 0;            // 현재 블록 패턴 번호
volatile uint16_t t_limit;            // 블록 이동 속도 조절
                                      // (22부터 스테이지에 따라 감소)
volatile uint16_t down_cnt;           // 이동속도 카운터 변수

volatile uint8_t mov_block[16][16];// 내려오고 있는 블록 데이터(블록 저장 배열)
volatile uint8_t dsp_block[16][16]; // (기본틀+스테이지 번호)와 내려온 블록(배열 표시)
volatile uint8_t red_data[16][16];  // (기본틀+스테이지 번호) 주황색 표시위해 저장

void init_set(void);                  // "ANY SW" 출력
void play(void);                      // 플레이 함수
void stage_out(void);                 // (기본틀 + 스테이지 번호) 데이터 설정
void next_block(void);                // 다음 블록 표시를 위한 설정
int  block_check(int, int);           // 내려오는 블록 아래/좌/우 부분 닿는지 조사
void block_clear(void);               // 내려오는 블록 데이터 저장 배열 클리어
void block_copy(void);                // 내려오는 블록 데이터 설정
void line_erase(void);                // 채워진 줄 제거하기

int main(void)
{
    // 도트매트릭스 사용 포트 입출력 설정
    DDRA = 0xFF;                      // PORTA 출력 설정(PA3 : CLOCK 핀)
    DDRC = 0xFF;                      // PORTC 출력설정(어드레스 A0-A3)
    PORTC = 0b00001000;               // 도트매트릭스(LATCH=1, ENABLE=0, A0-A3=0000)

    // 외부 인터럽트 설정
```

```
    EIMSK = 0b11110000;          // 외부인터럽트 4-7 인에이블
    EICRB = 0b10101010;          // 외부인터럽트 4-7 하강에지

    // 타이머/카운터 설정
    TIMSK = 0x01;                // TOIE0 = 1 타/카0 오버플로우 인터럽트 인에이블
    ASSR = 0x00;                 // 타이머/카운터0 타이머 모드
    TCCR0 = 0x04;                // 일반모드, 프리스케일 = CK/64
    TCNT0 = 0x00;                // 1/16us x 64 x (256 -0) = 1.024ms

    TIMSK = TIMSK | 0x04;        // TOIE1 = 1 타/카1 오버플로우 인터럽트 인에이블
    TCCR1A = 0x00;               // 타이머/카운터1 인에이블
    TCCR1B = 0x05;               // 1024분주
    TCCR1C = 0x00;
    TCNT1 = 0xfe00;              // 1/16us x 1024 x (65536 -65024) = 32ms

    SREG = 0x80;                 // 전역 인터럽트 인에이블 비트 셋

    while(1){
       init_set();               // "ANY SW" 표시

       while(!start){            // 스위치 눌려질 때까지 대기
          pat = next_pat;        // 새로 나올 블록을 계속 해서 바꿔준다.
          next_pat = pat_cnt;    // 다음 블록은 다른 랜덤값을 취한다.
          if(pat == next_pat) next_pat = (next_pat + 1) % 7;
       }
       play();                   // 플레이 시작
    }
}

// "ANY SW" 표시
void init_set(void)
{
    int    i, j;

    // "ANY SW" 표시
    for(j = 0;j < 16;j++){
       for(i = 0;i < 16;i++){
          dsp_block[j][i] = pgm_read_byte(&anysw[j][i]);    // 표시 배열에 "ANY SW" 패턴 저장
          mov_block[j][i] = 0;                              // 블록 저장 배열 클리어
       }
    }
}

// 플레이
void play(void)
{
    int  check;

    stage_no = 1;                // 스테이지 1설정
```

```
    down_cnt = 0;           // 이동속도 카운터 변수 클리어
    stage_out();            // (기본틀 + 스테이지 번호) 데이터 dsp_block에 저장
    block_copy();           // pat 번째의 블록 mov_block에 저장
    next_block();           // 다음 블록 패턴 표시를 위한 저장
    t_limit = 22;           // 한 라인 아래로 자동 이동시간 조절(32ms * t_limit)

    while(start){
        while(down_cnt < t_limit);    // 자동 이동시간이 경과하지 않았으면 대기

        // 아래로 한줄 자동 이동
        down_cnt = 0;                 // 이동속도 조절 변수 리셋
        check = block_check(0, 1);    // 한 칸 아래 이동 가능한지 조사

        if(check == 1){               // 한 칸 아래 이동 가능
            block_clear();            // 현재 블록 지우기
            by = by + 1;              // 블록 한줄 아래로 이동
            block_copy();             // 현재 블록 복사
        }
        else line_erase();
    }
}

// 블록이 바닥에 닿아 이동 불가한 경우, 이동 블록 정지 처리
void line_erase(void)
{
    int  j, k, m, n, check;

    // 게임판 데이터와 움직이는 블록(테이블) 합성
    for(j = 0;j < 16;j++){
        for(k = 0;k < 16;k++)
                dsp_block[j][k] = dsp_block[j][k] | mov_block[j][k];
    }

    // 채워져 있는 줄 제거하기
    for(j = 0;j < 15;j++){
        // 줄이 모두 채워져 있는지 조사
        // 모두 채워져 있으면 and값(또는 곱)은 1이 되고,
        // 하나라도 비어 있으면 0이 된다.
        n = 1;
        for(k = 1;k < 11;k++) n = n & dsp_block[j][k];

        if(n == 0) continue;          // 채워지지 않음

        // 채워진 j번째 줄 없애고 아래로 한 줄씩 이동처리
        for(m = j;m >= 1;m--){        // 윗 줄 아래로 당기기
            for(k = 1;k < 11;k++) dsp_block[m][k] = dsp_block[m-1][k];
        }
        clear_line++;                 // 한 줄 지울때마다 증가
```

```
    // 제거 라인 수 LED 표시
    for(m = 0;m < 2;m++){
      for(k = 0;k < 4;k++){
        if((k + m * 4) < clear_line) dsp_block[m+11][k+12] = 1;
        else dsp_block[m+11][k+12] = 0;
      }
    }

    if(clear_line > 7){                    // 8줄 지우면 다음 단계로 이동
      stage_no = stage_no + 1;             // 스테이지 번호 +1
      t_limit = t_limit - 5;               // 속도증가

      if(stage_no > 3){                    // 3 스테이지까지 클리어
        start = 0;
        // 스테이지 3 클리어시 "CLEAR" 표시
        for(m = 0;m < 16;m++){
          for(k = 0;k < 16;k++){
            dsp_block[m][k] = pgm_read_byte(&clear[m][k]);
            mov_block[m][k] = 0;
          }
        }

        _delay_ms(2000);
        start = 0;                         // 종료
        return;
      }
      else {                               // 새 스테이지 화면
        stage_out();
        _delay_ms(500);
      }
    }
  }

  // 다음 블록 설정
  block_clear();                           // 블록 저장 배열 클리어
  by = 0;                                  // 내려오는 블록의 y좌표
  bx = 4;                                  // 내려오는 블록의 x좌표
  turn = 0;                                // 블록 기본형으로(회전 없음)
  pat = next_pat;                          // next 패턴을 현재 패턴으로
  next_pat = pat_cnt;                      // next 패턴 새로운 값
  if(pat == next_pat) next_pat = (next_pat + 1) % 7;

  block_copy();                            // 새로운 블록 복사
  next_block();                            // 다음 블록 패턴 표시를 위한 저장

  // 새로 놓일 블록위치에 블록이 없는지 조사
  check = block_check(0, 0);
  if(check == 0){                          // 새로 놓일 블록위치에 블록이 있음
    start = 0;                             // 종료
```

```
        for(j = 0;j < 16;j++){                                //블록이 상위에 닿으면 정지. 패
            for(k = 0;k < 16;k++){
                dsp_block[j][k] = pgm_read_byte(&fail[j][k]); // "FAIL"
                mov_block[j][k] = 0;
            }
        }
        _delay_ms(2000);
        return;
    }
}

// 다음 블록 패턴 표시를 위한 저장
void next_block(void)
{
    int  j, k;

    for(j = 0;j < 4;j++){
        for(k = 0;k < 4;k++)
            dsp_block[j][k+12] = pgm_read_byte(&block[next_pat][0][j][k]);
    }
}

// 떨어진 블록과 움직이는 블록 충돌 체크
// ox : bx와의 차이값, oy : by와의 차이값
int block_check(int ox, int oy)
{
    int  j, k, y, x;

    for(j = 0;j < 4;j++){
        y = j + by;
        for(k = 0;k < 4;k++){
            x = k + bx;
            // mov_block의 수평 ox 열, 수직 oy 아랫부분의
            // data가 모두 1인 부분이 있는지 조사
            if((mov_block[y][x] & dsp_block[y + oy][x + ox]) == 1) return(0);
        }
    }

    return(1);
}

// 움직이는 블록 저장 배열 클리어
void block_clear( )
{
    int  j, k;

    for(j = 0;j < 16;j++){   // 현재 블록 지우기
        for(k = 0;k < 16;k++) mov_block[j][k] = 0;
    }
```

```
}

// 선택된(pat) 블록 -> m_block에 복사
void block_copy( )
{
   int    j, k, x, y;

   for(j = 0;j < 4;j++){
      y = j + by;
      for(k = 0;k < 4;k++){           // 새로운 블록 불러오기
         x = k + bx;
         mov_block[y][x] = pgm_read_byte(&block[pat][turn][j][k]);
      }
   }
}

// 새로운 스테이지 초기화면 설정
void stage_out()
{
   int i, j;

   for(j = 0;j < 16;j++){
      for(i = 0;i < 16;i++) {
         dsp_block[j][i] = 0;
         mov_block[j][i] = 0;
      }
   }

   // 기본틀 복사
   for(j = 0;j < 16;j++){
      for(i = 0;i < 12;i++) dsp_block[j][i] = pgm_read_byte(&stage[j][i]);
   }

   // 스테이지 번호복사
   for(j = 0;j < 5;j++){
      for(i = 0;i < 4;i++)
           dsp_block[j + 5][i + 12] = pgm_read_byte(&num_pat[stage_no][j][i]);
   }

   // (기본틀 + 스테이지 번호), 주황색 표시를 위해 red_data에 저장
   for(j = 0;j < 16;j++){
      for(i = 0;i < 16;i++) red_data[j][i] = dsp_block[j][i];
   }

   // 스테이지마다 기본으로 깔리는 블록 복사
   for(j = 0;j < 5;j++){
      for(i = 0;i < 10;i++)
         dsp_block[j + 10][i + 1] |=
                  pgm_read_byte(&base_stage[stage_no - 1][j][i]);
```

```
    }

    clear_line = 0;
    bx = 4;
    by = 0;
    turn = 0;
}

// 타이머/카운터0 인터럽트 처리함수(LDM 출력)
// 1/16us * 64 * (256 - 0) = 1.024ms
ISR(TIMER0_OVF_vect)
{
    int     di = 0;

    for(di = 0;di < 16;di++){
        if(start == 1 && red_data[dot_i][di] == 1)
                SBI(PORTC, RED);                // Red data
        else CBI(PORTC, RED);

        if(dsp_block[dot_i][di] == 1 || mov_block[dot_i][di] == 1)
                SBI(PORTC, GREEN);              // Green data
        else CBI(PORTC, GREEN);

        // 1비트 데이터 입력을 위한 클럭 입력
        SBI(PORTA, CLOCK);                      // 클럭 ON
        _delay_us(1);
        CBI(PORTA, CLOCK);                      // 클럭 OFF
        _delay_us(1);
    }

    _delay_us(1);
    SBI(PORTC, ENABLE);                         // Enable 비트 셋
    CBI(PORTC, LATCH);                          // Latch 비트 리셋
    _delay_us(1);
    SBI(PORTC, LATCH);                          // Latch 비트 셋
    PORTC = (PORTC & 0b00001111) | (dot_i << 4); // 표시 라인 설정
    _delay_us(1);
    CBI(PORTC, ENABLE);                         // 인에이블 비트 리셋

    dot_i = (dot_i + 1) % 16;                   // 표시라인 1증가
}

// 타이머/카운터1 인터럽트 처리함수
// 1/16us x 1024 x (65536 -65024) = 32ms
ISR(TIMER1_OVF_vect)
{
    TCNT1 = 65024;                              // 초기값 재설정

    down_cnt++;                                 // 블록이 떨어지는 시간 카운트.
```

```
    pat_cnt = (pat_cnt + 1) % 7;                // 패턴의 랜덤 추출.
}

// 외부 인터럽트4, 스위치1 : 블록 회전 SW
ISR(INT4_vect)
{
    int check;

    SREG = 0x80;

    if(!start){                                 // 정지시 눌리면 시작모드로
        start = 1;
        return;
    }

    block_clear();                              // 현재 블록 지우기
    turn = (turn + 1) % 4;                      // 블록 90도 회전

    // 회전시킨 블록 데이터 복사
    block_copy();

    // 회전가능한지 조사
    check = block_check(0, 0);

    if(check == 0){                             // 회전 불가
        block_clear();                          // 새로운 블록 데이터 클리어
        turn = (turn + 3) % 4;                  // 블록 270도 회전
        block_copy();                           // 원래 패턴 복귀
    }
}

// 외부 인터럽트5, 블록 한 줄 내리기
ISR(INT5_vect)
{
    int check;

    SREG = 0x80;

    if(!start){                                 // 정지시 눌리면 시작모드로
        start = 1;
        return;
    }

    // 아래 이동 가능한지 조사(아래 한 줄 내리기)
    check = block_check(0, 1);

    if(check != 0){                             // 안 겹치면 현지블록 지우고 이동
        block_clear();                          // 현재 블록 데이터 클리어
        by = by + 1;                            // 블록 Y 좌표 +1
```

```
        block_copy();                         // 블록 데이터 복사
    }
    else line_erase();
}

// 외부 인터럽트6, 스위치3 : 블록 왼쪽 이동 SW
ISR(INT6_vect)
{
    int  check;
    SREG = 0x80;

    if(!start){                               // 정지시 눌리면 시작모드로
        start = 1;
        return;
    }

    // 왼쪽으로 이동후 data와 table이 겹치는지 검사
    check = block_check(-1, 0);

    if(check != 0){                           // 안 겹치면 현재 블록 지우고 이동
        block_clear();                        // 현재 블록 데이터 클리어
        bx = bx - 1;                          // 블록 X 좌표 -1
        block_copy();                         // 블록 데이터 복사
    }
}

// 외부 인터럽트7, 스위치4 : 블록 오른쪽 이동 SW
ISR(INT7_vect)
{
    int  check;

      SREG = 0x80;

    if(!start){                               // 정지시 눌리면 시작모드로
        start = 1;
        return;
    }
    // 이동할 수 있는지 조사
    check = block_check(1, 0);

    if(check != 0){                           // 안 겹치면 현재 블록 지우고 이동
        block_clear();                        // 현재 블록 데이터 클리어
        bx = bx + 1;                          // 블록 X 좌표 +1
        block_copy();                         // 블록 데이터 복사
    }
}
```

⟨tetris2.c⟩

```
/*************************************************/
/* tetris2.c : 테트리스 게임(조이스틱 사용)              */
/* Programmed by Donguk SHIN in 2016              */
/*************************************************/

#include <avr/io.h>
#include <avr/pgmspace.h>
#include <avr/interrupt.h>
#include <stdio.h>
#include <stdlib.h>

#define F_CPU 16000000UL
#include <util/delay.h>

#define BV(bit)          (1 << bit)           // bit(0~7)번째 비트 셋
#define CBI(reg, bit)    reg &= ~(BV(bit))     // reg의 bit번째 비트 클리어
#define SBI(reg, bit)    reg |= (BV(bit))      // reg의 bit번째 비트 셋

// 도트매트릭스(A0-A3 : PORTC.4~PORTC.7)
#define RED              PC0                  // Red LED Data
#define GREEN            PC1                  // Green LED Data
#define ENABLE           PC2                  // Output Enable
#define LATCH            PC3                  // Latch
#define CLOCK            PA3                  // Clock

#define JOYSTICK_SENSE   4                    // 조이스틱 감도 조절값

// 7가지의 블록을 4가지 패턴으로 블록 정의
// block[블록번호][회전번호][수직좌표][수평좌표]
prog_uint8_t block[7][4][4][4] ={
  {{{0,0,0,0},{0,0,0,0},{1,1,1,1},{0,0,0,0}},
   {{0,1,0,0},{0,1,0,0},{0,1,0,0},{0,1,0,0}},
   {{0,0,0,0},{0,0,0,0},{1,1,1,1},{0,0,0,0}},
   {{0,1,0,0},{0,1,0,0},{0,1,0,0},{0,1,0,0}}},

  {{{0,0,0,0},{0,1,1,0},{0,1,1,0},{0,0,0,0}},
   {{0,0,0,0},{0,1,1,0},{0,1,1,0},{0,0,0,0}},
   {{0,0,0,0},{0,1,1,0},{0,1,1,0},{0,0,0,0}},
   {{0,0,0,0},{0,1,1,0},{0,1,1,0},{0,0,0,0}}},

  {{{0,0,0,0},{0,0,1,1},{0,1,1,0},{0,0,0,0}},
   {{0,0,0,0},{0,1,0,0},{0,1,1,0},{0,0,1,0}},
   {{0,0,0,0},{0,0,1,1},{0,1,1,0},{0,0,0,0}},
   {{0,0,0,0},{0,1,0,0},{0,1,1,0},{0,0,1,0}}},

  {{{0,0,0,0},{0,1,1,0},{0,0,1,1},{0,0,0,0}},
   {{0,0,0,0},{0,0,0,1},{0,0,1,1},{0,0,1,0}},
```

```
    {{0,0,0,0},{0,1,1,0},{0,0,1,1},{0,0,0,0}},
    {{0,0,0,0},{0,0,0,1},{0,0,1,1},{0,0,1,0}}},

    {{{0,0,0,0},{0,1,0,0},{0,1,1,1},{0,0,0,0}},
    {{0,0,1,1},{0,0,1,0},{0,0,1,0},{0,0,0,0}},
    {{0,0,0,0},{0,1,1,1},{0,0,0,1},{0,0,0,0}},
    {{0,0,1,0},{0,0,1,0},{0,1,1,0},{0,0,0,0}}},

    {{{0,0,0,0},{0,0,0,1},{0,1,1,1},{0,0,0,0}},
    {{0,0,1,0},{0,0,1,0},{0,0,1,1},{0,0,0,0}},
    {{0,0,0,0},{0,1,1,1},{0,1,0,0},{0,0,0,0}},
    {{0,1,1,0},{0,0,1,0},{0,0,1,0},{0,0,0,0}}},

    {{{0,0,0,0},{0,0,1,0},{0,1,1,1},{0,0,0,0}},
    {{0,0,0,0},{0,0,1,0},{0,0,1,1},{0,0,1,0}},
    {{0,0,0,0},{0,0,0,0},{0,1,1,1},{0,0,1,0}},
    {{0,0,0,0},{0,0,1,0},{0,1,1,0},{0,0,1,0}}}};

prog_uint8_t num_pat[4][5][4] =  // 1 ~ 3 패턴(5 x 4)
   {{{0,0,0,0}, {0,0,0,0}, {0,0,0,0}, {0,0,0,0}, {0,0,0,0}},   // clear
    {{0,0,1,0}, {0,1,1,0}, {0,0,1,0}, {0,0,1,0}, {0,1,1,1}},   // 1
    {{1,1,1,1}, {0,0,0,1}, {1,1,1,1}, {1,0,0,0}, {1,1,1,1}},   // 2
    {{1,1,1,1}, {0,0,0,1}, {1,1,1,1}, {0,0,0,1}, {1,1,1,1}}};  // 3


// 블록이 떨어지는 테트리스 기본틀
prog_uint8_t stage[16][12] =
   {{1,0,0,0,0,0,0,0,0,0,0,1},
    {1,0,0,0,0,0,0,0,0,0,0,1},
    {1,0,0,0,0,0,0,0,0,0,0,1},
    {1,0,0,0,0,0,0,0,0,0,0,1},
    {1,0,0,0,0,0,0,0,0,0,0,1},
    {1,0,0,0,0,0,0,0,0,0,0,1},
    {1,0,0,0,0,0,0,0,0,0,0,1},
    {1,0,0,0,0,0,0,0,0,0,0,1},
    {1,0,0,0,0,0,0,0,0,0,0,1},
    {1,0,0,0,0,0,0,0,0,0,0,1},
    {1,0,0,0,0,0,0,0,0,0,0,1},
    {1,0,0,0,0,0,0,0,0,0,0,1},
    {1,0,0,0,0,0,0,0,0,0,0,1},
    {1,0,0,0,0,0,0,0,0,0,0,1},
    {1,0,0,0,0,0,0,0,0,0,0,1},
    {1,1,1,1,1,1,1,1,1,1,1,1}};

// 스테이지 기본틀
prog_uint8_t base_stage[3][5][10] =
   {{{0,0,0,0,0,0,0,0,0,0},
     {0,0,0,0,0,0,0,0,0,0},
     {0,0,0,0,0,0,0,0,0,0},
```

```
    {0,0,0,0,0,0,0,0,0,0},
    {0,0,0,0,0,0,0,0,0,0}},
   {{0,0,0,0,0,0,0,0,0,0},
    {0,0,0,0,0,0,0,0,0,0},
    {0,0,1,0,0,0,0,1,0,0},
    {0,1,0,1,0,0,1,0,1,0},
    {1,0,1,0,1,1,0,1,0,1}},
   {{0,1,0,1,0,1,0,1,0,1},
    {1,0,1,0,1,0,1,0,1,0},
    {0,1,0,1,0,1,0,1,0,1},
    {1,0,1,0,1,0,1,0,1,0},
    {0,1,0,1,0,1,0,1,0,1}}};

prog_uint8_t anysw[16][16] =       // "ANYSW"
   {{0,0,0,0,0,0,0,0,0,0,0,0,0,0,0,0},
    {0,1,1,1,0,0,1,0,0,1,0,1,0,0,0,1},
    {1,0,0,0,1,0,1,0,0,1,0,1,0,0,0,1},
    {1,0,0,0,1,0,1,1,0,1,0,1,0,0,0,1},
    {1,1,1,1,1,0,1,1,0,1,0,0,1,0,1,0},
    {1,0,0,0,1,0,1,0,1,1,0,0,0,1,0,0},
    {1,0,0,0,1,0,1,0,0,1,0,0,0,1,0,0},
    {1,0,0,0,1,0,1,0,0,1,0,0,0,1,0,0},
    {0,0,0,0,0,0,0,0,0,0,0,0,0,0,0,0},
    {0,0,0,1,1,1,1,0,1,0,0,0,1,0,0,0},
    {0,0,1,0,0,0,0,0,1,0,0,0,1,0,0,0},
    {0,0,1,0,0,0,0,0,1,0,0,0,1,0,0,0},
    {0,0,0,1,1,1,0,0,1,0,1,0,1,0,0,0},
    {0,0,0,0,0,0,1,0,1,0,1,0,1,0,0,0},
    {0,0,0,0,0,0,1,0,1,0,1,0,1,0,0,0},
    {0,0,1,1,1,1,0,0,0,1,0,1,0,0,0,0}};

prog_uint8_t clear[16][16] =          // "CLEAR"
   {{0,0,0,0,0,0,0,0,0,0,0,0,0,0,0,0},
    {0,1,1,1,0,0,1,0,0,0,0,1,1,1,1,1},
    {1,0,0,0,1,0,1,0,0,0,0,1,0,0,0,0},
    {1,0,0,0,0,0,1,0,0,0,0,1,0,0,0,0},
    {1,0,0,0,0,0,1,0,0,0,0,1,1,1,1,0},
    {1,0,0,0,0,0,1,0,0,0,0,1,0,0,0,0},
    {1,0,0,0,1,0,1,0,0,0,0,1,0,0,0,0},
    {0,1,1,1,0,0,1,1,1,1,0,1,1,1,1,1},
    {0,0,0,0,0,0,0,0,0,0,0,0,0,0,0,0},
    {0,0,0,0,1,1,1,0,0,1,1,1,1,0,0,0},
    {0,0,0,1,0,0,0,1,0,1,0,0,0,1,0,0},
    {0,0,0,1,0,0,0,1,0,1,0,0,0,1,0,0},
    {0,0,0,1,1,1,1,1,0,1,1,1,1,0,0,0},
    {0,0,0,1,0,0,0,1,0,1,0,1,0,0,0,0},
    {0,0,0,1,0,0,0,1,0,1,0,0,1,0,0,0},
    {0,0,0,1,0,0,0,1,0,1,0,0,0,1,0,0}};
```

```
prog_uint8_t fail[16][16] =             // "FAIL"
   {{0,0,0,0,0,0,0,0,0,0,0,0,0,0,0,0},
    {0,0,0,0,0,0,0,0,0,0,0,0,0,0,0,0},
    {0,0,0,0,0,0,0,0,0,0,0,0,0,0,0,0},
    {0,0,0,0,0,0,0,0,0,0,0,0,0,0,0,0},
    {1,1,1,1,0,1,1,0,0,1,0,0,1,0,0,0},
    {1,0,0,0,1,0,0,1,0,1,0,0,1,0,0,0},
    {1,0,0,0,1,0,0,1,0,1,0,0,1,0,0,0},
    {1,0,0,0,1,0,0,1,0,1,0,0,1,0,0,0},
    {1,1,1,0,1,1,1,1,0,1,0,0,1,0,0,0},
    {1,0,0,0,1,0,0,1,0,1,0,0,1,0,0,0},
    {1,0,0,0,1,0,0,1,0,1,0,0,1,0,0,0},
    {1,0,0,0,1,0,0,1,0,1,0,0,1,1,1,1},
    {0,0,0,0,0,0,0,0,0,0,0,0,0,0,0,0},
    {0,0,0,0,0,0,0,0,0,0,0,0,0,0,0,0},
    {0,0,0,0,0,0,0,0,0,0,0,0,0,0,0,0},
    {0,0,0,0,0,0,0,0,0,0,0,0,0,0,0,0}};

volatile uint16_t dot_i = 0;                 // 도트매트릭스 출력행
volatile uint16_t start = 0;                 // 게임 시작(0:대기, 1:시작)
volatile uint16_t stage_no = 1;              // 스테이지 번호
volatile uint16_t clear_line = 0;            // 현재 스테이지에서 지운 라인수
volatile uint16_t pat_cnt;                   // 블록 랜덤 발생을 위한 카운터
volatile uint16_t by = 0;                    // 블록 좌상 Y좌표
volatile uint16_t bx = 4;                    // 블록 좌상 X좌표
volatile uint16_t turn = 0;                  // 현재 블록 패턴 회전 번호
volatile uint16_t next_pat = 0;              // 다음 블록 패턴 번호
volatile uint16_t pat = 0;                   // 현재 블록 패턴 번호
volatile uint16_t t_limit;                   // 블록 이동 속도 조절
                                             // (22부터 스테이지에 따라 감소)
volatile uint16_t down_cnt;                  // 이동속도 카운터 변수
volatile uint16_t joystick_rtime = 0;        // 조이스틱 체크 시간 조절 변수

volatile uint8_t mov_block[16][16];          // 내려오고 있는 블록 데이터(블록 저장 배열)
volatile uint8_t dsp_block[16][16];          // (기본틀+스테이지 번호)와 내려온 블록(표시 배열)
volatile uint8_t red_data[16][16];           // (기본틀+스테이지 번호),주황색 표시위해 저장

void init_set(void);                         // "ANY SW" 출력
void play(void);                             // 플레이 함수
void stage_out(void);                        // (기본틀 + 스테이지 번호) 데이터 설정
void next_block(void);                       // 다음 블록 표시를 위한 설정
int  block_check(int, int);                  // 내려오는 블록 아래/좌/우 부분 닿는지 조사
void block_clear(void);                      // 내려오는 블록 데이터 저장 배열 클리어
void block_copy(void);                       // 내려오는 블록 데이터 설정
void line_erase(void);                       // 채워진 줄 제거하기
void joystic_input(void);                    // 조이스틱값 읽기
void block_rotate(void);                     // 블록 회전처리
void block_down(void);                       // 블록 아래 이동
void block_left(void);                       // 블록 왼쪽 이동
```

```
void block_right(void);              // 블록 오른쪽 이동

int main(void)
{
   // 도트매트릭스 사용 포트 입출력 설정
   DDRA = 0xFF;                      // PORTA 출력 설정(PA3 : CLOCK 핀)
   DDRC = 0xFF;                      // PORTC 출력설정(어드레스 A0-A3)
   PORTC = 0b00001000;               // 도트매트릭스(LATCH=1, ENABLE=0, A0-A3=0000)

   // 조이스틱(PF0 : Vx,  PF1 : Vy,  PF2 : 택 스위치)
   DDRF = 0x0;                       // 포트F 입력 설정
   SFIOR = 0x0;                      // 내부 풀업저항 인에이블
   PORTF = 0b00000100;               // 내부 풀업저항 인에이블(PF2)

   ADCSRA = 0x87;                    // ADEN=1, 16MHz  128분주 -> 125kHz

   // 타이머/카운터 설정
   TIMSK = 0x01;                     // TOIE0 = 1 타/카0 오버플로우 인터럽트 인에이블
   ASSR = 0x00;                      // 타이머/카운터0 타이머 모드
   TCCR0 = 0x04;                     // 일반모드, 프리스케일 = CK/64
   TCNT0 = 0x00;                     // 1/16us x 64 x (256 -0) = 1.024ms

   TIMSK = TIMSK | 0x04;             // TOIE1 = 1 타/카1 오버플로우 인터럽트 인에이블
   TCCR1A = 0x00;                    // 타이머/카운터1 인에이블
   TCCR1B = 0x05;                    // 1024분주
   TCCR1C = 0x00;
   TCNT1 = 0xfe00;                   // 1/16us x 1024 x (65536 - 65024) = 32ms

   SREG = 0x80;                      // 전역 인터럽트 인에이블 비트 셋

   while(1){
      init_set();                    // "ANY SW" 표시

      while((PINF & 0b00000100)!= 0){      // 스위치 눌려질 때까지 대기
         pat = next_pat;                   // 새로 나올 블록을 계속 해서 교체
         next_pat = pat_cnt;               // 다음 블록은 다른 랜덤값을 취한다.
         if(pat == next_pat) next_pat = (next_pat + 1) % 7;
      }
      start = 1;

      play();                              // 플레이 시작
   }
}

// "ANY SW" 표시
void init_set(void)
{
   int    i, j;
```

```
    // "ANY SW" 표시
    for(j = 0;j < 16;j++){
        for(i = 0;i < 16;i++){
            dsp_block[j][i] = pgm_read_byte(&anysw[j][i]);          // 표시 배열에 "ANY SW" 패턴 저장
            mov_block[j][i] = 0;                                     // 블록 저장 배열 클리어
        }
    }
}

// 플레이
void play(void)
{
    int  check;

    stage_no = 1;                    // 스테이지 1설정
    down_cnt = 0;                    // 이동속도 카운터 변수 클리어
    stage_out();                     // (기본틀+스테이지 번호) 데이터 dsp_block에 저장
    block_copy();                    // pat 번째의 블록 mov_block에 저장
    next_block();                    // 다음 블록 패턴 표시를 위한 저장
    t_limit = 22;                    // 한 라인 아래로 자동 이동시간 조절(32ms * t_limit)

    while(start){
        while(down_cnt < t_limit) joystic_input();       //자동이동시간 경과 안했으면 대기

        // 아래로 한줄 자동 이동
        down_cnt = 0;                                     // 이동속도 조절 변수 리셋
        check = block_check(0, 1);                        // 한 칸 아래 이동 가능한지 조사

        if(check == 1){                                   // 한 칸 아래 이동 가능
            block_clear();                                // 현재 블록 지우기
            by = by + 1;                                  // 블록 한줄 아래로 이동
            block_copy();                                 // 현재 블록 복사
        }
        else line_erase();
    }
}

// 조이스틱 입력 처리
void joystic_input(void)
{
    int ad_vx, ad_vy;

    if(joystick_rtime < JOYSTICK_SENSE) return;
    joystick_rtime = 0;

    // 조이스틱 스위치 체크
    if((PINF & 0b00000100) == 0) block_rotate(); // rotate

    // 조이스틱 상하좌우 조종 레버 상태 읽기
```

```
    ADMUX = 0x00;                         // PF0 : VRX
    ADCSRA = ADCSRA | 0x40;               // ADSC = 1 변환 시작
    while((ADCSRA & 0x10) == 0);          // ADIF=1이 될 때까지 대기
    ad_vx = ADCW;
    _delay_ms(1);

    ADMUX = 0x01;                         // PF1 : VRY
    ADCSRA = ADCSRA | 0x40;               // ADSC = 1 변환 시작
    while((ADCSRA & 0x10) == 0);          // ADIF=1이 될 때까지 대기
    ad_vy = ADCW;
    _delay_ms(1);

    if(ad_vx < 250) block_down();
    else if(ad_vy < 250) block_left();
    else if(ad_vy > 780) block_right();
}

// 블록이 바닥에 닿아 이동 불가한 경우, 이동 블록 정지 처리
void line_erase(void)
{
    int  j, k, m, n, check;

    // 게임판 데이터와 움직이는 블록(테이블) 합성
    for(j = 0;j < 16;j++){
        for(k = 0;k < 16;k++)
            dsp_block[j][k] = dsp_block[j][k] | mov_block[j][k];
    }

    // 채워져 있는 줄 제거하기
    for(j = 0;j < 15;j++){
        // 줄이 모두 채워져 있는지 조사
        // 모두 채워져 있으면 and값(또는 곱)은 1이 되고,
        // 하나라도 비어 있으면 0이 된다.
        n = 1;
        for(k = 1;k < 11;k++) n = n & dsp_block[j][k];

        if(n == 0) continue;              // 채워지지 않음

        // 채워진 j번째 줄 없애고 아래로 한 줄씩 이동처리
        for(m = j;m >= 1;m--){            // 윗 줄 아래로 당기기
            for(k = 1;k < 11;k++) dsp_block[m][k] = dsp_block[m-1][k];
        }
        clear_line++;                     // 한 줄 지울때마다 증가

        // 제거 라인 수 LED 표시
        for(m = 0;m < 2;m++){
            for(k = 0;k < 4;k++){
                if((k + m * 4) < clear_line) dsp_block[m+11][k+12] = 1;
                else dsp_block[m+11][k+12] = 0;
```

```
        }
    }

    if(clear_line > 7){                    // 8줄 지우면 다음 단계로 이동
        stage_no = stage_no + 1;           // 스테이지 번호 +1
        t_limit = t_limit - 2;             // 속도증가

        if(stage_no > 3){                  // 3 스테이지까지 클리어
            start = 0;
            // 스테이지 3 클리어시 "CLEAR" 표시3
            for(m = 0;m < 16;m++){
                for(k = 0;k < 16;k++){
                    dsp_block[m][k] = pgm_read_byte(&clear[m][k]);
                    mov_block[m][k] = 0;
                }
            }

            _delay_ms(2000);
            start = 0;                     // 종료
            return;
        }
        else {  // 새 스테이지 화면
            stage_out();
            _delay_ms(500);
        }
    }
}

// 다음 블록 설정
block_clear( );                            // 블록 저장 배열 클리어
by = 0;                                    // 내려오는 블록의 y좌표
bx = 4;                                    // 내려오는 블록의 x좌표
turn = 0;                                  // 블록 기본형으로(회전 없음)
pat = next_pat;                            // next 패턴을 현재 패턴으로
next_pat = pat_cnt;                        // next 패턴 새로운 값
if(pat == next_pat) next_pat = (next_pat + 1) % 7;

block_copy( );                             // 새로운 블록 복사
next_block();                              // 다음 블록 패턴 표시를 위한 저장

// 새로 놓일 블록위치에 블록이 없는지 조사
check = block_check(0, 0);
if(check == 0){                            // 새로 놓일 블록위치에 블록이 있음
    start = 0;                             // 종료
    for(j = 0;j < 16;j++){                 // 블록이 상위에 닿으면 정지. 패
        for(k = 0;k < 16;k++){
            dsp_block[j][k] = pgm_read_byte(&fail[j][k]); // "FAIL"
            mov_block[j][k] = 0;
        }
```

```
        }
        _delay_ms(2000);
        return;
    }
}

// 다음 블록 패턴 표시를 위한 저장
void next_block(void)
{
    int  j, k;

    for(j = 0;j < 4;j++){
        for(k = 0;k < 4;k++)
            dsp_block[j][k+12] = pgm_read_byte(&block[next_pat][0][j][k]);
    }
}

// 떨어진 블록과 움직이는 블록 충돌 체크
// ox : bx와의 차이값, oy : by와의 차이값
int block_check(int ox, int oy)
{
    int  j, k, y, x;

    for(j = 0;j < 4;j++){
        y = j + by;
        for(k = 0;k < 4;k++){
            x = k + bx;
            // mov_block의 수평 ox 옆, 수직 oy 아랫부분의
            // data가 모두 1인 부분이 있는지 조사
            if((mov_block[y][x] & dsp_block[y + oy][x + ox]) == 1) return(0);
        }
    }

    return(1);
}

// 움직이는 블록 저장 배열 클리어
void block_clear( )
{
    int  j, k;

    for(j = 0;j < 16;j++){    // 현재 블록 지우기
        for(k = 0;k < 16;k++) mov_block[j][k] = 0;
    }
}

// 선택된(pat) 블록 -> m_block에 복사
void block_copy( )
{
```

```
    int     j, k, x, y;

    for(j = 0;j < 4;j++){
        y = j + by;
        for(k = 0;k < 4;k++){           //새로운 블록 불러오기
            x = k + bx;
            mov_block[y][x] = pgm_read_byte(&block[pat][turn][j][k]);
        }
    }
}

// 새로운 스테이지 초기화면 설정
void stage_out()
{
    int i, j;

    for(j = 0;j < 16;j++){
        for(i = 0;i < 16;i++) {
            dsp_block[j][i] = 0;
            mov_block[j][i] = 0;
        }
    }

    // 기본틀 복사
    for(j = 0;j < 16;j++){
        for(i = 0;i < 12;i++) dsp_block[j][i] = pgm_read_byte(&stage[j][i]);
    }

    // 스테이지 번호복사
    for(j = 0;j < 5;j++){
        for(i = 0;i < 4;i++)
            dsp_block[j + 5][i + 12] = pgm_read_byte(&num_pat[stage_no][j][i]);
    }

    // (기본틀 + 스테이지 번호), 주황색 표시를 위해 red_data에 저장
    for(j = 0;j < 16;j++){
        for(i = 0;i < 16;i++) red_data[j][i] = dsp_block[j][i];
    }

    // 스테이지 기본
    for(j = 0;j < 5;j++){
        for(i = 0;i < 10;i++)
            dsp_block[j + 10][i + 1] |=
                        pgm_read_byte(&base_stage[stage_no - 1][j][i]);
    }

    clear_line = 0;
    bx = 4;
    by = 0;
```

```
    turn = 0;
}


// 블록 회전
void block_rotate(void)
{
    int  check;

    if(!start) return;

    block_clear();                      // 현재 블록 지우기
    turn = (turn + 1) % 4;              // 블록 90도 회전

    // 회전시킨 블록 데이터 복사
    block_copy();

    // 회전가능한지 조사
    check = block_check(0, 0);

    if(check == 0){                     // 회전 불가
        block_clear();                  // 새로운 블록 데이터 클리어
        turn = (turn + 3) % 4;          // 블록 270도 회전
        block_copy();                   // 원래 패턴 복귀
    }
}

// 블록 한 줄 내리기
void block_down(void)
{
   int  check;

   if(!start) return;

    // 아래 이동 가능한지 조사(아래 한 줄 내리기)
    check = block_check(0, 1);

    if(check != 0){                     // 안 겹치면 현지블록 지우고 이동
        block_clear();                  // 현재 블록 데이터 클리어
        by = by + 1;                    // 블록 Y 좌표 +1
        block_copy();                   // 블록 데이터 복사
    }
    else {
        SREG = 0x80;
        line_erase();
    }
}

// 블록 왼쪽 이동
```

```
void block_left(void)
{
   int  check;

   if(!start) return;

   // 왼쪽으로 이동후 data와 table이 겹치는지 검사
   check = block_check(-1, 0);

   if(check != 0){                    // 안 겹치면 현재 블록 지우고 이동
      block_clear();                  // 현재 블록 데이터 클리어
      bx = bx - 1;                    // 블록 X 좌표 -1
      block_copy();                   // 블록 데이터 복사
   }
}

// 블록 오른쪽 이동
void block_right(void)
{
   int  check;

   if(!start) return;

   // 이동할 수 있는지 조사
   check = block_check(1, 0);

   if(check != 0){                    // 안 겹치면 현재 블록 지우고 이동
      block_clear();                  // 현재 블록 데이터 클리어
      bx = bx + 1;                    // 블록 X 좌표 +1
      block_copy();                   // 블록 데이터 복사
   }
}

// 타이머/카운터0 인터럽트 처리함수(도트매트릭스 한 줄 출력)
// 1/16us * 64 * (256 - 0) = 1.024ms
ISR(TIMER0_OVF_vect)
{
   int    di = 0;

   for(di = 0;di < 16;di++){
        if(start == 1 && red_data[dot_i][di] == 1)
                 SBI(PORTC, RED);                         // Red_data
        else CBI(PORTC, RED);

        if(dsp_block[dot_i][di] == 1 || mov_block[dot_i][di] == 1)
                 SBI(PORTC, GREEN);                       // Green data
        else CBI(PORTC, GREEN);
```

```
        // 1비트 데이터 입력을 위한 클럭 입력
        SBI(PORTA, CLOCK);                                      // 클럭 ON
        _delay_us(1);
        CBI(PORTA, CLOCK);                                      // 클럭 OFF
        _delay_us(1);
    }

    _delay_us(1);
    SBI(PORTC, ENABLE);                                         // Enable 비트 셋
    CBI(PORTC, LATCH);                                          // Latch 비트 리셋
    _delay_us(1);
    SBI(PORTC, LATCH);                                          // Latch 비트 셋
    PORTC = (PORTC & 0b00001111) | (dot_i << 4);                // 표시 라인 설정
    _delay_us(1);
    CBI(PORTC, ENABLE);                                         // 인에이블 비트 리셋

    dot_i = (dot_i + 1) % 16;                                   // 표시라인 1증가
}

// 타이머/카운터1 인터럽트 처리함수
// 1/16us x 1024 x (65536 -65024) = 32ms
ISR(TIMER1_OVF_vect)
{
    TCNT1 = 65024;                                              // 초기값 재설정

    joystick_rtime++;                                           // 조이스틱 상태 체크 조절변수
    down_cnt++;                                                 // 블록 떨어지는 시간 카운트.
    pat_cnt = (pat_cnt + 1) % 7;                                // 패턴의 랜덤 추출.
}
```

〈worm1.c〉

```
/****************************************/
/* worm1.c : 지렁이 게임(스위치 조작)          */
/* Programmed by Donguk SHIN in 2016      */
/****************************************/

#include <avr/io.h>
#include <avr/pgmspace.h>
#include <avr/interrupt.h>
#include <stdio.h>
#include <stdlib.h>

#define F_CPU 16000000UL
#include <util/delay.h>

#define BV(bit)          (1 << bit)             // bit(0~7)번째 비트 셋
#define CBI(reg, bit)    reg &= ~(BV(bit))      // reg의 bit번째 비트 클리어
#define SBI(reg, bit)    reg |= (BV(bit))       // reg의 bit번째 비트 셋

// 도트매트릭스(A0-A3 : PORTC.4~PORTC.7)
#define RED       PC0                           // Red LED Data
#define GREEN     PC1                           // Green LED Data
#define ENABLE    PC2                           // Output Enable
#define LATCH     PC3                           // Latch
#define CLOCK     PA3                           // Clock

#define UP        1                 // 지렁이 움직이는 방향 위
#define DOWN      2                 // 지렁이 움직이는 방향 아래
#define LEFT      3                 // 지렁이 움직이는 방향 왼쪽
#define RIGHT     4                 // 지렁이 움직이는 방향 오른쪽

// 사용 변수
volatile uint16_t  dot_i = 0;       // 타/카0 오버플로우(1ms) 인터럽트 함수에서
                                    // 다음에 표시할 라인 번호
volatile uint16_t  h_x, h_y;        // 머리 x, y 좌표
volatile uint16_t  o_x, o_y;        // 먹이 x, y 좌표
volatile uint16_t  dir;             // 지렁이 이동 방향
volatile uint16_t  tcnt = 0;
volatile uint16_t  length = 0;      // 지렁이 마디 수
volatile uint16_t  kk;              // 꼬리 배열 번호
                                    // (새로운 머리 좌표 저장할 배연 번호)
volatile uint16_t  lent_time, st = 0;

volatile uint8_t  dsp_no = 0;       // 표시 세그먼트 번호
                                    // 0:1자리, 1:10자리, 2:100자리

volatile uint8_t  dot_red[16][16];      // 도트매트릭스 제어신호에서 사용할 R성분
volatile uint8_t  dot_green[16][16];    // 도트매트릭스 제어신호에서 사용할 G성분
```

```
volatile uint8_t  w_x[256], w_y[256];                // 마디 좌표 저장 배열 변수
volatile uint8_t  buf_x[256], buf_y[256];            // 마디 좌표 일시 저장 작업 배열 변수

// 7-세그먼트 숫자 출력 패턴
prog_uint8_t seg_pat[10] = {0x3f, 0x06, 0x5b, 0x4f, 0x66, 0x6d, 0x7d, 0x07, 0x7f, 0x6f};

// 7-세그먼트 ON 값
prog_uint8_t seg_on[4] = {0x08, 0x04, 0x02, 0x01};

prog_uint8_t w_init[3][2] = {{0, 0}, {1, 0}, {2, 0}};    // 지렁이 시작 마디 좌표

prog_uint8_t sijak[16][16] ={        // "웜게임" 문자 패턴
      {0, 0, 0, 0, 0, 0, 0, 0, 0, 0, 0, 0, 0, 0, 0, 0},
      {0, 0, 1, 1, 0, 0, 0, 1, 0, 1, 1, 1, 0, 1, 0, 1},
      {0, 1, 0, 0, 1, 0, 0, 1, 0, 0, 0, 1, 0, 1, 0, 1},
      {0, 1, 0, 0, 1, 0, 0, 1, 0, 0, 0, 1, 0, 1, 0, 1},
      {0, 0, 1, 1, 0, 0, 0, 1, 0, 0, 0, 1, 1, 1, 0, 1},
      {0, 0, 0, 0, 0, 0, 0, 1, 0, 0, 1, 0, 0, 1, 0, 1},
      {0, 1, 1, 1, 1, 1, 0, 1, 0, 0, 1, 0, 0, 1, 0, 1},
      {0, 0, 0, 1, 0, 0, 0, 1, 0, 1, 0, 0, 0, 1, 0, 1},
      {0, 0, 0, 1, 0, 1, 1, 1, 0, 0, 0, 0, 0, 0, 0, 0},
      {0, 0, 0, 1, 0, 0, 0, 1, 0, 0, 1, 1, 1, 0, 0, 1},
      {0, 0, 0, 0, 0, 0, 0, 1, 0, 1, 0, 0, 0, 1, 0, 1},
      {0, 1, 1, 1, 1, 1, 1, 1, 0, 1, 0, 0, 0, 1, 0, 1},
      {0, 1, 0, 0, 0, 0, 0, 1, 0, 0, 1, 1, 1, 0, 0, 1},
      {0, 1, 0, 0, 0, 0, 0, 1, 0, 1, 1, 1, 1, 1, 1, 1},
      {0, 1, 0, 0, 0, 0, 0, 1, 0, 1, 0, 0, 0, 0, 0, 1},
      {0, 1, 1, 1, 1, 1, 1, 1, 0, 1, 1, 1, 1, 1, 1, 1}};

prog_uint8_t end[16][16] ={          // "END" 문자 패턴
      {0, 0, 0, 0, 0, 0, 0, 0, 0, 0, 0, 0, 0, 0, 0, 0},
      {1, 1, 1, 1, 0, 1, 0, 0, 0, 1, 0, 1, 1, 1, 0, 0},
      {1, 0, 0, 0, 0, 1, 1, 0, 0, 1, 0, 1, 0, 0, 1, 0},
      {1, 0, 0, 0, 0, 1, 1, 0, 0, 1, 0, 1, 0, 0, 1, 0},
      {1, 0, 0, 0, 0, 1, 1, 0, 0, 1, 0, 1, 0, 0, 1, 0},
      {1, 0, 0, 0, 0, 1, 1, 0, 0, 1, 0, 1, 0, 0, 1, 0},
      {1, 0, 0, 0, 0, 1, 0, 1, 0, 1, 0, 1, 0, 0, 1, 0},
      {1, 1, 1, 1, 0, 1, 0, 1, 0, 1, 0, 1, 0, 0, 1, 0},
      {1, 0, 0, 0, 0, 1, 0, 1, 0, 1, 0, 1, 0, 0, 1, 0},
      {1, 0, 0, 0, 0, 1, 0, 1, 0, 1, 0, 1, 0, 0, 1, 0},
      {1, 0, 0, 0, 0, 1, 0, 0, 1, 1, 0, 1, 0, 0, 1, 0},
      {1, 0, 0, 0, 0, 1, 0, 0, 1, 1, 0, 1, 0, 0, 1, 0},
      {1, 0, 0, 0, 0, 1, 0, 0, 1, 1, 0, 1, 0, 0, 1, 0},
      {1, 0, 0, 0, 0, 1, 0, 0, 1, 1, 0, 1, 0, 0, 1, 0},
      {1, 1, 1, 1, 0, 1, 0, 0, 0, 1, 0, 1, 1, 1, 0, 0},
      {0, 0, 0, 0, 0, 0, 0, 0, 0, 0, 0, 0, 0, 0, 0, 0}};

void   worm_init(void);              // 게임 시작을 위한 초기설정
void   sw_input(void);               // 스위치 입력 처리
```

```
void    disp_init(void);                    // "웜게임" 출력(오렌지색)
void    disp_end(void);                     // "END" 출력

int main(void)
{
  // 7-세그먼트 사용 포트 설정
  DDRB = 0xF0;                              // 포트 B 상위 4비트 출력 설정
  DDRD = 0xF0;                              // 포트 D 상위 4비트 출력 설정
  DDRG = 0x0F;                              // 포트 G 하위 4비트 출력 설정

  PORTB = 0x0;                              // 7-세그먼트 e, f, g, dp off
  PORTD = 0x0;                              // 7=세그먼트 a, b, c, d off

  // 도트매트릭스 사용 포트 설정
  DDRA = 0x1F;                       // 포트A 출력 설정
  DDRC = 0xFF;                       // 포트C 출력 설정
  PORTC = 0b00001000;                // 도트매트릭스(LATCH=1, ENABLE=0, A0-A3=1111)

  // 조작 스위치 사용 포트 설정
  DDRE = 0x0;                               // 조작 스위치 입력 설정(PE4~PE7)

  // 도트매트릭스 표시용 타/카0 설정
  TIMSK = 0x01;                             // TOIE0 = 1, 타이머/카운터0 인터럽트 인에이블
  ASSR = 0x00;                              // 타이머/카운터0 타이머 모드
  TCCR0 = 0x04;                             // 일반모드, 프리스케일 = CK/64
  TCNT0 = 0x00;                             // 타이머/카운터0 레지스터 초기값

  // 7-세그먼트 표시용 타/카2 설정
  TIMSK = TIMSK | 0b01000000;               // TOIE2=1(오버플로우)
  TCCR2 = 0b00000100;                       // 256분주
  TCNT2 = 0;                                // 1/16us * 256분주 * (256-0)=4.9ms
  SREG = 0x80;                              // 전역 인터럽트 인에이블 비트 I 셋

  while(1){
    disp_init();                            // 시작을 위한 초기설정

    dir = RIGHT;                            // 지렁이 이동방향 오른쪽 설정
    while((PINE & 0b10000000));             // 시작 스위치가 눌려질 때까지 대기

    worm_init();                            // 지렁이 게임 시작 상태 설정
    st = 1;                                 // 게임 진행
    srand(TCNT0);                           // TCNT0값 랜덤 seed값으로 이용

    while(st) sw_input();                   // 스위치 입력 체크

    disp_end();                             // "END" 표시
    _delay_ms(2000);
  }
}
```

```
// 도트매트릭스 "웜게임" 출력 표시
void disp_init(void)
{
   int   i, j;

   // "웜게임" 표시
   for(j = 0;j < 16;j++){
      for(i = 0;i < 16;i++){
         dot_green[j][i] = pgm_read_byte(&sijak[j][i]);
         dot_red[j][i] = pgm_read_byte(&sijak[j][i]);
      }
   }
}

// 도트매트릭스 "END" 출력 표시
void disp_end(void)
{
   int   i, j;

   // "END" 표시
   for(j = 0;j < 16;j++){
      for(i = 0;i < 16;i++){
         dot_red[j][i] = pgm_read_byte(&end[j][i]);
      }
   }
}

// 게임 초기 상태 설정
void worm_init(void)
{
   int   i, j, x, y;

   // 도트매트릭스 클리어
   for(j = 0;j < 16;j++){
      for(i = 0;i < 16;i++){
         dot_green[j][i] = 0;
         dot_red[j][i] = 0;
      }
   }

   // 지렁이 초기 상태의 마디 좌표 설정(길이 3)
   for(i = 0;i < 3;i++){
      x = pgm_read_byte(&w_init[i][0]);
      y = pgm_read_byte(&w_init[i][1]);
      w_x[i] = x;                          // 마디 x좌표
      w_y[i] = y;                          // 마디 y좌표

      dot_green[y][x] = 1;                 // 녹색 LED on(지렁이 몸체)
   }
```

```
    h_x = pgm_read_byte(&w_init[2][0]);      // 머리 x 좌표
    h_y = pgm_read_byte(&w_init[2][1]);      // 머리 y 좌표

    length = 3;                              // 길이 3
    kk = 0;                                  // 꼬리 배열 번호

    dot_i = 0;                               // 타/카0 인터럽트 함수에서 표시할 라인 초기 번호
    o_x = 12;                                // 초기 먹이 위치
    o_y = 12;

    dot_red[o_y][o_x] = 1;                   // 먹이 적색 표시
    lent_time = 500 - length * 5;            // 게임 진행 속도 딜레이 계산
}

// 스위치 입력 처리
void sw_input()
{
    if(dir != DOWN && (PINE & 0b00010000) == 0) dir = UP;          // 이동 방향 위
    else if(dir != UP && (PINE & 0b00100000) == 0) dir = DOWN;     // 이동 방향 아래
    else if(dir != RIGHT && (PINE & 0b01000000) == 0) dir = LEFT;  // 이동 방향 왼쪽
    else if(dir != LEFT && (PINE & 0b10000000) == 0) dir = RIGHT;  // 이동 방향 오른쪽
}

// 타이머/카운터0 (256 - 0) * 64 / 16 us = 1.024ms
ISR(TIMER0_OVF_vect)
{
    int    bx, by, i, di;

    tcnt++;                                              // 게임 진행속도 조절 카운터

    for(di = 0;di < 16;di++){                            // 한 라인 데이터 출력
        if(dot_red[dot_i][di] == 1) SBI(PORTC, RED);     // 적색 먹이
        else CBI(PORTC, RED);

        if(dot_green[dot_i][di] == 1) SBI(PORTC, GREEN); // 녹색 지렁이 마디
        else CBI(PORTC, GREEN);

        SBI(PORTA, CLOCK);                               // 클럭 ON
        _delay_us(1);
        CBI(PORTA, CLOCK);                               // 클럭 OFF
        _delay_us(1);
    }

    _delay_us(2);
    SBI(PORTC, ENABLE);                                  // Enable 비트 셋
    CBI(PORTC, LATCH);                                   // Latch 비트 리셋
    _delay_us(2);
    SBI(PORTC, LATCH);                                   // Latch 비트 셋
    PORTC = (PORTC & 0b00001111) | (dot_i << 4);         // 표시 라인 설정
```

```
    _delay_us(2);
    CBI(PORTC, ENABLE);                         // 인에이블 비트 리셋

    dot_i = (dot_i + 1) % 16;                   // 표시라인 1증가

    // 게임 진행속도에 맞춰 지렁이 이동방행으로 1칸 이동 처리
    if(st == 0 || tcnt < lent_time) return;

    tcnt = 0;

    if(dir == UP) {                             // 이동방향 = 위 ?
      if(h_y > 0) h_y--;                        // 머리 Y좌표 1감소
      else st = 0;                              // 윗쪽 벽 충돌 게임종료
    }
    else if(dir == DOWN){                       // 이동방향 = 아래 ?
      if(h_y < 15) h_y++;                       // 머리 Y좌표 1증가
      else st = 0;                              // 아래쪽 벽 충돌 게임종료
    }
    else if(dir == LEFT){                       // 이동방향 = 왼쪽 ?
      if(h_x > 0) h_x--;                        // 머리 X좌표 1감소
      else st = 0;                              // 왼쪽 벽 충돌 게임종료
    }
    else {                                      // 이동방향 = 오른쪽 ?
      if(h_x < 15) h_x++;                       // 머리 X좌표 1감소
      else st = 0;                              // 오른쪽 벽 충돌 게임종료
    }

    if(st == 0) return;                         // 게임종료 ?

    if(o_x == h_x && o_y == h_y){               // 먹이좌표 = 새로운 머리좌표
      // 지렁이 마디 좌표 재정렬 저장
      for(i = 0;i < length;i++){
        buf_x[i] = w_x[kk];
        buf_y[i] = w_y[kk];
        kk = (kk + 1) % length;
      }
      for(i = 0;i < length;i++){
        w_x[i] = buf_x[i];
        w_y[i] = buf_y[i];
      }
      w_x[length] = h_x;                        // 머리부분 좌표
      w_y[length] = h_y;
      kk = 0;                                   // 꼬리부분 배열 번호

      length = length + 1;                      // 길이 1증가
      if(length < 50) lent_time = 500 - length * 5;   // 길이에 따라 점점 빠르게

      dot_red[o_y][o_x] = 0;                    // 현재 먹이 제거
      dot_green[h_y][h_x] = 1;                  //  먹이 부분 추가
```

```
    // 새 먹이 발생
    while(1){
      o_x = rand() % 16;
      o_y = rand() % 16;
      if(dot_green[o_y][o_x] != 0) continue;          // 지렁이 없는 위치에

      dot_red[o_y][o_x] = 1;
      break;
    }
  }
  else {        // 지렁이 단순 이동(먹이 먹지 않은 이동)
    bx = w_x[kk];                                      // 꼬리 좌표 백업
    by = w_y[kk];

    w_x[kk] = h_x;                                     // 현재의 머리좌표 kk번째 배열에 저장
    w_y[kk] = h_y;
    dot_green[by][bx] = 0;                             // 현재 꼬리부분 클리어
    kk= (kk + 1) % length;                             // 새로운 꼬리부분 배열 번호 갱신

    if(dot_green[h_y][h_x] == 1) st = 0;               // 몸부분과 충돌 체크
    else dot_green[h_y][h_x] = 1;                      // 새 머리 부분 추가
  }
}

// 지렁이 마디 수 7-세그먼트 표시(4.9ms마다 한 개씩)
// 1/16us * 256분주 * (256-0) = 4.9ms
ISR(TIMER2_OVF_vect)
{
  uint8_t  val;

  PORTG = pgm_read_byte(&seg_on[dsp_no]);            // dsp_no 세그먼트 ON

  // 표시값 구하기
  if(dsp_no == 0) val = length % 10;                 // length 1자리
  else if(dsp_no == 1) val = (length / 10) % 10;     // length 10자리
  else val = length / 100;                           // lenght 100자리

  // 표시값 표시하기
  PORTD = ((pgm_read_byte(&seg_pat[val]) & 0x0F) << 4) | (PORTD & 0x0F); // A~D
  PORTB = (pgm_read_byte(&seg_pat[val]) & 0x70 ) | (PORTB & 0x0F);       // E~G

  dsp_no = (dsp_no + 1) % 3;                         // 표시 세그먼트 번호 갱신(0~2)
}
```

〈worm2.c〉

```
/*****************************************/
/* worm2.c : 지렁이 게임(조이스틱 사용)              */
/* Programmed by Donguk SHIN in 2016              */
/*****************************************/

#include <avr/io.h>
#include <avr/pgmspace.h>
#include <avr/interrupt.h>
#include <stdio.h>
#include <stdlib.h>

#define  F_CPU 16000000UL
#include <util/delay.h>

#define  BV(bit)          (1 << bit)         // bit(0~7)번째 비트 셋
#define  CBI(reg, bit)    reg &= ~(BV(bit))  // reg의 bit번째 비트 클리어
#define  SBI(reg, bit)    reg |= (BV(bit))   // reg의 bit번째 비트 셋

// 도트 매트릭스(A0-A3 : PORTC.4~PORTC.7)
#define  RED              PC0                // Red LED Data
#define  GREEN            PC1                // Green LED Data
#define  ENABLE           PC2                // Output Enable
#define  LATCH            PC3                // Latch
#define  CLOCK            PA3                // Clock

#define UP                1                  // 지렁이 움직이는 방향 위
#define DOWN              2                  // 지렁이 움직이는 방향 아래
#define LEFT              3                  // 지렁이 움직이는 방향 왼쪽
#define RIGHT             4                  // 지렁이 움직이는 방향 오른쪽

// 사용 변수
volatile uint16_t  dot_i = 0;                // 타/카0 오버플로우(1ms) 인터럽트 함수에서
                                             // 다음에 표시할 라인 번호
volatile uint16_t  h_x, h_y;                 // 머리 x, y 좌표
volatile uint16_t   o_x, o_y;                // 먹이 x, y 좌표
volatile uint16_t  dir;                      // 지렁이 이동 방향
volatile uint16_t  tcnt = 0;
volatile uint16_t  length = 0;               // 지렁이 마디 수
volatile uint16_t  kk;                       // 꼬리 배열 번호
                                             // (새로운 머리 좌표 저장할 배열 번호)
volatile uint16_t  lent_time, st = 0;

volatile uint8_t  dsp_no = 0;                // 표시 세그먼트 번호
                                             // 0:1자리, 1:10자리, 2:100자리

volatile uint8_t  dot_red[16][16];           // 도트매트릭스 제어신호에서 사용할 R성분
volatile uint8_t  dot_green[16][16];         // 도트매트릭스 제어신호에서 사용할 G성분
```

```
volatile uint8_t  w_x[256], w_y[256];                  // 마디 좌표 저장 배열 변수
volatile uint8_t  buf_x[256], buf_y[256];              // 마디 좌표 일시 저장 작업 배열 변수

// 7-세그먼트 숫자 출력 패턴
prog_uint8_t seg_pat[10] = {0x3f, 0x06, 0x5b, 0x4f, 0x66, 0x6d, 0x7d, 0x07, 0x7f, 0x6f};

// 7-세그먼트 ON 값
prog_uint8_t seg_on[4] = {0x08, 0x04, 0x02, 0x01};

prog_uint8_t w_init[3][2] = {{0, 0}, {1, 0}, {2, 0}};  // 지렁이 시작 마디 좌표

prog_uint8_t sijak[16][16] ={          // "웜게임" 문자 패턴
      {0, 0, 0, 0, 0, 0, 0, 0, 0, 0, 0, 0, 0, 0, 0, 0},
      {0, 0, 1, 1, 0, 0, 0, 1, 0, 1, 1, 1, 0, 1, 0, 1},
      {0, 1, 0, 0, 1, 0, 0, 1, 0, 0, 0, 1, 0, 1, 0, 1},
      {0, 1, 0, 0, 1, 0, 0, 1, 0, 0, 0, 1, 0, 1, 0, 1},
      {0, 0, 1, 1, 0, 0, 0, 1, 0, 0, 0, 1, 1, 1, 0, 1},
      {0, 0, 0, 0, 0, 0, 0, 1, 0, 0, 1, 0, 0, 1, 0, 1},
      {0, 1, 1, 1, 1, 1, 0, 1, 0, 0, 1, 0, 0, 1, 0, 1},
      {0, 0, 0, 1, 0, 0, 0, 1, 0, 1, 0, 0, 0, 1, 0, 1},
      {0, 0, 0, 1, 0, 1, 1, 1, 0, 0, 0, 0, 0, 0, 0, 0},
      {0, 0, 0, 1, 0, 0, 0, 1, 0, 0, 1, 1, 1, 0, 0, 1},
      {0, 0, 0, 0, 0, 0, 0, 1, 0, 1, 0, 0, 0, 1, 0, 1},
      {0, 1, 1, 1, 1, 1, 1, 1, 0, 1, 0, 0, 0, 1, 0, 1},
      {0, 1, 0, 0, 0, 0, 0, 1, 0, 0, 1, 1, 1, 0, 0, 1},
      {0, 1, 0, 0, 0, 0, 0, 1, 0, 1, 1, 1, 1, 1, 1, 1},
      {0, 1, 0, 0, 0, 0, 0, 1, 0, 1, 0, 0, 0, 0, 0, 1},
      {0, 1, 1, 1, 1, 1, 1, 1, 0, 1, 1, 1, 1, 1, 1, 1}};


prog_uint8_t end[16][16] ={           // "END" 문자 패턴
      {0, 0, 0, 0, 0, 0, 0, 0, 0, 0, 0, 0, 0, 0, 0, 0},
      {1, 1, 1, 1, 0, 1, 0, 0, 0, 1, 0, 1, 1, 1, 0, 0},
      {1, 0, 0, 0, 0, 1, 1, 0, 0, 1, 0, 1, 0, 0, 1, 0},
      {1, 0, 0, 0, 0, 1, 1, 0, 0, 1, 0, 1, 0, 0, 1, 0},
      {1, 0, 0, 0, 0, 1, 1, 0, 0, 1, 0, 1, 0, 0, 1, 0},
      {1, 0, 0, 0, 0, 1, 1, 0, 0, 1, 0, 1, 0, 0, 1, 0},
      {1, 0, 0, 0, 0, 1, 0, 1, 0, 1, 0, 1, 0, 0, 1, 0},
      {1, 1, 1, 1, 0, 1, 0, 1, 0, 1, 0, 1, 0, 0, 1, 0},
      {1, 0, 0, 0, 0, 1, 0, 1, 0, 1, 0, 1, 0, 0, 1, 0},
      {1, 0, 0, 0, 0, 1, 0, 1, 0, 1, 0, 1, 0, 0, 1, 0},
      {1, 0, 0, 0, 0, 1, 0, 0, 1, 1, 0, 1, 0, 0, 1, 0},
      {1, 0, 0, 0, 0, 1, 0, 0, 1, 1, 0, 1, 0, 0, 1, 0},
      {1, 0, 0, 0, 0, 1, 0, 0, 1, 1, 0, 1, 0, 0, 1, 0},
      {1, 0, 0, 0, 0, 1, 0, 0, 1, 1, 0, 1, 0, 0, 1, 0},
      {1, 1, 1, 1, 0, 1, 0, 0, 0, 1, 0, 1, 1, 1, 0, 0},
      {0, 0, 0, 0, 0, 0, 0, 0, 0, 0, 0, 0, 0, 0, 0, 0}};

void   worm_init(void);              // 게임 시작을 위한 초기설정
```

```
void    joystick_input(void);          // 조이스틱 입력 처리
void    disp_init(void);               // "웜게임" 출력(오렌지색)
void    disp_end(void);                // "END" 출력

int main(void)
{
   // 7-세그먼트 사용 포트 설정
   DDRB = 0xF0;                        // 포트 B 상위 4비트 출력 설정
   DDRD = 0xF0;                        // 포트 D 상위 4비트 출력 설정
   DDRG = 0x0F;                        // 포트 G 하위 4비트 출력 설정

   PORTB = 0x0;                        // 7-세그먼트 e, f, g, dp off
   PORTD = 0x0;                        // 7=세그먼트 a, b, c, d off

   // 도트매트릭스 사용 포트 설정
   DDRA = 0x1F;                        // 포트A 출력 설정
   DDRC = 0xFF;                        // 포트C 출력 설정
   PORTC = 0b00001000;                 // 도트매트릭스(LATCH=1, ENABLE=0, A0-A3=1111)

   // 조이스틱(PF0 : Vx,  PF1 : Vy,  PF2 : 택 스위치)
   DDRF = 0x0;                         // 포트F 입력 설정
   SFIOR = 0x0;                        // 내부 풀업저항 인에이블
   PORTF = 0b00000100;                 // 내부 풀업저항 인에이블(PF2)

   ADCSRA = 0x87;                      // ADEN=1, 단일변환 128분주(125kHz)

   // 도트매트릭스 표시용 타/카0 설정
   ASSR = 0x00;                        // 타이머/카운터0 타이머 모드
   TCCR0 = 0x04;                       // 일반모드, 프리스케일 = CK/64
   TCNT0 = 0x00;                       // 타이머/카운터0 레지스터 초기값
   TIMSK = 0x01;                       // TOIE0 = 1, 타/카0 인터럽트 인에이블

   // 7-세그먼트 표시용 타/카2 설정
   TIMSK = TIMSK | 0b01000000; // TOIE2=1(오버플로우)
   TCCR2 = 0b00000100;                 // 256분주
   TCNT2 = 0;                          // 1/16us * 256분주 * (256-0)=4.9ms
   SREG = 0x80;                        // 전역 인터럽트 인에이블 비트 I 셋

   while(1){
      disp_init();                     // 시작을 위한 초기설정

      dir = RIGHT;                     // 지렁이 이동방향 오른쪽 설정

      // 시작 스위치가 눌려질 때까지 대기
      while((PINF & 0b00000100)!= 0);

      worm_init();                     // 지렁이 게임 시작 상태 설정
      st = 1;                          // 게임 진행
      srand(TCNT0);                    // TCNT0값 랜덤 seed값으로 이용
```

```
        while(st) joystick_input();         // 조이스틱 입력 체크

        disp_end();                         // "END" 표시
        _delay_ms(2000);                    // 일시 대기
    }
}

// 도트매트릭스 "웜게임" 출력 표시
void disp_init(void)
{
    int i, j;

    // "웜게임" 표시
    for(j = 0;j < 16;j++){
        for(i = 0;i < 16;i++){
            dot_green[j][i] = pgm_read_byte(&sijak[j][i]);
            dot_red[j][i] = pgm_read_byte(&sijak[j][i]);
        }
    }
}

// 도트매트릭스 "END" 출력 표시
void disp_end(void)
{
    int   i, j;

    // "END" 표시
    for(j = 0;j < 16;j++){
        for(i = 0;i < 16;i++){
            dot_red[j][i] = pgm_read_byte(&end[j][i]);
        }
    }
}

// 게임 초기 상태 설정
void worm_init(void)
{
    int i, j, x, y;

    // 도트매트릭스 클리어
    for(j = 0;j < 16;j++){
        for(i = 0;i < 16;i++){
            dot_green[j][i] = 0;
            dot_red[j][i] = 0;
        }
    }

    // 지렁이 초기 상태의 마디 좌표 설정(길이 3)
    for(i = 0;i < 3;i++){
```

```
        x = pgm_read_byte(&w_init[i][0]);
        y = pgm_read_byte(&w_init[i][1]);
        w_x[i] = x;                         // 마디 x좌표
        w_y[i] = y;                         // 마디 y좌표

        dot_green[y][x] = 1;                // 녹색 LED on(지렁이 몸체)
    }
    h_x = pgm_read_byte(&w_init[2][0]);     // 머리 x 좌표
    h_y = pgm_read_byte(&w_init[2][1]);     // 머리 y 좌표

    length = 3;                             // 길이 3
    kk = 0;                                 // 꼬리 배열 번호

    dot_i = 0;                              // 도트 매트릭스 표시 라인
    o_x = 12;                               // 초기 먹이 위치
    o_y = 12;

    dot_red[o_y][o_x] = 1;                  // 먹이 적색 표시
    lent_time = 500 - length * 5;           // 게임 진행 속도 딜레이 계산
}

// 조이스틱 입력 처리
void joystick_input()
{
    int ad_vx, ad_vy;
    int up_sw = 1, down_sw = 1;
    int left_sw = 1, right_sw = 1;

    ADMUX = 0x00;                           // PF0 : VRX
    ADCSRA = ADCSRA | 0x40;                 // ADSC = 1 변환 시작
    while((ADCSRA & 0x10) == 0);            // ADIF=1이 될 때까지 대기
    ad_vx = ADCW;
    _delay_ms(1);

    ADMUX = 0x01;                           // PF1 : VRY
    ADCSRA = ADCSRA | 0x40;                 // ADSC = 1 변환 시작
    while((ADCSRA & 0x10) == 0);            // ADIF=1이 될 때까지 대기
    ad_vy = ADCW;
    _delay_ms(1);

    if(ad_vx > 780) up_sw = 0;
    else if(ad_vx < 250) down_sw = 0;
    else if(ad_vy > 780) right_sw = 0;
    else if(ad_vy < 250) left_sw = 0;

    // 지렁이 이동방향 갱신
    if(dir != DOWN && up_sw == 0) dir = UP;                 // 위로
    else if(dir != UP && down_sw == 0) dir = DOWN;          // 아래로
    else if(dir != RIGHT && left_sw == 0) dir = LEFT;       // 왼쪽으로
```

```
    else if(dir != LEFT && right_sw == 0) dir = RIGHT;          // 오른쪽으로
}

// 타이머/카운터0 (256 - 0) * 64 / 16 us = 1.024ms
ISR(TIMER0_OVF_vect)
{
    int     bx, by, i, di;

    tcnt++;                                                     // 게임 진행속도 조절 카운터

    for(di = 0;di < 16;di++){                                   // 한 라인 데이터 출력
        if(dot_red[dot_i][di] == 1) SBI(PORTC, RED);            // 적색 먹이
        else CBI(PORTC, RED);

        if(dot_green[dot_i][di] == 1) SBI(PORTC, GREEN);        // 녹색 지렁이 마디
        else CBI(PORTC, GREEN);

        SBI(PORTA, CLOCK);                                      // 클럭 ON
        _delay_us(1);
        CBI(PORTA, CLOCK);                                      // 클럭 OFF
        _delay_us(1);
    }

    _delay_us(2);
    SBI(PORTC, ENABLE);                                         // Enable 비트 셋
    CBI(PORTC, LATCH);                                          // Latch 비트 리셋
    _delay_us(2);
    SBI(PORTC, LATCH);                                          // Latch 비트 셋
    PORTC = (PORTC & 0b00001111) | (dot_i << 4);                // 표시 라인 설정
    _delay_us(2);
    CBI(PORTC, ENABLE);                                         // 인에이블 비트 리셋

    dot_i = (dot_i + 1) % 16;                                   // 표시라인 +1

    // 게임 진행속도에 맞춰 지렁이 이동방행으로 1칸 이동 처리
    if(st == 0 || tcnt < lent_time) return;

    tcnt = 0;

    if(dir == UP) {                                             // 이동방향 = 위 ?
        if(h_y > 0) h_y--;                                      // 머리 Y좌표 1감소
        else st = 0;                                            // 윗쪽 벽 충돌 게임종료
    }
    else if(dir == DOWN){                                       // 이동방향 = 아래 ?
        if(h_y < 15) h_y++;                                     // 머리 Y좌표 1증가
        else st = 0;                                            // 아래쪽 벽 충돌 게임종료
    }
    else if(dir == LEFT){                                       // 이동방향 = 왼쪽 ?
        if(h_x > 0) h_x--;                                      // 머리 X좌표 1감소
```

```
      else st = 0;                              // 왼쪽 벽 충돌 게임종료
   }
   else {                                       // 이동방향 = 오른쪽 ?
      if(h_x < 15) h_x++;                       // 머리 X좌표 1감소
      else st = 0;                              // 오른쪽 벽 충돌 게임종료
   }

   if(st == 0) return;                          // 게임종료 ?

   if(o_x == h_x && o_y == h_y){                // 먹이좌표 = 새로운 머리좌표
      // 지렁이 마디 좌표 재정렬 저장
      for(i = 0;i < length;i++){
         buf_x[i] = w_x[kk];
         buf_y[i] = w_y[kk];
         kk = (kk + 1) % length;
      }
      for(i = 0;i < length;i++){
         w_x[i] = buf_x[i];
         w_y[i] = buf_y[i];
      }
      w_x[length] = h_x;                        // 머리부분 좌표
      w_y[length] = h_y;
      kk = 0;                                   // 꼬리부분 배열 번호

      length = length + 1;                      // 길이 1증가
      if(length < 50) lent_time = 500 - length * 5;   // 길이에 따라 점점 빠르게

      dot_red[o_y][o_x] = 0;                    // 현재 먹이 제거
      dot_green[h_y][h_x] = 1;                  //  먹이 부분 추가

      // 새 먹이 발생
      while(1){
         o_x = rand() % 16;
         o_y = rand() % 16;
         if(dot_green[o_y][o_x] != 0) continue;    // 지렁이 없는 위치에

         dot_red[o_y][o_x] = 1;
         break;
      }
   }
   else {  // 지렁이 단순 이동(먹이 먹지 않은 이동)
      bx = w_x[kk];                             // 꼬리 좌표 백업
      by = w_y[kk];

      w_x[kk] = h_x;                            // 현재 머리좌표 kk번째 배열에 저장
      w_y[kk] = h_y;
      dot_green[by][bx] = 0;                    // 현재 꼬리부분 클리어
      kk= (kk + 1) % length;                    // 새로운 꼬리부분 배열 번호 갱신
```

```
        if(dot_green[h_y][h_x] == 1) st = 0;          // 몸부분과 충돌 체크
        else dot_green[h_y][h_x] = 1;                 // 새 머리 부분 추가
    }
}

// 지렁이 마디 수 7-세그먼트 표시(4.9ms마다 한 개씩)
// 1/16us * 256분주 * (256-0) = 4.9ms
ISR(TIMER2_OVF_vect)
{
    uint8_t  val;

    PORTG = pgm_read_byte(&seg_on[dsp_no]);          // dsp_no 세그먼트 ON

    // 표시값 구하기
    if(dsp_no == 0) val = length % 10;                // length 1자리
    else if(dsp_no == 1) val = (length / 10) % 10;    // length 10자리
    else val = length / 100;                          // lenght 100자리

    // 표시값 표시하기
    PORTD = ((pgm_read_byte(&seg_pat[val]) & 0x0F) << 4) | (PORTD & 0x0F); // A~D
    PORTB = (pgm_read_byte(&seg_pat[val]) & 0x70) | (PORTB & 0x0F);        // E~G
    dsp_no = (dsp_no + 1) % 3;                        // 표시 세그먼트 번호 갱신(0~2)
}
```

AVR-8515 Kit

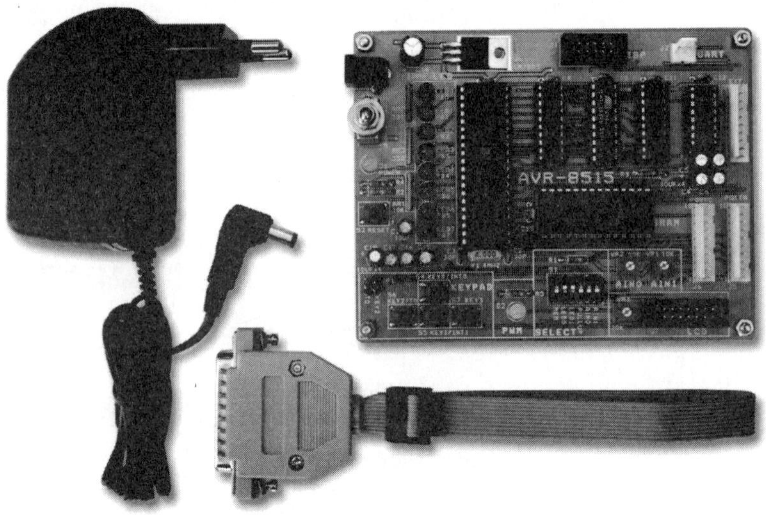

♣ 부품 SET 별도 판매

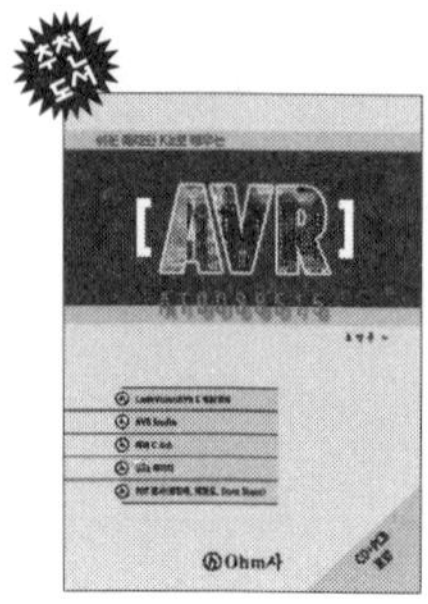

저 자 : 조영준
ISBN : 89-7101-717-1
판 형 : B5
쪽 수 : 301
가 격 : 25,000원

AVR-8515 KIT의 주요 사양

항 목	사 양	비 고
CPU	AT90S8515	4MHz 클럭 사용(8MHz 까지 가능)
메모리	RAM : 32K 바이트	선택적 사용
내장 주변장치	B 포트 : LED×8	선택적 사용
	D 포트 : LED×4	인터럽트와 연동 사용
	PWM	LED로 확인
	아날로그 입력	가변저항 이용
	직렬 포트 : RS232C	MAX232 내장
외부 인터럽트	RAM : 32K 바이트	스위치 입력
디스플레이	LCD : 16 문자 × 2줄	C 포트에 연결
전원	+9V ~ +12V 외부 전원 사용	아답터 잭, 5V 정전압 회로 내장
외부 인터페이스	ISP 케이블	프로그래밍용(PC의 프린터 포트에 연결)
PCB 외형	132×102mm 2층 에폭시 기판	

ATMEL사의 AVR 8 비트 RISC 프로세서인 AT90S8515의 기본적인 하드웨어 구조와 프로그래밍 연습을 해볼 수 있는 **쉽고 간단하며, 저렴한** Training KIT이다. 가장 기본적인 기능을 익히고 실험하는데 필요한 최소한의 하드웨어로 구성되어 초보자가 익히고 실험하기에 적합하다.

ISP 케이블과 CodeVisionAVR C 컴파일러를 이용하여 사용자가 작성한 프로그램을 PC로 다운로드하여 즉시 실험해 볼 수 있기 때문에 롬라이터와 같은 별도의 장비가 필요하지 않으며, 기본적인 사양만으로 설계되어 학생들이나 AVR을 익히려는 일반인이 사용하기 적합한 저가형 KIT이다.

구입문의 : 학습기기 R&C사 / 도서출판 Ohm사 ✆ 02) 776-4868-9

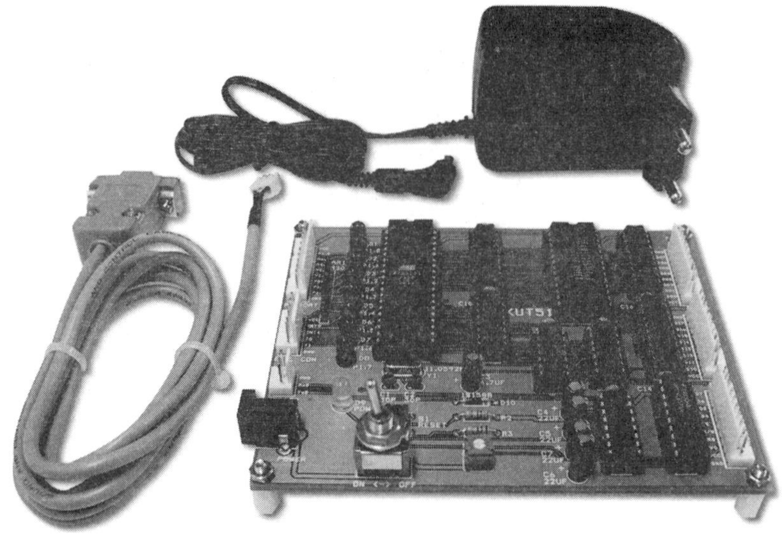

♣ 부품 SET 별도 판매

저 자 : 신동욱, 조영준
ISBN : 89-7101-718-X
판 형 : B5
쪽 수 : 382
가 격 : 28,000원

KUT-51 KIT의 주요 사양

항 목	사 양	비 고
CPU	AT89C51(ATMEL)	11.0592MHz 클럭 사용
메모리	FLASH : 4K 바이트 RAM : 32K 바이트	AT89C51에 내장 프로그램 & 데이터 메모리로 사용
내장 주변장치	P1 포트 : LED×8 직렬 포트 : RS232C	커넥터를 통해 외부와 연결 가능 MAX232 내장
디스플레이	LCD : 16문자 ×2줄	외부 커넥터에 연결
확장 커넥터	입력 : 8 비트 출력 : 8 비트 LCD : 8 비트 P1 포트 : 8 비트 인터럽트 신호 : 4 비트 총 36비트	래치에 의한 입력 래치에 의한 출력 래치에 의한 출력 – 4비트 제어 P1 포트의 입출력 사용 INTn, Tn 신호
전원	+5V의 외부 전원 사용	아답터 잭, 5V 정전압 아답터 사용
프로그래밍	직렬 포트에 의한 다운로딩	모니터 프로그램 내장
PCB 외형	127×101mm 2층 에폭시 기판	

Intel의 MCS51과 100% 호환되는 ATMEL의 AT89C51을 사용한 **KUT51 Training KIT**는 8051을 배우고 익힐 수 있는 최소한의 기능을 내장하고 있다. 간단하게 구성되었기 때문에 가격이 저렴하고 크기가 작아 좁은 공간에서도 쉽게 사용할 수 있으며, 응용 실험을 할 수 있도록 외부 커넥터를 내장하여 사용자가 직접 구성한 외부 기기나 책의 응용예제에 사용된 보드 등을 제작 연결하여 실험해 볼 수 있도록 되어 있다. 또한, **AT89C51 내부의 플래시 메모리에 모니터 프로그램을 내장하고 있어서 별도의 롬라이터가 필요없이 시리얼 포트를 통해서 프로그램을 다운로드하여 실행시켜 볼 수 있는 장점**이 있다.
KEIL-C 컴파일러 평가판을 사용하여 C언어와 어셈블러로 플그램을 연습할 수 있다.

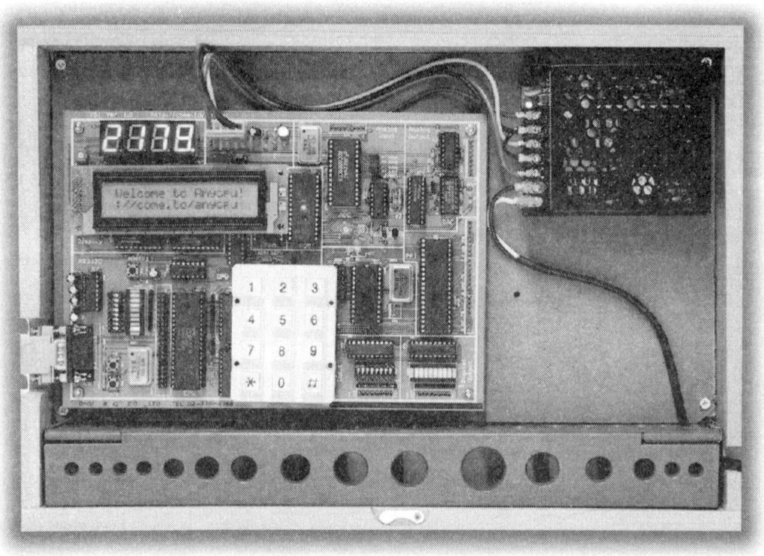

♣ PCB 별도 판매

저 자 : 박귀태, 이상락
ISBN : 89-7101-713-9
판 형 : B5
쪽 수 : 650
가 격 : 25,000원

T-51 KIT의 주요 사양

항 목	사 양	비 고
CPU	8051/8052 겸용 80C251 지원	11.0592MHz 15배 성능 향상
메모리	ROM : 32K 바이트 RAM : 32K 바이트	27C256, 플래시 사용 가능 62256
내장 주변장치	P1 포트 : LED×8, 스위치×8 직렬 포트 : RS232C 타이머/카운터 : 16비트×2	 MAX232 내장 입력 스위치 내장
외부 인터럽트	2채널	입력 스위치 내장
디지털 입출력 포트	디지털 입력 : 8채널, 스위치×8 내장 디지털 입력 : 8채널, LED×8 내장 PPI 8255 : 24채널 입출력	8핀 헤더 제공 8핀 헤더 제공 8핀 헤더×3 제공
디스플레이	7세그먼트 표시기 : 4자리 LCD 표시기 : 20자×2줄	숫자 표시용 80×2, 40×4 확장 가능
키패드	12키	전화기용, 64키 확장 가능
아날로그 입력 DAC	8채널 입력 입력범위 : 0~5[V] 분해능 : 8비트 변환시간 : 100usec 가변저항, Cds, 온도센서, DAC 루프백 내장	ADC0809 OpAmp 버퍼 내장 8핀 헤더 제공 LM35DZ
아날로그 출력 DAC	1채널 출력 출력범위 : 0~5 또는 ±10V[V] 안정시간 : 150nsec 슬루레이트 : 8mA/usec	DAC0800 OpAmp 버퍼 내장 8핀 헤더
전원	−12, 0, +12, 0, 5[V]	5핀 헤더
윈도우용 소프트웨어	문제출시, 풀이제시 프로그램 컴파일 통합환경 프로그램 다운로드 트레이스, 실행 직렬통신 터미널, 그래픽 터미널	AnyCpu Tutor 제공 Keil사 제공 AnyCpu Tutor 제공 Os51.hex 제공 AnyCpu Tutor 제공

OK-196 Kit

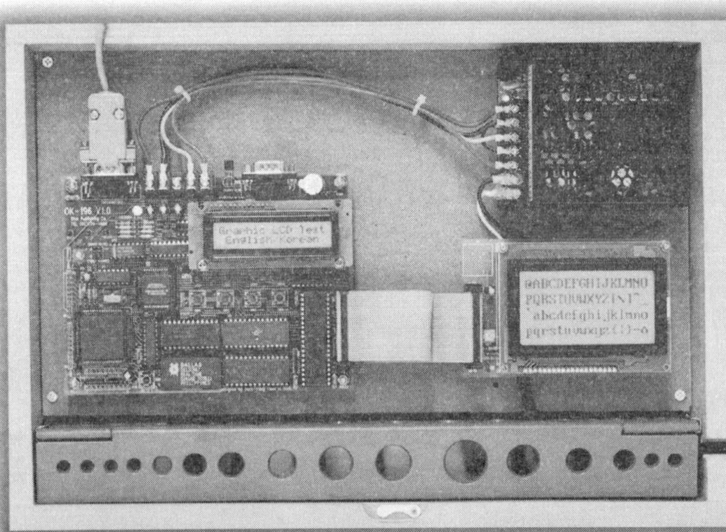

♣ PCB 별도 판매

저 자 : 윤덕용
ISBN : 89-7101-726-0
89-7101-727-9
판 형 : B5
쪽 수 : 808/535
가 격 : 33,000/28,000원

OK-196 KIT의 주요 사양

항 목	사 양	비 고
CPU	N80C196KC20(20MHz)	20MHz 수정발진자 사용
ROM	27C256-15(32 KB)	모니터 프로그램 및 응용 프로그램
RAM	62256-7(32 KB) (80C196KC에 내장된 488바이트는 별도)	사용자의 프로그램 및 데이터용
프로그램의 입력 및 실행	1. IBM PC의 직렬 포트를 사용하는 방법 2. 키트에 ROM을 삽입하여 사용하는 방법 3. ROM 에뮬레이터를 사용하는 방법	1. 9핀 RS-232C 케이블 기본 제공 2. 모니터 프로그램 기본 내장 (트레이스 기능, 4개의 브레이크 포인트 기능, 역어셈블러 내장)
I/O	1. CPU가 직접 제어하는 I/O (1) +5V용 버저, 온도센서, 전압센서 (2) RS-232C 직렬통신 포트(CN3) (3) 스텝/서보 모터 제어 콘넥터(CN5) (4) 포트1 콘넥터(CN6) (5) HSI/HSO 콘넥터(CN7) (6) 6채널 아날로그 입력 콘넥터(CN8) 2. 1채널 8비트 D/A 컨버터(DAC0800) 3. 8255A 병렬 인터페이스 (1) 4개의 키입력 스위치 (2) 4개의 상태표시 LED (3) 외부 병렬 입출력 콘넥터(CN4) 4. 8251A 및 RS-232C 포트(CN2, 모니터 전용) 5. 8254 타이머 및 스피커(CN9) 6. 16자×2행 LCD 모듈 (backlight 기능) 7. DS12887 배터리 백업형 리얼타임 클럭	1. EPLD를 사용하여 컴팩트하고 유연한 인터페이스 설계 2. A/D 입력 범위는 0V~+5V 3. D/A 출력 범위는 0~+10V, -10V~+10V중에서 선택 사용 4. 모니터 프로그램 사용시 9600, 19200 bps 중에서 선택 사용 5. 어셈블리 및 C언어로 작성된 수십가지의 응용 예제 프로그램을 기본으로 제공
전원	+5V, ±15V (또는 ±12V도 사용 가능)	±15V는 아날로그 회로에서만 사용
PCB	163×120mm 4층 에폭시 기판	

구입문의 : 학습기기 R&C사 / 도서출판 Ohm사 ✆ 02) 776-4868-9

MDS-196 Kit

저 자 : 김대근, 정순배 외
ISBN : 89-7101-725-2
판 형 : B5
쪽 수 : 770
가 격 : 33,000원

MDS-196 KIT의 주요 사양

항 목	사 양	비 고
CPU	N80C196KC20(20MHz)	
ROM	27C256-15(32 KB)	
RAM	62256-7(32 KB) (80C196KC에 내장된 488바이트는 별도)	
프로그램의 입력 및 실행	1. IBM PC의 직렬 포트를 사용하는 방법 2. 키트에 ROM을 삽입하여 사용하는 방법	
I/O	1. 기본 입출력 기판 (1) 출력 장치-LCD 모듈 (2) 입력 장치-키패드 2. 응용 보드 (1) 소형 DC 모터 제어 회로 (2) 스텝 모터 구동 회로 (3) AD 변환기 - 광센서 - 온도센서 - 가변저항 3. 다양한 시스템 응용을 위한 입출력 인터페이스 보드	 16문자×2줄 LCD 사용 16진 숫자 입력 스위치 16개 제어 입력 스위치 3개 PWM을 이용한 속도 제어 고속 출력(HSO)를 이용한 구동회로 고속 입력(HSI) 기능을 이용 포토 TR과 적외선 LED 사용 CdS 광센서 사용 외부 확장용 전원 회로 포함
전원	+12V(외부 입력 전압), +5V(정전압 회로 내장)	+12V는 모터 제어에 사용

TMS-31 Kit

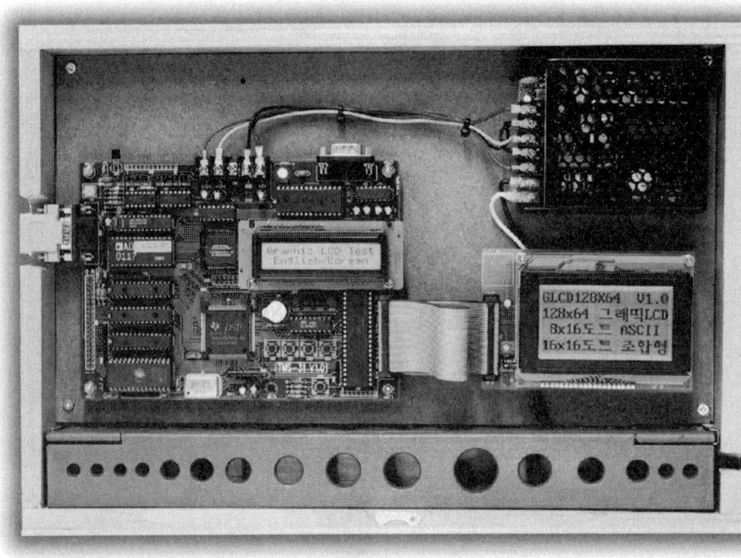

♣ 중간형 별도 판매
PCB+CPU+EPLD

저 자 : 윤덕용
ISBN : 89-7101-750-3
판 형 : B5
쪽 수 : 636
가 격 : 30,000원

TMS-31 KIT의 주요 사양

항 목	사 양	비 고
DSP	TMS320C31PQL-40 (40MHz)	40MHz 수정발진 모듈사용
ROM	27C256(32 KB) 또는 27C512(64KB)	PCB 진단 및 각종 응용 프로그램
RAM	68257-15(32 KB)×4개= 32K 워드 (TMS320C31에 내장된 2K 워드는 별도)	사용자의 프로그램 및 데이터용
프로그램의 입력 및 실행	1. XDS-510 에뮬레이터를 사용하는 방법 2. 내장 ROM을 사용하는 방법 3. IBM PC의 프린터포트를 사용하는 방법	1. 에뮬레이터용 콘넥터 내장 2. 예제가 포함된 27C256 기본 제공 3. 프린터포트용의 케이블 기본 제공
A/D 컨버터	12비트 MAX122 1개 (5MHz, 2.6μs) 8채널 아날로그 스위치 (1) 4개 채널은 콘넥터로 아날로그 입력 (2) 반고정 저항에 의한 -5V~+5V 입력 (3) 온도센서 LM35DZ 입력 (4) 2개 채널은 D/A 컨버터의 출력을 입력	1. 아날로그 입력 범위는 -5V~+5V 2. 아날로그 출력 범위는 -5V~+5V 3. 내장된 D/A 컨버터의 출력을 A/D 컨버터에 입력함으로써 외부에 별도의 함수발생기를 사용하지 않고 신호처리 실험이 가능
D/A 컨버터	12비트 AD664 (4채널 전압 출력) (1) 4개 채널 모두 콘넥터로 외부출력 (2) 2개 채널은 A/D 컨버터에 입력 가능	
기타 I/O	1. 시스템 확장용 콘넥터 2. 8255A 1개 내장 (1) 16자×2행 LCD 모듈 (backlight 가능) (2) buzzer (3) 4개의 상태표시용 LED (4) 4개의 입력키 (5) 8255A를 통한 외부 입출력 콘넥터 3. 8251A 및 MAX232 내장 외부와 RS-232C 직렬통신 4. 직류 서보모터 제어를 위한 콘넥터	
전원	+5V, ±15V (또는 ±12V)	±15V는 A/D, D/A 컨버터에서 사용
PCB	180×130mm 4층 에폭시 기판	

구입문의 : 학습기기 R&C사 / 도서출판 Ohm사 ✆ 02) 776-4868-9

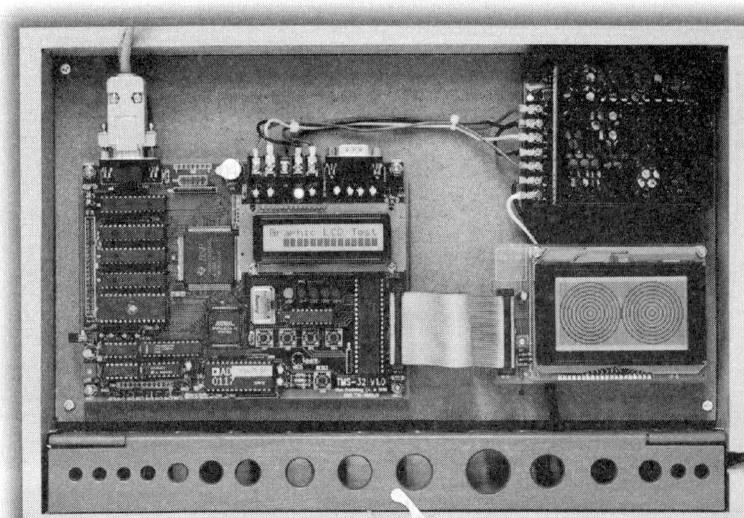

♣ 중간형 별도 판매
PCB+CPU+EPLD

추천도서

저 자 : 윤덕용
ISBN : 89-7101-751-1
판 형 : B5
쪽 수 : 768
가 격 : 33,000원

TMS-32 KIT의 주요 사양

항 목	사 양	비 고
DSP	TMS320C32PCM50 (50MHz) 기본사양 TMS320C32PCM40 (40MHz)도 사용가능	50MHz 수정발진 모듈사용 40MHz 수정발진 모듈사용
ROM	27C512-15(64KB)	PCB 진단 및 각종 응용 프로그램
RAM	KM68257-15(32 KB)×4개= 32K 워드 (TMS320C32에 내장된 512 워드는 별도)	사용자의 프로그램 및 데이터용
프로그램의 입력 및 실행	1. IBM PC의 프린터 포트를 사용하는 방법 2. 키트에 내장된 ROM을 사용하는 방법 3. XDS510 에뮬레이터를 사용하는 방법	1. 에뮬레이터용 콘넥터 내장 2. 예제가 포함된 27C256 기본 제공 3. 프린터포트용의 케이블 기본 제공
A/D 컨버터	12비트 MAX122BCNG 1개 (5MHz, 2.6μs) 8채널 아날로그 스위치 (1) 4개 채널은 콘넥터로 아날로그 입력 (2) 내장 온도센서 LM35D 입력 (3) 내장 광센서 Cds 입력 (4) 내장 가변 저항에 의한 -5V~+5V 입력 (5) 1개 채널은 A/D 컨버터의 출력을 입력	1. 아날로그 입력 범위는 -5V~+5V 2. 아날로그 출력 범위는 -5V~+5V 3. D/A 컨버터의 출력을 A/D 컨버터에 다시 입력함으로써 외부에 별도의 함수발생기를 사용하지 않고 신호처리 실험이 가능
D/A 컨버터	12비트 AD664JN-BIP (4채널 전압 출력) (1) 4개 채널 모두 콘넥터로 외부출력 (2) 1개 채널은 A/D 컨버터에 입력 가능	4. 각종 응용 프로그램 기본 제공
기타 I/O	1. DSP가 직접 제어하는 I/O (1) +5V용 버저 (2) 1개의 동작 테스트용 LED (3) 직류 서보모터 제어를 위한 콘넥터 2. 8255A 1개 내장 (1) 16자×2행 LCD 모듈 (backlight 가능) (2) 4개의 상태표시용 LED (3) 4개의 키 입력 스위치 (4) 외부 병렬 입출력 콘넥터 3. 8251A 및 MAX232 내장 외부와 RS-232C 직렬통신 4. 시스템 I/O 확장용 콘넥터	각종 응용 프로그램 기본 제공
전원	+5V, ±15V (또는 ±12V)	±15V는 A/D, D/A 컨버터에서 사용
PCB	180×130mm 4층 에폭시 기판	

OK-128 Kit

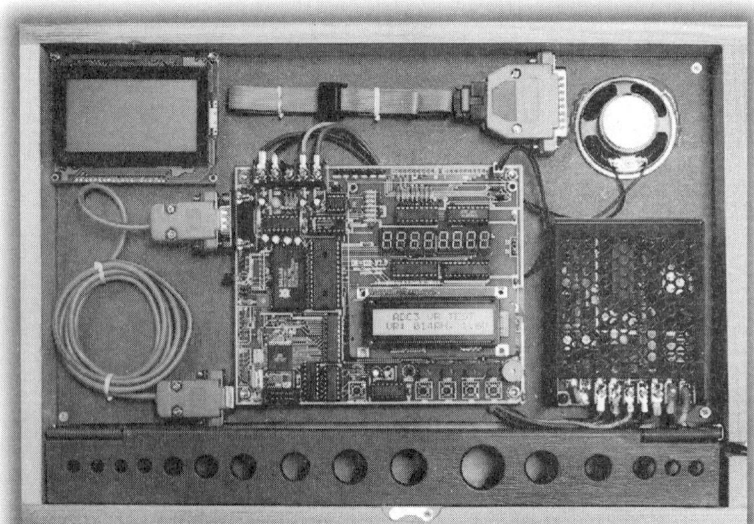

♣ PCB 별도 판매
(CPU 포함)

저 자 : 윤덕용
ISBN : 89-7101-765-1
판 형 : B5
쪽 수 : 920
가 격 : 38,000원

OK-128 KIT의 주요 사양

항 목	사 양	비 고
CPU	ATmega128-16AI(16MHz)	16MHz 수정발진자 사용
ROM	CPU에 내장된 128KB의 플래시 메모리	프로그램 저장
외부 RAM	62256-7(32 KB) (CPU에 내장된 4KB는 별도)	사용자 데이터 저장
프로그램의 입력/실행	1. JTAG ICE 에뮬레이터를 사용하는 방법 2. AVR ISP와 병렬 포트를 사용하는 방법 3. 기타 ISP와 직렬 포트를 사용하는 방법	1. 병렬포트형 AVR ISP 케이블 제공 (직렬포트형과 USB 포트형은 옵션) 2. 테스트 프로그램 기본 제공
I/O	1. CPU 프로그램용 콘넥터 (1) AVR ISP용 10핀 DIP 콘넥터(CN2) (2) JTAG ICE용 10핀 DIP 콘넥터(CN3) 2. CPU가 직접 제어하는 I/O (1) 2개의 RS-232C 직렬포트(CN4, CN5) (2) 4개의 키입력 스위치(SW1~SW4) (3) 4개의 상태표시 LED(LED1~LED4) (4) +5V용 버저 (5) 스피커 사운드 출력(CN6) (6) LM35D에 의한 온도센서(ADC1, ADC2) (7) 가변저항에 의한 전압센서(ADC3) (8) DAC0800 8비트 D/A 컨버터 (9) AT93C56 및 AT24C16 직렬 EEPROM (10) 도트 매트릭스 LED 접속(CN10) (11) 병렬 I/O 포트 확장 콘넥터(CN9) 3. 16자×2 문자 텍스트형 LCD 모듈 4. 128×64 도트 그래픽형 LCD 모듈 5. 8개의 7세그먼트 LED 6. DS12C887 배터리 백업형 리얼타임 클럭 7. 8비트 병렬출력 인터페이스(CN7) 8. 스텝모터 구동 인터페이스(CN8)	 STK200/300의 AVR ISP 표준 Atmel사의 JTAG ICE 표준 RS-232C 통신 케이블 기본 제공 A/D 입력 범위는 0V~+5V 0V~+10V, -10V~+10V 중에서 선택 화면밝기 조절 및 백라이트 기능 포함 화면밝기 조절 및 백라이트 기능 포함 ULN2803 출력
전원	+5V, ±15V (또는 ±12V도 사용 가능)	±15V는 아날로그 회로에서만 사용
PCB 외형	160×130mm 양면 에폭시 기판	

☞ 이것은 *OK-128* 키트와 *OK-64* 키트 겸용이므로 ATmega64-16AI를 조립하면 *OK-64* 키트가 된다.

구입문의 : 학습기기 R&C사 / 도서출판 Ohm사 ✆ *02) 776-4868-9*

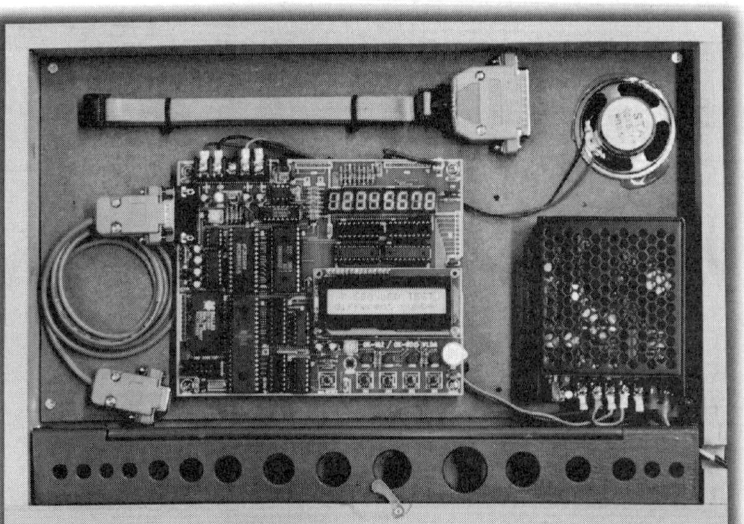

♣ PCB 별도 판매
(MPU 장착)

저 자 : 윤덕용
ISBN : 89-7101-759-7
판 형 : B5
쪽 수 : 726
가 격 : 32,000원

OK-162 KIT의 주요 사양

항 목	사 양	비 고
CPU	ATmega162-16PI(16MHz)	16MHz 수정발진자 사용
ROM	CPU에 내장된 16KB의 플래시 메모리	프로그램 저장
외부 RAM	62256-7(32 KB) (CPU에 내장된 1KB는 별도)	사용자 데이터 저장
프로그램의 입력/실행	1. AVR ISP와 병렬 포트를 사용하는 방법 2. 기타 ISP와 직렬 포트를 사용하는 방법 3. JTAG ICE 에뮬레이터를 사용하는 방법	1. AVR ISP 케이블 기본 제공 2. 응용 프로그램 기본 제공 (☞ JTAG 콘넥터는 사용자가 조립)
I/O	1. CPU 프로그램용 콘넥터 (1) AVR ISP용 10핀 DIP 콘넥터(CN2) (2) JTAG용 콘넥터는 사용자가 조립해야 함 2. CPU가 직접 제어하는 I/O (1) 포트 B 및 포트 D 확장 콘넥터(CN3) (2) 2개의 RS-232C 직렬포트(CN4, CN5) (3) 4개의 키입력 스위치(SW1~SW4) (4) 4개의 상태표시 LED(LED1~LED4) (5) +5V용 버저, 스피커 사운드 출력(CN6) (6) DAC0800 8비트 D/A 컨버터 (7) SPI 직렬통신에 의한 시리얼 EEPROM (8) 아날로그 비교기(J2, J3) 3. CPU 외부의 확장 I/O (1) 16자×2 문자 텍스트형 LCD 모듈 (2) 8개의 7세그먼트 LED (3) 8비트 병렬출력 인터페이스(CN7) (4) 스텝모터 구동 인터페이스(CN8) (5) DS12C887 베터리 백업형 리얼타임 클럭 (6) 8비트 8채널 A/D 컨버터 ADC0809 - 전압센서(VR1), 온도센서(LM35), 광센서(CdS) - 4채널 A/D 입력 콘넥터(CN9)	STK200/300의 AVR ISP 표준 RS-232C 통신 케이블 기본 제공 0V~+10V, -10V~+10V 중에서 선택 화면밝기 조절 및 백라이트 기능 포함 ULN2803 출력 A/D 입력 범위는 0V~+5V
전원	+5V, ±15V (또는 ±12V도 사용 가능)	±15V는 아날로그 회로에서만 사용
PCB 외형	160×130mm 양면 에폭시 기판	

☞ *OK-162* 키트는 *OK-8515* 키트와 PCB를 공통으로 사용한다.

OK-8515 Kit

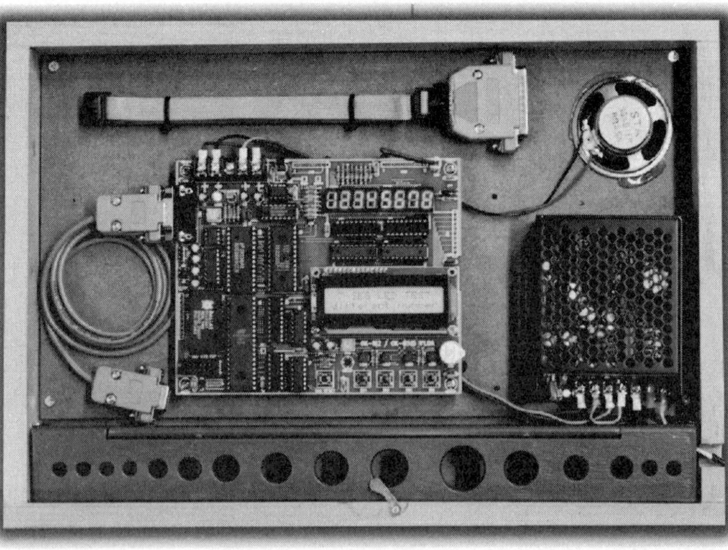

♣ PCB 별도 판매

저 자 : 윤덕용
ISBN : 89-7101-762-7
판 형 : B5
쪽 수 : 692
가 격 : 28,000원

OK-8515 KIT의 주요 사양

항 목	사 양	비 고
CPU	ATmega8515-16PI(16 MHz)	16 Mhz 수정발진자 사용
ROM	CPU에 내장된 8KB의 플래시 메모리	프로그램 저장
외부 RAM	62256-7(32 KB) (CPU에 내장된 512바이트는 별도)	사용자 데이터 저장
프로그램의 입력/실행	1. AVR ISP와 병렬 포트를 사용하는 방법 2. 기타 ISP와 직렬 포트를 사용하는 방법	1. AVR ISP 케이블 기본 제공 2. 응용 프로그램 기본 제공
I/O	1. CPU 프로그램용 콘넥터 AVR ISP용 10핀 DIP 콘넥터(CN2) 2. CPU가 직접 제어하는 I/O (1) 포트 B 및 포트 D 확장 콘넥터(CN3) (2) 1개의 RS-232C 직렬포트(CN4) (3) 4개의 키입력 스위치(SW1~SW4) (4) 4개의 상태표시 LED(LED1~LED4) (5) +5V용 버저, 스피커 사운드 출력(CN6) (6) DAC0800 8비트 D/A 컨버터 (7) SPI 직렬통신에 의한 시리얼 EEPROM (8) 아날로그 비교기(J2, J3) 3. CPU 외부의 확장 I/O (1) 16X2 문자 텍스트형 LCD 모듈 (2) 8개의 7세그먼트 LED (3) 8비트 병렬출력 인터페이스(CN7) (4) 스텝모터 구동 인터페이스(CN8) (5) DS12C887 배터리 백업형 리얼타임 클럭 (6) 8비트 8채널 A/D 컨버터 ADC0809 -전압센서(VR1), 온도센서(LM35), 광 센서(CdS) -4채널 A/D 입력 콘넥터(CN9)	STK200/300의 AVR ISP 표준 RS-232C 통신 케이블 기본 제공 0V~+10V, -10V~+10V 중에서 선택 화면밝기 조절 및 백라이트 기능 포함 ULN2803 출력 A/D 입력 범위는 0V~+5V
전원	+5V, ±15V (또는 ±12V도 사용 가능)	±15V는 아날로그 회로에서만 사용
PCB 외형	160×130mm 양면 에폭시 기판	

☞ *OK-8515* 키트는 *OK-162* 키트와 PCB를 공통으로 사용한다.

구입문의 : 학습기기 R&C사 / 도서출판 Ohm사 ✆ 02) 776-4868-9

OK-89S52 KIT의 주요 사양

항 목	사 양	비 고
CPU	AT89S52-24PC 또는 AT89S52-24PI (AT89S51이나 AT89S8253도 사용 가능)	24MHz 수정발진자 사용
ROM	1. CPU에 내장된 8KB의 플래시 메모리 2. 외부 확장 27C256 또는 29C256(32KB)	사용자 프로그램용
RAM	CPU에 내장된 256 바이트	스택 및 데이터 저장용
프로그램의 입력/실행	1. 병렬포트형 AT89ISP를 사용(Atmel 표준) 2. 병렬포트형 AVR ISP를 사용 3. 직렬포트형 AVR ISP를 사용 4. USB포트형 AVR ISP를 사용	1. AT89S ISP 케이블(Atmel 호환) 2. AVR-ISP Parallel 케이블(기본 제공) 3. AVR-ISP Studio/STK500 케이블 4. USB-ISP 케이블
I/O	1. CPU가 직접 제어하는 I/O (1) RS-232C 직렬통신 포트(CN4) (2) +5V용 버저 (3) 스피커 사운드 출력(CN5) (4) 4개의 키입력 (5) 스위치에 의한 사용자 인터럽트(SW2) (6) AT89S ISP 케이블 접속용 콘넥터(CN2) (7) AVR ISP 케이블 접속용 콘넥터(CN3) 2. 외부 확장 I/O (1) 16×2행 텍스트형 LCD 모듈 (2) 8글자의 7세그먼트 LED (3) 4개의 상태표시 LED (4) ADC0809 8채널 8비트 A/D 컨버터 - 전압센서, 온도센서, 조도센서 각 1개 - 4채널 아날로그 입력 콘넥터(CN6) (5) DAC0800 8비트 D/A 컨버터 (6) DS12C887 배터리 백업형 리얼타임 클럭	backlight 기능 사용 가능 A/D 입력 범위는 0V~+5V D/A 출력 범위는 0V~+10V, -10V~+10V 중에서 선택 사용
전원	+5V, ±15V (또는 ±12V도 사용 가능)	±15V는 아날로그 회로에서만 사용
PCB 외형	160×130mm 양면 에폭시 기판	

KUT-8515 Kit

AVR ATmega8515

♣ 제작용 PCB 포함

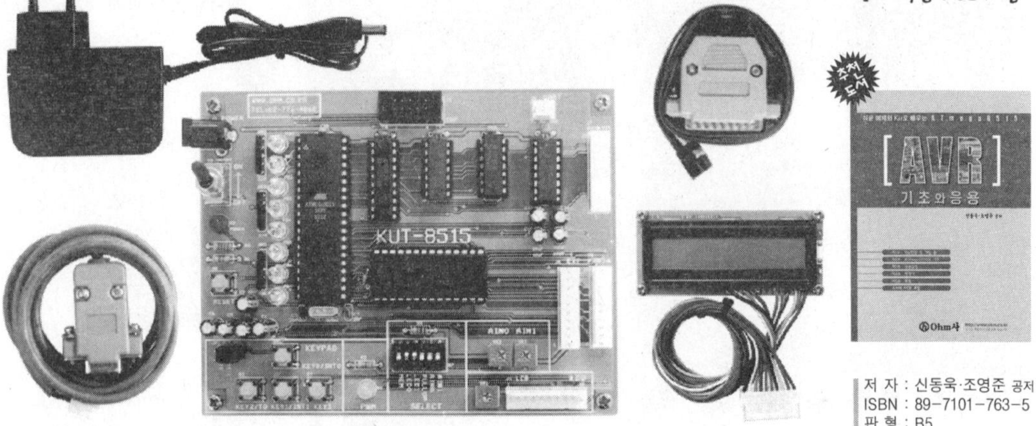

저 자 : 신동욱·조영준 공저
ISBN : 89-7101-763-5
판 형 : B5
쪽 수 : 350
가 격 : 32,000원

KUT-8515 KIT의 주요 사양

항 목	사 양	비 고
CPU	ATmega8515	16MHz 클럭 사용
메모리	RAM : 32K 바이트	선택적 사용
내장 주변장치	B 포트 : LED×8	선택적 사용
	D 포트 : 스위치×4	인터럽트와 연동 사용
	PWM 출력	LED로 확인
	아날로그 입력 비교	가변저항 이용
	2채널	스위치 입력, 외부 커넥터
전원	+5V	아답터 잭
외부 인터페이스	A 포트 커넥터	5V, PA0~PA7, GND(10핀)
	C 포트 커넥터	5V, PC0~PC7, GND(10핀)
	제어신호 커넥터	INT1 등 제어 신호 (10핀)
	RS-232C 커넥터	MAX232 내장(3핀)
	LCD 커넥터	4비트 데이터 버스 방식 (16문자×2라인 LCD 사용)
	ISP 커넥터	ISP 케이블 제작 필요 (또는 Ohm사 별매용 이용 가능)
PCB 외형	132×102mm 2층 에폭시 기판	

KUT-8515 완성 키트는 Atmel사의 AVR 8비트 RISC 프로세서인 ATmega8515의 기본적인 기능을 익히고 실험하는데 필요한 **최소한의 하드웨어로 구성된 쉽고 간단하며, 저렴한 트레이닝 키트**이다.
기존의 트레이닝 키트와는 달리 많은 주변기기를 내장하고 있지 않기 때문에 크기가 작아서 PC 옆에 놓고 사용하기에도 편리하다. 그리고 어느정도의 기본 학습이 끝나면, 단순한 교육용 키트가 아니라 독자 여러분이 제작하는 응용 시스템의 메인 CPU 보드로도 손쉽게 이용할 수가 있다. 책에서 소개된 ISP 케이블과 *CodeVisionAVR C* 컴파일러를 이용하여 사용자가 작성한 프로그램을 PC로부터 다운로드 하여 즉시 실험해 볼 수 있기 때문에 롬라이터와 같은 별도의 장비가 필요하지 않다.

구입문의 : 학습기기 R&C사 / 도서출판 Ohm사 ✆ 02) 776-4868-9

GLCD128X64

♣ PCB 포함

저 자 : 윤덕용
ISBN : 89-7101-760-0
판 형 : B5
쪽 수 : 798
가 격 : 43,000원

그래픽 LCD 확장보드의 주요 사양

항 목	사 양	비 고
해상도	128×64 도트, 단색	
사용 가능 LCD 모듈	(1) 삼성 SDI UG-13B04-SEAT5-2 (2) 현대 LCD HG12605NY-LY (3) 기타 이와 호환되는 그래픽형 LCD 모듈	EL 백라이트형 LED 백라이트형
접속 가능 키트	(1) *OK-8051* 키트 (2) *OK-196* 키트 (3) *TMS-31* 키트 (4) *TMS-32* 키트	
인터페이스 방법	(1) 82C55A를 사용하여 구동 (2) HIF3F-30PA-2.54DSA 콘넥터를 사용	
전원	키트에서 공급되는 +5V (LCD 모듈 내부에서 -10V를 만들어 사용)	30핀(전원 포함) EL 백라이트형은
PCB 외형	114×75 mm 양면 에폭시 기판	인버터 사용

그래픽형 LCD 모듈 확장보드 *GLCD128X64*는 *OK-8051* **키트**, *OK-196* **키트**, 그리고 *TMS-31/32* **키트**에 128×64 해상도의 그래픽형 LCD 모듈을 확장하여 사용할 수 있는 제품이다. 이들 키트에는 모두 16자×2행의 텍스트형 LCD 모듈이 내장되어 있으므로 이를 사용하는데는 문제가 없으나, 이들 키트들이 그래픽형 LCD 모듈은 가지고 있지 않으므로 이를 사용하려면 외부에 추가로 확장하여야 한다.

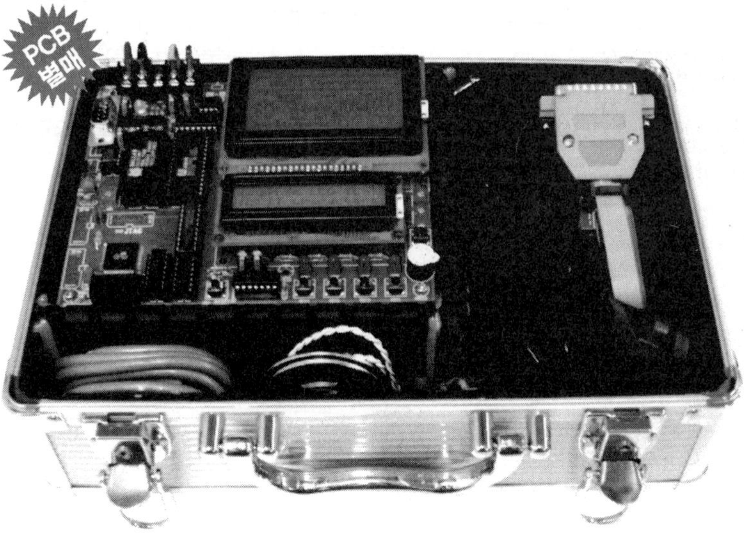

♣ 완성품 판매
SD, CF 카드 별매

저 자 : 윤덕용
ISBN : 89-7101-772-4
판 형 : B5
쪽 수 : 1092
가 격 : 43,000원

OK-1281/2561 KIT의 주요 사양

항 목	사 양	비 고
CPU	ATmega1281-16AU(16MHz) 또는 ATmega2561-16AU(16MHz)	16MHz 수정발진자 사용
ROM	CPU에 내장된 128/256KB의 플래시 메모리	프로그램 저장
외부 RAM	62256-7(32KB) (CPU에 내장된 8KB는 별도)	스택 및 사용자 데이터 저장
프로그램의 입력/실행	1. AVR ISP 다운로드 케이블을 사용하는 방법 2. JTAG ICE 에뮬레이터를 사용하는 방법	1. 병렬포트형 AVR ISP 케이블 제공 (직렬포트형과 USB 포트형은 옵션) 2. 테스트 프로그램 및 예제 기본 제공
I/O	1. CPU 프로그램용 콘넥터 (1) AVR ISP용 10핀 DIP 콘넥터(CN2) (2) JTAG ICE용 10핀 DIP 콘넥터(CN3) 2. CPU가 직접 제어하는 I/O (1) 4개의 키입력 스위치(KEY1~KEY4) (2) 4개의 상태표시 LED(LED1~LED4) (3) 외부 인터럽트 스위치(SW2) (4) +5V용 버저, 스피커 사운드 출력(CN6) (5) LM35D에 의한 온도센서(ADC1, ADC2) (6) 가변저항에 의한 전압센서(ADC3) (7) DAC0800 8비트 D/A 컨버터 (8) AT93C56 및 AT24C16 직렬 EEPROM (9) 2개의 RS-232C 직렬포트(CN4, CN5) (10) 병렬 I/O 포트 확장 콘넥터(CN8) (11) 도트 매트릭스 LED 접속 콘넥터(CN9) 3. 16×2 문자 텍스트형 LCD 모듈 4. 128×64 도트 그래픽형 LCD 모듈 5. 8개의 7세그먼트 LED 6. DS12C887 배터리 백업형 리얼타임 클록 7. 스텝모터 구동 인터페이스 콘넥터(CN7)	 STK200/300의 AVR ISP 표준 Atmel사의 JTAG ICE 표준 A/D 입력 범위는 0V~+5V 0V~+10V, -10V~+10V 중에서 선택 RS-232C 통신 케이블 기본 제공 화면밝기 조절 및 백라이트 기능 포함 화면밝기 조절 및 백라이트 기능 포함 ULN2803 출력
전원	+5V, ±15V (또는 ±12V도 사용 가능)	±15V는 아날로그 회로에서만 사용
PCB 외형	160×130mm 양면 에폭시 기판	

☞ 이것은 *OK-1281* 키트와 *OK-2561* 키트 겸용이므로 자신이 원하는 MCU 소자를 조립하면 된다.

OK-1280/2560 Kit

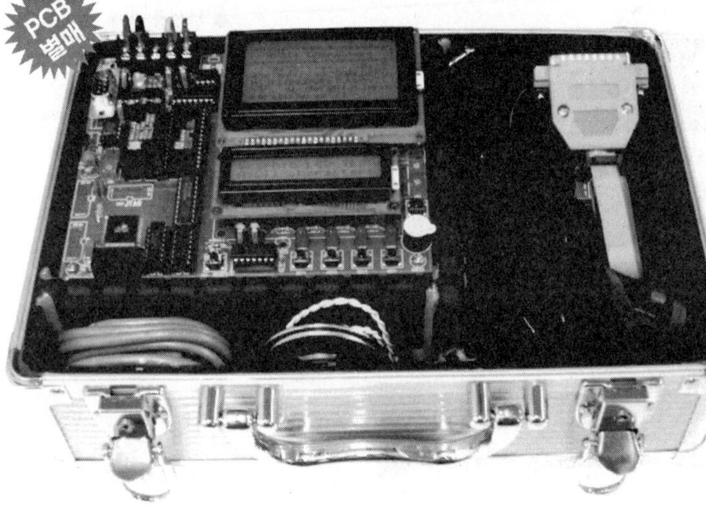

♣ PCB 별도 판매
(CPU 포함)

저 자 : 윤덕용
ISBN : 89-7101-773-2
판 형 : B5
쪽 수 : 1092
가 격 : 43,000원

OK-1280/2560 KIT의 주요 사양

항 목	사 양	비 고
CPU	ATmega1280-16AU(16MHz) 또는 ATmega2560-16AU(16MHz)	16MHz 수정발진자 사용
ROM	CPU에 내장된 128/256KB의 플래시 메모리	프로그램 저장
RAM	CPU에 내장된 8KB의 플래시 메모리	스택 및 사용자 데이터 저장
프로그램의 입력/실행	1. AVR ISP 다운로드 케이블을 사용하는 방법 2. JTAG ICE 에뮬레이터를 사용하는 방법	1. 병렬포트형 AVR ISP 케이블 제공 (직렬포트형과 USB 포트형은 옵션) 2. 테스트 프로그램 및 예제 기본 제공
I/O	1. CPU 프로그램용 콘넥터 (1) AVR ISP용 10핀 DIP 콘넥터(CN2) (2) JTAG ICE용 10핀 DIP 콘넥터(CN3) 2. CPU가 직접 제어하는 I/O (1) 4개의 키입력 스위치(KEY1~KEY4) (2) 4개의 상태표시 LED(LED1~LED4) (3) 외부 인터럽트 스위치(SW2) (4) +5V용 버저, 스피커 사운드 출력(CN6) (5) LM35D에 의한 온도센서(ADC1, ADC2) (6) 가변저항에 의한 전압센서(ADC3) (7) DAC0800 8비트 D/A 컨버터 (8) AT93C56 및 AT24C16 직렬 EEPROM (9) 2개의 RS-232C 직렬포트(CN4, CN5) (10) 병렬 I/O 포트 확장 콘넥터(CN8~CN10) (11) 16×2 문자 텍스트형 LCD 모듈 (12) 128×64 도트 그래픽형 LCD 모듈 (13) 8개의 7세그먼트 LED (14) 스텝모터 구동 인터페이스 콘넥터(CN7) 3. DS12C887 배터리 백업형 리얼타임 클록	 STK200/300의 AVR ISP 표준 Atmel사의 JTAG ICE 표준 A/D 입력 범위는 0V~+5V 0V~+10V, -10V~+10V 중에서 선택 RS-232C 통신 케이블 기본 제공 화면밝기 조절 및 백라이트 기능 포함 화면밝기 조절 및 백라이트 기능 포함 ULN2803 출력
전원	+5V, ±15V (또는 ±12V도 사용 가능)	±15V는 아날로그 회로에서만 사용
PCB 외형	160×130mm 양면 에폭시 기판	

☞ 이것은 *OK-1280* 키트와 *OK-2560* 키트 겸용이므로 자신이 원하는 MCU 소자를 조립하면 된다.

구입문의 : 학습기기 R&C사 / 도서출판 Ohm사 ✆ 02) 776-4868-9

전자공작 및 인터페이스 외

도서 및 키트는 OHM사 홈페이지 SHOP에서 구입 가능!

적외선 6족 보행로봇

♣ 부품 SET로 판매

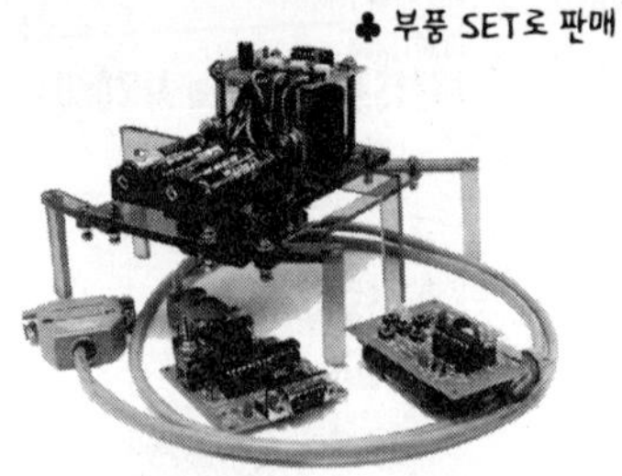

적외선 송신기로부터 전송 되어온 데이터를 판독하여 3개의 서브모터를 순차적으로 구동하여 로봇을 보행할 수 있고 프로그램에 의하여 보행속도도 조절할 수 있다.
교재 : 적외선으로 움직이는 PIC ROBOT

적외선 주행로봇 & 라인트레이서

♣ 부품 SET로 판매

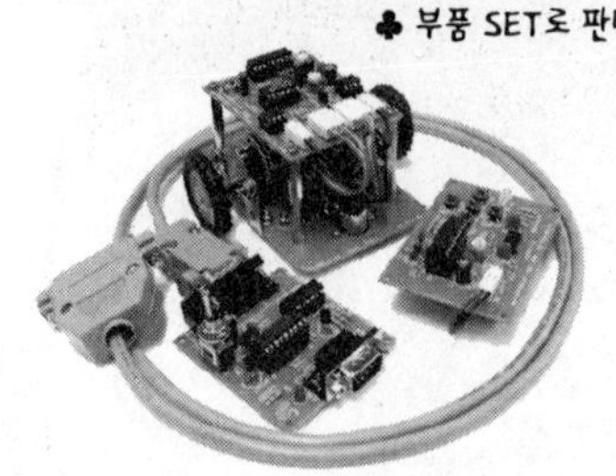

기어모터(감속비 38:1)를 채용하므로서 정밀제어가가능하고, 360도 회전이 가능하며 빠른 스피드를 낼 수 있다. 데이터의 송수신 방법은 6족로봇과 동일
교재 : 적외선으로 움직이는 PIC ROBOT

PIC 응용 제작

♣ 부품 SET로 판매

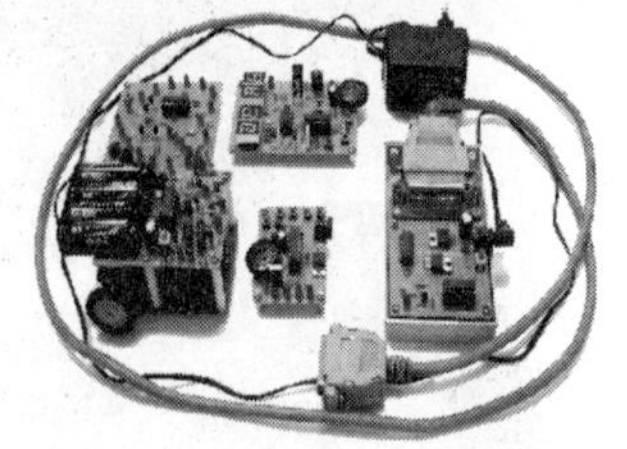

PIC프로그래머, 암호인식 초인종 하트무늬 깜빡이, 시계와 라인트레이서등의 아이템으로 구성되어 있어 마이컴 입문자들에게 유익한 실습키트임.
교재 : PIC16F84 응용 제작

침입자 경보기

♣ 부품 SET로 판매

레이저빔을 가로질러가는 사람이나 물체가 있다면 경보를 울리는 키트. 응용범위가 매우 넓은 아이템(작품 1,2키트 포함)
교재 : 기초로봇의 제작

라인트레이서

♣ 부품 SET로 판매

검정라인을 추적하여 주행 6개의 적외선 센서
패키지 구성
*센서감지와 비교, 제어회로
*로봇프레임 & 기어박스
교재 : 기초로봇의 제작

축구로봇

♣ 부품 SET로 판매

RF를 이용한 로봇 제어, 4ch. 송수신 가능
패키지 구성
* RF송수신회로 제어회로
* 로봇프레임SET & 기어모터 SET
교재 : 기초로봇의 제작

라인마우스-깨돌이

♣ 부품 SET로 판매

CPU:V25
RAM:61256
ROM:27256
모터구동부:SLA7024*2조
밧데리:SANYO 1.2 250mA 3A*10개
* CPU,모터,센서,몸체부로 구성
* 기본 프로그램이 포함

V-IO Board

완제품

♣ 부품 SET도 판매함

PC의 ISA슬롯을 이용하는 인터페이스카드로A/D, D/A컨버터를 이용한 아날로그 디지털 상호변환 신호처리와 I/O, 타이머, 카운터, 스텝모터, LCD제어등에 활용할 수 있다.
교재 : C가 미는 로보트 I, II, III

C-패러렐포트 I

완제품

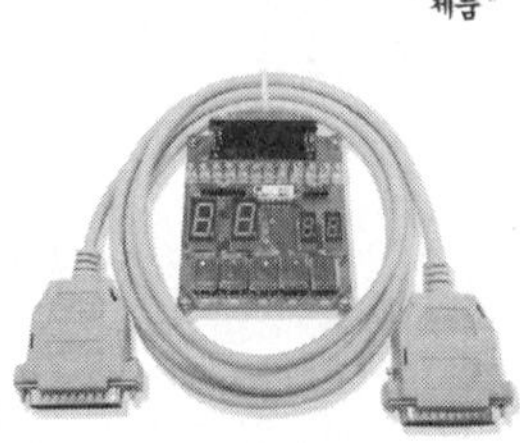

PC의 페러럴 포트를 이용하여 LED, 7Segment, 키패드 입력등의 실험을 할 수 있는 키트
교재 : C로 미는 PC자동제어응용
C로 쓰는 윈도우즈 병렬포트
VB로 미는 PC 자동제어 응용

C-패러렐포트 II

완제품

정역회전, 스피드조절, 센서의 동작을 실험해 볼 수 있는 스테핑모터 모듈
교재 : VB 로 미는 PC 제동제어 응용
그 밖의 마이컴 응용교재

AT89C Writer

완제품

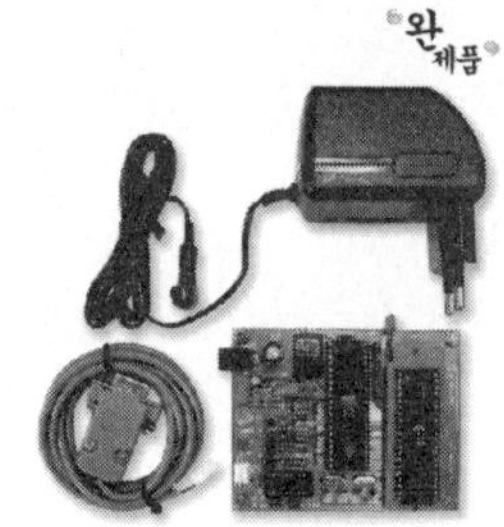

AT89C51,52 40DIP 핀 AT89C1051, 2051, 4051 20DIP 핀 지원
RS-232C serial 다운로드
TEXTOOL 장착, 라이터 전용프로그램 제공
(TEXTOOL에 장착된 89C51은 제외)

구입문의 : 학습기기 R&C사 / 도서출판 Ohm사 ✆ 02) 776-4868-9

AVR ISP Studio / STK500 · AVR ISP Studio / AvrProg [직렬포트형]

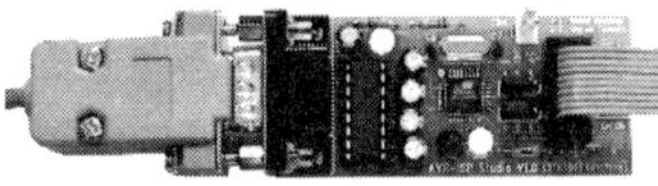

AVR ISP Studio 다운로드 케이블은 퍼스널컴퓨터 측에서 어떤 통신프로그램을 사용하는지에 따라 **AVR ISP Studio/STK500** 모델과 **AVR ISP Studio/AvrProg** 모델로 나누어진다. 이것들은 동일한 하드웨어를 사용하지만 ATmega8에 장착되는 펌웨어가 서로 다르다.

(1) AVR 모델의 모든 ATmega 패밀리에 적용
(2) 별도의 장비 없이 이 케이블만으로 사용자 프로그램을 다운로드
(3) AVR Studio 프로그램과 함께 사용
(4) 초고속 다운로드
(5) 10핀 80센티 플랫 케이블 포함

AVR ISP 케이블 [USB형]

노트북 사용자에게 꼭 필요한

(1) AVR 모델의 모든 ATmega 패밀리에 적용
(2) 별도의 장비 없이 이 케이블만으로 사용자 프로그램을 다운로드
(3) AVR Studio 프로그램과 함께 사용
(4) 초고속 다운로드
(5) 10핀 80센티 플랫 케이블 포함

AVR ISP 케이블 [직렬포트형]

(1) AVR 모델의 모든 ATmega 패밀리에 적용
(2) 별도의 장비 없이 이 케이블만으로 사용자 프로그램을 다운로드
(3) PonyProg2000 프로그램과 함께 사용
(4) 병렬포트형 AVR ISP와 비슷한 다운로드 속도
(5) 10핀 80센티 플랫 케이블 포함

USB TO RS-232C 컨버터 동글

노트북 사용자에게 꼭 필요한

(1) USB 신호를 RS-232C 신호로 변환
(2) USB 포트를 가상적인 COM3 포트로 사용
(3) 하이퍼터미널등과 같은 직렬통신 프로그램 사용
(4) 9600, 19200, 115200 등 하이퍼터미널에서 설정할 수 있는 모든 통신 포맷 사용 가능
(5) 본사의 모든 키트에서 직렬통신 또는 모니터 프로그램용으로 사용 가능

MOTOR CONTROL BOARD

이 보드는 OK-128/162/8515 키트 또는 JJ-128 키트에 접속하여 스텝모터 및 직류서보모터를 동시에 구동 또는 제어할 수 있는 I/O 확장 보드.

스텝모터 또는 직류서보모터를 동시에 구동하지 않고 하나씩만 구동한다면 8051 등의 임의 마이크로콘트롤러 키트에 적용할 수 있다.

케이블 외

도서 및 키트는 OHM사 홈페이지 SHOP에서 구입 가능!

AVR ISP 케이블 [USB형]

노트북 사용자에게 꼭 필요한

USB 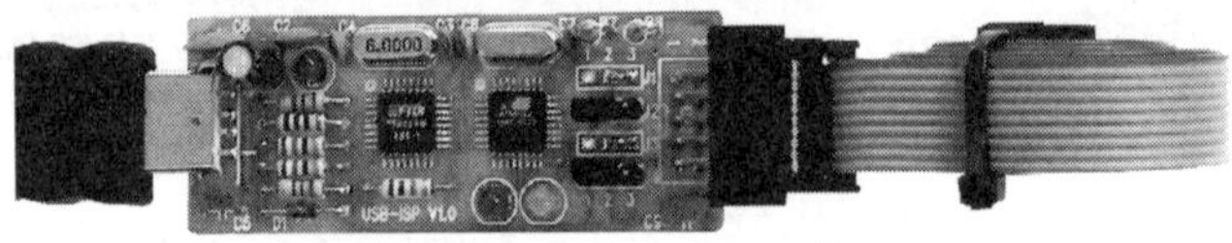 ISP

(1) AVR 모델의 모든 ATmega 패밀리에 적용
(2) 별도의 장비 없이 이 케이블만으로 사용자 프로그램을 다운로드
(3) AVR Studio 프로그램과 함께 사용
(4) 초고속 다운로드
(5) 10핀 80센티 플랫 케이블 포함

AVR ISP 케이블 [직렬포트형]

RS-232C  ISP

(1) AVR 모델의 모든 ATmega 패밀리에 적용
(2) 별도의 장비 없이 이 케이블만으로 사용자 프로그램을 다운로드
(3) PonyProg2000 프로그램과 함께 사용
(4) 병렬포트형 AVR ISP와 비슷한 다운로드 속도
(5) 10핀 80센티 플랫 케이블 포함

USB TO RS-232C 컨버터 동글

노트북 사용자에게 꼭 필요한

USB  RS-232C

(1) USB 신호를 RS-232C 신호로 변환
(2) USB 포트를 가상적인 COM3 포트로 사용
(3) 하이퍼터미널등과 같은 직렬통신 프로그램 사용
(4) 9600, 19200, 115200등 하이퍼터미널에서 설정할 수 있는 모든 통신 포맷 사용 가능
(5) 본사의 모든 키트에서 직렬통신 또는 모니터 프로그램용으로 사용 가능

MOTOR CONTROL BOARD

이 보드는 OK-128/162/8515 키트 또는 JJ-128 키트에 접속하여 스텝모터 및 직류서보모터를 동시에 구동 또는 제어할 수 있는 I/O 확장 보드.

스텝모터 또는 직류서보모터를 동시에 구동하지 않고 하나씩만 구동한다면 8051 등의 임의 마이크로콘트롤러 키트에 적용할 수 있다.

OK-X128A1 키트

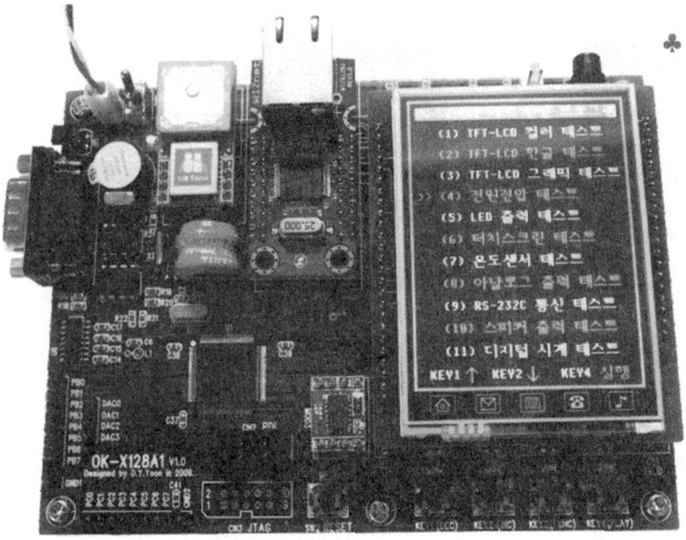

♣ 상품 구성 : 완성품 (Full Set) 판매
PCB 별도 판매

추천 도서

- 저　자 : 윤 덕 용
- 발행처 : OHM사
- 쪽　수 : 1167
- I S B N : 978-89-7101-783-X
- 정　가 : 48,000원

OK-X128A1 키트의 주요 사양

항 목	사 양	비 고
1. CPU	ATxmega128A1-AU(32 MHz) ☞ 모든 XMEGA A1 패밀리 모델 사용 가능	16MHz 수정 발진자 사용
2. ROM	CPU에 내장된 128KB의 플래시 메모리	프로그램 저장
3. RAM	CPU에 내장된 8KB	사용자 데이터 저장 및 스택
4. 프로그램 입력/실행	1. AVR PDI 다운로드 케이블을 사용하는 방법 2. JTAG 에뮬레이터를 사용하는 방법	1. Atmel사의 AVRISP mkII 2. Atmel사의 JTAGICE mkII
	1. CPU 프로그램용 커넥터	
	(1) AVR PDI용 6핀 DIP 커넥터(CN2)	Atmel사의 AVRISP mkII 사용
	(2) JTAG ICE용 10핀 DIP 커넥터(CN3)	Atmel사의 JTAGICE mkII 사용
	2. 기본 입출력 장치	
	(1) 4개의 키입력 스위치(KEY1~KEY4)	
	(2) 4개의 상태표시 LED(LED1~LED4)	
	(3) +5V용 버저, 스피커 사운드 출력(CN6)	
	(4) *TFT-32HX* 3.2인치 TFT-LCD 보드	240×320 픽셀, 터치스크린 내장
	64MB~32GB의 SD 카드	TFT-LCD 보드에 내장
	(5) RS-232C 직렬포트(CN7)	
	3. 기타 입출력 장치	
5. I/O	(1) LM35DZ에 의한 온도센서(ADC4)	0~+100℃
	(2) +5V, +3.3V, +2.5V 전압센서(ADC5~7)	
	(3) 12비트 D/A 컨버터 출력(DAC0~3)	
	(4) 포트B, C의 출력을 관측하는 테스트 단자	
	(5) DS1307 배터리 백업형 리얼타임 클록(U9)	2.4V NiMH 배터리 사용
	(6) TCN75-5.0MOA 반도체 온도센서(U10)	-55~+125℃
	(7) VS1033을 사용한 MP3 플레이어(U11)	CN8에 외장 스피커를 연결 사용
	4. 옵션 기능	
	(1) WIZ812MJ TCP/IP LAN 통신 모듈(MOD1)	http://www.ewizenet.kr/구입
	(2) *USB-UART* USB 통신모듈 (MOD2)	http://www.ohm.co.kr/구입
	(3) UST-SNR-GPS GPS 모듈(MOD2)	http://www.devicemart.co.kr/구입
	(4) myAcce13LV02 3축 가속도 센서 모듈(MOD3)	http://www.devicemart.co.kr/구입
	(5) NT-TS601 초음파 센서 모듈(MOD4)	http://www.devicemart.co.kr/구입
6. 전원	+5V/3A SMPS(CN1)	키트 내부에서 +3.3V, +2.5V 발생
7. PCB 외형	144×106mm 양면 에폭시 기판	

☞ MOD1~MOD4에 장착할 모듈은 선택사양이므로 기본으로 제공되지 않으며 별도로 구입해야 한다.

구입문의 : 학습기기 R&C사 / 도서출판 Ohm사 ✆ 02) 776-4868-9 http://www.ohm.co.kr

OK-128TFT 키트

♣ 상품 구성 : 완성품 (Full Set) 판매
PCB 별도 판매

- 저 자 : 윤 덕 용
- 발행처 : OHM사
- 쪽 수 : 1100
- ISBN : 978-89-7101-785-6
- 정 가 : 50,000원

OK-128TFT 키트 V1.0의 주요 사양

항 목	사 양	비 고
1. MCU	ATmega128A-AU(16 MHz)	16MHz 수정 발진자 사용
2. ROM	MCU에 내장된 128KB의 플래시 메모리	프로그램 저장
3. RAM	MCU에 내장된 4KB	스택 및 사용자 데이터 저장용
4. 프로그램 입력/실행	1. AVR ISP 다운로드 케이블을 사용하는 방법 2. JTAG ICE 에뮬레이터를 사용하는 방법	병렬포트형 AVR ISP 케이블 제공 (USB 포트형은 옵션 사양) 테스트 프로그램 기본 제공
5. I/O	1. MCU 프로그램용 컨넥터 ① AVR ISP 6핀 DIP 컨넥터(CN2) ② AVR ISP용 10핀 DIP 컨넥터(CN3) ③ JTAG ICE용 10핀 DIP 컨넥터(CN4) 2. MCU가 직접 제어하는 I/O ① 16×2 문자 텍스트 LCD 모듈 ② 3.2인치 240×320 픽셀 TFT-LCD 모듈 ③ 4개의 키입력 스위치(KEY1~KEY4) ④ 4개의 상태표시 LED(LED1~LED4) ⑤ +5V용 버저, 스피커 사운드 출력(CN6) ⑥ RS-232C 직렬포트(CN5) ⑦ LM35D에 의한 온도센서(ADC1, ADC2) ⑧ 가변저항에 의한 전압센서(ADC3) ⑨ DAC0800 8비트 D/A 컨버터 출력 ⑩ DS1307 배터리 백업형 리얼타임 클록 ⑪ AT93C56 및 AT24C16 직렬 EEPROM ⑫ 외부 인터럽트 스위치(SW2)	 Atmel사의 AVR ISP 표준 Atmel사의 AVR ISP 표준 Atmel사의 JTAG ICE 표준 화면밝기 조절 및 백라이트 기능 포함 터치 스크린 및 SD 카드 컨넥터 포함 KEYX1~KEYX4도 각각 동일한 기능 RS-232C 통신 케이블 기본 제공 J2로 0V~+10V, -10V~+10V 범위 선택
6. 전원	+5V, ±15V(또는 ±12V도 사용 가능)	±15V는 아날로그 회로에서만 사용
7. PCB 외형	160×130mm 양면 에폭시 기판	

☞ 키트 내부에서 +5V 전원으로부터 +3.3V를 만들어 TFT-LCD 모듈에서 사용함.

구입문의 : 학습기기 R&C사 / 도서출판 Ohm사 ✆ 02) 776-4868-9 http://www.ohm.co.kr

OK-STM32FO 키트

♣ 상품구성 : 완성품(Full Set) 판매
PCB 별도 판매

- 저 자 : 윤덕용
- 발행처 : OHM사
- 쪽 수 : 1036
- ISBN : 978-89-7101-786-9
- 정 가 : 55,000원

OK-STM32FO 키트의 주요 사양

항 목	사 양	비 고
1. CPU	STM32F051R8T6	48MHz로 동작
2. ROM	CPU에 내장된 64KB의 플래시 메모리	프로그램 및 상수 데이터 저장
3. RAM	CPU에 내장된 8KB의 SRAM	프로그램, 스택, 사용자 데이터 저장
4. 프로그램 입력/실행	1. 에뮬레이터를 사용하는 방법 2. RS-232C 직렬통신 케이블을 사용하는 방법	기본으로 ST-LINK/V2 에뮬레이터 사용 부트로더와 USART1 포트로 사용 가능
5. I/O	1. CPU 프로그램용 컨넥터 (1) SWD 인터페이스용 20핀 컨넥터(CN2) (2) RS-232C 직렬통신 컨넥터(CN5) 2. 기본 입출력 장치 (1) 16자×2행 텍스트 LCD 모듈 (2) 320×240픽셀 터치스크린 TFT-LCD 모듈 (3) SPI를 사용한 SD 카드 인터페이스 (4) 4개의 키입력 스위치(KEY1~KEY4) 4개의 보조 키 스위치(KEYX1~KEYX4) (5) 1개의 상태표시 LED(LED1) (6) +5V용 버저 (7) RS-232C 직렬통신 컨넥터(CN5) 3. 기타 입출력 장치 (1) +5V, +3.3V 전압센서(ADC0, ADC1) (2) 가변저항 VR1에 의한 전압센서(ADC2) (3) LM35DZ 온도센서(U5, ADC3) (4) 1개의 D/A 컨버터 출력(DAC_OUT) (5) TV 리모컨 입력 (6) 6개의 테스트 포인트(TP1~TP6) (7) SPI를 사용한 DS3234 리얼타임 클록(U8) (8) I2C를 사용한 AT24C16 EEPROM(U7) (9) VS1053b를 사용한 MP3 플레이어 회로	ST-LINK/V2 에뮬레이터 사용 표준 9핀 RS-232C 케이블 사용 별도의 TFT-2432A 보드를 장착 사용 별도의 TFT-2432A 보드에 내장 표준 9핀 RS-232C 케이블 사용 온도측정 범위는 0~100℃ A/D 입력 범위는 0~+3.3V D/A 출력 범위는 0~+3.3V 2.4V 충전용 NiMH 배터리로 전원 백업 CN6 컨넥터에 외장형 스피커를 연결
6. 전원	+5V(키트에서 +3.3V 및 +1.8V 레귤레이터 사용)	
7. PCB	160×130mm 양면 에폭시 기판	

☞ OK-STM32FO 키트에는 STM32FO 시리즈의 모든 64핀짜리 소자를 조립하여 사용할 수 있다.

도서출판 Ohm사

실용 모터제어 시리즈①

직류전동기 제어 기술

이 책은 실제로 전동기 제어 시스템의 하드웨어를 설계하고 제어 프로그램을 작성하는 실용적인 기술을 다루고자 하며, 스스로 이 분야의 기술을 익혀서 졸업작품을 만들고자 하는 관련 학과의 학생이나 산업체에서 이 분야의 기술개발 업무를 수행하는 현장 엔지니어들에게도 도움이 될 것입니다.

제1장 전동기란 무엇인가
제2장 RC 서보모터의 제어기술
제3장 스테핑 모터의 제어기술
제4장 직류전동기의 제어기술
제5장 초소형 직류전동기의 속도제어
제6장 소형 직류전동기의 속도제어
제7장 OK-128DCM 직류전동기 제어 키트

실용 모터제어 시리즈 ③ - 단상 유도전동기 제어 기술(계획중)
실용 모터제어 시리즈 ④ - 벡터제어 인버터 설계 기술(계획중)

OK-128 DCM KIT

항목	사양	비고
1. MCU	ATmega128A-AU(16 MHz)	16 MHz 수정발진자 사용
2. ROM	MCU에 내장된 128KB의 플래시 메모리	프로그램 저장용
3. RAM	MCU에 내장된 4KB	스택 및 사용자 데이터 저장용
4. 프로그램 입력/실행	1. 표준 USB형 AVRISP mkII 다운로드 케이블 2. 병렬포트형 AVR ISP 다운로드 케이블	본 키트에서는 JTAG 에뮬레이터를 사용하지 못함
5. I/O	1. MCU 프로그램용 6핀 컨넥터	Atmel사의 AVR ISP 표준
	2. MCU가 직접 제어하는 기본 I/O 기능	
	① 3.2인치 240×320 픽셀 TFT-LCD 모듈	터치 스크린 기능 포함
	② 4개의 키입력 스위치(KEY1~KEY4)	
	③ +5V용 버저	
	④ 시스템 모드 설정용 2비트 DIP 스위치	
	⑤ RS-232C 직렬포트(CN5)	
	⑥ 12비트 2채널 D/A 컨버터 MCP4822	0~+5V 범위의 아날로그 출력 가능
	3. 모터제어를 위한 I/O 기능	
	① 3개의 RC 서보모터 제어 컨넥터(CN6~8)	RC 서보모터 HS-311 사용
	② 2SC1815를 사용한 초소형 직류전동기 단방향 제어 컨넥터(CN9)	초소형 직류전동기 FM1502 사용
	③ IRF530을 사용한 소형 직류전동기 단방향 제어 컨넥터(CN10)	소형 직류전동기 RA-35GM 사용
	④ L298을 사용한 소형 직류전동기 양방향 제어 컨넥터(CN12)	소형 직류전동기 RA-35GM 사용
	⑤ 2상/4상 스테핑 모터 제어 컨넥(CN13)	스테핑 모터 NK243 사용
	⑥ 전동기 속도 및 방향 검출 컨넥터(CN11)	A상 및 B상 신호 입력
	⑦ 전동기 회전방향 표시용 LED(LED2~3)	LED2(적)=정방향, LED3(녹)=역방향
	⑧ 기준속도 입력용 가변저항(VR1)	A/D 컨버터로 읽음
	⑨ 전동기 전류 검출용 션트저항(R20)	A/D 컨버터로 읽음
6. 전원	+5V(3A 이상), +12V(1A 이상)	키트 내부에서 +3.3V를 만들어 사용함
7. PCB 외형	150 x 112mm 양면 에폭시 기판	

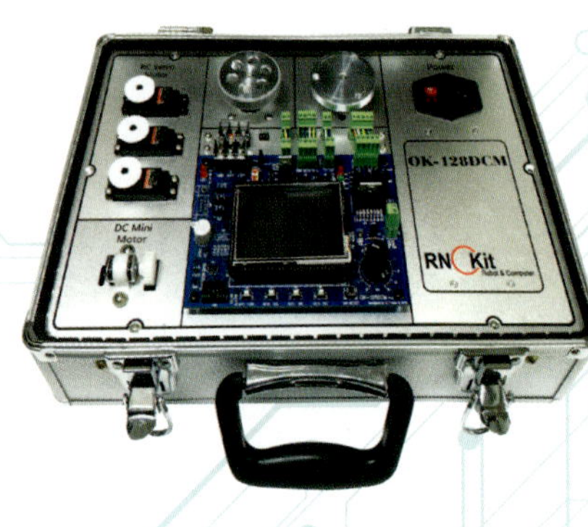

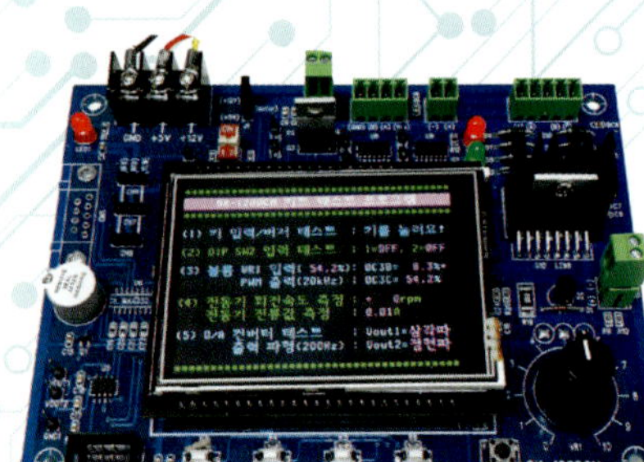

도서출판 Ohm사

실용모터제어 시리즈②

BLDC 모터 제어 기술

이 책은 실용 모터제어 시리즈의 두번째로서 현재 시대적으로 매우 각광받고 있는 BLDC 모터의 제어 기술을 취급한다. 전통적인 직류전동기와의 차이점을 이해하고, 이를 제어하는 시스템의 하드웨어를 설계하며 제어 프로그램을 작성하는 기술을 직접 독자들이 따라 하면서 단계적으로 익힐 수 있도록 설명할 것입니다.

제1장 전동기란 무엇인가
제2장 BLDC 모터 관련 실용지식
제3장 BLDC 모터 제어 관련 실용지식
제4장 전용 IC를 사용하는 BLDC 모터 속도제어 기술
제5장 MCU가 직접 처리하는 BLDC 모터 속도제어 기술
제6장 OK-128BLDC 트레이닝 키트

실용 모터제어 시리즈 ③ - 단상 유도전동기 제어 기술(계획중)
실용 모터제어 시리즈 ④ - 벡터제어 인버터 설계 기술(계획중)

OK-128 BLDC KIT

항목	사양	비고
1. MCU	ATmega128A-AU(16 MHz)	16 MHz 수정발진자 사용
2. ROM	MCU에 내장된 128KB의 플래시 메모리	프로그램 저장용
3. RAM	MCU에 내장된 4KB	스택 및 사용자 데이터 저장용
4. 프로그램 입력/실행	1. 표준 USB형 AVRISP mkII 다운로드 케이블 2. 병렬포트형 AVR ISP 다운로드 케이블	본 키트에서는 JTAG 에뮬레이터를 사용하지 못함
5. I/O	1. MCU 프로그램용 6핀 컨넥터 2. MCU가 직접 제어하는 기본 I/O 기능 ① 3.2인치 240×320 픽셀 TFT-LCD 모듈 ② +5V용 버저 ③ 모터 방향 설정용 토글 스위치(SW1) ④ 동작모드 설정용 2비트 DIP 스위치(SW2) ⑤ 기준속도 입력용 가변저항(VR1) ⑥ 모터 구동용 게이트 신호(UT, VT, WT) ⑦ 모터 구동용 PWM 신호(UB, VB, WB) 3. 모터제어를 위한 I/O 기능 ① BLDC 모터 제어 전용 IC 소자 LB11920을 사용한 모터 M1 접속 컨넥터(CN5) ② ATmega128A MCU가 직접 처리하는 모터 M2 접속 컨넥터(CN6) ③ 모터 회전속도 검출을 위한 홀센서 신호 4체배 회로(U8, 74HC86) ④ 모터 회전방향 검출을 위한 플립플롭 회로(U9, 74HC74) ⑤ 모터 전류 검출용 션트저항(R33)	Atmel사의 AVR ISP 표준 BLDC 모터 BL42S-24026N 사용 BLDC 모터 BL42S-24026N 사용 0.1Ω/1W/1%
6. 전원	+24V(2A 이상)	키트 내부에서 +12V, +5V, +3.3V를 만들어 사용함
7. PCB 외형	168×107mm 양면 에폭시 기판	

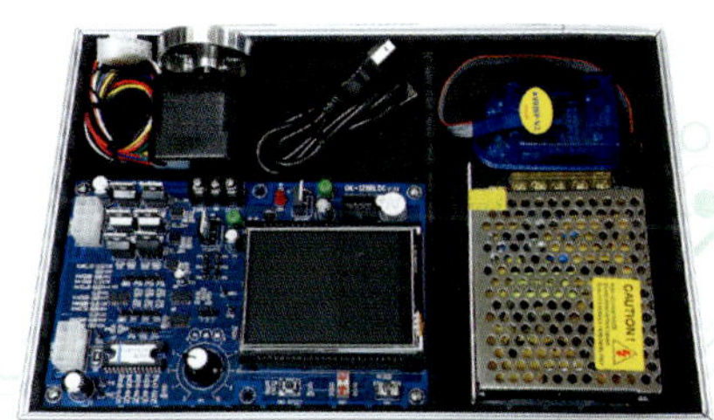

도서출판 Ohm사

다양한 실습이 가능한

ATmega128 기초와 응용2

이 책은 「ATmega128 기초와 응용 Ⅰ」에서 설명된 KUT-128_COM 보드 위에 도트매트릭스, 조이스틱, 스피커를 탑재하여 구현한 응용작품들에 대해 알고리즘과 처리 흐름도 그리고 프로그램을 자세히 설명하고 있습니다. 따라서 이 책을 통해 습득하게 되는 응용능력은 학생들의 창의적인 실기작품 및 졸업작품을 제작하는데 있어 좋은 길잡이가 될 수 있으리라 생각합니다.

제1장 KUT-128_COM 보드
제2장 7-세그먼트 활용
제3장 도트매트릭스 사용법
제4장 지렁이 게임
제5장 테트리스
제6장 반응감지 블록 피하기
제7장 Dot Watch
제8장 한글 시계
제9장 부록(AVR Studio 4.18 버전 프로그램)

KUT-128_COM 확장 KIT

항목	사양
초음파 센서(HC-SR04)	초음파를 발생하여 거리 등을 계산하는데 사용
4Digit 7-Segment	4개의 숫자 표시가 가능
Analog 가속도 센서(MMA7361)	X,Y,Z 3축의 Analog 출력
Digital 가속도 센서(MPU-6050)	I2C 통신이 가능하며 3축 가속도 센서+3축 자이로 센서+온도 측정 가능
WiFi Module	WiFi 통신용 모듈(USART1) ※ 주의 : Bluethooth 모듈과 동시 사용은 안되며 RS-232와는 가능
RS-232용 커넥터	MAX232를 사용한 RS-232통신(USART0)
WiFi용 Reset SW	WiFi 모듈 리셋 또는 공장초기화 기능
Bluetooth Module(BC04)	블루투스통신용 모듈(USART1) ※ 주의 : WiFi 모듈과 동시 사용은 안되며 RS-232와는 가능
2X16 Text LCD	2줄에 총 32개의 영문 표시 가능
ATmega128	ATmega128A-AU
LED Part	8개의 LED 제어
외부 인터럽트 SW	스위치 기능 또는 외부 인터럽트 발생용
3Color Dotmatrix	LED Part와 1Color Dotmatrix와 같이 사용할 수 없음 (플랫케이블 사용)
1Color Dotmatrix	LED Part와 3Color Dotmatrix와 같이 사용할 수 없음 (점퍼케이블 사용)
JoyStick Module	X, Y, Z(조이스틱 푸쉬) 출력
Piezo Buzzer	경고음, 알람등 표시

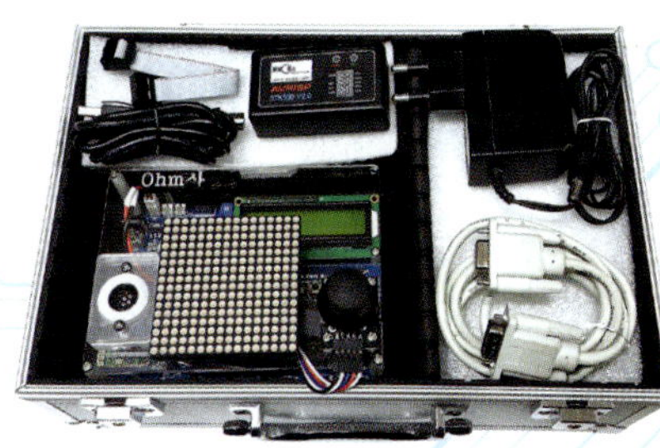

도서출판 Ohm사

ARM Cortex-M 시리즈①

STM32F091 정복

- ARM Cortex-M0 시리즈의 STM32F091VCT6 모델 완전 마스터
- 하드웨어 설계 및 소프트웨어 응용 기술의 단계적 학습
- 상세하고 정확한 설명, 재미있고 유용한 예제 프로그램
- OK-STM091 키트에서 C언어를 통한 프로그래밍 실습
- 103개의 주옥 같은 C언어 예제 프로그램 제공 및 설명
- 3.2인치 컬러 TFT-LCD 모듈의 다양한 응용 프로그램
- 전자 올간, 게임등과 같은 독창적이고 재미있는 프로그램
- MP3 플레이어 하드웨어 내장 및 이를 응용하는 프로 그램
- 대학에서 대학원까지의 고급 MCU 강의 및 실습 교재로 최적

OK-STM091 KIT

항목	사양	비고
1. CPU	STM32F091VCT6	48MHz로 동작
2. ROM	CPU에 내장된 256KB의 플래시 메모리	프로그램 및 상수 데이터 저장
3. RAM	CPU에 내장된 32KB의 SRAM	프로그램, 스택, 사용자 데이터 저장
4. 프로그램 입력/실행	1. 전용 JTAG/SWD 에뮬레이터를 사용하는 방법 2. 기타 JTAG/SWD 에뮬레이터를 사용하는 방법	기본으로 ST-LINK/V2 에뮬레이터 사용 J-Link, ULINK 에뮬레이터도 사용 가능
5. I/O	1. CPU 프로그램용 컨넥터 JTAG/SWD 인터페이스용 20핀 컨넥터(CN2) 2. 기본 입출력 장치 ① 16자×2행 텍스트 LCD 모듈 ② 320×240픽셀 터치스크린 TFT-LCD 모듈 ③ SPI를 사용한 SD 카드 인터페이스 ④ 4개의 키입력 스위치(KEY1~KEY4) ⑤ 3개의 터치 센싱 입력(TSC1~TSC3) ⑥ 1개의 상태표시 LED(LED1) ⑦ +5V용 버저 ⑧ RS-232C 직렬통신 컨넥터(CN5) ⑨ CAN 직렬통신 컨넥터(CN5) 3. 기타 입출력 장치 ① +5V, +3.3V 전압센서(ADC0, ADC1) ② 가변저항 VR1에 의한 전압센서(ADC2) ③ LM35DZ 온도센서(U5, ADC3) ④ 2개의 D/A 컨버터 출력(DAC_OUT1/2) 2개의 D/A 컨버터를 사용한 음악연주 출력 ⑤ TV 리모콘 수신회로(U6) ⑥ 14개의 테스트 포인트(TP1~TP14) ⑦ SPI를 사용한 DS3234 리얼타임 클록(U8) ⑧ I2C를 사용한 AT24C16 EEPROM(U7) ⑨ VS1053b를 사용한 MP3 플레이어 회로	ST-LINK/V2 에뮬레이터 사용 별도의 TFT-32A 보드를 장착 사용 별도의 TFT-32A 보드에 내장 표준 9핀 RS-232C 케이블 사용 RS-232C와 CAN을 동일 컨넥터로 사용 A/D 입력 범위는 0V~+3.3V 온도측정 범위는 0~100℃ D/A 출력 범위는 0V~+3.3V CN6 컨넥터에 외장형 스피커를 연결 2.4V 충전용 NiMH 배터리로 전원 백업 CN6 컨넥터에 외장형 스피커를 연결
6. 전원	+5V(키트에서 +3.3V 및 +1.8V 레귤레이터 사용)	
7. PCB	160×130mm 양면 에폭시 기판	

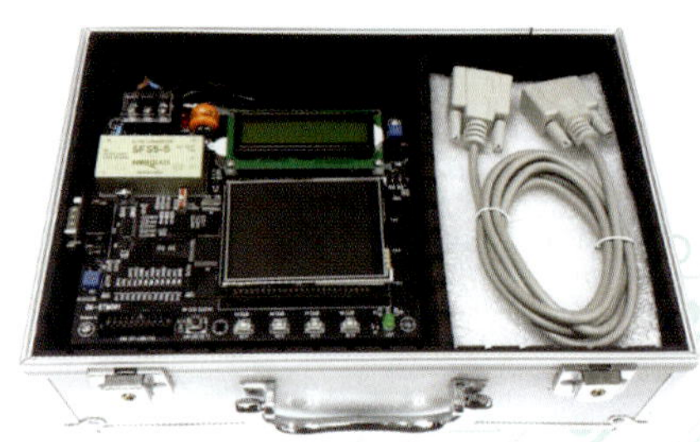

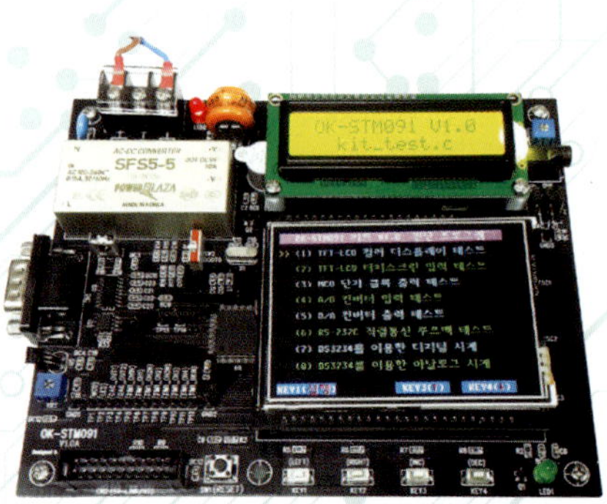

도서출판 Ohm사

ARM Cortex-M 시리즈②

ARM Cortex-M7
STM32F767 정복

- ARM Cortex-M7 시리즈의 STM32F767VGT6 모델 완전 마스터
- 하드웨어 설계 및 소프트웨어 응용 기술의 단계적 학습
- 상세하고 정확한 설명, 재미있고 유용한 예제 프로그램
- OK-STM767 키트에서 C언어를 통한 프로그래밍 실습
- 99개의 주옥같은 C언어 예제 프로그램 제공 및 설명
- 3.2인치 컬러 TFT-LCD 모듈의 다양한 응용 프로그램
- MP3 플레이어 하드웨어 내장 및 이를 응용하는 프로그램
- DSP급의 성능을 경험할 수 있는 실시간 신호처리 프로그램
- 대학에서 대학원까지의 고급 MCU 강의 및 실습 교재로 최적
- ARM 초급자에서 전문 엔지니어까지 이 분야 최고의 학습서

제1장 STM32F767VGT6의 구조와 기능
제2장 STM32F767VGT6의 내장 I/O
제3장 OK-STM767 키트 및 개발 툴
제4장 C언어 프로그래밍

OK-STM767 KIT

항목	사양	비고
1. CPU	STM32F767VGT6(또는 STM32F767VIT6)	216MHz로 동작
2. ROM	CPU에 내장된 1MB(2MB)의 플래시 메모리	프로그램 및 상수 데이터 저장
3. RAM	CPU에 내장된 512KB의 SRAM	프로그램, 스택, 사용자 데이터 저장
4. 프로그램 입력/실행	1. 전용 JTAG/SWD 에뮬레이터를 사용하는 방법 2. 기타 JTAG/SWD 에뮬레이터를 사용하는 방법	기본으로 ST-LINK/V2 에뮬레이터 사용 J-Link, ULINK 에뮬레이터도 사용 가능
5. I/O	1. CPU 프로그램용 커넥터 JTAG/SWD 인터페이스용 20핀 커넥터(CN2) 2. 기본 입출력 장치 ① 16자×2행 텍스트 LCD 모듈 ② 320×240픽셀 터치스크린 TFT-LCD 모듈 ③ SPI를 사용한 SD 카드 인터페이스(CN7) ④ 4개의 키입력 스위치(KEY1~KEY4) ⑤ 1개의 상태표시 LED(LED1) ⑥ +5V용 버저 ⑦ RS-232C 직렬통신 커넥터(CN5) ⑧ CAN 직렬통신 커넥터(CN5) 3. 기타 입출력 장치 ① +5V, +3.3V 전압센서(ADC0, ADC1) ② 가변저항 VR1에 의한 전압센서(ADC2) ③ LM35DZ 온도센서(U5, ADC3) ④ 2개의 D/A 컨버터 출력(DAC_OUT1/2) 2개의 D/A 컨버터를 사용한 음악연주 출력 ⑤ TV 리모컨 입력(U6) ⑥ 10개의 테스트 포인트(TP1~TP10) ⑦ SPI를 사용한 DS3234 리얼타임 클록(U8) ⑧ I2C를 사용한 AT24C16 EEPROM(U7) ⑨ VS1053b를 사용한 MP3 플레이어 회로	ST-LINK/V2 에뮬레이터 사용 별도의 TFT-32A 보드를 장착하여 사용 표준 9핀 RS-232C 케이블 사용 RS-232C와 CAN을 동일 커넥터로 사용 A/D 입력 범위는 0V~+3.3V 온도측정 범위는 0~100℃ D/A 출력 범위는 0V~+3.3V CN6 커넥터에 외장형 스피커를 연결 2.4V 충전용 NiMH 배터리로 전원 백업 CN6 커넥터에 외장형 스피커를 연결
6. 전원	+5V(키트에서 +3.3V 및 +1.8V 레귤레이터 사용)	
7. PCB	160×130mm 양면 에폭시 기판	

☞ OK-STM767 키트에는 STM32F7xx 시리즈의 모든 100핀짜리 소자를 조립하여 사용할 수 있다.

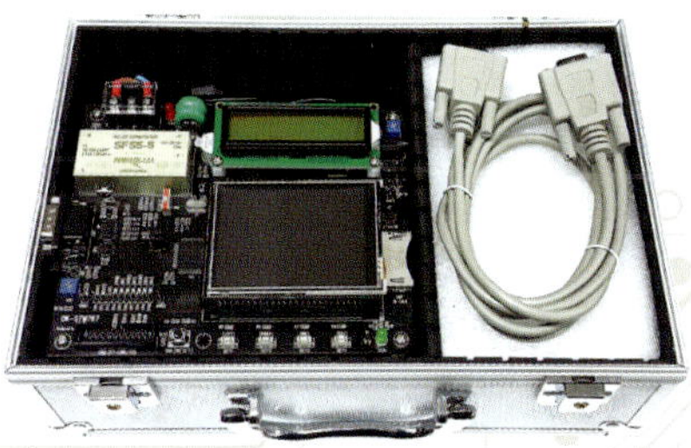

저자 소개

신동욱

- 한양대학교 전자공학과 학사, 공학석사
- 일본 와세다 대학 응용물리학과 공학박사
- 한국기술교육대학교 전기전자통신공학부 교수

〈저서〉

- 쉬운 예제와 Kit로 배우는 8051 기초와 응용, Ohm사
- 쉬운 예제와 Kit로 배우는 ATmega8515 기초와 응용, Ohm사
- PIC 마이컴 보드로 배우는 PIC16F874A/877A, Ohm사
- 기초전기실습, Ohm사
- 기초전자실험, Ohm사
- 알기쉽게 배우는 AVR ATmega128 응용, Ohm사
- 졸업작품만들기 Ⅲ, Ⅵ, Ⅷ, Ohm사
- ATmega128 기초 입문, Ohm사
- ATmega128 기초와 응용 Ⅰ, Ohm사

다양한 실습이 가능한

ATmega128 기초와 응용 Ⅱ

1판 1쇄 2017년 02월 20일
초판발행 2017년 02월 20일

저 자 신동욱 저
발 행 인 곽 종 학
발 행 처 도서출판 Ohm사

주 소 140-150 서울 용산구 갈월동 17 세기B/D
전 화 02-776-4868~9
팩 스 02-779-6757

등록번호 1975년 9월 12일 제3-3호

http://www.ohm.co.kr E-mail : ohm@ohm.co.kr

ISBN 978-89-7101-827-9 정가 30,000원